KB151800

실체의 연구

서양 형이상학의 역사

이화학술총서

실체의 연구

서양 형이상학의 역사

HISTORY OF METAPHYSICS

한자경 지음

이화여자대학교출판문화원

| 지은이의 말 |

오늘날 동양철학에서든 서양철학에서든 사람들이 제일 싫어하는 것, 모두가 격렬하게 부정하고 싶어하는 것은 아마 '실체(實體)'일 것이다. 많은 사람이 실체에 대한 반감과 거부감을 노골적으로 드러낸다. '실체의 부정'을 최고로 세련된 사고의 전형으로 간주하고, '그거 실체 아니냐?'라는 지적을 결정적 비판처럼 여기며, '이건 실체가 아니다.'라는 주장을 최고의 자랑처럼 늘어놓는다. 실체인가 아닌가로써 그 주장이 틀린가 맞는가를 판가름할 기세이다.

그런데 실체를 부정하면서 우리는 과연 무엇을 실체로 생각하는 것일까? 모두가 끝까지 부정하고 싶어하는 그 실체는 과연 무엇일까? 모두들 실체를 부정하고 싶어하지만, 모두가 과연 같은 것을 생각하면서 부정하는 것일까? 혹시 서로 각각 다른 것을 실체로 떠올리면서 그 실체를 부정하는 것은 아닐까? 누군가는 현상적인 개별적 사물은 실체가 아니라는 의미에서 실체를 비판하는 것일 수도 있고, 다른 누군가는 현상적 사물 배후에 보편적 형이상학적 근거는 없다는 의미에서 실체를 비판하는 것일 수도 있다. 결국 모두들 실체를 부정한다고 주장해도, 그렇게 부정되는 실체는 일의적이 아니다. '실체'라는 개념이 정확히 무엇을 의미하고, 실체의 부정이 구체적으로 어떤 세계관을 보여주는지에 대한 합의된 의견은 없다. 그러면서도 우리는 마치 어떤 하나의 실체, 우리가 극구 부정해야 할 어떤 특정한 의미의 실체가 있는 것처럼 생각하면서 그 실체를 부정하고 있다고 여긴다.

이 책에서는 서양철학에서 실체 개념이 얼마나 다양하게 이해되어 왔는지를 살펴볼 것이다. 서양철학에서 실체는 '궁극적인 것'을 의미한다. '자아와 세계를 이루는 궁극(窮極)의 존재는 무엇인가?'라는 형이상학적 물음을 따라 추구된 궁극이 바로 실체이다. 궁극의 이해가 다양하기에 실체의 이해 또한 단일하지 않다. 궁극이 개별적인 물리적 사물이면 물질적 개별자인 물체가 실체이고, 궁극이 개별적 자아이면 개별적 영혼이 실체이다. 개별자들이 궁극이 아니고 개별자들을 이루는 입자가 궁극이면 입자가 실체이고, 입자를 있게 한 우주에너지나 신(神)이 그 배후에 있다고 간주되면 에너지나 신이 실체이다. 에너지나 신이 궁극이 아니고 그 배후의 빈 공간이 궁극이면, 그 빈 허공이 실체이다. 이처럼 실체는 무엇을 궁극으로 보는가에 따라 다양한 방식으로 이해된다. 이 책에서는 서양 고대부터 중세를 거쳐 근대 및 현대에 이르기까지 각각의 철학자들이 실체를 무엇으로 간주하는지, 존재의 궁극을 무엇으로 설명하는지를 밝혀보고자 한다.

그런데 21세기 한국, 지금 여기의 우리가 실체를 논하기 위해 굳이 서양 고대에서부터 형이상학의 흐름을 되짚어보는 것은 왜일까? 동양의 우리는 실체를 무엇으로 이해했을까? 실체는 불교식으로 표현하면 '아(我, atman)'이다. 불교는 처음부터 개별자를 바로 그것이게끔 하는 기반, 본질 내지 자성(自性)은 존재하지 않는다는 의미에서 '무아(無我)'를 주장해왔다. 인무아(人無我)는 개별적인 영혼적 실체는 존재하지 않는다는 것, 법무아(法無我)는 개별적인 물질적 실체 또한 존재하지 않는다는 것을 의미한다. 개별자를 그것이게끔 하는 개별적 실체, 아가 없다는 것이 곧 무아이고 공(空)이다. 인무아이기에 아공(我空)이고, 법무아이기에 법공(法空)이다. 불교는 언제나 일체가 인연화합의 산물이며, 따라서 어느 것도 궁극의 실체가 아니라는 연기론(緣起論)을 주장한다. 우리가 찾고자 하는 궁극은 언제나 무한 후퇴하여 사라지고, 원인과 결과는 연기로서 순환하며 반복된다. 선험이 경험을 가능하게 하고, 다시 경험이 선험을 가능하게 한다. 종자(種子)가 현행(現行)을 일으키고, 다시 현행이 종자를 심는다. 개념과 언어구조가 경험을 규정하고, 경험이 다시 개념과 언어구조를 생산한다. 다양한 차이가 하나의 개념 아래 포섭되고, 다시 하나의 개념이 다양한 차이로 전개된다. 어디에서도 궁극의 기반은 발견되지 않고 모든 것은 허공에 떠 있는 현상이고 가상이다. 허공에 핀 꽃, 환화(幻華)일 뿐이다. 내게 주어지는 모든 것, 주관적 자아나 객관적 사물이라고 생각되는 것, 이데아나 신(神)이라고 여겨지는 것, 그 모든 것이 전부 실(實)이 아닌 허(虛)이고 가(假)이며, 체(體) 아닌 용(用), 성(性) 아닌 상(相)일 뿐이다. 한마디로 궁극이 아니고 실체가 아니다. 따라서 실체에 관한 한, 불교는 철저히 무아, 즉 무실체를 주장한다. 그렇게 동양의 무아론 내지 연기론은 서양의 실체론과 대비된다.

동양의 무아론이 서양의 실체론과 대비되는 것은 사실이지만, 나는 불교 무아론의 진정한 깊이는 실체론과의 대비만으로는 다 해명되지 않고 그것보다 훨씬 더 깊고 의미심장한 곳에 놓여 있다고 생각한다. 실체 내지 궁극에 대한 최종적인 핵심 물음은 실체의 부정 이후에 비로소 제기된다고 보기 때문이다. 이 세상 모든 것은 그 자체로 존재하는 실체, 자기 자성을 가진 실체가 아니며, 따라서 실(實)이 아니고 가(假)이다. 그렇다면 그렇게 일체가 가라는 것을 아는 그 앎은 가인가 아닌가? 모든 것이 자기 아닌 것(他)을 통해 자기(自)가 되는 연기(緣起)

와 의타기(依他起)의 산물이라면, 그렇게 연기와 의타기를 아는 그 마음은 의타기인가 아닌가? 나는 바로 이 물음이 석가가 연기로써 드러내어 중생을 깨달음으로 이끌어가고자 한 최종 물음이라고 생각한다. 이 물음은 우리의 앎이 궁극에서 부딪히는 역설을 드러낸다. '일체가 가(假)이다.'라는 통찰은 의미 있는 통찰이지만, 이 통찰이 그 일체에 포함되어 그것마저 가가 되면 그 유의미성은 사라진다. 환(幻)을 아는 앎도 환이고 의타기를 아는 마음도 의타기라면, 그 앎이 무의미해지기 때문이다. '모든 것이 환이다.'가 의미 있으려면 그 앎 자체는 환이 아닌 실(實)이어야 하고, '모든 것이 연기(의타기)이다.'가 의미 있으려면 그 앎 자체는 의타기가 아닌 절대(원성실성)이어야 한다. 일체의 궁극-아님을 아는 그 마음 자체가 궁극인 것이다.

허공 속 일체 만물이 궁극이 아님을 아는 마음은 그렇게 궁극이 없음을 알기 위해 허공 전체를 비춰보는 적조(寂照)의 마음이며 스스로 허공이 된 무변(無邊), 무외(無外)의 마음이다. 궁극을 추구하다가 구경에는 궁극을 찾을 수 없음을 알아차리는 대각(大覺)의 마음이다. 궁극은 궁극이 없음을 아는 바로 그 마음 자체인 것이다. 만물의 실체 없음은 그렇게 실체 없음을 알아차리는 그 궁극의 마음, 무아와 연기와 공을 깨닫는 그 절대의 마음 위에서만 성립한다. 그 마음이 바로 깨닫는 마음, 부처(각覺)의 마음, 해탈의 마음, 열반에 든 마음이다. 그래서 나는 일체의 무실체성을 논하되 그렇게 실체 없음을 아는 그 궁극의 마음, 무외의 마음, 일심(一心)을 놓쳐서는 안 된다고 생각한다.

왜 궁극의 마음을 말하는가? 모든 것의 궁극-아님, 실체-없음을 알아차리기 위해, 모든 것의 상대성에 깨어 있기 위해, 놓지 말아야 하는 것이 바로 궁극의 마음, 절대의 눈, 절대의 시점이기 때문이다. 궁극의 눈으로 보아야 일체가 궁극이 아님을 알 수 있고, 절대의 마음으로 보아야 일체가 절대 아닌 상대임을 알 수 있다. 절대의 마음은 그 마음 안에 주어지는 모든 것을 녹여내고 유동화하고 비실체화하는 용광로와 같다. 용광로는 모든 것을 녹여 유동화하되 그 자신은 녹지 않고 남아 있어야 한다. 용광로마저 녹아버리면, 그 안에서 유동화되어야 할 모든 것이 다시 고체화되고 실체화된다. 그렇게 절대의 마음은 모든 것의 연기성과 가상성을 유지하고 알아차리기 위한 마지막 보루이다. 그 마지막 보루인 절대의 마음을 잃어버리면, 그 앞에서 상대화되고 비실체화되어야 할 모든 것이 다시 절대화되고 실체화된다. 우리는 또다시 특정 이데올로기나 물질, 돈이나 권력을 실체화하고 절대화하면서 그 힘에 휘둘리는 삶을 살게 된다. 실체-없음을 논하는 오늘날과 같은 이 무실체의 시대에 모든 것이 유동화되고 상대화되는 것 같지만, 사실은 바로 그렇기 때문에 무수한 것들이 도로 고정화되고 실체화되며 절대화되고 권력화되어 우리 일상의 삶을 짓누르는 일이 벌어지는 것이다.

나는 서양 형이상학의 역사는 이 바른 궁극을 얻기 위한 사투의 과정이라고 본다. 그들은 궁극의 마음을 알지 못하기에 그 마음에 주어지는 온갖 것들, 이데아 또는 개별적 사물이나 개별적 영혼 아니면 신 등을 궁극으로 간주하며 실체화해왔다. 이 모든 것들이 궁극이 아니라는 것을 아는 마음, 마음에 주어지는 일체의 상(相)을 여읜 텅 빈 무변의 마음, 우리 일반 중생의 살아 있는 마음, 바로 그 마음이 궁극이라는 것을 그들은 아직도 확연하게 알지 못한다. '일체유심조(一切唯心造)', '삼계유심(三界唯心)'의 마음, '심위태극(心爲太極)'의 마음, '인내천(人乃天)'의 마음을 알지 못하는 것이다. 그러므로 마음이 아닌 마음의 내용 내지 마음의 대상에서 궁극을 찾으려 하며, 그래서 오늘날은 언어나 정보, 정보처리 시스템으로서의 두뇌신경망이나 전산망 등을 절대화하고 마음을 그 아래 예속시키고 만다. 실체를 주장할 때도 실체를 부정할 때도 궁극이 무엇인지, 이 가상의 바탕이 무엇인지를 알지 못하는 것이다. 궁극은 궁극을 생각하는 바로 그 마음 자체라는 것, 일자는 일자를 생각하는 바로 그 마음 자체라는 것, 아공 법공의 공, 무자성의 공은 바로 텅 빈 마음의 공이며, 따라서 우리의 마음은 본래 '공의 마음', 스스로를 공으로 아는 '공적영지(空寂靈知)'의 마음이라는 것을 깨닫지 못한다.

이 책은 이런 관점을 갖고 서양 형이상학의 흐름을 간략히 정리해본 것이다. 무아와 공을 아는 동양 불교적 관점, 일심의 관점에서 서양의 형이상학 내지 실체론을 살펴본 것이라고 할 수 있다. 그러나 이러한 관점은 서술의 배경으로만 남도록 했다. 구체적으로 각 철학자들의 실체론을 논할 때는 가능한 한 나의 관점을 뒤섞지 않고 각 철학자들의 실체론을 그들 나름의 논리에 따라 서술하고자 노력했다. 따라서 나의 관점에서 덧붙이고 싶은 말은 본문이 아닌 각주에 첨부하는 정도로만 했다.

20여 년 전인 1997년에 『자아의 연구』라는 책을 냈었다. '서양 근·현대 철학자들의 자아관 연구'라는 부제에 합당하게 거기에서는 서양 근·현대 철학자 15명을 논했다. 이 책 『실체의 연구』는 범위를 확장해서 고대와 중세 그리고 탈근대를 포함하여 실체 개념을 중심으로 논의했다. 이 책에서 다루는 철학자와 그때 『자아의 연구』에서 다룬 철학자 중 겹치는 사람은 데카르트, 라이프니츠, 흄, 칸트, 니체이다. 자아와 실체가 서로 연관되는 주제이기에 내용상 불가피하게 겹치는 부분이 있지만, 가능한 한 다른 방식으로 서술하고자 노력했다. 그래서 다섯 철학자에 관한 한, 특정 내용을 다소 소략하게 다루고 지나간 부분이 있을지도 모르겠다. 그럴 경우 앞의 책을 참조하는 것이 작게나마 도움이 되었으면 싶다. 인간의 본질, 존재의 궁극에 대한 물음에 사로잡힌 사람, 그래서 서양 형이상학에도 관심을 가진 사람에게 이 책이 함께 나누는 대화가 될 수 있기를 바란다.

2019년 봄을 기다리며
가평에서 한자경

| 차례 |

제2부 중세의 실체론

제3부 근대의 실체론

제4부 현대(탈근대)의 실체론

서론

형이상학의 근본물음

1. 형이상학의 개념

'형이상학(形而上學)'은 현상세계를 탐구하는 일반적 학문인 '형이하학'의 반대개념이다. '형이하학'이 형태가 있는 가시적 현상 사물에 대한 탐구라면, '형이상학'은 그러한 현상적 사물 이상의 것에 대한 탐구라고 할 수 있다. 『주역』「계사전」에 "형이상자위지도, 형이하자위지기(形而上者謂之道, 形而下者謂之器)"라는 구절이 있다. 일상적 현상세계에 나타나는 개별적 사물들은 '형이하'로서 그릇 기(器)이고, 그러한 현상세계 우주 만물의 근거가 되는 보편적 원리는 '형이상'으로서 도(道)라고 한 것이다. 그릇 기(器)나 음양의 기(氣)를 넘어선 도나 리(理)나 태극(太極) 등 형이상자에 대한 학이 형이상학이며, 그러한 형이상자로부터 비롯되는 형이하의 현상세계에 대한 학이 일반적 학문인 형이하학이 된다.

서양에서 '형이상학'에 해당하는 학문은 처음에는 '제일철학(prote philosophia)'이라고 불렸다. 물리적 현상세계인 자연을 다루는 학을 '자연학(physica)'이라고 부르고, 그런 현상세계의 근원에 대한 학을 제일 원리, 시초나 근원(arche)에 대한 학이라는 의미에서 '제일철학'이라고 부른 것이다. 기원전 1세기경 안드로니쿠스가 아리스토텔레스(B.C. 384~B.C. 322)의 글들을 편집하는 과정에서 제일철학에 속하는 글들을 자연학(physica) 뒤에 배치했고, 그것이 후에 '자연학 뒤'라는 의미에서 '메타 타 피지카(meta ta physica)'로 불리면서 '제일철학'은 '메타피직'이라는 이름을 얻게 되었다. '메타'가 '뒤'라는 의미뿐 아니라 '넘어섬', '초월', '상(上)'의 의미도 갖고 있으므로 의역하면 '형이상학'이 된다.

서양에서 철학(philosophia)이라는 개념은 근대에 이르기까지 넓은 의미로 학문 일반을 뜻했으며, 오늘날에서와 같은 좁은 의미의 철학은 '제일철학'이었다. 제일철학이 의미하는 바는 학문들 중의 제일, 즉 으뜸으로서 여타 학문의 기반이 된다는 것이다. 아리스토텔레스의 전체 학문의 분류는 다음과 같다.

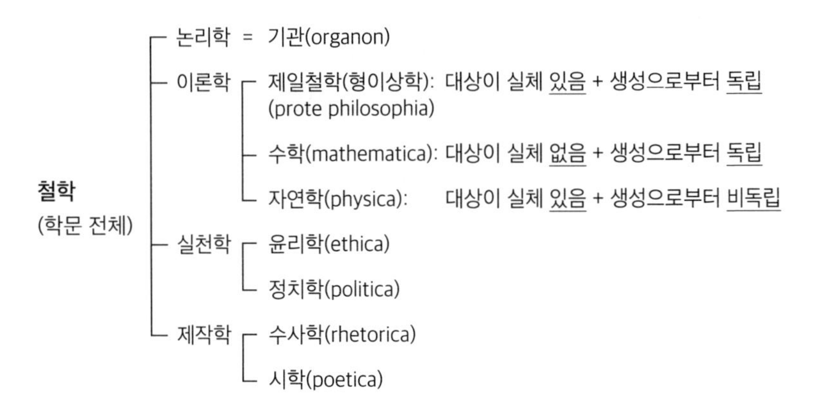

학문 전체를 칭하는 개념 '필로소피아(philosophia)'는 지혜(sophia)를 사랑함(philo)이라는 뜻이다. '오르가논(organon)'은 기관 내지 도구를 뜻하며, 아리스토텔레스의 논리학 관련 글에다 후대 편집자가 붙인 이름이다. 학문 체계를 이루는 논증과 사고의 형식 내지 법칙을 다루는 논리학이 모든 학문의 준비 및 도구의 역할을 한다는 의미에서 논리학을 '오르가논'이라고 한 것이다.

논리학의 기반 위에 이론학, 실천학, 제작학이 성립하는데, 이는 각각 인간의 정신 활동인 '봄', '행함', '만듦'에 상응한다. 봄 내지 관조의 테오리아(theoria)는 이론을 뜻하고, 행함의 프락시스(praxis)는 실천을 뜻하며, 만듦의 포에시스(poesis)는 제작 내지 노동을 뜻한다. 그리스인들은 이성(nous)을 통해 진리를 추구하는 관조적 삶을 명예를 추구하는 정치적 삶(실천)이나 쾌락을 추구하는 향락적 삶(제작 내지 노동)보다 더 행복한 삶으로 간주했다.

이론(theoria):	진리 추구	— 관조적 삶
실천(praxis):	명예 추구	— 정치적 삶
제작(poesis):	쾌락 추구	— 향락적 삶

이론인 테오리아에 속하는 학문은 그 관조의 대상이 실체가 있는가 없는가 및 대상이 생성과정으로부터 독립적인가 아닌가에 따라 형이상학, 수학, 자연학으로 나뉜다. 형이상학은 생성으로부터 독립적인 실체, 즉 불생불멸의 실체를 연구하고, 수학은 생성으로부터 독립적이지만 실체가 없는 추상물을 연구하며, 자연학은 생멸하는 실체를 연구 대상으로 삼는다.

이론 이외의 인간 활동은 행위하는 실천과 무엇인가를 만들어내는 제작이다. 실천(프락시스)은 가시적 결과물이 남지 않는 활동이며, 따라서 활동 자체가 목적이 되는 활동이다. 윤리적 실천을 연구하는 윤리학과 정치적 실천을 연구하는 정치학이 실천학에 속한다. 제작(포에시스)은 행위 결과로서 작품을 남기는 활동으로 활동 자체가 목적이 아니라 활동의 결과물이 목적이 되는 활동이다. 시를 연구하는 시학과 수사를 연구하는 수사학이 제작학에 속한다.

형이상학에 해당하는 제일철학을 아리스토텔레스는 '존재자로서의 존재자(to on he on)를 다루는 학'이라고 규정한다. 즉 제일철학은 특정 영역의 존재자만을 다룬다거나 혹은 존재자의 특정 측면만을 다루는 것이 아니라, 존재하는 모든 존재자, 곧 존재자 일반에 대해 그 존재자 자체를 탐구한다. 말하자면 제일철학은 식물학 또는 동물학처럼 식물이나 동물이라는 특정 영역의 존재자만을 다룬다거나, 물리학이나 생물학처럼 존재자의 물리적 측면 또는 생리적 측면만을 다루는 것이 아니다. 무엇이든 그것이 존재하는 한, 그것은 제일철학의 대상이 된다. 그리고 제일철학이 문제 삼는 것은 그 존재자의 특정 측면 내지 특정 속성이 아니라 존재자 자체이다. 따라서 특정 영역의 존재자의 특정 측면만을 다루는 여타의 개별 학문에 대해 제일철학은 그 기반이나 근거의 역할을 한다.

제일철학(형이상학)이 여타 다른 학문의 근거이며 기반이 된다는 생각은 서양 근대까지 이어진다. 데카르트는 학문을 나무에 비유하면서, 형이상학을 그 나무의 뿌리에 비유하고 자연학을 나무의 줄기에, 의학이나 화학 등 개별 학문을 나무의 가지에 비유했다.[1]

---

1 Descartes, *Die Prinzipien der Philosophie*, übersetzt von Artur Buchenau, Hamburg: Felix Meiner Verlag, 1965, XLII쪽(Schreiben Descartes' an Picot).

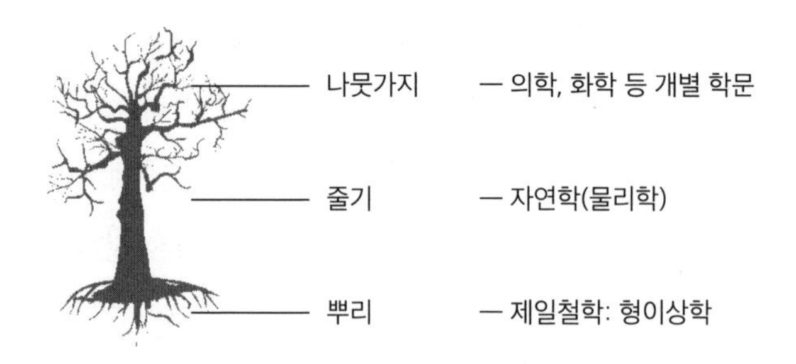

이처럼 형이상학이 다른 학문의 기반이 될 수 있는 것은 형이상학이 어떤 특정 영역의 존재자만을 다루거나 존재자의 어떤 특정 측면만을 다루는 것이 아니라, 존재하는 모든 존재자의 존재 자체를 다루기 때문이다. 존재자가 존재한다는 것의 의미는 무엇인가? 존재자는 어떻게 해서 존재하는가? 존재의 원리, 존재의 근원은 무엇인가? 왜 아무것도 없기보다는 오히려 무엇인가가 존재하는가? 존재자 자체는 과연 무엇인가? 형이상학에서는 존재자의 이런저런 측면이나 속성들을 넘어 그런 속성들을 담지하는 존재자 자체를 '실질적 기반', '실제적 몸'이라는 의미에서 '실체(實體, substance)'라고 부른다. 실체는 현상세계 개별자들이 각각의 개별자로 존재할 수 있는 근거 내지 기반을 의미하며, 따라서 존재자 자체를 논하는 형이상학은 곧 '실체에 대한 탐구'라고 할 수 있다.

형이상학은 존재자 일반의 존재 자체를 탐구한다는 점에서 일반 존재론이며 이를 '일반형이상학'이라고 부른다. 그런데 형이상학이 각 개별자의 존재 자체인 실체를 특정한 어떤 것으로 규정하게 되면, 형이상학은 그러한 실체의 특징에 따라 다시 특정 영역의 실체를 다루는 형이상학이 된다. 말하자면 존재를 정신적인 것과 물리적인 것으로 이원화하여 각각의 개별자를 '영혼'과 '물체'라는 실체로 규정하면, 존재는 크게 두 영역으로 나뉜다. 그리고 그렇게 이원화된 세계를 다시 하나로 통합하는 절대적 존재(신)를 또 다른 실체로 간주하면, 존재는 결국 크게 세 영역으로 나뉘게 된다. 이렇게 해서 각 영역에 존재하는 개별자를 각각의 개별적 실체인 정신적 실체(영혼)와 물질적 실체(물체)로 논하고, 다시 그 둘을 통합하는 절대적 실체(신)를 논하게 되는데, 이처럼 서로 구분되는 각 영역의 실체를 탐구하는 학문을 '특수형이상학'이라고 부른다.[2]

이상과 같이 형이상학은 존재자의 원리를 존재자 일반의 원리로서 찾아내는가, 아니면 특수한 존재자의 원리로서 설명하는가에 따라 '일반형이상학(존재론)'과 '특수형이상학'으로 구분된다. 실체화의 사고에 따라 존재자 전체가 영혼, 세계, 신의 세 존재 영역으로 나뉘며, 그 각각의 영역을 다루는 특수형이상학은 곧 합리적 심리학, 합리적 우주론, 합리적 신학으로 구분된다.

- **일반형이상학(존재론)**: 존재자로서의 존재자를 다루는 학
- **특수형이상학**: 특정 영역의 존재자를 다루는 학

2 이와 같은 방식으로 아리스토텔레스의 형이상학에 포함되어 있는 '일반 존재론'과 '신학'의 양 측면을 연결 내지 조화시키려는 시도는 예수회 소속의 수아레즈(Suárez, 1548~1617)에서부터 시작해서 볼프(C. Wolff, 1679~1754)에 의해 완성되었다. 형이상학을 '일반형이상학'과 '특수형이상학'으로 체계화한 사람은 볼프이다.

이와 같은 구분은 칸트의 『순수이성비판』에도 그대로 반영되고 있다. 그 책의 전체 구도는 다음과 같다.

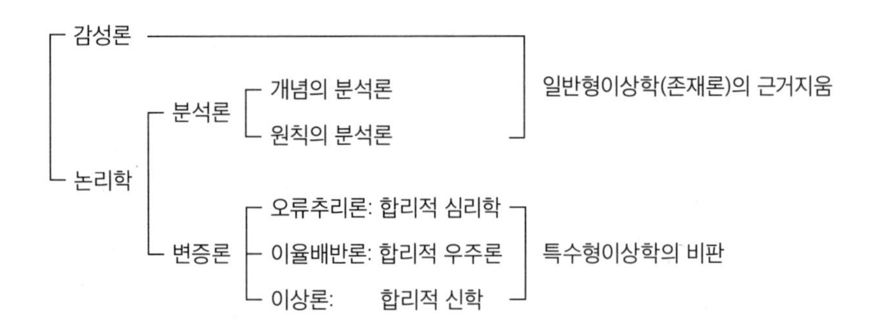

2. 실체에의 물음: 존재자 자체는 무엇인가?

형이상학은 존재자의 특정 속성이 아니라 존재자 자체를 탐구한다. 존재자의 이런저런 속성이 아닌 존재자 자체를 '실체(實體, substance)'라고 하는데, 실체에 상응하는 그리스어는 '본질'을 의미하는 '우시아(ousia)'이다. '우시아'는 존재를 뜻하는 einai(be 동사)의 여성형 분사(ousa)에서 온 것으로 존재자의 본질을 의미한다.

그렇다면 존재자 자체, 존재자의 본질, 실체는 과연 무엇인가? 예를 들어 하나의 책상을 놓고 볼 때 우리는 그 존재자 자체인 실체를 어디에서 발견할 수 있는가? 실체는 일단 그 존재자에 속하는 속성들과 구분된다. 그러므로 책상 자체, 존재자 자체, 실체를 확인하고자 하면 우리는 우리가 경험하는 책상으로부터 우선 그 속성들을 제거해봐야 한다. 물론 책상으로부터 속성을 현실적으로 제거할 수는 없다. 다만 사고 속에서 추상적으로 사상해보는 것이다. 시각, 청각, 촉각 등을 통해 우리에게 들어오는 성질들, 색깔, 크기, 모양, 냄새, 촉감 등의 내용은 책상이 지닌 속성들이다. 그렇다면 그런 성질들을 모두 제거하면 책상에서 과연 무엇이 책상 자체로 남겨지는가? 여러 속성들을 가진 것이되 그 자체는 속성이 아닌 것, 속성의 담지자, 책상의 실체는 무엇인가? 속성들을 사상했을 때, 존재자 자체로서 남겨지는 것, 실체는 과연 무엇인가?

이것은 물리적 사물에 대해서뿐 아니라 인간에 대해서도 동일한 방식으로 물을 수 있다. 우리는 흔히 타인을 사랑할 때는 그 사람의 이런저런 속성이 아니라, 그 사람 자체를 사랑해야 그것이 진정한 사랑이라고 말한다. 그 사람의 외모, 학벌, 재산, 이념, 생각 등은 그 사람 자체가 아니라 그 사람이 가진 속성에 불과하다. 모든 속성들은 시간이 지남에 따라 바뀌지만, 사람 자체는 속성이 바뀌어도 동일인으로 남는다. 진정한 사랑이라면 상대의 특정 측면에 대한 사랑이 아니라 그 인간 자체에 대한 사랑이어야 하며, 그래야 시간적 변화를 넘어 지속성을 가질 수 있다. 그렇다면 한 사람이 가지는 이런저런 속성들 너머 그 사람 자체는 과연 무엇인가? 시간에 따라 바뀌는 속성들 너머 바뀌지 않는 자기동일적 사물 자체, 인간 자체, 실체는 과연 무엇인가?

속성들을 제외한 사물 자체는 속성들의 기저에 있는 것이며, 이것은 그리스어로 '속성들의 바닥에 놓인 것, 기저에 있는 것'이라는 의미에서 '히포케이메논(hypokeimenon)', 즉 '기체(基體)'라고 불린다. 속성들의 기반이 되는 사물 자체가 '기체'이다. 우리는 어떤 것을 대하든 그것의 속성들과 구분되는 사물 자체, 존재자 자체를 전제하는데, 이것은 우리의 사고 및 언어구조를 통해서도 드러난다. 우리는 책상을 대면해서 '노란색이 있다.' '딱딱함이 있다.' '노란 것이 딱딱하다.' 등으로 생각하거나 말하지 않는다. 우리는 노란색, 딱딱함 등을 특정한 하나의 사물인 책상에 속하는 성질로 파악하며, 따라서 '책상은 노랗다.' '책상은 딱딱하다.'라고 말한다. 성질들이 속하는 사물 자체를 전제하는 것이다. 이처럼 우리가 세계를 이해하는 사고구조나 의식구조 및 언어구조는 '주어와 술어'의 명제 형식으로 되어 있으며, 그 사고구조로서 파악되는 세계 또한 그 사고구조에 상응하는 존재구조를 가진 것으로 간주된다. 즉 '존재자 자체와 그것의 속성'의 구조로 간주된다. 그렇게 속성들의 기저에 있는 기체가 바로 속성을 제외하고 남겨지는 존재자 자체, '속성들의 담지자'라는 의미의 '실체(實體)'가 된다. 언어구조인 주어-술어에 상응하는 존재 구조가 '실체-속성'이며, 그렇게 해서 속성들의 기저에 있는 기체가 바로 속성들의 담지자인 '실체'로 간주된다.

존재구조:	실체 – 속성	예) 책상은 노랗다.
사고 및 언어구조:	주어 – 술어	예) '책상은 노랗다.'

이와 같이 형이상학이 문제 삼는 존재자 자체인 실체는 속성들과 구분되는 사물 자체로서 사물의 '본질(우시아)'로 불리기도 하고, 속성들의 기저에 있는 것으로서 '기체(히포케이메논)'로 불리기도 한다. 본질을 뜻하는 그리스어 우시아는 라틴어 에센티아(essentia)와 상응하고, 기체를 뜻하는 히포케이메논은 라틴어 서브스트라툼(substratum)에 해당한다. 오늘날 실체를 뜻하는 '서브스탄스(substance)'는 속성의 기반이 되는 기체라는 의미에서의 '히포케이메논'과 그 기체의 본질이라는 의미에서의 '우시아' 두 단어를 포괄한 것이라고 할 수 있다.

실체(substance)	히포케이메논(hypokeimenon)	— 기체(substratum)
	우시아(ousia)	— 본질(essentia)

형이상학은 실체에 대해 탐구하는 학이다. 실체를 이미 전제하고서 성립하는 학이 아니라, 오히려 우리의 일상 의식이나 우리의 언어체계가 이미 전제하고 있는 실체를 그 자체로 문제 삼는 학이다. 다시 말해 우리가 일상적으로 전제하는 실체의 실상이 정확히 무엇인지를 밝히려는 학이다. 실체가 과연 존재하는지 아니면 허구인지, 존재한다면 그것은 과연 무엇이며, 존재하지 않는다면 그럼에도 불구하고 우리의 의식이나 언어가 전제하는 실체의 정체는 과연 무엇인지를 밝히려는 것이다.

존재자 자체인 실체의 정체를 밝혀내기 위해 그것의 속성들을 차례로 사상시켜보는 사고 실험에서 우리는 두 가지 경우를 떠올릴 수 있다. 하나는 복숭아처럼 얇은 껍질과 부드러운 살들을 차례로 제거했을 때 그 안에서 복숭아 자체라고 할 수 있을 딱딱한 핵을 발견하게 되는 경우이고, 다른 하나는 양파처럼 얇은 껍질과 그 속을 차례대로 다 제거하고 난 자리에서 양파의 핵 대신 아무것도 없는 비어 있음을 발견하는 경우이다. 속성들을 사상하고서 찾고자 하는 존재자 자체는 그 사물의 핵으로서 과연 존재하는 것인가? 아니면 양파의 경우처럼 존재하지 않는 것인가? 속성들을 사상한 자리에 나타나는 것은 각 개별자의 실체인가? 아니면 개별자의 실체는 없는 것인가? 실체가 존재한다면 그것은 과연 무엇인가? 존재하지 않는다면, 그럼에도 불구하고 우리가 존재자 자체를 전제하는 까닭은 무엇인가?

이와 같이 형이상학은 우리 의식에 주어지는 속성들 너머 우리가 설정하는 속성의 담지자로서의 사물 자체 x가 무엇인지를 묻는다. 속성에 대해 속성의 담지자로서의 x, 사물 자체의 존재를 묻는 것은 곧 보이는 현상세계에 대해 그 존재론적 근거를 묻는 물음이기도 하다. 존재자의 존재를 밝힘으로써 현상세계 일체 존재의 의미를 해명하려는 것이다. 현상세계 내 개별자들의 존재 자체는 과연 무엇인가? 이러저러하게 변화하는 속성들의 담지자, 실체는 과연 무엇인가?

3. 현상의 기반은 무엇인가?

1) 물질(질료)인가, 관념(형상)인가?

형이상학은 실체가 무엇인가를 묻는다. 이것은 곧 존재하는 것에 대해 그것의 최초, 원리, 근본 내지 근원(arche)을 묻는 것이다. 존재자의 여러 모습들이 변화하면서 생겨났다 없어지고 할 때, 그러한 생성과 소멸의 근저에서 그 자체는 변화하지 않고 남아 있으면서, 그것으로부터 다른 모든 생성 소멸이 가능해지는 그런 존재 자체, 존재의 근원, 궁극적 존재는 과연 무엇인가?

서양 형이상학자들은 처음부터 존재하는 것을 크게 두 측면으로 나누어 생각해왔다. 하나는 물질적인 재료적 측면이고, 다른 하나는 정신이 파악하는 꼴 내지 모양새이다. 이러한 물질적인 것과 관념적인 것의 대비를 아리스토텔레스는 질료(hyle)와 형상(morphe)이라는 개념으로 정형화했다. 예를 들어 우리가 진흙으로 사람, 동물, 나무, 집 등을 만든다면, 이들 재료는 동일하게 진흙이며 각각 그 모양에 따라 서로 다른 것이 된다. 질료는 아직 형상에 의해 특정 모양으로 규정되기 이전의 재료를 뜻한다. 이 점에서 질료는 아직 규정되기 이전의 무규정적인 것이다. 이 질료가 형상에 의해 그 형상의 모습대로 규정됨으로써, 특정 모습을 지닌 사물이 존재하게 된다. 따라서 존재하는 사물은 질료와 형상의 결합체로서 존재한다고 말할 수 있다. 존재하는 모든 것은 이와 같이 물질적인 것과 관념적인 것, 질료와 형상, 무규정적인 것과 규정이라는 두 측면을 가지고 있다. 서양철학자들은 이 중 어느 것이 존재의 근원으로서 개별적 사물 자체를 이루는 것인지를 논해왔다.

① **물질(matter) · 질료(hyle) 중심의 사유**: 자연주의철학자라고 불리는 그리스의 이오니아학파 사람들은 만물의 근본이 되는 근원을 물질적인 질료의 측면에서 찾았다.[3] 탈레스(B.C. 624?~B.C. 546?)는 만물의 근원을 물이라고 보았다. 물이 모든 존재하는 것 안에 내포되어 있으며 모든 생명체의 종자도 습하고 일체를 성장하게 하는 음식물도 습하므로, 그러한 물을 존재 및 성장의 원리로 여긴 것이다.[4] 아낙시만드로스(B.C. 610?~B.C. 545?)는 존재의 원리와 근원을 무규정자(아페이론), 즉 한계지어지지 않은 것으로 간주한다. 존재의 근원은 모든 존재에 타당한 것이므로 특정 형상의 존재에 국한될 수 없고, 따라서 모든 규정에 앞선 무규정자가 존재의 근원이라고 본 것이다. 그는 이 무규정자를 시작과 끝을 가지지 않는 것으로서 죽지 않고 멸하지 않는 것으

---

3 이오니아는 소아시아 서해안 에게해에 연한 지역(지금의 터키 서남쪽) 이름이며, 이곳 사람을 이오니아인이라고 한다. 그들이 세운 12개 도시 중 가장 남쪽 도시가 밀레토스이다. 이곳에서 활동한 철학자들을 흔히 밀레토스학파 또는 이오니아학파라고 부른다.

4 아리스토텔레스, 『형이상학』, 1권 3장, 983b20 이하 참조. 희랍어 원문 및 독어 번역은 *Aristoteles' Metaphysik Bd1*, übersetzt von Hermann Bonitz, Hamburg: Felix Meiner Verlag, 1982, 17쪽 이하 참조. 한글 번역은 『형이상학 1』, 조대호 옮김, 나남, 2012, 38쪽 이하 참조.

로 신성과도 같은 것이라고 간주한다.[5]

② **관념**(idea/form) · **형상**(morphe/eidos) **중심의 사유**: 규정되지 않고 한계지어지지 않은 것은 아직 존재한다고 보기 어렵다. 존재하는 것은 모두 형상적 규정을 통한 자기 모습을 갖고 존재한다. 이렇게 보면 존재의 근본 원리는 질료가 아니라 형상이며, 무규정적인 것이 아니라 한계짓는 것인 규정(peras)이다. 사물에 있어서의 규정성을 피타고라스(B.C. 570?~B.C. 496?)는 수(數, arithmos) 내지 수적 조화라고 보았다.[6] 따라서 그는 만물의 원리, 근원, 아르헤를 수(數)라고 주장한다.[7]

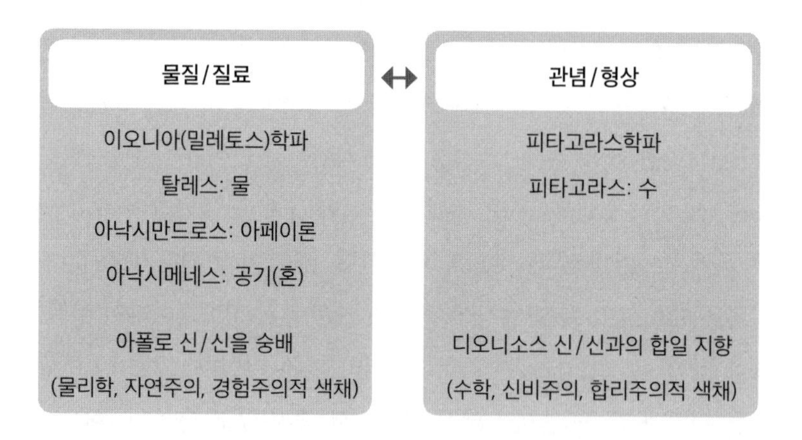

---

5 아리스토텔레스, 『자연학』, 3권 4장, 203b6 이하 참조. 희랍어 원문 및 영어 번역은 *The Physics Vol1*, translated by P.H.Wickstead and F.M.Conford, Cambridge: Harvard University Press, 1980, 223쪽 이하 참조.

6 피타고라스(Pythagoras, B.C. 580?~B.C. 500?)는 그리스 동부 에개해에 있는 사모스 섬에서 태어나 성년에는 이탈리아로 가서 살았던 수학자 겸 철학자이다. 그의 사상에 입각해서 형성된 피타고라스학파는 오르페우스교를 신봉했다고 한다. 오르페우스교는 인도의 우파니샤드와 이란의 조로아스터교의 영향을 받은 것으로 추정된다. 교주가 오르페우스이고, 포도주의 신인 디오니소스 신을 숭상하며 영혼윤회설을 주장한다. 육체를 영혼의 무덤으로 보며, 육체에 갇힌 영혼의 정화의 길로 금욕을 주장한다. 금

이오니아학파가 만물 존재의 근원을 아직 규정되지 않은 것인 질료에서 찾았다면, 피타고라스는 오히려 규정하는 것으로서의 한계인 형상에서 찾았다. 실재하는 것, 존재의 근원은 과연 질료적 물질인가, 형상적 관념인가?

우주 만물의 근원을 관념적 형상 또는 물질적 질료에서 찾고자 하는 것은 우리가 일상적으로 경험하는 우주 만물이 그러한 양 측면을 갖고 있기 때문이다. 즉 일체는 형상적인 것과 질료적인 것, 규정하는 것과 규정되는 것의 양 측면을 함께 지닌다. 서양철학자들은 현상세계의 근원을 묻는 형이상학적 물음을 던지면서도 현상세계에 등장하는 현상적 이원성을 그대로 유지하면서 세계의 근원을 관념 아니면 물질, 둘 중 하나로 답하려고 했다. 따라서 서양철학사는 줄곧 관념론 대 유물론(실재론)의 대립을 보인다. 규정적인 형상을 궁극의 존재로 보는 관점은 보편적인 관념적 형상으로 현상세계를 설명하는 관념론적 색채를 띠고, 비규정적 질료를 궁극적 존재로 보는 관점은 물질로부터 현상세계를 설명하는 유물론(唯物論) 내지 실재론적 색채를 띤다.

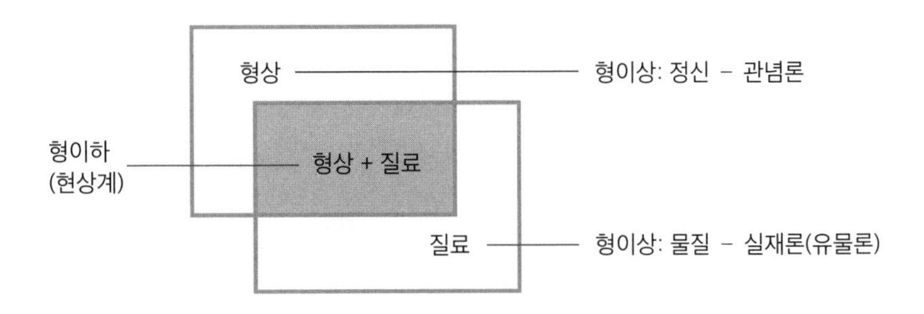

욕주의, 신비주의, 영혼숭배, 차안과 피안의 이원론 등을 포함한다. 철학과 수학 등의 정신적 작업 및 음악, 체조 등을 해탈의 길로 보았다. 피타고라스의 정신을 따라 구피타고라스학파(피타고라스 생전), 신피타고라스학파(B.C. 4세기 말경)가 번창했었다.

7 아리스토텔레스, 『형이상학』, 1권 5장, 985b23 이하 참조(한글 번역책, 47쪽 이하 참조).

2) 운동(생성)인가, 정지(존재)인가?

현상세계의 원리 내지 근원을 탐구하면서 서양 형이상학자들은 실재하는 것은 과연 변화하며 운동하는 생성인가, 아니면 변하지 않고 정지해 있는 존재인가를 물어왔다. 궁극적인 것은 생성 소멸의 운동인가, 아니면 정지해 있는 존재인가?

① **운동(생성) 지향의 사유**: 헤라클레이토스(B.C. 544?~B.C. 484?)는 "동일한 강물에 두 번 발을 담글 수 없다."[8]고 하여, 실재하는 것은 고정된 정지가 아니라 끊임없는 변화이고 생성 소멸이라고 논했다. 존재의 원리는 물이나, 공기, 아페이론 등과 같이 정지해 있는 것이 아니라, 움직이는 생성 자체이다. 대립되는 것 사이에서 발생하는 영원한 움직임이 실재의 모습이며, 그 운동 안에 질서와 조화가 있다고 보았다. 스스로 타오르면서 모든 것을 변화시키는 불처럼 생성과 소멸의 운동 안에 생성원리인 로고스가 담겨 있다고 논한다.

② **정지(존재) 지향의 사유**: 엘레아 지역의 철학자 파르메니데스(B.C. 540?~B.C. 470?)는 변화와 생성을 부정한다.[9] "있는 것은 있고, 없는 것은 없다."[10] 즉 존재만 있고 무는 없는 것이므로, 생성이나 소멸의 변

---

8 『단편(헤라클레이토스)』, 91. 희랍어 원문 및 독어 번역은 *Die Fragmente der Vorsokratiker, Bd1*, übersetzt von Hermann Diels, hrsg. von Walther Kranz, Zürich/Berlin: Weidmann, 1964, 171쪽 참조.

9 엘레아는 이탈리아 서해안 지역으로 그리스의 식민 도시였다. 이곳에서 시작된 학파를 엘레아학파라고 부르는데, 그 시조가 크세노파네스라는 설도 있고 파르메니데스라는 설도 있다.

10 『단편(파르메니데스)』, 6(앞의 책, 232쪽).

화는 있을 수가 없다고 주장한다. 생성은 없던 것이 있게 되는 것이고 소멸은 있던 것이 없게 되는 것인데, 있는 것은 이미 있고, 없는 것은 이미 없으므로, 없는 것이 있게 되는 생성이나 있는 것이 없게 되는 소멸은 있을 수 없다는 것이다. 생성이나 소멸은 일어나지 않는다. 없는 것에서 어떻게 있는 것이 생길 수 있겠는가? 뒤의 있음이 앞의 없음과는 아무 상관이 없으므로 생성이 아니라는 것이다. 이렇듯 파르메니데스에 따르면 존재는 영원히 불변이고 하나이며, 변화하는 다(多)의 이 세계는 환상일 뿐이다. 엘레아학파에 속하는 제논(B.C. 490?~B.C. 430?)은 존재의 일원성과 불변성을 귀류법적으로 논증하고자 했다. 즉 사물의 다원성과 변화성의 주장이 역설적이므로 성립할 수 없고, 따라서 존재는 일원적이고 불변적이라는 것이다. 그가 제기한 역설을 '제논의 역설'이라고 한다. '날아가는 화살은 날지 않는다.' '세상에서 가장 빠른 아킬레스도 몇 미터 앞에서 출발한 거북이를 따라잡지 못한다.' '달리기 선수 아킬레스는 골인점에 도달하지 못한다.'가 그것이다. 시간을 무한분할 해보면 그렇게 무한분할된 각 순간에는 오직 정지만 있을 뿐이며, 운동은 성립하지 않는다. 결국 운동은 가상이며 실제로 존재하는 것은 정지일 뿐이라는 것이다.

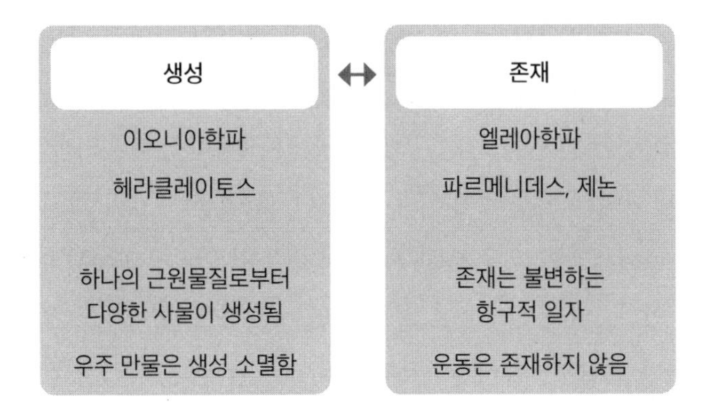

세계는 과연 운동으로서 존재하는가 아니면 고정된 것으로서 존재하는가? 단순하게 생각하면 실재하는 것은 변화하거나 바뀌지 않는 것이고, 변화하고 바뀌는 것은 진짜 있는 것이 아닌 것처럼 보인다. 그래서 사람들은 진짜 사랑은 변하지 않아야 하고, 변한다면 진짜가 아니라고 여긴다. 그러나 다시 고찰해보면 현상세계에서 발생하는 것들은 일체가 고정되거나 정지해 있는 것이 아니라 모두 생성 소멸하며 변화하는 것이다. 실재하는 진짜는 변화하는 것이고, 오히려 그것을 모방한 인위적 가짜가 불변에 가까운 것이 많다. 살아 있는 꽃은 피어나고 시들어버리지만, 만들어진 조화는 피지도 지지도 않고 생성도 소멸도 없다. 살아 있는 인간은 성장하다 죽지만, 만들어진 인형은 살지도 죽지도 않고 처음부터 끝까지 그 모습 그대로이다. 이렇게 보면 실재하는 것은 오히려 변화하고 생성 소멸하는 운동이다.

그러나 이러한 것은 현상 차원의 서술일 뿐이다. 그 현상을 가능하게 하는 궁극적 실재 자체가 운동인가, 정지인가 하는 물음은 형이상학적 차원에서 다시 물어져야 한다. 예를 들어 우리는 말이 달리는 모습을 필름에 담을 수 있다. 필름 하나에는 말의 움직임의 한 단면만이 보인다. 그런데 그 여럿의 필름을 빠른 속도로 돌리면, 우리는 스크린 위에서 현실에서의 말의 움직임과 똑같은 움직임을 볼 수 있다. 필름의 차원에서 보면 본래 있는 것은 각각의 정지된 고정된 단면들일 뿐이지만, 그 필름을 빠른 속도로 움직이면 운동의 현상이 만들어지는 것이다. 이렇게 보면 실재하는 것은 정지된 단면이고, 움직임은 그 단면들이 빚어내는 가상일 뿐이다. 스크린 위 영상이 그런 것처럼 우리가 보는 현실세계의 운동 또한 본래 정지된 것들이 움직여서 만들어진 것일 수 있다. 본래 각각으로 정지해 있는 순간들이 시간의 흐름에 따라 서로 연결되어 만들어진 가상일 수 있는 것이다. 이렇게 보면 운동보다는 정지가, 시간 흐름보다는 정지된 순간이 더 궁극적 존재가 된다. 결국 현상세계의 운동도 궁극적으로는 정지된 각각의 순간이 우리의 의식 속에서 서로 연결되어 만들어진 가상일 수 있는 것이다. 궁극적 실재는 정지이고, 변화와 생성 내지 운동은 모두 이차적 가상일 수 있는 것이다.

그러나 현상의 근거로 간주될 만한 그런 고정된 정지는 과연 어디에 있는가? 필름이 돌아가서 만들어진 영화 속에서 우리가 실제로 보는 것은 각 순간의 필름이 아니다. 그것은 우리의 의식에 포착되지 않는다. 우리가 보는 것은 운동일 뿐이며, 각각의 고정된 필름으로 우리가 확인하는 것은 결코 시간 흐름 이전의 순간, 운동 이전의 정지가 아니라, 오히려 시간 흐름 속에서 우리가 임의적으로 고정화하고 추상화하여 얻어낸 이차적 결과물일 뿐이다. 이렇게 보면 실재하는 것 자체가 끊임없는 운동이고 흐름이며, 정지는 오히려 그러한 현실의 흐름으로부터 인위적으로 추출하여 정지시킨 결과물에 지나지 않는다.

이와 같이 궁극의 실재, 존재의 근원에 대한 형이상학적 물음은 아직 대답된 것이 아니다. 실재하는 것은 과연 고정되고 정지된 존재인가, 아니면 시간 흐름을 따르는 운동인가? 시간은 순간의 모임인가, 흐르는 연속체인가? 실재하는 존재의 궁극은 과연 무엇인가?

제1부

고대의 실체론

'무엇이 궁극적 실재인가?' '현상세계의 궁극의 바탕은 무엇인가?' '나라는 존재의 근원은 무엇인가?' 이런 물음은 이 세상을 살아가는 우리 모두가 궁금해하는 물음일 것이다. 서양에서는 소크라테스 이전 철학자들이 이 물음에 대한 답으로 물이나 불 등 자연물을 제시하기도 하고 수(數)와 같은 추상적 관념을 제시하기도 했지만, 이에 답하는 체계적인 철학적 저술을 남긴 첫 철학자는 플라톤이라고 할 수 있다.

플라톤(B.C.427~B.C.347)은 궁극적 존재를 가시적인 현상계 너머 비가시적인 이데아계에서 찾았다. 가시적인 현상계에 속하는 우주 만물은 시간 안에서 생겨났다 시간과 더불어 사라지는 무상한 것들이지만, 비가시적 이데아는 생성 소멸과 변화를 넘어선 것으로서 보다 더 실재적인 것이라고 여긴 것이다. 현상계는 감각의 대상이고, 이데아계는 이성적 사유의 대상이다. 이로써 플라톤은 감성보다는 이성, 경험보다는 사유, 신체보다는 정신을 우선시하는 이원론을 확립한다. 그렇게 이데아계와 현상계의 이원론을 확립한 후 플라톤은 다시 이 둘을 매개할 '제3의 류(類)'의 존재를 논한다. 현상 사물의 속성이 이데아의 수용을 통해 얻어진 규정이라면, 그렇게 이데아를 수용하는 사물 자체는 이데아도 아니고 이데아의 모사도 아닌 제3의 것이어야 하기 때문이다. 이는 곧 이데아적 규정의 수용자로서의 사물 자체에 대한 물음으로, 바로 존재자로서의 존재자, 기체로서의 사물 자체, 개별적 실체에 대한 물음이라고 할 수 있다.

아리스토텔레스(B.C.384~B.C.322)는 초기에는 플라톤과 달리 실체를 구체적 개별자라고 논했다. '존재'의 다양한 의미 중에서 가장 기본적 의미는 10가지 범주 중 첫 번째 범주인 '실체'이고, 이 실체에 해당하는 것이 바로 질료와 형상으로 이루어진 개별자이기 때문이다. 그렇지만 후기로 와서 개별자의 본질을 이루는 실체가 과연 무엇인가를 논하면서 아리스토텔레스는 개별자의 본질을 질료인 기체(신체)로 논하기도 하고 개별자의 형상으로서의 영혼으로 논하기도 한다. 이렇게 해서 아리스토텔레스는 다시 플라톤과 마찬가지로 질료와 형상, 물질과 정신, 몸과 마음의 이원론을 전개한다. 그러면서 현상세계의 궁극적 근거를 일체 질료가 배제된 순수 형상 내지 순수 이성으로서의 신(神)으로 간주하며 이를 '부동(不動)의 동자(動者)'로 설명한다.

플라톤은 선(善)의 이데아에서부터 출발해서 개별자의 존재 자체에 대한 물음으로 나아가고 아리스토텔레스는 개별자로부터 출발해서 순수 형상인 부동의 동자(신)로 나아가는 차이를 보이지만, 둘 다 궁극적 존재(신)와 개별자 자체를 하나로 통합하여 설명하지 못한 채 이원적으로 분리하고 있다. 개별자는 궁극적 존재인 신을 통해 존재하지만 신은 개별자의 외적인 근거이고 외적 초월에 머무르며, 따라서 개별자는 신과는 다른 독립적 자기 실체성을 갖는 것으로 간주된다. 궁극적 존재를 개별자의 내적 초월로 간주하여 궁극의 일(一)과 개별자의 다(多)를 하나로 통합하는 '일즉다 다즉일'을 확립하지 못한 것이다.

반면 현상세계 만물을 궁극의 일자로부터 설명하여 일과 다가 하나로 통합되는 세계관을 제시한 사람은 플로티노스(204~270)이다. 플라톤의 이데아가 이성적 사유의 대상이고 아리스토텔레스의 부동의 동자인 신이 순수 사유의 이성이라면, 플로티노스에서 궁극의 존재는 이데아도 아니고 순수 사유의 이성도 아니다. 사유는 사유자(신)와 사유대상(이데아), 이성과 이성대상이 구분되는 이원성을 보이기 때문이다. 플로티노스는 궁극적 존재를 일체의 이원성을 넘어선 불이(不二)의 하나인 일자(一者)로 규정한다. 일자는 일체 존재를 포괄하는 전체이며, 따라서 우주 만물 일체는 그 일자로부터 생겨난 것이다. 일자로부터 만물이 형성되는 것을 '유출(流出)'이라고 한다. 일자로부터 이성이 유출되고 다시 영혼이 유출되며, 물리적 현상세계 사물은 영혼에 비친 영혼의 그림자이다. 이렇게 플로티노스는 영혼과 물질, 마음과 몸을 이원론적으로 파악하지 않고 물질을 영혼의 그림자로 간주한다. 궁극적 존재인 일자는 일체의 내적 근원이고 내적 초월이며, 우주 만물은 이 일자로부터 유출된 것으로서 일자 이외의 다른 실체성을 갖지 않는다.

고대철학

(B.C. 585 탈레스~529 아카데미학원 폐쇄)

Ⅰ 소크라테스 이전

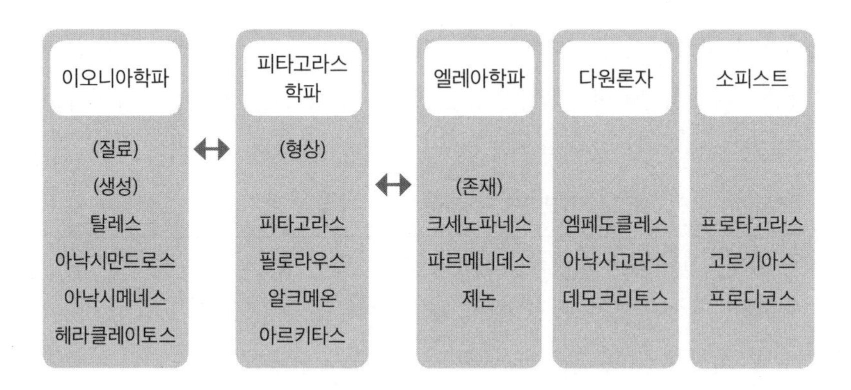

Ⅱ 아테네 철학

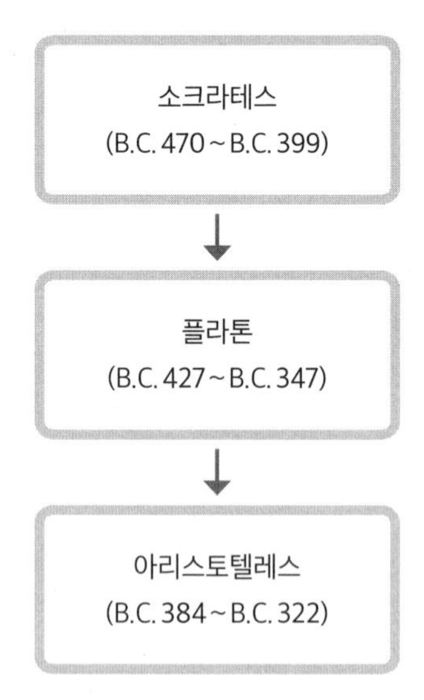

Ⅲ 헬레니즘: B.C. 338 ~ B.C. 146 / 4C [1]

1. 헬레니즘 1기

2. 헬레니즘 2기

신플라톤학파

플로티노스
(205~270)
프로클로스

---

1 헬레니즘 시기 규정은 크게 두 가지이다. 일반적으로는 그리스가 마케도니아에 패한 B.C. 338년에서 시작해서 다시 마케도니아가 로마의 속국으로 바뀐 B.C. 146년까지를 헬레니즘 시기로 규정한다. 그러나 철학에서는 출발은 같게 보지만 헬레니즘 시기가 끝나는 때를 로마가 기독교로 국교화한 4세기로 규정한다. 그 이후 중세 교부철학이 시작된다고 보기 때문이다. 헬레니즘 시기는 알렉산더의 동방원정으로 그리스 문화와 동방 문화가 교류하던 시기이다.

제1장

플라톤: 보편적 이데아와 개별적 실체에의 물음

1. 이데아계와 현상계의 이원론: 3개의 비유

플라톤[1]은 가시적 현상세계를 궁극적 실재로 여기지 않고 그보다 더 근원적 실재로서 비가시적이고 비감각적인 이데아계가 존재한다고 주장한다. 이데아계는 현상세계 너머 이성이 직관하는 형이상의 세계라

1 플라톤(Platon, B.C. 427~B.C. 347)은 아테네에서 태어나 20세쯤 소크라테스(Socrates, B.C. 470~B.C. 399) 문하로 들어가 문학과 철학을 배웠다. 당시 귀족주의와 민주주의 간의 갈등 속에서 아테네의 민주주의 정권이 소크라테스를 처형하자, 플라톤은 좌절하여 아테네를 떠나 메가라, 이탈리아, 이집트 등을 돌아다니며 여러 사상을 접했다. 40세 넘어 아테네로 돌아와 〈아카데미〉를 세우고 제자를 교육했는데, 이 〈플라톤 아카데미〉는 6세기까지 이어졌다. 잠시 시칠리아로 가서 군주를 교육하여 자신의 '철인의 이상정치'를 실현해보고자 했으나 실패하고, 다시 아테네로 돌아와 교육하고 저술하다가 80세에 생을 마감했다. 저서에는 『소크라테스의 변명』, 『국가론』, 『파이돈』, 『티마이오스』 등이 있다.

고 할 수 있다. 『국가론』에 나오는 동굴의 비유, 선분의 비유, 태양의 비유는 플라톤이 생각하는 이데아계와 현상계, 이성과 감성의 이원성을 보여준다.

1) 동굴의 비유

동굴 안에 갇혀서 동굴 앞쪽만 바라보도록 몸이 묶인 죄수가 볼 수 있는 것은 그의 눈앞을 스치고 지나가는 영상들뿐이다.[2] 그는 그 영상들이 실재하는 것이라고 생각하지만, 실제로 그것들은 죄수 뒤편에 존재하는 사물들의 그림자, 동굴 속 횃불에 의해 그려진 그림자에 지나지 않는다. 죄수는 몸이 묶인 채 앞의 그림자만을 바라보고 살았기에 그 그림자를 실재하는 것인 줄 아는 것이다. 그림자를 그림자로 알 수 있기 위해서는 그림자를 그려내는 실제 사물이 있음을 알아야 한다. 만일 죄수가 몸을 돌려 사물을 보고, 그 사물 뒤의 불빛을 보지 않는다면, 그는 끝까지 자신이 실재라고 믿는 것이 사실은 그림자에 지나지 않는다는 것을 알지 못할 것이다.

그러나 어떻게 해서든 죄수가 몸을 돌려 자신 뒤의 사물을 보고 불빛을 보게 되면 그는 실상을 알게 된다. 처음에는 불빛을 직접 보기에 눈이 부셔 고통스럽지만, 그것을 참아내면 실제 사물과 그것의 그림자를 구분할 수 있게 되며, 자기가 지금까지 실재로 여긴 것은 그림자에

---

2 동굴의 비유는 플라톤, 『국가론』, 7권, 514a-518b 참조. 영어 번역은 *Republic, Plato The Collected Dialogues Vol1*, trans. by P. Shorey, edited by E. Hamilton and Huntington Cairns, Princeton University Press, 1973, 747쪽 이하 참조. 희랍어 원문 및 독어 번역은 *Staat, Platon Werke, Bd4*, übersetzt von F. Schleiermacher und Dietrich Kurz, Darmstadt: Wissenschaftliche Buchgesellschaft, 1977 참조. 한글 번역은 『국가 · 정체』, 박종현 옮김, 서광사, 1997, 448쪽 이하 참조.

불과하고 참된 실재는 따로 있다는 것을 알게 된다. 그러나 그것으로 끝이 아니다.

그는 자신이 있는 곳이 세상의 전부가 아니라고 생각하며 그 밖으로 나가고자 하여 동굴의 출구를 향한다. 결국 동굴 밖으로 나가면 그는 환한 빛 속에 서게 된다. 그러나 어두운 곳에서 갑자기 너무 밝은 곳으로 나가면 눈이 부시다. 처음에는 너무 눈이 부셔서 산이며 나무를 직접 바라보지 못하고 물에 비친 그림자를 바라본다. 그러다가 눈이 빛에 익숙해지면 점차 사물 자체를 바라보고 밤하늘의 별들도 바라보게 된다. 그가 마지막으로 바라보는 것은 빛 자체인 태양이다. 그러나 태양은 잠시 스치듯 바라볼 수 있을 뿐 계속 쳐다볼 수는 없다. 그럴 경우 눈이 멀고 말 것이다.

동굴 밖:	(태양)			**이데아계**: 가지계 (이성적 사유대상)
	사물들 자체:	보편적 이데아 자체	— 철학적 인식	
	사물의 그림자:	이데아로부터의 개념	— 과학적 인식	
동굴 안:	(횃불)			**현상계**: 가시계 (경험적 감각대상)
	사물들 자체:	개별적 사물들 자체	— 의견	
	사물의 그림자:	개별적 사물들의 영상	— 소문	

여기서 죄수는 일상의 인간 모두를 의미한다. 우리의 몸과 시선을 고정시켜 사물 자체보다는 사물의 그림자만을 바라보게 만드는 것은 우리의 일상적 사고의 틀, 편견, 관습 등을 의미한다. 죄수가 고개를 돌리고 몸을 돌려 동굴 안 사물을 바라보는 것은 적어도 습관이나 편견, 남들의 소문에 따라 아는 것이 아니라 직접 사물들을 보고 들으면서 몸소 경험하여 아는 것을 뜻한다. 그러나 동굴 안에서 본 사물은

동굴 밖의 세계와 비교해볼 때 아직 실재가 아니다. 우리는 사물을 보고 경험하기는 하지만 아직 사물의 참된 본질을 직관하는 것은 아니며 단지 드러난 가시적인 현상만을 볼 뿐이다.

사물의 본질에 대해 파악하는 것은 동굴 밖으로 나와서 태양의 빛 아래 설 때 비로소 가능하다. 그런데 동굴 밖으로 나와서도 처음에는 눈이 부셔서 물에 비친 그림자만 본다는 것은 우리의 이성적 사유도 처음에는 이미 주어진 정의나 공리에 입각해서 추론적으로 인식할 뿐 이데아를 직접 직관하지는 못한다는 것을 의미한다. 일반적인 학문적 사유가 여기에 해당한다. 동굴 밖에서 그림자가 아니라 사물 자체를 바라보는 것은 일체의 전제나 가설 없이 이데아 자체를 직접 직관하는 것을 의미한다. 플라톤은 이것을 정의나 공리 내지 기본 원칙이나 가정 등 이미 전제된 것들을 다시 캐묻는 문답의 대화법(dialektik) 내지 변증법이라고 칭하는데, 이것이 바로 철학에 해당한다.

이와 같이 동굴 안과 동굴 밖은 각각 가시적인 현상계와 비가시적인 이데아계로 비유되고 있다. 경험적 감각을 통해 인식되는 것은 사물의 현상일 뿐이고, 이성적 사유를 통해 인식되는 것이 사물의 본질로 간주된다. 동굴 안에서부터 밖으로 나가는 것은 현상과 의견으로부터 실재와 진리를 향해 나아가는 것을 의미한다. 그리고 다시 동굴 밖으로부터 동굴 안으로 돌아와 타인에게 동굴 밖 실재계에 대해 알려주는 것은 진리의 전달, 교육과 계몽을 의미한다.[3]

---

3 동굴 밖으로 나가는 '상향의 길'과 다시 동굴 안으로 들어와 사람들을 진리로 이끌고자 하는 '하향의 길'로서 플라톤이 염두에 둔 것은 바로 그의 스승 소크라테스의 삶이다. 그런데 이처럼 진리를 향해 나아가는 상향의 길과 그 진리를 모든 사람들과 함께 나누는 하향의 길의 구분은 서양 희랍철학에서뿐 아니라 동양의 유가나 불교에서도 찾아볼 수 있다. 상향과 하향은 유가에서는 내성(內聖)과 외왕(外王)에 해당하고, 불교에서는 상구보리(上求菩提)와 하화중생(下化衆生)에 해당한다. 다만 이데아계와 현상계, 신

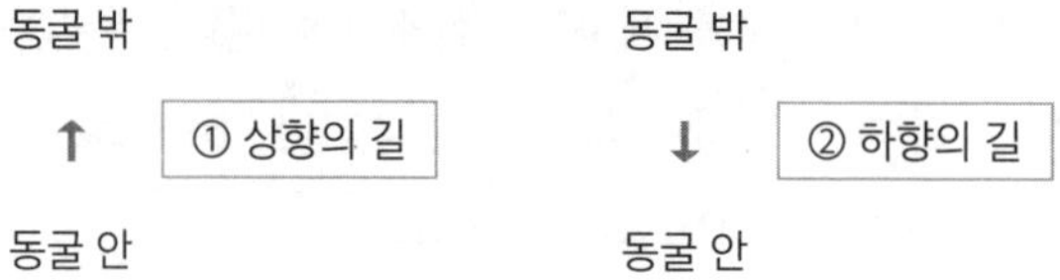

동굴 밖 동굴 밖

↑ ① 상향의 길 ↓ ② 하향의 길

동굴 안 동굴 안

2) 선분의 비유

선분의 비유는 동굴의 비유에서 밝힌 인식의 네 단계를 다시 선분을 사용하여 좀 더 명확하게 설명한다.[4] 선분은 크게 가시계와 가지계, 감각세계와 사유세계의 두 영역을 구분한다. 가시계에서의 앎은 감각이고, 가지계에서의 앎은 참된 앎인 인식이다.

그리고 다시 가시계 내에서 그림자(영상)의 영역과 개별 존재자의 영역을 구분 짓는 선분이 그어진다. 영상에 대한 앎은 소문이나 편견 등이고 개별 존재자에 대한 앎은 의견(doxa)이다. 가지계 내에서도 다시 선분이 그어져서 학문의 대상 영역과 변증법의 대상 영역이 구분된다. 그리고 거기 상응하는 앎이 각각 오성적 인식(dianoia)과 이성적 통찰(noesis)이다. 전자는 기하학에서처럼 가설에서 출발하여 추론을 통해 결론으로 나아가는 것인 데 반해, 후자는 가설들에 대해 그것의 근원인 제일원리로 소급해 올라가는 것이다.

국과 인국, 진제와 속제를 이원적으로 구분하는 서양식 사고에서는 하향의 길이 고난과 역경으로 간주되는 데 반해, 출세간과 세간, 진제와 속제, 부처와 중생을 불이(不二)로 이해하는 동양식 사고에서는 어떤 경우에든 조화와 융합이 강조된다. 4대 성인 중 서양문화에 속하는 소크라테스와 예수는 각각 사형이나 십자가처형이라는 비일상적 방식으로 생을 마감한 데 반해, 동양문화에 속하는 공자와 석가는 노년에 거의 자연사의 방식으로 생을 마감했다는 것도 그 차이를 대변해준다고 본다.

4 선분의 비유는 『국가론』, 6권, 509c-511e 참조(한글 번역책, 439쪽 이하).

가지계	이데아 자체	— 이성적 통찰(noesis): 변증법	인식(epistheme), 사유
	가설	— 지성적 추론(dianoia): 학문	
가시계	개별 사물들	— 믿음, 의견(doxa): 경험	감각(aisthesis)
	사물의 영상	— 소문, 상상: 편견	

3) 태양의 비유

소리를 듣기 위해서는 듣는 귀와 들리는 소리 둘만 있으면 된다. 맛보기 위해서도 맛보는 혀와 맛보아질 대상만 있으면 된다. 그런데 무엇을 보기 위해서는 보는 눈과 보이는 대상, 둘만으로는 충분하지 않다. 봄이 성립하기 위해서는 눈과 색 이외에 제3의 것, 즉 빛이 필요하다. 빛이 없는 암흑 속에서는 무엇인가가 있다고 해도 아무것도 보이지 않는다. 눈을 눈답게 볼 수 있게 하고, 색을 색답게 보일 수 있게 하는 것, 따라서 눈이 색을 볼 수 있도록 주관과 객관을 매개하는 것이 빛이다.

가시적 현상세계에서 빛의 근원은 태양이다. 가시계에서 태양이 주객 매개의 빛의 역할을 한다면, 가지계에서 그런 역할을 하는 것을 플라톤은 '선(善, agathon)의 이데아'라고 부른다. 이 선의 이데아를 설명하기 위해 태양의 비유를 든 것이다.[5] 선의 이데아는 사고 주관과 사고 대상을 매개한다. 사고 주관에게 대상을 인식할 수 있는 인식(epistheme) 능력을 부여하고, 사고 대상에게 주관에 의해 인식될 수 있는 진리(aletheia)를 부여하는 것이 선의 이데아이다. 선의 이데아 자체는 인식과 진리를 넘어서서 그 둘을 가능하게 하는 근거이며, 존재(einai)와 본질(ousia)의 이원성 저편에 있다고 할 수 있다.

5 태양의 비유는 『국가론』, 6권, 506d-509b 참조(앞의 책, 432쪽 이하).

2. 이데아의 의미

현상계 너머의 이데아계란 과연 무엇을 의미하는가? 이데아에 대해서는 두 가지 방식의 해석이 가능하다. 하나는 인식론적 차원에서 이데아를 현상에 대한 인간의 인식근거로 설명하는 것이고, 다른 하나는 존재론적 차원에서 이데아를 현상의 존재근거로 설명하는 것이다. 플라톤에서 이데아는 이 두 가지 의미를 모두 지닌다.

1) 현상의 인식근거

현상세계에 대한 우리의 인식은 단순한 감각만으로 다 설명되지 않는다. 감각은 특정 시간 공간에서 개별적 사물들에 대한 감각인상을 가지는 것으로 그치지만, 현상세계에 대한 우리의 인식은 단지 인상들의 나열을 넘어서기 때문이다. 우리는 감각인상들을 연결하기도 하고 서로 비교하기도 하며, 개별성을 넘어 일반 개념을 얻어내기도 하고 보편타당성을 지니는 일반 명제를 끌어내기도 한다. 그렇다면 이처럼 감각인상을 넘어서는 현상세계에 대한 인식은 어떻게 가능한 것인가?

일반 개념이나 보편적 인식은 개별적 감각경험으로부터 저절로 얻어지는 이차적 산물이 아니다. 오히려 감각경험적 인상들을 정리하고 종합하고 비교하기 위해 이미 일반 개념이 전제되어 있어야 한다. 예를 들어 빨간색 꽃, 빨간색 사과, 빨간색 종이 등을 바라보며 빨간색이라는 개념을 얻어내는 것 같지만, 그렇게 할 수 있기 위해서는 먼저 다양한 감각인상을 '색'이라는 관점에서 비교하는 의식이 필요하며, 그러한 의식에는 이미 색이라는 관념이 전제되어 있어야 하기 때문이다. 감각인상들을 서로 비교하여 크고 작음을 판단하자면, 우리 안에 이미

큼이라는 관념, 작음이라는 관념이 전제되어 있어야 한다. 이런 식으로 우리 안에는 같음의 관념, 다름의 관념 등 무수한 관념들이 이미 전제되어 있어야 하는 것이다.

이처럼 구체적이고 개별적인 현상세계를 일반과 보편의 관점에서 인식하기 위해 이미 전제되어야 할 보편이 곧 이데아, 즉 개념 내지 관념이라고 할 수 있다. 이렇게 보면 이데아는 현상세계를 인식하기 위한 인식근거에 해당한다. 이 경우 이데아는 현상세계의 인식을 가능하게 하는 인식의 틀, 인간에게 이미 선험적으로 구비되어 있는 관념체계라고 할 수 있다.[6]

2) 현상의 존재근거

플라톤 철학에서 이데아는 단순히 인식주관으로서의 인간이 가지는 인식의 틀에 그치는 것이 아니다. 그럴 경우 인식주관 바깥의 존재 자체는 이데아와 무관한 것이 될 것이며, 따라서 이데아를 통한 우리의 인식은 단지 주관적 인식에 그치게 될 뿐 객관적 진리 인식은 아니게 될 것이기 때문이다. 그러나 플라톤에게 있어 이데아의 인식은 곧 객관적 진리의 인식이다. 이것은 플라톤이 이데아를 인식의 차원을 넘어 존재 자체를 가능하게 하는 존재론적 근거로 간주하기에 가능한 것이

---

6 이렇게 보면 이데아는 우리로 하여금 현상세계를 일정한 방식으로 바라보게 하는 인식의 틀이며 결국 우리의 관념체계 내지 선입견이라고 할 수 있다. 그렇게 되면 우리를 일정한 사유의 틀에 가두고, 동굴에 가두는 것이 역설적이게도 바로 이데아인 것이며, 따라서 이데아의 세계는 동굴 밖 세계, 실재의 세계가 아니라 오히려 동굴의 근거로서 동굴 안에, 동굴보다 더 깊은 곳에 감추어져 있는 세계가 된다. 이 경우 이데아의 직관은 곧 동굴의 근거가 되는 우리의 사유틀에 대한 통찰을 의미할 것이다. 동굴이 동굴임을 알아차리는 것, 동굴을 형성하는 우리의 사유틀을 알아차리는 것이 곧 동굴로부터의 탈출, 현상계로부터의 벗어남을 뜻하게 된다.

다. 현상세계의 개별적 사물들이 이런저런 모습으로 존재하게 되는 근거가 바로 이데아라는 것이다. 예를 들어 책상의 노란색은 책상과 별도로 존재하는 노란색 이데아의 힘에 의해 노란색으로 나타난다. 그러므로 이데아는 '우리가 책상의 노란색을 어떻게 인식할 수 있는가?'의 물음에 답하는 인식근거일 뿐 아니라, '이 책상이 어떻게 노란색으로 존재하는가?'의 물음에 답하는 존재근거이기도 하다. 플라톤에 따르면 이데아는 개별적 현상 사물의 원형(元型, paradeigma)이고, 개별 사물은 보편적 이데아의 모상(模像, homoioma)이다.

이처럼 플라톤의 이데아는 단순히 사물의 인식근거에 그치는 것이 아니라, 그 자체가 실재하는 것으로서 현상세계 개별자들의 존재근거이기도 하다. 현상세계 개별자들은 이데아를 통해 실재성을 얻는다.

그런데 플라톤이 생각한 이데아는 변화하는 현상세계 사물들과는 질적으로 다른 항상적인 자기동일적 존재이다. 그렇다면 자기동일적인 관념적 이데아가 어떻게 생성 변화하는 개별자들의 존재근거가 될 수 있는 것일까? 플라톤에 따르면 예를 들어 구체적인 인간들, 갑순이, 갑돌이, 영희, 철수는 모두 인간이라는 이데아를 통해 인간이 된다. 그런데 이데아가 일(一)이라면, 구체적 개별자는 다(多)이다. 이데아와 개별자, 일과 다의 모순과 대립은 과연 어떻게 해소될 수 있는 것일까?

플라톤은 이데아와 모상, 일과 다의 관계를 메테시스(methesis)로 설명하는데, 메테시스는 다가 일에 속하는 '참여(參與)' 또는 일이 다로 나뉘는 '분유(分有)'로 해석될 수 있다.[7] 『파이돈』에서는 그 둘의 관계를 참여로 설명한다. 참여설에 따르면 현상세계의 다수의 개별적 사물들은 보편적 이데아계에 참여함으로써 특정 모습의 이데아를 닮은 사물이 된다. 이데아가 개별 사물을 규정하여 사물을 이런저런 것으로 만드는 것이다. 개별 사물은 이데아에의 참여를 통해 이데아와의 공존, 공동성(parousia, koinonia)을 띠게 되며, 이러한 공존을 통해 개별 사물은 그런 모습으로 존재하게 된다.

> 아름다움 자체 이외의 어떤 것이 아름답다면, 그것이 아름다울 수 있는 것은 오직 그것이 아름다움 자체에 참여하기 때문이다.[8]

참여설은 개별자가 이데아에, 다가 일에 참여하는 방식으로 둘 간의 연관성을 확보하지만, 이는 곧 다를 상실하면서 일을 확보하는 것이라고 볼 수 있다. 개별자가 자기동일적 이데아에 참여하여 실재성을 얻는 만큼 서로 상이한 다로서의 성질은 잃게 되기 때문이다.

반면 『파르메니데스』에서 플라톤은 일과 다의 문제를 다른 방식으로 논한다. 여기에서 소크라테스는 이데아와 개별자의 관계를 분유의

---

7 메테시스를 참여와 분유 둘로 구분한 후 그 각각이 모두 문제가 있다는 것을 밝힌 연구로는 김상일, 「한국철학의 역설에 관한 한 연구: '한'과 파르메니데스의 제3의 인간 논변을 중심으로」(단군학회, 『단군학연구』, 10권, 2004) 29쪽 이하 참조. 그는 "참여설의 경우 여럿(개별자)의 정체성이 훼손되고, 분유설의 경우는 하나(형상)의 정체성이 훼손" 된다고 논한다.

8 『파이돈』, 100c5. 희랍어 원문 및 독어 번역은 *Paidon, Platon Werke Bd3*, übersetzt von F.Schleiermacher, Darmstadt: Wissenschaftliche Buchgesellschaft, 1974, 147쪽 참조.

방식으로 설명한다. 즉 다수의 개별자가 이데아를, 다가 일을 분유한다는 것이다. 그런데 이러한 분유에 대해 대화 상대자 파르메니데스는 하나의 이데아가 다수의 개별자에 분유된다는 것은 곧 일을 상실함으로써 다를 확립하는 것이라고 비판한다. 일은 다에 분유되기 위해 다의 수만큼 부분으로 나뉘어서 다에 포함되어야 하는데, 이것은 이데아의 단일성 내지 통일성을 깨기 때문이다. 따라서 파르메니데스는 소크라테스의 분유설을 비판하고 오히려 일의 단일성을 유지하는 참여설을 주장한다. 이에 소크라테스는 '햇빛의 비유'를 들어 분유설을 옹호하는데, 햇빛이 개별자에 분유되어도 하늘에 있는 해의 단일성은 유지된다는 것이다. 그렇지만 이러한 햇빛의 경우에 대해서도 파르메니데스는 다시 다음과 같은 '천막의 비유'를 들어 분유설을 비판한다.

> 〈파〉 천막은 전체로서 각자의 위에 있는가, 아니면 천막의 각각 다른 부분이 각각의 개별자 위에 있는가? 〈소〉 물론 부분으로 있다. 〈파〉 그렇다면 개념 자체가 부분으로 나뉘고, 각각이 자신 안에 갖는 것은 오직 한 부분이 될 뿐이다. 각각 안에 개념이 전체로서 있지 않고 오직 부분으로만 있다.[9]

분유를 주장하는 한, 개별자가 분유하여 갖는 것은 결국 천막에 비친 만큼의 부분적 햇빛에 불과하고, 햇빛은 그런 식으로 부분으로 나뉘어 일자성을 잃게 된다는 것이다. 이렇게 보면 참여설이든 분유설이든 모두 일과 다의 관계를 원만히 설명하지 못하는 한계를 가진다.

---

9 『파르메니데스』, 131c. 희랍어 원문 및 독어 번역은 *Parmenides, Platon Werke Bd5*, übersetzt von F.Schleiermacher und Dietrich Kurz, Darmstadt: Wissens-chaftliche Buchgesellschaft, 1983, 211-213쪽 참조.

3. 개별적 실체에의 물음

플라톤은 『파르메니데스』 및 후기 저작 『티마이오스』에서 그의 이데아계와 현상계, 보편적 이데아와 개별적 사물의 이원론에 대해 새로운 문제를 제기하며 그 해결책을 모색한다.

1) 제3인간 논증

이데아와 사물, 일과 다가 서로 다른 것일 경우 그 둘을 연결 짓기 위해서는 그 둘을 매개하는 제3의 것이 요구된다. 그리고는 그 앞의 둘과 그 둘을 연결 짓는 제3의 것을 다시 연결 짓기 위해 그다음 제4의 것이 요구되고, 이렇게 해서 무한소급하게 된다. 플라톤은 『파르메니데스』에서 이 문제를 제기한다.

〈파〉 당신에게 많은 것들이 크게 보인다면, 아마 그것들을 같은 큰 것으로 볼 수 있게끔 하는 하나의 동일한 (큼 자체의) 이데아(1)가 있어야 할 것이다. 〈소〉 그렇다. 〈파〉 그런데 큼 자체와 다른 큰 것들을 당신의 영혼이 함께 조망한다면, 그 모든 것이 당신에게 크게 나타나게끔 하는 또 하나의 큼 자체(2)가 있어야 하지 않겠는가? 〈소〉 그런 것 같다. 〈파〉 결국 저 첫 번째 큼 자체(1)와 그 큼 자체를 지닌 큰 것들 이외에 큼의 다른 개념(2)이 등장해야만 하고, 다시 또 이 모든 것들 위에 이 모든 것을 크게 만드는 또 다른 큼 자체(3)가 있어야 할 것이다. 이렇게 해서 모든 개념이 더 이상 하나가 아니라 오히려 무한한 다수가 될 것이다.[10]

---

10 『파르메니데스』, 132a2 (앞의 책, 215쪽).

큰 사물들, a, b, c가 큼에 참여해서 큰 것이라면, 큼 자체(A) 또한 커야 한다. 사물 a, b, c가 속성 F를 가진다면, 이데아 F 자체(A) 또한 F의 속성을 가져야 하기 때문이다. 그렇게 우리는 큼의 이데아 A를 통해 큰 것들 a, b, c가 크다는 것을 안다. 즉 이데아 A와 큰 것들 a, b, c가 크다는 점에서 같다는 것을 아는 것이다. 그렇다면 우리는 이데아 A가 a, b, c와 마찬가지로 크다는 것을 어떻게 아는가? a, b, c가 큼을 a, b, c 바깥의 이데아 A를 통해 알듯이, 그것은 a, b, c와 A 바깥의 그다음 큼의 이데아 A2를 통해서 알 수 있다. 그리고 다시 A2가 a, b, c 및 A와 마찬가지로 크다는 것을 알기 위해서는 다시 그것들을 연결시킬 이데아 A3를 알아야 하고, 이렇게 해서 무한히 많은 큼의 이데아가 있게 된다.

파르메니데스의 이름을 빌려 플라톤이 자신의 이데아론에 대해 제기한 이러한 문제점은 그 후 아리스토텔레스를 거쳐 '제3인간 논증' 내지 '제3인간 역설'로 칭해지게 된다. 말하자면 a, b, c의 갑순이, 갑돌이, 영희 등 인간(인간1)이 모두 인간의 이데아 A(인간2)에 참여하기 때문에 인간이 되는 것이라면, 다시 그 인간들(인간1)과 인간의 이데아(인간2) 둘 다를 마찬가지의 인간으로 만들어주는 그다음의 인간 이데아(인간3)가 있어야 한다는 것이다. 이것이 '제3인간 논증'이다. 이처럼 현상세계 사물이 다(多)인 것과 달리 각각의 이데아는 그 자체로 단일한 하나의 일(一)이어야 하는데, 실제로는 각각의 이데아가 무한소급하여 무한한 이데아가 있게 되는 역설이 발생한다. 이것을 '제3인간 역설'이라고 부른다.

이러한 제3인간의 문제 내지 무한소급의 문제가 발생하는 것은 큰 사물의 큼을 큰 사물 바깥의 이데아에서 구하기 때문이다. 현상세계의 근거를 현상세계 바깥에서 구하면, 그 근거는 다시 또 근거를 가져야 하고, 그 근거는 또 근거를 가져야 하고, 이렇게 해서 무한소급되는 것이다. 서양은 이 무한소급을 끊기 위해 신(神)을 도입한다. 일과 다의 분리, 진과 속의 이원론을 유지하면서, 무한소급을 피하는 길은 계속되는 계열과는 질적으로 다른 것, 더 이상 그 근거를 되물을 수 없는 것을 설정할 수밖에 없기 때문이다. 현상계와 이데아계, 속과 진을 서로 분리된 것으로 간주함으로써 발생하는 문제이다.

2) 제3의 류(類)의 설정

플라톤은 가시적 현상계와 구분되는 이데아계를 설정함으로써 현상세계 사물의 인식 및 존재를 설명하려고 했지만 그러한 이데아를 통해서도 해명되지 않고 남겨지는 것이 있으니, 그게 바로 개별적 사물 자체이다. 일상에서 너무나 자명하게 존재하는 것으로 여겨지는 개별적 사물 자체, 다양한 속성들의 담지자인 사물 자체는 이데아적 원형과 그로부터의 모상, 그 어느 것에도 속하지 않는 것으로 드러나기 때문이다. 사물 자체는 과연 무엇인가?

사물의 속성들은 감각기관을 통해 주어져서 보고 듣고 만질 수 있으므로 가시적인 모상인 현상에 속한다고 할 수 있다. 그러나 그들 속성들을 담지하고 있는 사물 자체는 가시적인 방식으로 주어지지 않는다. 그것은 모상이 아니다. 그렇다고 현상계의 개별적 사물에서 그 속성들을 사상하고 남겨지는 사물 자체를 이데아로 간주할 수도 없다. 속성의 담지자가 이데아라면, 원형과 모상, 이데아계와 현상계의 이원성이 무너지기 때문이다. 결국 그것은 이데아도 아니고, 현상적 속성도 아닌 제3의 것이 되어야만 한다.

이데아계와 현상계의 이원론을 고수함으로써 생겨나는 이러한 문제를 플라톤은 『티마이오스』에서 다룬다. 여기에서 그는 ① 가지적 이데아도 아니고 ② 가시적 모상도 아닌 ③ 제3의 것이 새롭게 설정되어야 한다고 논한다.

> 우주에 관한 이야기를 새로 시작하자면 앞의 것보다 더 여럿으로 분류되어야 하는데, 그때는 두 가지 종류만 구분했지만 이번에는 세 번째 종류를 명시해야 하기 때문이다. 앞에서는 두 가지로 충분했다. ① 하나는 원형(본)(paradeigma)의 종류로 전제된 것으로 지성에 의해 알 수 있는 것이며 언제나 같은 상태로 있는 것인 데 반해, ② 다른 하나는 본의 모방물(mimema)로서 생성을 가지며 가시적인 것이다. 그때 우리는 두 가지로 충분하다고 생각해서, 세 번째 것을 구분하지 않았다. 그러나 이제 ③ 어렵고 분명하지 않은 세 번째 종류의 것을 논의해야만 한다. 이것은 어떤 힘(dynamis)과 본성(physis)을 가진 것으로 이해해야 하는가? 이것은 일체 생성(genesis)의 수용자(hypodoche)로서 어머니(tithene)와 같은 것으로 이해되어야 한다.[11]

제3의 종류는 이데아에 의해 규정받음으로써 형상적 규정들을 자체

---

11 『티마이오스』, 48e2-49a6. 희랍어 원문 및 독어 번역은 *Timaios, Platon Werke Bd7*, übersetzt von H. Muller und F.Schleiermacher, Darmstadt: Wissenschaftliche Buchgesellschaft, 1972, 85-87쪽 참조. 한글 번역은 『티마이오스』, 박종현 · 김영균 옮김, 서광사, 2000, 134-135쪽 참조. 이후 인용문은 한글 번역서가 있는 경우, 그 번역서를 기본으로 해서 저자가 일부 수정한 것이다.
플라톤은 『소피스트』 244a에서 궁극 존재(ousia)에 대한 두 관점의 대립을 제시한다. 가시적 현상을 궁극 존재로 간주하는 자연주의자(이오니아학파)와 비가시적 형상을 궁극 존재로 간주하는 피타고라스학파나 엘레아학파의 대립이 그것이다. 하이데거는 『존재와 시간』 서두에서 이 대립은 거인족과 올림포스 신들의 대립이라고 소개한다. 그러나 플라톤이 최후에 고민한 것은 그 둘을 넘어서는 제3의 류에 대한 문제이다.

내에 수용해야 하며, 그러면서도 이데아와도, 모상과도 동일한 방식의 존재는 아니어야 한다. 플라톤은 세 가지 종류를 구분하면서 이를 다음과 같이 비유를 들어 설명한다.

> 지금은 세 가지 부류를 염두에 두어야 한다. 즉 생성되는 것(②), 그리고 이 생성되는 것이 그 안에서 생성되게 되는 곳인 것(③), 그리고 생성되는 것이 태어남에 있어서 닮게 되는 대상인 것(①)이 그것이다. 특히 받아들이는 것(to dechomenen)(③)을 어머니에, 본받게 되는 대상인 것(①)을 아버지에, 그리고 이들 사이의 창조물(physis)(②)을 자식에 비유하는 것이 적절하겠다.[12]

① 이데아는 생성에서 닮고자 하는 원형으로 아버지에 비유되고, ② 이데아의 모상은 닮아서 생성되는 것인 자연으로서 자식에 비유되고, ③ 생성이 일어나는 곳은 원형을 따라 모상을 수용하는 것으로서 어머니에 비유된다. 플라톤은 이 제3의 것인 수용자가 ① 이데아나 ② 모상과 다른 종류의 것이어야 함을 거듭 강조한다.

> 자신 속에 온갖 부류의 것을 받아들이는 것은 모든 형상(eidos)(①)에서 벗어나 있어야 한다. 마치 좋은 향유를 만들 때 향기를 받아들일 액체는 가능한 최대한 무취 상태로 만드는 것과 같다. … (모상을 수용하는) 그것(③)은 본성상 모든 형상에서 벗어나 있어야 한다. 그러므로 가시적이고 감각으로 지각되는 것(aistheton)으로 생성된 것(②)의 어머니 내지 수용자(hypodoche)(③)는 흙이나 공기나 불이나 물 또는 이것들의 복합물 아니면

12 『티마이오스』, 50d1-d3 (한글 번역책, 141쪽).

그것들을 생기게 한 요소라고 말할 수 없다.[13]

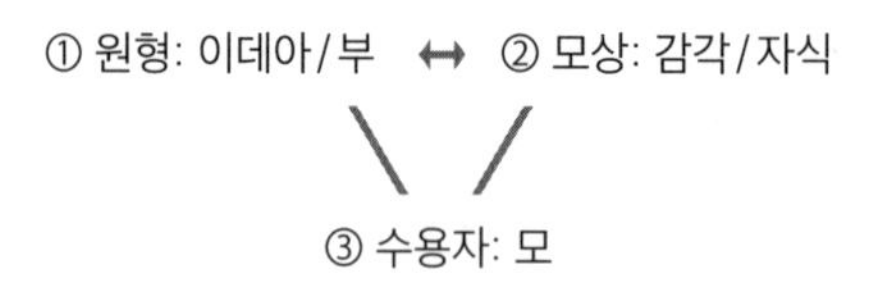

속성들을 수용하는 사물 자체 x는 사물의 속성들을 담지하는 것으로서 속성들 아래에 있는 것(hypodoche)이므로 그것을 지 · 수 · 화 · 풍의 네 가지 물질적 기본질료인 4원소(somata) 내지 그 원소를 이루는 더 기본적인 요소들(stoicheion)과 동일시해서는 안 된다. 그것은 불을 모방하여 불로 나타나고 물을 모방하여 물로 나타날 수는 있지만, 그 자체가 형상이거나 모상인 것은 아니다. 수용자는 ① 이데아계에 속하는 이데아도 아니고, 그렇다고 ② 현상계에 속하는 가시적 모상(eikon)도 아니다. 그러므로 이것을 제3의 것이라고 말하긴 하지만, 그것을 무엇이라고 규정하여 인식할 수도 없는 알기 힘든 것이라고 설명한다. 그것은 가시계에 속하지 않으므로 감각할 수 없고 가지계에 속하지도 않으므로 사유로서 파악하기도 힘든 것 따라서 알기 힘든 것이다.

> (이것은) 볼 수 없고(aoraton) 형태가 없지만(amorphon) 모든 것을 수용하는 것(pandeches)이며 아주 기이한 방식으로 사고되는 것(to noeton)과 연관되지만 도저히 설명하기 힘든 것이다.[14]

13 『티마이오스』, 50e3-51a7 (앞의 책, 142쪽).
14 『티마이오스』, 51a8-b1 (앞의 책, 142쪽).

이 알기 힘들고 설명하기 힘든 것, 그렇지만 형이상학적 사유에 따라 설정하지 않을 수 없는 것, 이것을 플라톤은 공간(chora)으로 설명한다.

> 형상(①)은 생성되지도 소멸되지도 않는 것이며 자신 속에 다른 것을 받아들이지도 않고 또 자신이 어디 다른 것 속으로 들어가지도 않는 것이다. 눈에 보이지도 않고 다른 방식으로 지각되지도 않으며 지성에 의한 앎(noesis)의 대상으로 존재한다. 반면 형상과 같은 이름을 갖고 그것과 닮은 둘째 것(②)은 감각에 의해 지각되고 생성되는 것이며 언제나 운동하는 것이고 어떤 장소에서 생성되었다가 다시 거기에서 소멸하는 것이며 감각적 지각(aisthesis)을 동반하는 의견(doxa)에 의해 포착되는 것이다. 이와 달리 셋째 것(③)은 언제나 존재하는 공간(chora)의 종류로서 자신의 소멸은 허용하지 않으면서 생성을 갖는 모든 것에 자리(hedra)를 제공한다. 이것 자체는 감각적 지각을 동반하지 않는 일종의 추론에 의해 포착되는 것으로 도무지 의견의 대상이 될 수 없는 것이다.[15]

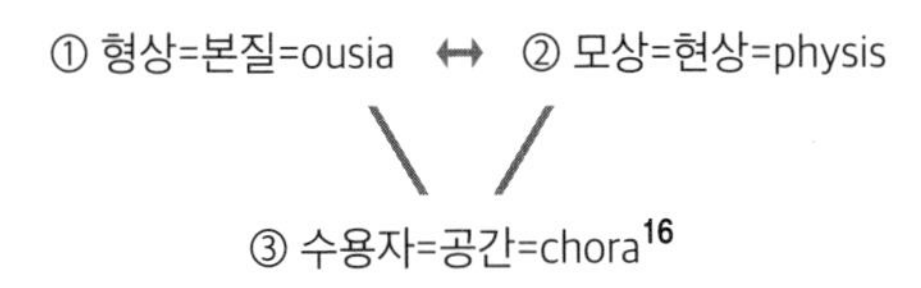

플라톤은 이러한 수용자로서의 공간을 그 각각의 개별적 사물이 갖

15 『티마이오스』, 52a1-b3 (앞의 책, 145-146쪽).

16 플라톤은 데미우르고스가 우시아를 아버지로 삼고 코라(공간)를 어머니로 삼아서 자식인 우주를 낳았다고 설명하고 있다.

는 3차원의 폭 내지 깊이로, 깊이를 다시 2차원의 면으로 환원한다. 그리고 그 면을 삼각형의 조합으로 구성된 것으로 이해한다.[17]

그러나 이 경우에도 문제는 남겨진다. 사물의 물질적인 측면과 삼각형이라는 비물질적인 수학적 공간성이 어떤 의미로 결합될 수 있는 것인가? 플라톤은 속성의 수용자, 사물 자체를 물질성 내지 규정성이 없는 아페이론과 같은 것으로 이해했는가? 물질적 원자와 같은 것으로 보았는가? 아니면 공간과 같은 것으로 보았는가? 만일 사물 자체가 비물질적인 것이라면, 현상 사물의 물질성은 어디에서 비롯되는 것인가? 플라톤 철학에서 이런 물음들은 대답되지 않은 채 남겨진다.[18]

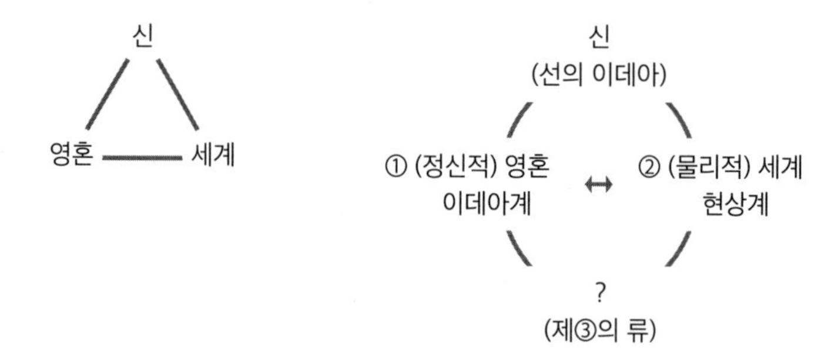

---

17 이에 대해서는 『티마이오스』, 53c 이하 참조(앞의 책, 149쪽).

18 플라톤이 사물 자체 x를 빈 공간으로 설명하는 것은 사물 자체가 무자성(無自性)이며 무아(無我)이고 공(空)이라는 것을 예감한 것이라고 볼 수 있다. 그러나 이데아도 모상도 아닌 제3의 류인 사물 자체 x를 되묻는 것은 그가 이데아계와 현상계, 진과 속이 궁극적으로는 둘이 아니라는 불이(不二)를 알지 못했기 때문이라고 본다. 그만큼 그 둘의 간극을 벌려놓는 개별자 자체를 무실체의 공으로 파악하기는 쉽지 않았을 것이다.

제2장

아리스토텔레스: 개별적 실체와 순수 이성(신)

1. 개별적 실체의 확립

1) 제1실체 : 개별자

플라톤은 궁극적 의미의 존재는 보편적 이데아이고 현상세계의 개별자들은 이데아의 모상이라고 간주한 데 반해, 아리스토텔레스[1]는 궁

1 아리스토텔레스(Aristoteles, B.C. 384~B.C. 322)는 그리스 북부에서 의사의 아들로 태어났다. 18세에 아테네에 있는 플라톤의 아카데미에 입학하여 B.C. 347년 플라톤 사망까지 20년간 다녔다. 그 후 아테네를 떠나 앗소스, 레스보스 섬 등을 다니다가, B.C. 342년 마케도니아로 가서 왕자 알렉산드로스의 교육을 담당했다. 몇 년 후 다시 아테네로 돌아와서 학원(뤼케이온 학원)을 세워 성황을 이루다가, B.C. 323년 정치적 이유로 아테네를 떠나 에우보이아로 이주한 후 다음해 거기에서 사망했다. 저술에는 『범주론』, 『자연학』, 『형이상학』, 『니코마코스 윤리학』, 『영혼론』 등이 있다.

극적 의미의 존재는 현상세계의 구체적 개별자들이고 보편적 이데아는 오히려 개별자에 부가되어 존재하는 이차적인 것으로 간주한다. 플라톤이 존재의 원형을 이성적 사유대상인 가지계의 이데아로 본 데 반해, 아리스토텔레스는 존재의 원형을 감각경험의 대상인 가시계의 사물로 본 것이다. 궁극적 의미로 존재하는 것이 바로 구체적 개별자라는 것을 아리스토텔레스는 우리의 일상언어의 문장 형식을 분석하여 밝힌다. 그는 우선 우리의 언어사용에서 존재의 의미가 다양하다는 점을 강조한다.

> '존재(있다)'는 여러 가지 방식으로 말해진다. 그러나 어떤 하나의 것, 어떤 한 가지 실재(즉 실체, ousia)에 관계해서 이의어가 아닌 방식으로 '있다'고 말해진다.[2]

---

2 아리스토텔레스, 『형이상학』, 4권 2장, 1003a33. 희랍어 원문 및 독어 번역은 *Aristoteles' Metaphysik Bd1*, übersetzt von Hermann Bonitz, Felix Meiner Verlag, Hamburg, 1982, 123쪽 참조. 한글 번역은 『형이상학 1』, 조대호 옮김, 나남, 2012, 130쪽 참조. 존재의 의미가 다양하다고 해서 모든 경우 존재의 의미가 서로 별개의 것으로서 완전히 서로 다른 의미로 사용되는 것은 아니다. 존재의 의미의 다양성은 일의성도 아니지만 그렇다고 다의성도 아니다. 단어가 다의적으로 쓰이는 경우는 동음이의어의 경우이다. 예를 들어 '밤'은 어두운 밤도 되고, 먹는 밤도 된다. 이 경우 의미 간에는 어떤 연관관계도 없다. 반면 '존재'의 의미는 다양하지만 서로 연관되어 유비적으로 사용된다. 유비에는 '닮음의 유비'(비례 유비)와 '수학적 유비'(비례성 유비)가 있다. 예를 들어 건강한 사람, 건강한 음식, 건강한 변 등에서의 '건강'은 닮음의 유비에 해당하고, 1:2=2:4와 같은 관계로 성립하는 유비는 수학적 유비에 해당한다.

- 일의성
- 다의성
- 유비
  - 비례 유비 : 닮음의 유비 예) 건강한 사람, 건강한 음식, 건강한 변
  - 비례성 유비: 수학적 유비 예) 눈물 : 인간의 슬픔 = 비 : 신의 슬픔

서양철학에서 '존재'의 문제는 곧 존재의 의미로 쓰이는 'be(einai)' 동사의 문제인데, 서양에서는 be 동사가 '있다'(존재)의 의미와 '이다'(계사)의 의미로 함께 사용되므로 그만큼 존재의 문제가 더 복잡해진다. 원래 파르메니데스는 '존재'를 계사의 의미가 아닌 엄격한 동일성의 의미로만 인정하여 '있는 것은 있고 없는 것은 없다.'고 간주함으로써 결국 운동을 인정하지 않았다. '이다'가 동일성의 의미로 쓰이는 것은 '사과는 사과이다.'라는 식의 동어반복의 문장 또는 '물은 H_2O이다.'라는 식의 정의(定義)의 문장에서이다. '존재'를 이런 단일 의미로만 인정하면, '사과는 빨간색이다.'와 같은 문장은 성립하지 않는다. 사과가 빨간색과 동일한 것은 아니기 때문이다. '사과는 빨간색이다.'가 성립하지 않으므로 어떤 사과가 빨간색이었다가 빨간색이 아니게 되거나, 빨간색이 아니었다가 빨간색으로 바뀌는 변화 내지 운동이 인정되지 않는다.

그러나 아리스토텔레스는 『범주론』에서 존재의 의미가 여러 가지 방식으로 다양하게 사용되고 있음을 밝힌다. 사과가 비록 빨간색과 동일한 것은 아니지만, '이다'가 동일성의 의미 이외에 다른 의미로도 쓰일 수 있기에 '사과는 빨간색이다.'는 유의미한 문장, 즉 참 또는 거짓일 수 있는 문장이다. 마찬가지로 '사과는 빨간색이 아니다.' 또한 유의미한 문장이며, 따라서 사과는 빨간색이 아니었다가 빨간색이 될 수도 있고, 빨간색이었다가 빨간색이 아니게 될 수도 있다. 그렇게 변화와 생성이 가능한 것이다. 이처럼 '이다'는 다양하게 실체, 분량, 성질, 관계 등의 의미로 사용된다. 실체, 양, 질, 관계, 시간, 공간 등이 모두 있음(존재)을 이해하고 서술하는 개념인 것이다. 존재를 이해하는 기본 개념, 기본적인 진술의 형식을 '범주(kategoria)'라고 하는데, 아리스토텔레스는 그의 저서 『범주론』에서 10개의 범주를 제시한다. 그중 첫 번째가 실체이다.

10개의 범주: 실체(ousia), 양, 질, 관계, 장소, 시간, 위치, 상태, 능동, 수동[3]

10개 범주 중 실체는 가장 기본적 의미로 존재하는 것, '그 자체로 존재하는 것(on kath auto)'이고, 나머지 9개는 '다른 것에 부가되어 존재하는 것(on kata symbebekos)'으로 실체를 서술하는 것들이다. 아리스토텔레스는 그 첫 번째 범주인 실체를 다시 둘로 구분하는데, 첫 번째 의미의 제1실체(prote ousia)는 '이것(tode ti)'으로 지시되는 각각의 개별자이고, 두 번째 의미의 제2실체는 그 개별자들이 그 아래 속하는 종(eidos)과 류(genos)이다.

가장 본래적이고 근원적이며 우선적인 의미의 실체(제1실체)는 한 주어(기체, hypokeimenon)의 술어가 될 수 없고 한 주어 안에 들어 있지도 않은 것, 예를 들어 특정한 사람 또는 특정한 말이다. 제2실체는 첫 번째 의미의 실체들이 속하는 종 그리고 그들의 류이다. 예를 들어 특정한 인간은 인간 종에 속하고, 그 종의 류는 동물이다. 인간과 동물이 (제2)실체이다.[4]

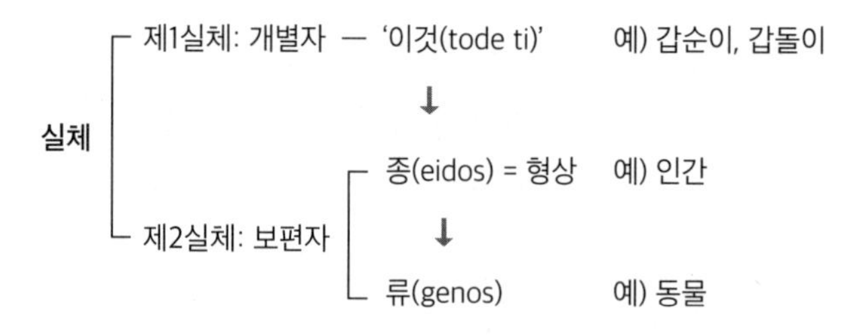

3 『범주론』, 4장 1b. 희랍어 원문 및 독어 번역은 *Kategorien Lehre Vom Satz*, übersetzt von Eugen Rolfes, Hamburg: Felix Meiner Verlag, 1974, 45쪽 참조.

4 『범주론』, 5장 2a (앞의 책, 45쪽).

실체는 다른 것 안에 있는 것이 아니라 그 자체로 존재하는 것이며, 그중 개별자에 해당하는 제1실체는 판단에서 술어적 수식이 될 수 없고 주어로만 쓰인다. 다시 말해 'S는 P이다.'의 판단에서 제1실체는 술어 P의 자리에 들어갈 수가 없고 언제나 주어 S의 자리에만 들어간다. 이 점에서 제1실체는 술어들의 기저에 놓이는 주어(기체)에 해당하며, 그 외 9개의 범주는 그 실체를 서술하는 것이다. 예를 들어 개별자 갑순이에 대해 '큰'이나 '똑똑한' 등의 술어가 덧붙여져서 '갑순이는 크다.' '갑순이는 똑똑하다.' 등의 문장이 이루어진다.[5] 제1실체는 바로 '이것'으로써 지시 가능한 개별자이다. 반면 제2실체는 개별자가 속하는 종이나 류에 해당하는 보편자로서 '갑순이는 사람이다.' '사람은 동물이다.'의 문장에서와 같이 술어로 쓰일 수 있다. 그렇지만 종과 류는 '큼'이나 '똑똑함'처럼 개별자 안에 들어 있는 개별자의 속성이 아니기에 실체의 범주에 포함시킨 것이다.

언어 논리적 차원에서 주어인 기체가 술어에 대해 갖는 관계는 존재론적 차원에서 구체적 개별자인 실체가 속성에 대해 갖는 관계와 같다. 즉 주술 구문인 'S는 P이다.'의 문장은 사물의 존재론적 구조인 '실체와 속성'에 상응한다.[6]

---

5 '내가 좋아하는 사람은 갑순이다.'의 문장에서 개별자 갑순이가 술어의 위치에 있지만, 이 명제는 동일성 명제이기에 엄밀히 말해 갑순이가 주어를 수식하는 술어로 사용된 것은 아니다. '비술어적 동일성 명제'라고 할 수 있다.

6 이렇게 보면 서양 고대철학에서 범주는 언어로 표현되는 사유형식이면서 동시에 존재형식이기도 하다. 존재와 사유, 존재와 인식의 일치를 이미 전제하고 있는 것이다. 이는 곧 존재와 사고를 하나로 보는 파르메니데스적 사유방식이기도 하다. 서양 고대와 중세에는 이러한 존재와 사유의 일치가 당연한 것으로 전제되거나 신(神)에 근거한 것으로 설명되었을 뿐, 인간 인식의 차원에서 철학적으로 논의되지는 않았다. 존재와 사유(인식)가 일치하는 근거에 대한 철학적 물음은 그 둘을 이원적으로 분리시킨 후에

언어논리적 구조: 'S는 P이다.'
주어 술어
||
기체(다른 것의 술어가 아닌 것)

존재론적 구조: x는 y이다.
실체 속성
||
제1실체(다른 것의 속성이 아닌 것) = 개별자

플라톤은 현상세계의 개별자를 근원적 의미의 존재로 보지 않았다. 변화하는 현상세계 너머 자기동일적 실재가 있다고 보며, 그것을 보편적 형상인 이데아로 간주했다. 갑순이, 갑돌이가 인간인 것은 그들이 인간의 이데아에 참여하기 때문이며, 구체적 인간보다 보편적 이데아가 더 많은 실재성을 갖는다고 본 것이다. 반면 아리스토텔레스는 근원적 의미의 존재는 현상계 너머의 이데아(형상)가 아니라 현상세계의 구체적 존재, 구체적 개별자라는 것을 강조한다. 제1실체는 구체적이고 개별적인 존재자이다. 제1실체인 개별자는 고유한 개체성을 띠고 그 자체로 존재하는 것이다. 개별자가 그 아래 속하는 종이나 류와 같은 보편자보다는 개별자 자체가 더 근원적 의미에서 존재하는 실체라고 본 것이다.[7]

비로소 제기될 수 있는데, 그런 이원적 분리가 근대철학에서 행해졌기 때문이다. 서양철학에서 그 일치의 가능근거를 인간 인식의 차원에서 체계적으로 논증한 사람은 칸트이다. 서양 형이상학은 이런 일치를 늘 전제하면서 성립한 '언어형이상학'이라고 비판한 사람은 니체이다.

7 아리스토텔레스가 과연 플라톤의 이원론과 다른 세계관을 제시했는지, 그가 진속 이원론을 제대로 극복했는지는 계속 문제로 남겨진다. 그가 실체라고 생각한 것은 개별자에서 속성을 제외한 속성 담지자로서의 기체(hypokeimenon)이며, 이것은 바로 플라

2) 개별자의 변화 원리 : 형상과 질료

아리스토텔레스는 가장 기본적 의미로 존재하는 것인 실체를 현상세계 내의 각각의 개별자로 보며, 이러한 현상세계 개별자들이 끊임없이 생성 소멸하고 변화한다는 것을 논한다. 그는 『자연학』에서 변화를 네 가지로 구분하는데, 이는 결국 두 가지로 요약된다.

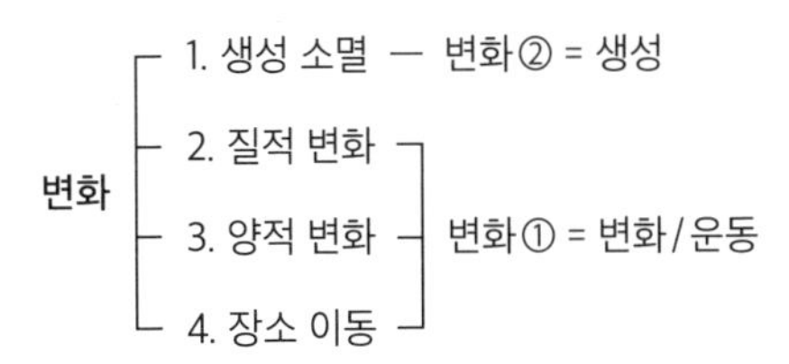

변화①은 '무엇이 어떤 것으로 되다'(x가 y가 되다) 방식의 변화이다. '사과가 빨간색이 되다.'와 같은 경우이다. '빨간색이 되다.'는 '빨간색이 아니었다가 빨간색이 되다.'이므로, 이러한 변화는 곧 'x가 -y에서 y로 바뀌다.'를 의미한다. 예를 들어 누군가 교양이 없다가 교양 있게 되면, 그는 '교양 없는'(-y)에서 '교양 있는'(y)으로 바뀐 것이다. 그런데 이러한 변화는 대립자(y와 -y)뿐 아니라, 대립자의 기저에 놓여 있는 것(x)을 전제한다. 이것을 변화의 3요소라고 말한다. 즉 변화 이전 상태

톤이 이원론 위에서 설정한 제3의 류, 속성들의 수용자로서의 그 무엇 x에 해당하는 것이다. 제1실체인 개별자에서 '실체'라고 불릴 수 있는 것은 결국 속성 담지자로서의 기체이다. 『범주론』에서는 기체로서의 실체를 각각의 개별자인 제1실체라고 간주하지만, 『형이상학』에서 이 기체로서의 실체는 결국 질료임이 밝혀진다. 그러나 아리스토텔레스는 실체를 기체가 아닌 '독립성'과 '이것'으로 규정함으로써, 실체를 다시 질료가 아닌 형상이라고 논한다. 이렇게 해서 그는 두 가지 실체를 인정하는 실체 이원론자가 된다.

(교양 없음), 변화 이후 상태(교양 있음), 변화의 주체(사람)가 그것이다. 변화에는 변화를 거쳐 존속하지 않게 되는 것(-y)도 있지만, 변화 이후에도 존속하는 것(x)이 있다. x가 y와 합성되어 존속한다. 아리스토텔레스는 이 경우 변화의 주체가 변화의 기저에 자기동일자로 존속한다는 것을 강조한다.

> 변화의 경우 발견되는 것은 생성의 주체가 되는 무엇인가가 늘 그 기저에 놓여 있을 수밖에 없다는 것이다. 이것은 수적으로 하나이지만, 형상의 면에서는 하나가 아니다. 왜냐하면 '사람이다'라는 것과 '교양 없다'는 것은 똑같은 의미가 아니기 때문이다. 하나(사람)는 존속하지만, 다른 하나(교양 없음)는 그렇지 않다.[8]

변화①:	x가	-y에서	y로 되다.
	(변화의 주체: 존속함)	(비존속)	(변화 결과)
	('그'가	'교양 없는'에서	'교양 있는'으로 되다.)

반면 변화②는 '무엇으로부터 무엇이 되다'(z로부터 x가 되다) 방식의 변화이다. '구리로부터 작품이 되다.'와 같은 경우이다. 아리스토텔레스는 개별자인 실체는 이러한 방식으로 생겨난다고 설명한다.

> 실체는 물론 단적으로 존재하는 다른 모든 것들도 그 기저에 놓여 있는 무엇인가로부터 생겨나게 된다는 것이 분명하다. 식물이나 동물이 종자로

8 『자연학』, 1권 7장, 190a13. 희랍어 원문 및 영어 번역은 *The Physics Vol1*, translated by P.H.Wickstaead and F.M.Conford, Cambridge: Harvard University Press, 1980, 73-74쪽 참조.

부터 생겨나듯이, 사물이 생겨나는 데는 그 바탕이 되는 무엇인가가 기저에 놓여 있기 때문이다. 단적으로 생겨나는 것들 가운데는 (조상처럼) 변형되거나 (성장처럼) 더해지거나 (조각처럼) 덜어지거나 (가옥처럼) 조직되거나 (질료의 면에서 변화를 겪는 경우처럼) 변용됨으로써 그렇게 된다. 이런 식으로 생겨나는 것들은 모두 그 기저에 놓여 있는 것들로부터 생겨난다.[9]

변화②=생성:	z로부터	x가	(없다가) 생겨나다.
	(재료: 존속함)	(제1실체)	
	(구리로부터	작품이	생겨나다.)

기저에 있는 어떤 존속하는 것으로부터 개별자들이 생겨나는데, 그 개별자가 바로 제1실체이다. 제1실체인 개별자가 변화②의 방식으로 생겨난 후, 다시 변화①을 겪으면서 그러한 변화의 기저에 존속하는 것으로 남게 된다. 제1실체가 대립자들을 수용하는 것이다.[10]

변화①=변화:		x가	-y에서	y로 되다.
		‖		
변화②=생성:	z로부터	x가		(없다가) 생겨나다.
		(제1실체=개별자)		

이와 같이 개별자는 제1실체임에도 불구하고 무엇인가로부터 생겨난 것이고 또 끊임없는 변화를 겪는 것이다. 즉 제1실체는 재료(질료)

---

9 『자연학』, 1권 7장, 190b1 이하(앞의 책, 77쪽 이하).

10 구체적으로 어떤 것이 제1실체인가? 그것은 개별자여야 한다. 금, 흙 등의 재료는 하나, 둘로 헤아릴 수 있는 개별적 존재가 아니므로 제1실체가 아니다. 셀 수 있다고 해

로부터 생겨나고, 일단 생겨난 후에는 형상에 의해 규정됨으로써 변화해간다. 따라서 개별자는 더 이상 단순한 실체가 아니라 질료(재료)와 형상(규정)의 합성물이라는 것이 밝혀진다.[11]

도 손, 발 같은 것은 개별자의 몸에 덧붙여진 것이니 제1실체가 아니다. 또 인조물은 분할이나 합성이 가능하니 제1실체로 분류하기 어렵다. 결국 제1실체는 인간, 개, 나무 등 자연적 종의 생물로 생각할 수 있다.

11 아리스토텔레스가 제시하는 형상과 질료의 구분은 절대적 구분이 아니라 상대적 구분이다. 즉 어느 단계에서 형상으로 간주된 것이 그다음 단계에서는 다시 질료로 간주된다. 예를 들어 하얀 대리석 덩어리를 가지고 소크라테스의 조각상을 만든다고 하면, 그때 조각상의 재료가 되는 대리석은 질료이며, 그 질료를 통해 구현하고자 하는 모습, 즉 조각가의 머릿속에 그려진 소크라테스의 형태는 형상이다. 그러나 여기서 질료인 대리석 조각도 그 이전 단계에서 보면 흙 속에 파묻혀 있던 바위로부터 직육면체의 형태로 잘라진 것이므로, 바위덩어리의 질료에 이미 직육면체의 형상이 덧붙여진 것이다. 그리고 여기서 형상인 소크라테스 모습의 조각상도 여러 개의 조각상을 가지고 멋진 정원을 만들고자 하는 정원사의 관점에서 보면 정원 전체의 구도를 위해 사용될 질료에 지나지 않는다. 그 단계에서 형상은 정원사가 구상하는 정원의 모습이고, 거기 사용되는 조각들은 그 형상에 따라 배치될 질료가 된다. 그리고 그 정원은 다시 도시 전체의 모양을 위한 질료가 될 수 있다. 결국 질료에 형상이 더해진 것이 그다음 단계에는 다시 질료가 되어 또 다른 형상을 입게 된다고 볼 수 있다.

…… → 대리석 덩어리 → 직육면체 형태 → 소크라테스상 → 정원 구도 → ……
…… 질료 + 형상
= 질료 + 형상
= 질료 + 형상 ……

형상과 질료의 결합으로 존재하는 개별자로부터 거기에 덧붙여진 형상을 모두 사상시키면 모든 형상이 배제된 '순수 질료'만 남겨지게 되고, 거꾸로 거기 덧붙여진 질료를 모두 사상시키면 모든 질료가 배제된 '순수 형상'만 남겨지게 될 것이다. 아리스토텔레스는 일체의 형상이 배제된 순수 질료를 '제1질료'라고 부른다. 그러나 이것은 일체의 규정을 떠난 것이기에 실제로는 인식될 수도 없는 것이며, 따라서 그 자체 범주에 따라 양이나 질로 서술될 수 있는 것도 아니다. 반대로 일체의 질료가 배제된 순수 형상을 아리스토텔레스는 질료적 기반 없이 존재하는 비물질적 실체라는 의미에서 순수 정신, 즉 신(神)이라고 부른다. 제1질료에 대해서는 『형이상학』, 7권 3장, 1029a20(한글 번역책, 274쪽); 『자연학』, 1권 9장, 192a31 참조.

2. 실체 이원론

1) 실체의 기준: 독립성과 개체성

아리스토텔레스는 『범주론』에서 '이것'으로 지시되는 개별자가 그 자체로 존재하는 제1실체라고 논했지만, 『형이상학』에서는 실체에 대해 좀 더 복잡한 논의를 전개한다. 그는 우선 개별자가 더 이상 단일한 것이 아니라 형상(morphe)과 질료(hyle)의 합성체(synolos)이며, 따라서 단일한 존재인 실체가 될 수 없다고 논한다. 그는 개별자를 분석하여 그중 무엇이 개별자를 개별자이게끔 하는 궁극의 실체인가를 밝히고자 하며, 이때 그가 실체의 기준으로 제시하는 것은 '분리가능성(choriston)'이라는 독립성과 '이것(tode ti)'이라는 개체성이다.

> 분리가능성(독립성)과 '이것임'(개체성)이 실체에 속하는 것이다.[12]

아리스토텔레스는 이러한 기준에 따라 검토해볼 실체의 후보로서 흔히 실체로 간주되는 것 네 가지를 제시한다.

> 실체는 더 많은 것들을 제외하면 주로 다음 네 가지로 말해진다. 즉 ②'본질'(무엇으로서 있는가, to ti en einai), ③ 보편자(katholou), ④ 류(genus), ① 기체(hypokeimenon)가 각 사물의 실체라고 말해진다.[13]

---

12 『형이상학』, 7권 3장, 1029a28(한글 번역책, 276쪽). '분리가능성' 내지 '독립성'은 현상제법의 상호의존성과 불가분리성을 논하는 불교의 '연기론(緣起論)'과 대비되고, '이것'으로서의 '개체성'은 개별적 실체인 아트만은 존재하지 않는다는 불교의 '무아론(無我論)'과 대비된다.

13 『형이상학』, 7권 2장, 1028b33(앞의 책, 273쪽). 그는 실체로 생각될 수 있을 만한 것들

이 중 ① 기체와 ② 본질은 개체성의 특징을 갖지만, ③ 보편자와 ④ 류는 개별자가 아닌 보편자이며, 따라서 실체로서의 자격을 갖지 못한다. 우선 ③ 보편자에 해당하는 '있음'이나 '하나' 등과 같은 것은 실체가 아니라는 것을 다음과 같이 논한다.

'있음'과 '하나'조차도 실체가 아니다. 있음과 하나처럼 여러 사물에 공통된 것은 그 어느 것도 실체가 아니기 때문이다. 반대로 실체는 자기 자신에만, 그리고 실체를 가진 그것에만 들어 있으며, 실체는 바로 이것의 실체다. … 형상(이데아)을 주장하는 사람들은 형상을 독립된 존재로서 따로 떼어놓는데, 그것들이 실체라면 일면 타당하겠지만 다른 점에서는 그렇지 못하다. 왜냐하면 그들은 '여럿에 걸친 하나'가 형상이라고 말하기 때문이다. … 분명히 '보편적인 것'(보편자)이라고 불리는 것들은 어느 것도 실체가 아니며, 어떤 실체도 여러 실체들로 이루어져 있지 않다.[14]

'있음'이나 '하나'와 같은 보편자는 개체성이 아니므로 실체가 아니다. 이는 곧 플라톤의 이데아나 형상이 개별자들이 참여하는 보편자로 간주되는 한, 실체일 수 없다는 것을 의미한다. 나아가 아리스토텔레스는 ④ 류(genus)도 실체가 될 수 없다고 논한다. 보편자가 개별 실체가 아니듯이 여러 개별자들을 자기 아래 포섭하는 종이나 류(類) 또한 실체가 아니다. '인간'이나 '동물' 등의 종 내지 류는 갑순이, 갑돌이 등

을 다음 순서로 논한다.

① 기체(hypokeimenon): 3장 = 질료

② 본질(to ti en einai): 4장~6장, 10장~12장 = 형상(eidos): 17장

③ 보편자(to katholou): 13-14장

④ 류(genus)

14 『형이상학』, 7권 17장, 1040b21-1041a5 (앞의 책, 340-342쪽).

의 모든 개별적 인간에게 모두 적용될 수 있는 보편적인 것이며, 따라서 그것으로부터 각각의 개별자의 개체성이 확보되지는 않기 때문이다.[15] 그렇다면 이 둘을 제외하고 남겨지는 ① 기체와 ② 본질은 실체일 수 있는가?

2) 기체(질료)와 본질(형상), 신체와 영혼

잠재적 실체로서의 기체(질료): 개별적 신체

개별자를 형상과 질료의 합성물로 볼 경우 우리는 개별자를 개별자이게끔 하는 개별자의 특징을 형상이 아닌 질료에서 찾게 된다. 형상은 개체에 내재된 보편적 본질로 간주되고, 각 사물을 개별자이게끔 하는 존재론적 기반은 따라서 형상 아닌 질료로 간주되기 때문이다. 갑순이나 갑돌이나 둘 다 인간이라는 보편적 본질에 있어서는 서로 구분되지 않고 동일하다. 또는 갑순이를 있게 한 자(부모)와 그로 인해 생성된 갑순이(자식)는 형상에 있어서는 동일하다. 그런데도 그 둘이 하나가 아니라 각각 서로 다른 개별적 존재로서 제1실체가 될 수 있는 까닭은 그들의 질료, 즉 그들의 "살과 뼈"가 서로 다르기 때문이다.

> (자연물에 있어서는) 낳는 자(산출자)는 (무엇을) 만들어내기에 충분하고, 질료 안에 형상이 있도록 하는 원인이 되기에 충분하다. 이 개별적인 살과 뼈 속에 있는 이런저런 형상이 바로 칼리아스이고 소크라테스이다. 이들은 질료 때문에 서로 다르다. 질료가 서로 다르기 때문이다. 그러나 형상(eidos)

---

15 그런데도 아리스토텔레스는 뒤에서 실체를 ② 본질로 논하면서 예를 들어 갑순이의 본질을 '인간-임'으로 설명한다. 따라서 이때 인간-임은 단순한 종 개념 내지 류 개념이 아니라 개별자의 본질을 의미하는 개별적인 것으로 해석되어야 한다.

으로 보면 그들은 같다. 형상은 나눠질 수 없는 것이기 때문이다.[16]

이와 같이 형상은 보편화의 원리로, 질료는 개별화의 원리로 설명된다. 보편적 종적 본질인 형상은 개별자를 보편 아래 포섭함으로써 개별자들이 개체성을 넘어선 보편적 특징을 갖게 하는 데 반해, 질료는 그런 보편적 형상을 지닌 개별자를 서로 다른 것으로 구분 짓는 개체화의 원리가 된다. 이런 의미에서 아리스토텔레스는 『형이상학』 여러 곳에서 질료가 곧 실체라고 말한다.

> 모든 감각적 실체에는 질료가 있다. 기체가 실체인데, 이것은 어떤 점에서는 질료이다. … 분명히 질료도 실체다. 모든 대립되는 변화에는 그 변화의 아래에 놓여 있는 어떤 기체가 있기 때문이다. 예를 들어 지금 여기에 있다가 다시 다른 곳에 있게 되는 장소의 변화에, 그리고 지금 이만큼 크다가 다시 작아지거나 커지는 양의 변화에, 그리고 지금 건강하다가 다시 아프게 되는 질의 변화에는 그 변화의 아래에 놓여 있는 어떤 기체가 있다.[17]

이렇게 해서 실체의 네 가지 후보 중 가장 먼저 실체로 간주될 만한 것은 ① 기체 내지 기체로서의 질료이다. 『범주론』에서 '다른 것의 술어가 될 수 없는 것'인 기체를 제1실체인 개별자로 규정했지만, 개별자를 질료와 형상의 합성물로 보면 진정한 의미의 기체(제1기체)는 술어로 사용 가능한 형상을 모두 배제한 순수 질료가 된다. 형상은 개체에 내재되거나 개체를 서술하는 술어로 사용될 수 있는 데 반해, 질료는

---

16 『형이상학』, 7권 8장, 1034a3-7 (앞의 책, 302-303쪽).

17 『형이상학』, 8권 1장, 1042a25-34 (앞의 책, 348-349쪽).

술어로 사용될 수 없는 기저의 것이기 때문이다. 기체는 곧 질료이며, 따라서 질료가 기체로서의 실체가 된다.

그러나 『형이상학』 다른 곳에서 아리스토텔레스는 다시 단호하게 질료가 실체일 수 없다고 논한다. 질료는 구리나 청동처럼 개별화되기 이전의 재료일 뿐이며, 실체의 가장 중요한 특징인 독립성과 개체성(이것)을 갖고 있지 못하기 때문이다.

> 성질, 능력, 길이, 양 들이 속성으로서 들어 있는 곳이 실체이다. 길이와 넓이와 깊이를 덜어내면, 우리는 이것들에 의해 제한된 어떤 것(x)을 빼놓고는 아무것도 남지 않는 것을 보게 되는데, 이런 관점에서 보면 질료가 유일한 실체로 나타날 수밖에 없다. … 이런 관점에서는 질료가 실체라는 결론이 나온다. 그러나 이것은 불가능하다. 왜냐하면 일반적 의견에 따르면 분리가능성(choriston, 독립성)과 '이것임(tode ti, 개체성)'이 실체에 속하는 것이기 때문이다.[18]

여기에서 아리스토텔레스는 실체의 기준을 『범주론』에서 논한 '서술의 기저에 있는 기체'라는 것 이외에 '독립성'과 '개체성(이것)'으로 새롭게 규정하며, 이 기준에 따라 질료는 실체가 될 수 없다고 논한다. 예를 들어 청동으로부터 이런저런 작품을 두 개 만들면 작품 a와 작품 b가 각각의 개별자로 만들어지는데, 각 작품의 특징들이나 성질들을 제거하고 질료로서의 청동이 남겨진다고 해도, 그때 청동은 a나 b로 개별화되기 이전의 덩어리(제1질료)에 불과하다는 것이다. 그러므로 질료 자체에서 개별적 실체를 발견할 수는 없다. 그는 질료를 실체로

18 『형이상학』, 7권 3장, 1029a16-28(앞의 책, 275-276쪽).

여기는 것은 실체에 대한 잘못된 견해 중의 하나라고 말한다.

> 사람들이 실체라고 생각하는 것들 중 대다수는 분명 잠재태들에 불과하다. 이를테면 동물들의 부분들이 그런데, 이것들은 어떤 것도 분리(독립)될 수 없고, 분리될 경우 모두 질료로서만 존재하기 때문이다. 흙, 불, 공기도 그런데, 이것들은 그 어떤 것도 '하나'(단일체)가 아니고, 가공되어 그것으로부터 어떤 '하나'가 생겨나기 전까지는 단순한 더미에 지나지 않기 때문이다.[19]

질료만으로는 개별자의 독립성과 개체성이 확보되지 않으므로 질료가 곧 실체일 수 없다는 것이다. 형상이 모두 배제된 순수 질료, 제1질료는 개별화되지 않은 더미에 불과하며, '이것(tode ti)'이 아니다. 따라서 실체가 아니다. 제1질료는 형상에 의해 규정됨으로써 비로소 구체적 개별자의 질료가 될 수 있으니, 질료 자체는 형상에 의해 구체화되고 현실화되기 이전에는 단지 잠재적으로만 '이것'이다. '이것'(실체)이 될 수 있는 가능성은 있지만, 아직 현실적으로 '이것'은 아닌 것이다. 이처럼 기체로서의 질료는 잠재태로서만 실체이기에 궁극적으로 실체라고 말할 수 없다. 질료를 실체로 인정할 경우에도 그것은 단지 '잠재태로서의 이것'일 뿐이다.

> 모든 감각적 실체에는 질료가 있다. 기체가 실체인데, 이것은 어떤 점에서는 질료이다. 여기서 질료는 현실적 '이것'이 아니라 잠재적 '이것'이다.[20]

---

19 『형이상학』, 7권 16장, 1040b5-10 (앞의 책, 339-340쪽).

20 『형이상학』, 8권 1장, 1042a25-34 (앞의 책, 348쪽).

질료가 단지 '잠재적 실체'에 불과한 까닭은 그것이 결국 지수화풍으로 만들어진 무규정적 무더기이기 때문이다. 그 무규정적 무더기인 순수 질료(제1질료)로부터 각각의 개별자의 질료(제2질료)인 각자의 몸이 되기 위해서는 질료 이외의 것이 필요하다. 각자의 몸에 해당하는 개별적 질료(제2질료)인 '잠재적 실체'는 그것을 구체적 개별자(tode ti)로 만들어주는 '현실적 실체'를 필요로 하는 것이다.

> 기체와 질료라는 뜻의 실체는 일반적으로 인정받지만 그것은 가능적 실체이므로, 감각적 실체들 중 어떤 것이 현실적 실체인지를 밝히는 일이 남아 있다.[21]

그렇다면 질료가 개체의 몸이 되기 위해 필요한 현실적 실체는 과연 무엇인가? 가능적 실체를 구체적 개별자로 만드는 것, 무규정적 질료를 각자의 살아 있는 몸, 현실적 몸으로 만드는 것은 과연 무엇인가?

현실적 실체로서의 본질(형상): 개별적 영혼

무규정적 질료를 넘어 개별자를 개별적 '이것'이게끔 만드는 현실적 실체를 아리스토텔레스는 각 개체의 '본질(to ti en einai)'에서 구한다. 어떤 것이 '무엇'으로서 존재할 때, 그 무엇에 해당하는 것이 바로 그것의 본질이다. 그 본질을 통해 개별자는 바로 그 개별적 '이것'으로 존재하며, 따라서 본질은 개별자가 그 자체로서 바로 그것인 것이다. 즉 단순히 그것의 속성으로서 그것에 속하는 것이 아니라, 필연적 방식으로 그것과 하나인 것이다.

---

21 『형이상학』, 8권 2장, 1042b9-10 (앞의 책, 350쪽).

어떤 사물이 그 자체로서 무엇인지를 말해주는 진술 속에서 드러나는 것이 각자의 본질이다. 예를 들어 '너-임'(너의 본질)은 '교양 있음'이 아니다. 왜냐하면 너는 너 자체로서 교양 있는 것이 아니기 때문이다. 그러므로 너 자체로서 무엇인 바가 너의 본질이다.[22]

각 사물 자체와 그것의 본질은 결코 부수적인 의미에서 하나이고 동일한 것이 아니다. 이는 각 사물을 아는 것이 곧 그것의 본질을 아는 것이라는 점에서도 그렇듯이, 분명 각 사물과 그것의 본질은 필연적으로 하나이다.[23]

사물 자체와 그것의 본질이 필연적으로 하나라는 것은 곧 그 사물에 대해 그 본질을 부정할 경우 자기모순이 발생한다는 말이다. 이 점에서 본질은 각 사물을 바로 그 각각의 것이 되게끔 하는 것이며, 따라서 본질이 곧 사물 자체인 실체가 된다.[24] 이처럼 각각을 그 각각의 것이 되게끔 하는 본질은 그 사물에 속하는 다른 속성(술어)들과는 다르다. 실체 이외의 9개 범주에 해당하는 일반 속성(술어)들은 한 개별자에 긍정과 부정의 두 방식으로 모두 적용 가능하다. 예를 들어 갑순이는 '작은'이었다가 '큰'이 되어도, '교양 없는'이었다가 '교양 있는'이 되어도, 갑순이는 갑순이다. 속성이 변화해도 자기동일적 실체로 존속하는 것이다. 그러나 개별자의 본질에 관한 한, 그 부정인 대립구가 그 개별자에 적용될 수 없다. 말하자면 갑순이의 본질은 인간-임인데, 갑순이가

---

22 『형이상학』, 7권 4장, 1029b13-16 (앞의 책, 278-279쪽).

23 『형이상학』, 7권 6장, 1031b19-21 (앞의 책, 291쪽).

24 서양철학이 개별적 실체로 간주하는 개별자의 '본질'은 불교 용어로는 각 개별자의 자성(自性)에 해당한다. 불교는 처음부터 개별자의 자성은 존재하지 않는다는 무아(無我) 내지 공(空)을 설했고, 중관은 "무자성이므로 공이다(無自性故空)"라고 말한다. 서양의 실체론과 불교의 무아론이 대비되는 지점이다.

'인간-임'이었다가 '인간-아님'이 되면 갑순이는 더 이상 갑순이가 아니게 된다. 갑순이와 갑순이의 본질(인간-임)이 하나이기에 갑순이와 인간-아님은 서로 모순이며, 따라서 '갑순이는 인간이 아니다.'는 술어가 주어를 부정하는 자기모순적 명제가 된다. 결국 갑순이의 본질은 인간이고, 갑순이는 인간인 한 갑순이로 존재하기에, 갑순이를 갑순이이게끔 하는 것, 갑순이의 '인간-임'이 바로 갑순이의 본질이며, 이 '본질'이 바로 개별자를 그 개별자이게끔 하는 '실체'이다.

속성: 1. 본질적 규정(S와 필연적 연결. 따라서 부정이 불가능) = 본질 = 실체
2. 우연적 규정(S와 부수적 연결. 따라서 부정이 가능)

이와 같이 아리스토텔레스는 각 개별자가 '무엇'으로서 존재하는가의 본질(to ti en einai)이 곧 그 개별자의 실체라고 논한 후, 그 본질이 곧 형상(eidos)이라고 설명한다. 개별자의 본질에 해당하는 형상이 곧 실체라는 것이다.

> 어떤 것이 있다는 사실을 미리 주어져 있는 것으로 삼기 때문에, 우리는 무엇 때문에 이 질료는 '어떤 것'인가를 묻는다. 예를 들어 무엇 때문에 이것들은 집인가? 그것의 이유는 집-임(집의 본질)이 그것들에 들어 있기 때문이다. 무엇 때문에 이것은 사람인가? 또는 무엇 때문에 이 몸은 이런저런 상태에 있는가? 이렇듯 우리가 찾는 것은 질료의 원인(질료가 특정 개별자의 질료가 되는 원인)이며, 이것은 곧 형상이다. 이것 때문에 질료는 특정한 종에 속하는 어떤 것으로 있으니, 그 원인(형상)이 바로 실체이다.[25]

---

25 『형이상학』, 7권 17장, 1041b3-9(앞의 책, 344-345쪽).

개별자 =	질료	+	형상
	기체		본질(to ti en einai)
	= 잠재적 ‘이것’		= 개별적 ‘이것’
	(잠재적 실체)		(현실적 실체)

집의 재료(질료)를 이 집의 질료가 되게 하는 것이 ‘집-임’이듯이, 한 생명체를 이 인간의 몸으로 만드는 것은 그 안에 들어 있는 ‘인간-임’이다. 이 인간-임이 곧 인간의 본질이며 이것이 바로 인간의 ‘형상’이다. 결국 갑순이를 개별자이게끔 하는 것은 갑순이의 ‘인간-임’의 형상이고, 이것이 갑순이의 본질이며 갑순이의 실체라는 것이다.

그런데 아리스토텔레스는 실체로 규정된 본질 내지 형상은 플라톤이 생각하듯 개별자들에 공통적으로 속하는 보편자나 류 개념이 아니라는 것을 강조한다. 실체는 개별자를 개별자이게끔 하는 본질이기 때문이다. 플라톤에서 인간의 형상은 보편적 형상이지만, 아리스토텔레스가 개별자의 본질로 언급하는 인간-임의 형상은 보편적 형상이 아니라 특정 개별자를 개별자이게끔 하는 개별적 형상이다. 이 개별적 형상이 무규정적 제1질료를 개별자의 제2질료, 개별자의 몸으로 만드는 것이 된다. 즉 일반적 살과 뼈를 나의 살과 뼈이게끔 만드는 것이다. 바로 나의 몸을 나의 몸이게끔 하는 것을 아리스토텔레스는 본질 내지 형상이라고 설명한 것이다. 따라서 그것은 개별자의 우연적 속성이나 모든 인간에 해당하는 종적 본질이 아니라, 개별자의 본질이어야 한다.

나의 몸(질료)을 나의 몸이게 하는 것에 대한 답은 『영혼에 관하여』에서 찾아진다. 여기에서 아리스토텔레스는 실체를 세 가지 의미로 구분한 후, 그에 근거해서 영혼을 실체로 설명한다.

우리는 있는 것들 중 하나의 종류를 실체라고 부른다. ① 첫째는 질료라는 의미의 실체인데, 그 자체로서는 '어떤 이것'이 아닌 것이다. ② 둘째는 형상(morphe) 또는 본질(eidos)이라는 의미의 실체인데, 사물은 이것 때문에 '어떤 이것'이라고 말해진다. ③ 셋째는 그 둘로 구성된 것을 실체라고 한다. 질료는 잠재태(dunamis)이며, 형상은 현실태(energeia)이다. … 생명을 갖는 모든 자연적 신체는 합성물이라는 의미의 실체이다. 이것은 생명을 가지는 신체이므로, 신체가 곧 영혼은 아니다. 신체는 다른 기체(hypokeimenon)를 전제하지 않으며 오히려 그 자체가 기체 내지 질료이기 때문이다. 결국 영혼은 '생명을 잠재적으로 가지는 자연적 신체'의 형상이라는 의미의 실체이다. 실체는 현실태이다. 따라서 영혼은 그런 신체의 현실태이다.[26]

실체(ousia)의 세 의미

① 질료(hyle):	개별자(tode ti) 아님:	잠재태(dynamis) — 신체 = 기체 = 질료
② 형상(morphe):	이로써 개별자(tode ti)가 됨:	현실태(energeia) — 영혼
③ 개별자:	질료(신체) + 형상(영혼)	

개별적 몸을 이루는 기체로서의 질료를 각각의 개체의 몸으로 만들어 개체성을 부여하는 것은 몸의 형상으로서의 영혼이다. 이 영혼이 각 개별적 존재자의 실체라고 할 수 있다. 이와 같이 아리스토텔레스는 신체와 영혼을 각각 잠재태와 현실태로 설명한다.

신체와 영혼을 잠재태와 현실태로 설명하는 것은 일견 심신일원론의 관점에서 영혼을 신체의 기능으로 설명하는 것처럼 보일 수 있다.

---

26 『영혼에 관하여』, 2권 1장, 412a6-23. 희랍어 원문 및 영어 번역은 *On the Soul*, translated by W.S.Hett, Cambridge: Harvard University Press, 1986, 67-69쪽 참조.

영혼을 "잠재적으로 살아 있는 자연적 신체의 형상"으로서 실체라고 하는데, 형상은 잠재적 신체가 구체화되고 현실화되었다는 의미로 해석될 수 있기 때문이다.

> 실체는 형상, 질료, 그리고 이 두 가지로 구성된 것이라는 세 가지 의미로 말해질 수 있다. 그중 질료는 잠재태이고 형상은 현실태이다. 이 둘로 구성된 것은 '영혼을 가진 것'이므로, 신체는 영혼의 현실태가 아니고 오히려 영혼이 신체의 현실태이다. 따라서 영혼은 신체 없이 존재할 수 없으며, 또한 그 자체가 신체의 일종도 아니다. … 각각의 현실태는 그것의 잠재태 안에, 즉 그것의 고유한 질료 안에 존재한다.[27]

이와 같이 신체가 없으면 영혼이 존재할 수 없다고 논하는 것을 보면 실재하는 것은 잠재태로서의 신체이고, 영혼은 단지 그것의 구체화된 활동 내지 기능처럼 보인다. 그 경우 잠재태로서의 신체 내지 질료가 궁극적 실재가 된다. 그러나 아리스토텔레스에서 현실태는 잠재태에 앞선 것이고, 영혼은 신체보다 더 근원적인 것이다.

아리스토텔레스는 영혼의 능력으로 ① 영양섭취능력, ② 감각능력(aisthetikon), 욕구능력, 운동능력, ③ 사고능력(dianoetikon)을 들며, 그중 어느 능력을 가졌는가에 따라 ① 식물의 영혼, ② 동물의 영혼, ③ 인간의 영혼을 구분한다. 영혼과 신체의 관계에 대해 아리스토텔레스는 다음과 같이 말한다.

> 눈동자와 시력이 눈을 구성하듯이, 영혼과 신체는 생물을 구성한다. 만약

---

27 『영혼에 관하여』, 2권 2장, 414a15-28(앞의 책, 79-81쪽).

영혼의 부분이 있다면, 그 영혼의 어떤 부분이 신체로부터 분리되지 않는다는 것은 분명하다. 영혼의 어떤 부분들은 신체의 부분들의 현실태 그 자체이기 때문이다. 그러나 어떤 부분들은 분리된다. 그 부분들은 어떤 신체의 현실태도 아니기 때문이다. 영혼이 신체의 현실태라는 것이 선원과 배의 관계와 같은지 아닌지는 불분명하다.[28]

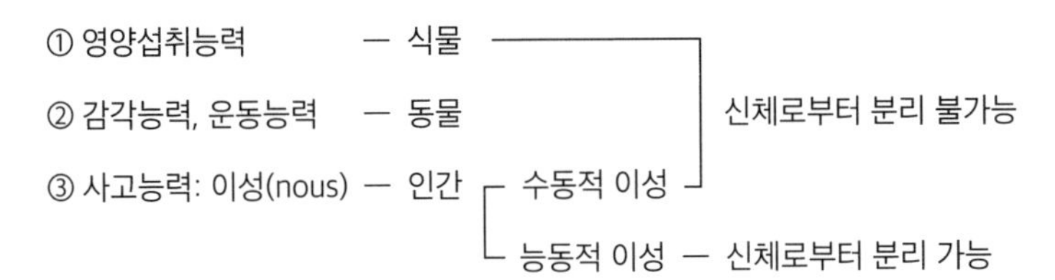

영혼의 부분 중 신체로부터 분리가 불가능한 것은 ① 영양섭취능력과 ② 감각능력 내지 운동능력이며, 분리가 가능한 부분은 ③ 사고능력인 이성이다. 이렇게 보면 아리스토텔레스를 몸과 마음, 신체와 영혼에 관한 일원론자라고 단정하기는 어렵다. 그는 잠재태로서의 물질적 실체와 현실태로서의 정신적 실체를 둘 다 인정하되, 잠재태와 현실태의 관계에 관한 한, 현실태가 잠재태에 우선한다고 보기 때문이다. 현실태가 잠재태에 우선한다는 논의는 결국 순수 형상으로서의 신(神)의 문제로 이어지게 된다.

---

28 『영혼에 관하여』, 2권 1장, 413a2-10(앞의 책, 71-73쪽). 여기에서 아리스토텔레스는 영혼 중 신체와 분리 가능한 부분은 신체의 현실태가 아니라고 설명한다. 영혼과 신체의 관계, 현실태와 잠재태의 관계가 다소 불분명하게 남겨진 지점이다. 이에 대해서는 다음 절에서 살펴본다.

3. 절대적 실체: 신(神)

1) 잠재태에 앞서는 현실태

형이상학은 개별자의 자기동일적 실체뿐 아니라 현상세계에서 일어나는 변화와 운동도 설명해야 한다. 플라톤이 현상세계의 운동을 생성 소멸의 가상으로 설명한 데 반해, 아리스토텔레스는 운동을 잠재태(dynamis=potentia)에서 현실태(energeia=actus)로의 이행으로 설명한다.

변화는 바뀌고 달라지는 것이지만, 변화가 성립하기 위해서는 달라짐만 있는 것이 아니고, 달라지는 것 이외에 달라지지 않고 자기동일성을 유지하는 무엇인가가 전제되어야 한다. 즉 어떤 것이 F1에서 F2로, 예를 들어 차가움에서 뜨거움으로, 초록색에서 빨간색으로 바뀐다면, 그러한 변화는 단지 변화적 속성인 F1과 F2만으로서 성립하지 않고 그런 속성들을 통해 규정될 속성 담지자가 있어야 한다. 변화의 기저에 존재하면서 그러한 대립적 규정들을 받아들이는 속성의 담지자가 바로 질료이다. 변화는 곧 개별자의 질료가 속성 F1의 형상을 취하다가 그것을 버리고 F2의 형상을 취하는 것이라고 할 수 있다.

변화의 기저에 존재하는 질료는 개별자에서 이런저런 규정이나 형상을 사상시키고 남겨지는 '규정가능성'의 존재라고 할 수 있다. 규정가능성으로서의 질료를 x라고 하면, 변화는 곧 질료 x가 F1 또는 F2의 형상을 취하여 그 형상에 의해 규정되는 것을 뜻하며, 이는 곧 가능태로서의 질료가 F1 또는 F2의 형상을 취해 현실태가 된다는 것을 의미한다. 이와 같이 변화는 곧 잠재태에서 현실태로의 이행이다.

변화란 잠재적으로 있는 것에서 현실적으로 있는 것으로의 이행이다.[29]

예를 들어 나무에 매달린 사과는 계절이 바뀜에 따라 변화한다. 즉 초록색에서 빨간색으로 바뀐다. 개별적 질료 x가 초록색 형상에 의해 규정될 때 그것은 현실적으로 초록색이다. 그러면서 그것은 또 동시에 빨간색일 가능성을 내포한다. 즉 잠재태로서 빨간색이다. 변화는 초록색의 규정을 벗고 빨갛게 됨으로써 빨간색이 잠재태에서 현실태로 바뀌는 것이다. 이러한 운동에 대해 아리스토텔레스는 다음과 같은 원리를 전제한다.

움직이는 모든 것은 반드시 어떤 다른 것에 의해 움직여진다.[30]

이는 곧 운동에 있어 움직이게 하는 것과 움직여지는 것이 서로 다른 것임을 말하며, 운동하고 있는 것은 움직여지는 것이고, 그것은 곧 그것을 움직이게 하는 다른 어떤 것을 필요로 한다는 말이다. 이것을 잠재태에서 현실태로의 운동과정에 적용시켜 말하면 다음과 같다.

현실에 따라 존재하는 것[현실태]이 잠재성에 따라 존재하는 것[잠재태]보다 앞선다.[31]

---

29 『형이상학』, 12권 2장, 1069b16(『형이상학 2』, 조대호 옮김, 나남, 2012, 137쪽).

30 『자연학』, 7권 1장, 241b24, 희랍어 원문 및 영어 번역은 *The Physics Vol2*, translated by P.H.Wickstead and F.M.Conford, Cambridge: Harvard University Press, 1980, 207쪽 참조.

31 『형이상학』, 9권 8장, 1049b3(『형이상학 2』, 33쪽); 12권 6장(『형이상학 2』, 148쪽 이하)에도 이에 대한 설명이 나온다.

현실에 따라 존재하는 것은 '현실태로서의 존재(to energeia on)'이고, 잠재성에 따라 존재하는 것은 '잠재태로서의 존재(to dunamei on)'이다. 현실태가 잠재태에 앞선다는 것은 곧 잠재태에서 현실태로 나아가는 변화는 잠재태 자체에 의해서가 아니라 다른 현실태에 의해 이끌려지는 운동이라는 것을 뜻한다. 예를 들어 나무는 불이 붙을 수 있으므로 잠재태로서의 불이다. 불붙지 않다가 불붙게 되면 그것이 나무의 변화이다. 그런데 불은 잠재적 불로서의 나무로부터 저절로 생기는 것이 아니라, 현실적인 불이 나무에게 불을 붙이는 것이다. 잠재태보다 현실태가 선행하여 운동을 이끈다는 말이다. 또 다른 예로 돌이 차갑다가 뜨거워지는 경우 현실태로서의 뜨거운 열이 찬 돌을 따뜻하게 만든 것이다. 사과가 현실적 초록색을 버리고 가능적 빨간색에서 현실적 빨간색으로 바뀌면, 그것은 현실적 빨간색에 의해 빨갛게 된 것이지, 초록색이 바뀐 것도 아니고, 잠재태가 현실화된 것도 아닌 것이다. 즉 가능적 질료에 의해서만 형상적 규정이 발생하지는 않는다는 뜻이다.

이와 같이 현실태가 잠재태보다 앞선다는 것은 결국 형상이 질료보다 앞선다는 말이다. 운동은 현실태로서의 형상에 의해 인도되는 것이며, 따라서 변화란 질료가 형상에 의해 규정받게 되는 과정인 것이다. 현실성과 잠재성에 대해 현실성을 우선적인 것으로 보는 것은 질료보다 형상에 존재론적 우위성을 부여하는 것이다.

2) 부동의 동자: 순수 사유로서의 신(神)

아리스토텔레스는 운동을 네 가지 원인을 갖고 설명한다. 그에 따르면 자연적 운동은 운동하는 것이 자신의 목적을 향해 나아가는 움직임이다. 즉 현실태로서의 목적 내지 형상에 이르려는 운동이다. 운동하게 하는 것이 바로 형상 내지 목적이므로, 자연적 운동에서 형상인과 목적인과 작용인은 모두 같은 차원에 속한다. 즉 형상이 곧 '형상인'이면서 동시에 운동의 목적이기에 '목적인'이고, 또 운동을 일으키는 것이기에 '작용인'이 되는 것이다. 이에 반해 운동하는 것, 작용인에 의해 움직여지는 것은 질료이다. 질료를 갖춘 개별 사물이 움직여짐으로써 운동이 일어난다. 따라서 질료도 운동의 원인에 속하며 이것을 '질료인'이라고 부른다. 이상 네 가지 원인이 바로 운동의 4원인이다.[32]

운동의 4원인(aition):			
	1. 질료인(causa materialis)	= hyle	— 질료
	2. 형상인(causa formalis)	= eidos	형상 차원의 것
	3. 작용인(causa efficiens)	= arche	
	4. 목적인(causa finalis)	= telos	

자연물은 운동의 목적을 가지며 그 목적을 향해 나아간다. 그런데 목적인, 형상인, 작용인은 그 자연물 바깥에서 자연물을 움직이게 하고 현실화시키기 때문에, 운동하는 일체의 자연물은 결국 목적의 관계를 통해 서로 연결된다. 자연물로서 운동한다는 것은 다른 자연물들과 상호연관관계에 있다는 말이 된다. 자연의 운동은 잠재태인 질료에 의해서가 아니라, 현실태인 형상에 의해 일어나며, 이때 형상이 곧 운동의 목적인 것이다.[33]

---

32 『형이상학』, 5권 2장, 1013a23 이하 참조(『형이상학 1』, 179쪽 이하).

33 현상을 잠재태로부터 전개된 것으로 보는가, 형상이 현실화된 것으로 보는가는 현상 내지 현실성에 대한 이해를 다르게 만든다. 현실을 형상이 현실화된 것, 형상이 실현된 것으로 볼 때, 그 현실은 실현태, 완성태로서 '엔텔레키아(entelecheia)'라고 한다. 현실은 형상에 의해서 작용되어 나타난 결과, 현실화되고 실현된 결과라는 뜻이다. 이때 현실은 완성된 결과물, 이념의 실현 결과물, 완성된 작품이라는 뜻을 갖는다.

이처럼 자연적 운동이 현실태로서의 형상에 의해 일어난다는 것은 자연 전체를 형상 내지 목적의 관계로 서로 연결시키는 것이 되며, 따라서 자연적 운동의 원인에 대한 탐구는 결국 자연 전체를 움직이게 하는 궁극원인에 대한 탐구가 된다. 이렇게 해서 아리스토텔레스는 운동의 궁극원인을 자연 전체를 움직이게 하되 자신은 움직이지 않는 부동(不動)의 동자(動者)로 설명한다.[34]

> 끊임없는 운동으로 운동하고, 그 운동방식은 원운동인 어떤 것이 있다. 그리고 이것은 이론상이 아니라, 실제에 있어서 분명하다. 따라서 제일 천계는 영원해야만 한다. … 그러므로 그것을 운동시키는 무엇인가가 있다. 그리고 운동하면서 운동시키는 것은 중간적이므로, 운동하지 않으면서 운동시키는, 영원하고 실체이고 활동인 어떤 것이 있다.[35]

원운동하는 우주 전체를 움직이게 하되 자신은 부동으로 남는 부동의 동자가 있어야만 하며, 그것은 현실태로서 존재해야 한다. 즉 단순한 능력인 잠재태로 있지 않고 현실태로 활동하고 있어야 한다.

"목적(telos)은 현실성(energeia)이다. 그 현실성을 위해 인간이 잠재성(dunamis)을 갖는다. 즉 보기 위해 감관을 가지는 것이지, 감관을 갖기 때문에 보는 것이 아니다. 사고하기 위해 사고력을 가지는 것이지, 사고력을 갖기 때문에 사고하는 것이 아니다. … 질료는 잠재태로서 있으며, 그것은 본질(eidos)에 도달할 수 있다. … 작품(ergon)은 목적이며 따라서 곧 현실성이다. '에네르게이아'라는 이름은 '에르곤'에서 가져왔으며, 그 완성(엔텔레키아)을 향하는 것이다." 『형이상학』, 9권 8장, 1050a9-23 (『형이상학 2』, 36-37쪽).

34 일체 존재와 운동의 궁극원인은 다른 것들을 모두 움직이게 하되 그 자체는 움직이지 않는다는 통찰은 유학(儒學)에서 우주의 근원인 태극(太極) 내지 리(理)가 기(氣)와 달리 무작위(無作爲)로서 부동(不動)이라는 통찰과 상통한다. 다만 그 부동의 동자를 움직이는 것들의 외부에 두는가, 그 내면에 두는가의 차이를 보인다고 할 수 있다.

35 『형이상학』, 12권 7장, 1072a21-26 (『형이상학 2』, 153-154쪽).

활동하고 있다고 해도 그것의 본질이 능력일 뿐이라면 충분하지 않다. 능력으로서 있는 것은 있지 않을 수도 있기 때문이다. 그러므로 그것의 실체가 활동인 원리가 있어야만 한다. 게다가 이 실체는 질료를 갖지 않아야 한다. 만일 어떤 다른 것이 영원하다면, 바로 그것이 영원해야만 하기 때문이다. 그렇다면 그것은 필연적으로 활동이어야 한다.[36]

부동의 동자에는 어떤 것도 잠재태의 질료로 남아 있지 않고 일체가 실현되어 있으므로 그것은 곧 질료 없는 순수 형상만의 활동이며, 따라서 순수 형상이고 순수 현실태여야 한다. 이렇게 순수 형상의 활동, 최고의 가치 있는 활동에만 머무르는 자를 아리스토텔레스는 '신(神)'이라고 부른다.

만일 신이 우리는 가끔 가지는 좋은 상태에 항상 있다면, 이것은 경탄을 자아내는 일이며, 그것이 더 좋은 상태라면 더욱더 그러하다. 또 신은 더 좋은 상태에 있다. 또 삶은 신에게도 속한다. 사유의 활동이 삶이고 신은 바로 그 활동이기 때문이다. 또 신의 독립적 활동은 가장 좋고 영원한 삶이다. 그러므로 신은 살아 있는 것이고 영원하고 가장 좋으며, 따라서 삶과 연속적이고 영원한 지속이 신에게 속한다고 우리는 말한다. 어떤 이것이 바로 신이기 때문이다.[37]

이러한 최고의 신의 활동을 아리스토텔레스는 '사유'라고 규정한다.

만일 그것이 아무것에 대해서도 사유하지 않는다면, 거기에 무슨 존엄함

---

36 『형이상학』, 12권 6장, 1071b17-22(앞의 책, 149-150쪽).

37 『형이상학』, 12권 7장, 1072b24-30(앞의 책, 157-158쪽).

이 있겠는가? 그것은 마치 자고 있는 사람과 마찬가지일 것이다. 그리고 만일 그것이 사유하기는 해도 다른 어떤 것에 의해 지배된다면, (그것의 실체가 사유가 아닌 능력인 까닭에) 그것은 최선의 실체일 수 없을 것이다. 사유함 때문에 그것은 가치를 가지는 것이기 때문이다.[38]

아리스토텔레스는 사유를 최고의 활동으로 간주하며, 이성이 깨어 사유하지 않는다면 잠자는 것과 마찬가지라고 말한다. 최고의 존재인 신은 오직 순수 사유로서 존재한다. 그렇다면 신은 무엇을 사유하는가? 아리스토텔레스에 따르면 완전자로서의 신은 결국 최고 존재인 자기 자신을 사유한다.

사유는 만일 그것이 최선의 것이라면 자기 자신을 사유하며, 그 사유는 사유의 사유(noēseōs noēsis)이다.[39]

질료를 가지지 않는 것의 경우 사유의 대상과 사유는 다르지 않다. 그러므로 신적 사유와 그 대상은 같을 것이고 하나일 것이다.[40]

순수 현실태로서의 신에게는 잠재적 질료가 따로 존재하지 않으며, 신은 오직 순수 사유로서 존재한다. 아리스토텔레스에서 순수 사유란 사유(noēsis)와 사유대상(noēton)이 구분되지 않는 사유, 즉 자기 자신

---

38 『형이상학』, 12권 9장, 1074b17-21 (앞의 책, 167-168쪽).

39 『형이상학』, 12권 9장, 1074b34-35 (앞의 책, 168쪽).

40 『형이상학』, 12권 9장, 1075a3-5 (앞의 책, 169쪽). 질료가 없는 경우 사유 대상과 사유의 동일성은 『영혼론』 430a2 이하에서 아리스토텔레스가 정신에 대해 이야기하고 있는 것과 관련된다.

에 대한 사유이다. 주와 객이 이원화되지 않은 사유, 사유자와 사유대상이 분리되지 않은 사유가 '신적 사유'이다. 신의 사유에서는 사유와 사유대상이 궁극적으로 하나이다. 신은 그렇게 순수 사유, 순수 이성(nous)으로 존재한다.[41]

이와 같이 아리스토텔레스에게서 신은 일체의 현상성 내지 질료성이 배제된 순수 사유, 순수 형상 또는 순수 이성으로 간주된다. 반면 신 이외의 모든 개별자는 질료와 형상의 합성물이므로 결국 신과 그 밖의 개별자의 차이는 질료성을 탈피했는가 아닌가의 차이가 된다. 이렇게 보면 아리스토텔레스의 형상과 질료의 이원성은 현상계에서의 영혼과 물질, 마음과 몸의 실체 이원론을 넘어 다시금 현상계와 절대계, 개별자와 신, 속제와 진제의 이원론으로까지 이어지고 있다.

그러나 현상세계의 개별자가 과연 개별적 실체로서, 개별적 '이것'으로서 존재하는 것일까? 나의 신체 또는 나의 영혼에 과연 개체적 본질, 개별적 자성(自性)이라고 할 수 있는 것이 있을까? 개체의 핵은 오히려 비어 있는 공(空)이고, 그렇기에 오히려 순수 사유의 신(神)과 다르지 않은 것이 아닐까?

---

41 궁극의 존재를 주객미분적 자기사유 내지 자기앎으로 간주하는 것은 플라톤적인 대상적 사유보다 한 걸음 더 나아간 의미 있는 통찰이라고 여겨진다. 다만 그러한 순수 사유 내지 신의 존재를 개별자들 너머의 외적 존재로 설정함으로써 현상과 현상의 근원, 자연과 신, 인간과 신을 분리시키는 이원성의 철학에 머무르는 것이 그 사유의 한계이다. 그리고 이러한 한계는 고대 그리스에서 중세 신학을 거쳐 근대에 이르기까지 지속되는 서양철학 전반의 한계라고 할 수 있다. 오히려 서양철학 내에서 주변적 학설 내지 이단으로 간주된 신비주의 전통만이 그러한 이원성을 넘어선 '불이(不二)'를 지향했다고 본다. 신을 외재적 초월자로 설정하는 것은 인간을 포함한 현상 사물을 개별적 실체로 간주하게 한다. 현상적 존재를 개별적 실체로 간주하는 한, 신은 그 실체 바깥의 외부가 된다. 그러므로 개별적 실체가 존재하지 않는다는 무아(無我)의 통찰 없이는 불이로 나아가기 어렵다.

제3장

플로티노스: 개별적 실체 너머의 일자(一者)

1. 불이(不二)의 추구 : 무규정적 일자(一者)

1) 무규정자로서의 일자

플로티노스[1]는 일체 존재의 근원인 궁극의 존재를 '일자(一者, to hen)'라고 칭한다. 이 점에서 파르메니데스의 '있음' 내지 '일자' 사상을 계승하여 보편적 이데아(형상)의 실재성을 강조한 플라톤 사상과 맞닿아 있다고 볼 수 있다. 그렇지만 플로티노스의 일자는 플라톤이 주장하는

1 플로티노스(Plotinos, 205~270)는 이집트 리코폴리스에서 출생해서 28세부터 11년간 알렉산드리아의 신비주의자 암모니오스 사카스(Ammonios Sakkas, 175~242) 밑에서 철학을 공부했다. 39세에 페르시아와 인도 등 동방사상을 배우고자 로마 황제 고르디아누스 3세의 페르시아 원정에 참가했으나 전쟁이 패전으로 끝나 뜻을 이루지 못하고, 40세에 다시 로마로 돌아와 학파를 설립했다. 주변에 원로원 계급의 사람 중 제자

가지계(정신계)의 이데아(형상)까지도 넘어선 존재이다. 일자는 각각으로 분리된 이데아를 하나로 통합하며 일체 이데아를 산출하는 근원이라는 의미에서 플라톤의 '선(善) 자체' 내지 '선의 이데아'와 비교해볼 수 있다. 다만 플라톤이 '선의 이데아'를 그 외의 이데아들과 구분하면서도 그것을 이데아라고 부름으로써 이데아(형상) 차원의 존재로 남겨놓은 데 반해, 플로티노스는 일자를 이성의 이데아적 규정성을 넘어선 것으로 간주하는 차이를 보인다. 플라톤은 우주를 만드는 신조차도 이데아(형상)를 바라보면서 그 질서에 따라 우주를 제작한다고 말할 정도로 이성적 사유 대상의 이데아를 궁극의 존재로 간주했다.

반면 아리스토텔레스는 개체성(tode ti)을 실체의 근본 특징으로 삼기에, 개별자(제1실체) 또는 개별적 기체(질료)나 개별적 본질인 영혼(형상)을 실체로 보며, '있음'이나 '일자'와 같은 보편자는 개별자에 부과되는 존재로서 실체가 아니라고 논했다. 그러면서 그는 개별자와 구분되는 또 다른 차원의 궁극적 실체를 논하는데, 일체를 움직이되 자신은 움직이지 않는 최초 원인으로서의 '부동의 동자'가 그것이다. 그는 이 부동의 동자를 '가장 완전한 자'로서 '신(神)'이라고 부른다. 운동하는 것은 움직여지는 것이며, 이는 곧 자신 안의 잠재태(질료)가 현실태(형상)로 실현되는 것이다. 신이 부동의 동자라는 것은 그 안에는 아직 실현되지 않은 잠재태인 질료가 하나도 없으며, 모든 것이 실현되

인 아멜리오스도 있었고, 동방 출신의 제자 포르필리오스도 있었다. 플로티노스는 플라톤, 아리스토텔레스, 누메니우스 등의 텍스트를 강의하고, 스승 암모니오스 사카스 등도 거론했다. 그는 가리에누스 황제 통치 이후 집필했는데, 제자들만 열람하게 했다고 한다. 당시 캄파니아 지방에 플라톤-폴리스의 건설을 시도했으나 실패했고, 65세에 병으로 사망했다. 그의 주저 『엔네아데스』는 사후에 제자 포르필리오스가 편찬한 것이다. 9편씩 나뉜 6군의 글(총 54편)이기에 '9편'이라는 의미의 '엔네아데스(Enneades)'라고 불린다.

고 완성되어 있다는 것이다. 그래서 신은 순수 형상이고 순수 현실태이다. 이처럼 질료가 없이 순수 형상만으로 존재하는 것을 아리스토텔레스는 '순수 사유(noēsis)'라고 부른다. 순수 사유는 자신 이외의 것에 대한 사유가 아니다. 다른 것을 사유한다면 자신 이외의 것에 의해 규정받는 것이 되며, 움직여지는 것이 되기 때문이다. 결국 신의 사유는 '자기 자신에 대한 사유'이며, 그 사유에서는 사유자(noēsis)와 사유대상(noēton)이 구분되지 않는다. 신의 순수 사유는 자기 자신을 사유하는 이성(nous) 자체이다.

아리스토텔레스의 신적 이성은 사유자가 곧 사유대상인 사유이다. 이데아(형상)를 자기 바깥의 사유대상으로 갖는 주객 분리의 이원적 사유가 아니라, 이데아를 자신 안의 사유대상으로 갖는 주객 합일의 일원적 사유, 즉 사유자와 사유대상을 함께 포괄하는 순수 사유 내지 신적 사유를 생각했다는 점에서 아리스토텔레스의 철학은 플라톤의 철학보다 한 단계 더 나아갔다고 볼 수 있다.

그런데 플로티노스는 사유자와 사유대상이 구분되지 않는 신적 이성조차도 궁극의 존재, 최초의 존재, 만물의 근원이 아니라고 본다. 이데아(사유대상)를 자신 안에 갖는 신적 이성도 어떤 것으로부터 나온 것이며, 그 어떤 것이 바로 일자(一者)라는 것이다. 플로티노스에 따르면 이성 내지 순수 사유도 최초의 존재일 수가 없다. 사유 자체가 일종의 규정이기 때문이다. 여기에는 '모든 규정은 규정되지 않은 무규정에서 나온다.'는 통찰이 담겨 있다. 플라톤과 아리스토텔레스를 포함한 그리스 철학자들은 규정되는 질료보다 규정하는 형상에 더 큰 실재성을 부여하며, 따라서 궁극의 존재를 '선의 이데아'나 '순수 형상' 내지 '순수 사유'로 간주했다. 반면 플로티노스는 형상에서 비롯되는 규정을 일종의 한계로 간주하며, 궁극의 존재를 그러한 일체 규정을 넘어선 무규정자, 즉 한계가 없는 '무한(無限)'으로 간주한다. 따라서 일자는 이데아적 형상 내지 사유이기보다는 오히려 일체 규정 너머의 무규정자(아페이론), 무한자에 해당한다. 이 점에서 그는 일자를 순수 형상 내지 순수 현실태이기보다는 오히려 '순수 잠재태'라고 설명한다.[2]

> 일자는 모든 것들의 잠재태이다. … 일자는 잠재태, 소진되지 않는 잠재태이다.[3]

> 일자는 전체 중의 어떤 것이 아니라 전체에 앞선 것이다. 그렇다면 그 앞선 것은 무엇인가? 전체의 잠재태이다. 그것이 아니라면, 전체도 이성도 최고의 생명이 아니고 전체가 아닐 것이다. 그러나 생명 너머에 있는 것은 생명의 근원이다. 전체를 만드는 현실화된 생명은 그 자체 일자가 아니라 하

---

2 존재하는 다수의 것들에 앞서 일자가 존재한다는 것은 단지 논리적 필연성에 따른 주장처럼 보일 수도 있다. 플로티노스는 그런 의미로 일자가 만물에 앞서는 최초의 것이라고 주장하기도 한다. 유일한 근원으로서의 일자 대신 다수의 존재를 처음의 것으로 주장할 수는 없다는 것이다. "누군가는 (일자뿐 아니라) 다수도 또한 있다는 것에 아무 문제가 없다고 비판하겠지만, 그러나 그 다수에 하나의 일자가 전제되어야 한다. 왜냐하면 그것으로부터 또는 그것 안에 다수가 있을 그런 일자가 없다면, 다수도 있을 수 없기 때문이며, 결국 일자가 있어 그것이 사물들의 계열의 최초의 것으로 헤아려지기 때문이다. 그러므로 우리는 일자를 유일한 자체 존재로 생각해야 한다." 『엔네아데스』, V 6 [24](피안은 생각하지 않는다), 3.1-5. 희랍어 원문 및 독어 번역은 *Plotins Schriften BdII*, übersetzt von Richard Harder, Hamburg: Felix Meiner Verlag, 1956, 81쪽 참조. 『엔네아데스』 다음의 두 숫자는 처음 9권 편집에서의 권수와 편수이고, 대괄호 속 숫자는 총 54편을 연대기로 정리한 순서에 따른 편수로서 각 편이 하나의 제목을 갖고 있다. 이 전집은 대괄호 속 숫자가 말해주는 연대기를 따라 총 5권으로 펴낸 책이다. 『엔네아데스』 책의 편집 체계에 관한 상세한 설명은 조규홍, 『시간과 영원 사이의 인간존재』, 성바오르출판사, 2002, 33쪽 이하 참조.

3 『엔네아데스』, V 3 [49](인식하는 실체와 그 피안), 15.33-16.3(독어 번역책 V, 163쪽). "사유 자체가 최초의 현실태이다." III 9 [13](잡글), 9(앞의 책 I, 287쪽).

나의 원천(샘, 일자)으로부터 흘러나온 것이다.[4]

현실화된 생명에 앞서 생명의 근원이 있듯이, 일자는 일체 존재의 현실태에 앞서는 순수 잠재태라고 할 수 있다. 그러나 일자가 순수 잠재태라고 해도 이 일자의 잠재태는 아리스토텔레스가 생각한 물질적 질료의 잠재태가 아니다. 플로티노스가 논하는 일자는 자기인식 내지 자기자각을 가진 존재이기 때문이다. 그에 따르면 우리가 갖는 대부분의 앎은 아는 자와 아는 것이 서로 구분되는 주객 분별적 앎이며, 따라서 엄격한 의미에서 자기 아닌 것을 아는 대상적 앎이다. 그는 지각이나 그런 지각의 상을 정리하고 종합하는 분별적 숙고뿐 아니라, 이성의 사유조차도 결국은 사유자와 사유대상이 구분되는 이원성의 앎으로서 진정한 자기인식은 아니라고 논한다. 그렇지만 우리가 가진 모든 앎이 의미 있고 근거 있는 앎이 되기 위해서는 결국 자기인식이 전제되어야 한다고 강조한다.

'어떤 것(일자)은 진실로 자신을 사유한다'(자기인식이 있다)는 가르침에 반대하는 것은 많은 무의미함(역설)에 빠지므로 의미가 없다.[5]

일자에게서 발견되는 궁극의 자기인식은 우리의 일상적 인식과는 다른 종류의 인식이다. 우리의 일상적 앎은 규정을 통해 한계지어진 앎이며, 그런 만큼 다수성 내지 이원성 속에서 진행되는 분별적인 상대적 앎이다. 그런데 그러한 분별적 앎은 규정적 분별을 넘어선 무규

---

4 『엔네아데스』, III 8 [30] (자연 본성과 바라봄과 하나), 9.53-10.5 (앞의 책 III, 27-29쪽).

5 『엔네아데스』, V 3 [49] (인식하는 실체와 그 피안), 1.14-17 (앞의 책 V, 119쪽).

정적인 무분별적 앎을 전제한다. 전경을 인식하기 위해 배경이 함께 알려져 있어야 하듯, 한계지어진 앎은 그 한계 너머의 앎을 전제하기 때문이다. 다만 그 배경이 한계가 없이 무한히 확장되어 우리가 아는 전체가 되면, 그래서 그 바깥, 즉 그것 아닌 것이 없게 되면, 그 전체에 대한 앎은 더 이상 분별적 앎이 아니게 된다. 그것이 전체이기에 더 이상 그것과 그것 아닌 것의 분별이 성립하지 않기 때문이다. 결국 그 지점에서는 이원적 앎, 개념적·분별적 앎이 멈추게 된다. 그처럼 개념과 언어를 넘어선 앎, 무규정적 전체의 앎이 바로 일자의 자기인식, 자기지이다.[6]

우리의 분별적 앎은 일자의 무분별적 앎의 바탕 위에서 일어난다. 우리가 분별되지 않는 전체를 바라보고 전체를 자각할 때 그 전체에 대해서는 어떠한 분별도 허용되지 않으며, 그에 대한 긍정도 부정도 의미가 없다. 그 전체가 바로 일자이다. 일자는 한계가 없기에, 그 부정을 생각할 수 없는 전체이기에, 그 일자에 대해서는 어떠한 분별적 개념도 덧붙여질 수가 없다.

> 눈이 하나의 단일하고 나뉠 수 없는 것을 바라보게 된다면, 거기에는 어떠한 단어도 개념도 없을 것이다. 도대체 그가 자각하게 되는 그 대상에 대

---

6 불교가 말하는 '본각(本覺)', '성자신해(性自神解)' 내지 '공적영지(空寂靈知)'가 바로 이것에 해당한다. 서양철학에서 플로티노스 철학이 갖는 의미는 이 일자의 자기앎을 우리의 마음활동 안에서 발견한다는 것이다. 일자의 자기앎은 우리의 일상적 앎 바깥에서 일어나는 외적인 앎이 아니라, 바로 우리의 일상적 앎 안에서 일어나는 앎이며 우리의 일상적인 분별적 앎의 근거로서 작용한다. 다만 우리의 일상적 의식이 분별지의 차원에만 머물러 있기에 자기 내면의 본각을 알아차리지 못하는 것이 문제이다. 불교는 본각을 알지 못함을 '불각(不覺)'이라고 부르고, 수행을 통해 본각을 자각해가는 과정을 '시각(始覺)'이라고 부른다. 궁극의 깨달음인 구경각(究竟覺)은 결국 본래의 깨달음인 본각과 다를 바 없는 것이다.

해 무엇을 말할 수 있겠는가? 이 단적으로 나뉠 수 없는 것 자체에 대해 무엇인가를 말해야 한다면, 그전에 그것이 무엇이 아닌가를 말할 수 있어야 한다. 그러나 그렇다면 그것은 이미 단일성을 필요로 하는 다수성이 될 것이다.[7]

단일한 것, 나뉠 수 없는 것은 그 부정을 말할 수 없는 전체이다. 따라서 이것은 언어와 개념을 넘어선 것이다. 언어로 진행되는 사유는 사유자와 사유대상의 분별을 따라 진행되지만, 일자는 그런 이원성을 넘어선 것이다. 일자는 최초의 것으로 존재하되 언어와 분별을 넘어선 것이며, 따라서 언어적으로 언표되거나 사유될 수 없다. 플로티노스에 따르면 일자는 단지 알아차리거나 감지될 수 있을 뿐이다. 그는 이와 같이 개념적·분별적 사유와는 다른 방식의 앎을 존재의 '접촉' 내지 '포착'이라고 부른다. 우리는 일자를 접촉하거나 포착한다. 접촉이나 포착은 분별적 사유를 넘어선 것이다.

사유자는 자체적으로 다른 것을 붙잡아야 하고, 사유대상은 사유에 의해 붙잡히는 것인 한 자체적으로 분별적인 것이어야 한다. 그렇지 않은 경우 그것(사유대상)에 대해서는 사유가 없고, 오히려 접촉(Berühren), 단어와 개념이 없는 포착(Anfassen), 선행적 사유만이 있을 뿐이다. 그것은 사유가 있기 이전, 그리고 접촉자가 사유하지 않은 채 일어난다. … 저 최고의 것(일자)은 자신을 부지런히 연구할 필요가 없다. 그가 자신을 사유함으로써 무슨 새로운 것을 배우겠는가? 이미 그것은 사유 이전에 그의 전체 존재내용 안에 스스로 거기에 있다.[8]

---

7 『엔네아데스』, V 3 [49](인식하는 실체와 그 피안), 10.31-34(앞의 책 V, 149쪽).
8 『엔네아데스』, V 3 [49](인식하는 실체와 그 피안), 10.40-49(앞의 책 V, 149쪽).

일체 존재의 근원이며 최초의 것인 일자는 그 뒤에 나오는 모든 규정, 개념과 형상을 넘어선 것이다. 모든 형상적 규정의 가능성을 잠재태로 갖고 있지만, 특정한 어느 하나로 고정되어 있지 않기 때문이다. 그러므로 일자는 사유 너머의 것, 모든 규정과 개념 너머의 것, 존재의 피안이라고 말한다.

> 만일 '최초의 것' 이후의 무엇인가가 존재한다면, 그것은 반드시 최초의 것으로부터 나온 것이어야 하고 또 직접적으로든 아니면 중간자를 거쳐서든 그 최초의 것으로 되돌아가야 한다. … 그 최초의 것은 모든 사물들에 앞서 있는 것으로, 그것 뒤의 모든 것들과 구분되어 그것들과 섞이지 않고, 그러면서도 또 다른 방식으로 다시 다른 사물들 안에 있어야 하니, 그것은 진실로 일자이며 다른 것이 아니다. 이 일자에 대해서는 '일자이다.'라는 명제도 이미 옳지 않다. 일자에 대해서는 어떤 개념도 없고 어떤 학문도 없다. 일자에 대해서는 '그것은 존재의 피안이다.'라고만 말할 수 있다.[9]

일자는 일체의 규정성을 넘어서 있음을 말한다. 일자는 최초의 존재인 만큼 다른 것을 필요로 하지 않는다. 일자로부터 나오는 모든 것은 그 일자의 규정이기에 이미 일자 안에 담겨 있으므로, 일자는 자기 이외의 다른 것을 필요로 하지 않는다. 그만큼 자기충족적이다. 그렇다면 이 자기충족적 일자와 그 이후의 우주 만물은 어떤 관계에 있는가?

---

9 『엔네아데스』, V 4 [7](최초의 것과 그것 이후) 1.1-10(앞의 책 I, 151쪽). 일자가 그 뒤의 것들인 다(多)와 다른 것으로서 서로 섞이지 않으면서도 또 다른 것들 안에 있어 다로부터 분리되지 않는다는 것은 불교에서 논하는 일과 다의 불일불이(不一不異), 유학에서 논하는 리(理)와 기(氣), 본연지성과 기질지성의 불상리불상잡(不相離不相雜)과 상통하는 생각이다.

2) 일자와 만물 : 유출(流出)에 근거한 일즉다(一卽多)

플로티노스는 시간 너머 영원, 변화 너머 하나인 일자를 궁극의 존재로 본다. 플라톤에서 선의 이데아인 일(一)은 현상 사물인 다(多) 너머의 외적 초월로만 간주되어 일과 다의 대립이 해결되지 않은 데 반해, 플로티노스에서 무한으로서의 일자는 만물의 근원으로서 개별자 너머에 있으면서도 또 그 안에 있다. 따라서 일자는 일이면서 동시에 다이다. 일자는 만물의 현상성과 다수성에 대해 일자로서 초월성을 보이지만 그러면서도 만물이 그로부터 생겨나 그 안에 머무르기에 내재성을 보인다. 근원이면서 모든 것이고, 일이면서 다가 되는 이 역설을 플로티노스는 이렇게 설명한다.

> 그 단순한 일자로부터 어떻게 모든 것이 나올 수 있는가? 일자 안에는 어떠한 다수성도 복합성도 보이지 않는데 말이다. 일자 안에는 아무것도 없기에, 그것으로부터 모든 것이 나올 수 있다. 존재자가 존재할 수 있기 위해서, 그것 자체는 존재자가 아니며 오히려 존재자들의 출처인 것이다.[10]

일자가 전체이기에 그로부터 부분의 규정이 나오며, 일자가 무규정자이기에 그것으로부터 모든 규정이 나온다. 그렇게 해서 일자로부터 모든 규정지어진 것들인 일체 만물이 생겨난다. 이런 식으로 일자는 일이면서 다이고, 다이면서 일이다. 이것은 곧 플라톤이 참여와 분유로 해결하지 못했던 일과 다의 역설을 '일즉다 다즉일'의 방식으로 해결하는 것이라고 볼 수 있다. 플로티노스는 '일즉다 다즉일'이 우리의

---

10 『엔네아데스』, V 2 [11](일자 이후 사물의 생성과 질서), 1.1-7(앞의 책 I, 239쪽).

일상에서 이미 실현되고 있음을 우리의 시각과 청각의 예를 통해 제시한다. 즉 하나의 사과가 있어 백 개의 눈이 그것을 바라보면, 백 개의 눈에 하나의 사과가 그려진다. 사과가 백으로 나뉘어 백분의 일씩 눈에 들어오는 것이 아니라 하나가 통째로 백으로 들어가는 것이다. 하나의 선율을 천 명의 사람이 들을 때에도 마찬가지이다. 하나의 선율이 천 개의 영혼에 들어간다.[11] 이와 같은 방식으로 '일즉다'가 성립한다. 플로티노스는 일자와 만물의 관계를 직접 '일자-다자(hen-polla)'의 개념으로 설명한다.

> 일자로부터 나오는 것은 일자와 동일한 것은 아니어야 한다. 동일하지 않지만, 분명 더 나은 것은 아닐 것이다. 무엇이 일자보다 더 낫거나 넘어설 수 있겠는가? 그러므로 덜해야 하고, 곧 결함 있는 것이어야 한다. 무엇이 일자보다 결함 있는 것인가? 일자가 아닌 것, 다수이다. 그러면서도 일자가 되고자 하는 것, 따라서 일자-다자(hen-polla)이다. 일자 아닌 것은 모두 일자에 의해 유지되며 일자로 인해 그것으로 있다. … 일자로부터 나온 모든 개별자는 그것이 생명에 참여하고 있는 한, 일자-다자이다. … 일자에 참여하는 모든 것은 일체이며 일자이다.[12]

일자는 만물을 낳지만 그러면서도 자신 안에 머문다. '자신에 머문다'는 것은 곧 일자의 무규정성은 어떠한 규정으로도 소진되지 않으며 일체 규정을 넘어서 있다는 것을 의미한다. 그러므로 일자의 무규정성

---

11 『엔네아데스』, VI 4 [22](존재는 어디에나 있다 I), 12.12-20(앞의 책 II, 33쪽) 참조. 플로티노스가 '일즉다'를 설명하기 위해 제시하는 이상의 비유들은 불교나 유학에서 말하는 '월인천강(月印千江)'의 비유와 다를 바 없다.

12 『엔네아데스』, V 3 [49](인식하는 실체와 그 피안), 15.7-27(앞의 책 V, 161-163쪽).

은 그 일자로부터 나오는 모든 만물 안에 그대로 내재되어 있다. 따라서 만물은 단지 규정으로만 존재하지 않고 자신 안에 일자의 무규정성을 간직하고 있다. 그래서 일자는 곧 일자의 다자이며 다자의 일자로서 '일즉다'가 되는 것이다.

만물 안에 내재된 일자는 곧 만물 안에 살아 있는 생명을 의미한다. 생명이 만물 안의 무규정성이며, 일자는 생명의 근원으로서 만물 안에 내재한다고 할 수 있다. 일자는 생명을 통해 '일즉다'를 실현하는 것이다. 플로티노스는 일자의 만물 내재성을 다음과 같이 강조한다.

> 우리가 어떻게 그것(일자)에 대해 무엇인가를 말할 수 있겠는가? 우리는 그것에 대해 무엇인가를 말할 뿐, 그것 자체를 말할 수 없으며, 그것에 대한 인식도 사고도 갖고 있지 않다. … 우리는 '그것은 무엇이 아니다.'를 말할 뿐이지, '그것은 무엇이다.'를 말하지 않는다. 그러므로 우리가 그것에 대해 말하는 것은 그것보다 나중에 있는 사물들에 대해 말하는 것이다. 그러나 우리가 그것에 대해 말할 수 없다고 해서 우리가 그것을 가지지 못하는 것은 아니다. 오히려 신에 열광하거나 신에 빠진 사람들은 그들이 그것이 무엇인지 알지 못해도 자신 안에 어떤 위대한 것을 지니고 있다는 것을 아는 것처럼 … 그렇게 우리는 일자와 관계한다. … 그것(일자)은 우리가 말할 수 있는 것들보다 더 많고 더 위대하다. 그것은 언어와 이성과 지각보다 더 높기 때문이다. 그것은 이것들을 만들지만, 그러나 이것인 것은 아니다.[13]

---

13 『엔네아데스』, V 3 [49] (인식하는 실체와 그 피안), 14.1-19 (앞의 책 V, 159-161쪽). 플로티노스의 이와 같은 일자 개념은 그 후 신에 대한 무규정성을 논하는 부정신학으로 전개된다. 최고의 존재, 최고의 신성은 모든 규정성을 넘어선 것으로서 단지 '…가 아니다'라는 부정으로서만 이해될 수 있다는 것이다.

이렇게 만물과 하나인 일자의 표상은 우리가 내면의 신을 생각할 때 신에 대해 갖는 표상과 다르지 않다. 만물의 근원이되 만물에 내재된 일자는 곧 일이면서 다라는 점에서 모든 인간 안에 내재된 신과 다를 바 없다.

> 수적으로 하나이고 자기동일적인 것이 도처에 전체로서 현존한다는 것은 모든 사람이 순수한 생각(소질)에서 신에 대해 '신은 일자이며 자기동일자로서 우리 모든 개별자 안에 존재한다.'고 말할 때의 그 일반적이며 널리 퍼진 표상이 이미 확신시켜주는 것이다.[14]

그렇다면 일자는 어떻게 해서 만물 안에 내재하게 된 것인가? 만물 안에 내재된 일자와 그 일자를 품고 있는 만물의 관계를 플로티노스는 '유출(流出, emanatio)'로 설명한다. 일자는 만물의 근원이며 만물을 낳는 자이다. 만물은 근원인 일자로부터 낳아진 것이다. 이 낳음을 일자로부터 만물이 흘러나오는 유출이라고 한다. 일자는 궁핍이나 필요에 의해서가 아니라 생명의 충만으로부터 만물을 낳는다.

> 거기(일자)에는 어떠한 궁핍도 필요도 없고 오히려 모든 사물은 생명으로 충만하여 넘쳐흐르는데, 전체 생명, 전체 영혼 그리고 전체 이성은 무엇으로부터 생겨나는 것인가? 그것들의 흐름은 단 하나의 근원(일자)으로부터 생겨난다.[15]

14 『엔네아데스』, VI 5 [23](존재는 어디에나 있다 II), 1.1-4(앞의 책 II, 47쪽).

15 『엔네아데스』, VI 7 [38](이데아의 다수는 어떻게 생겨났는가), 12.20-24(앞의 책 III, 281쪽).

일자는 비어 있되 가득 찬 충만함으로 넘쳐흐르며 절대 줄어들지 않는 방식으로 일체 만물을 낳는다. 촛불은 자신을 태워 없애면서 빛을 내지만, 태양은 자신의 빛을 감소시키지 않고 빛을 낸다. 일자는 충만함에 넘쳐 빛을 발하는 태양처럼 존재가 차고 넘쳐흘러 다른 존재를 생성한다. 플로티노스는 일자로부터의 유출을 샘으로부터 솟아나는 물의 흐름에 비유한다. 일자에 담긴 충만한 실재성은 샘에서 물이 흐르듯 흘러내리면서 일체의 존재를 형성해낸다. 일체는 일자로부터 실재성을 부여받아 존재하게 된다. 일체는 그 안에 일자로부터의 존재를 부여받은 만큼만 실재성을 가진다. 그만큼 일자는 일체 안에 존재하는 내적 근원이다. 일체는 일자로부터 유출되되 그 자체 안에 일자를 자신의 본질로 간직하고 있다. 궁극의 존재인 일자 자체가 일체 만물의 존재이고 본질이 된다. 그러므로 사물 자체 x는 바로 일자이며, 이 점에서 만물은 모두 하나라고 말할 수 있다.[16]

그렇다면 일자는 왜 자기 자신에 머무르지 않고 오히려 만물을 낳는가? 만물은 어떻게 해서 일자로부터 생겨나게 되는가? 이에 대해 플로티노스는 그러한 이해를 도울 만한 일반적 현상을 제시한다.

> 어떻게 첫 번째 것으로부터 두 번째 것이 생겨나는가? … 우리는 어떻게 나머지 사물들에서 성숙에 이른 것들이 모두 자식을 낳으며, 자신에 고정되

---

16 이렇게 보면 일자는 플라톤이 제기한 제3의 것 x와 통한다. 신이 우주 밖의 우주 창조자(브라만), 순수 형상으로 간주되는 한, 그것은 신이 아니다. 그런 신은 없다. 이 통찰을 통해서만 우주의 근원은 오히려 순수 잠재태로서 우주 만물의 내적 초월임을 알 수 있다. 제3의 류로서 설정된 사물 자체 x, 개별적 사물 자체, 아트만, 그런 개별적 실체는 없다. 이것이 바로 불교가 말하는 무아(無我) 내지 공(空)의 통찰이다. 이 통찰을 통해서만 그 x가 바로 순수 잠재태로서의 일자와 다르지 않음을 알 수 있다. 그러므로 무아와 더불어 개유불성(皆有佛性)과 본래성불(本來成佛)을 말하는 것이다.

어 있는 것에 만족하지 않고 다른 것을 산출하는지를 본다. 의식적 의도를 가진 것뿐 아니라 의식적 의도가 없는 것들도 자신으로부터 자라나게 하며, 심지어 영혼이 없는 것들도 가능한 한 자신의 본질의 일부를 내어준다. 불은 따뜻하게 하고, 눈은 차게 하며, 약은 다른 사물에 그 본질에 상응하는 작용력을 발휘한다. 그들은 모두 실존의 영원과 선(善)에 있어 힘에 따라 근원을 모방하는 것이다.[17]

불의 따뜻함이 불 자신만의 따뜻함으로 머무르지 않고 주변의 다른 것들을 따뜻하게 만들고, 눈의 차가움이 눈 자신만의 차가움으로 머무르지 않고 주변의 다른 것들을 차갑게 만들듯이, 모든 존재하는 것들은 자신의 내면에 응축되어 머무르지 않고 자신의 에너지를 자기 밖으로 표출한다. 자기 자신을 자기 이외의 다른 것들에게 내어주는 것이다. 이처럼 자기의 에너지를 자기 밖으로 흘러나가게 하는 것, 자신을 자신 아닌 것에 내어주는 것을 플로티노스는 '일자에의 모방'이라고 부른다. 그렇게 일자는 자신 안에 고정되어 머무르지 않고 스스로에게서 넘쳐나는 것들을 흘러나가게 한다. 이렇게 해서 일자로부터 무수한 것들이 유출된다.

일자는 일체 존재의 근원이며, 이 일자로부터 일체 만물이 생성된다. 이 생성과정이 유출이다. 일자로부터 아래로 많이 흘러내릴수록 일자로부터 멀어지게 되며 그럴수록 실재성은 줄어들게 된다. 그런 식으로 일체는 존재의 층위를 형성한다.

17 『엔네아데스』, V 4 [7](최초의 것과 그것 이후), 1.5-6(앞의 책 I, 153쪽).

2. 일자로부터 이성의 유출

1) 일자에서 이성의 사유로

일자는 사유하는 이성(nous) 및 그 이성의 앎과는 다르다. 플로티노스는 일자로부터 이성이 나오지만, 일자 그 자체가 곧 사유하는 이성은 아니라고 강조한다. 일자의 자기앎은 일상의 자기의식과는 다른 것이다. 그렇다면 단순한 일자로부터 어떻게 이성이 생겨나게 되는가? 일자로부터 사유하는 이성이 생겨나는 과정을 플로티노스는 이렇게 설명한다.

> 이성이 저편(일자)을 사유하려고 시도할 때, 이성은 다수가 된다. 물론 저편(일자) 자체로서가 아니다. 오히려 이성은 그것(저편)을 단순한 것으로서 바라보려고 하지만, 그러나 거리를 취함으로써 그것(저편)을 그(이성) 안에서 항상 새로운 복합으로 전개될 그런 것으로서 취한다. 물론 이성은 일자에 대해 이성으로서 관계하는 것이 아니라 일종의 시력과 같이 관계한다. … 시력이 봄을 성취하면, 시력은 바로 그 순간 이성이다. 이성으로서 봄을 성취한다. 그전에 시력은 단지 충동이고 각인되지 않은 봄이었을 뿐이다. 그렇게 이 이성이 저편(일자)을 바라보고, 그것을 붙잡아야 이성이 된다. 그렇게 이성은 끊임없이 자신을 구성하고 사유하면서 이성, 본질, 사유가 된다. 왜냐하면 그전에 이성은 사유대상이 없으므로 사유가 아니었고, 사유하지 않았으므로 이성이 아니었기 때문이다. … 단적으로 단순한 것, 모든 사물의 최초의 것은 이성의 저편이어야 한다.[18]

18 『엔네아데스』, V 3 [49](인식하는 실체와 그 피안), 11.1-29(앞의 책 V, 149-153쪽).

이성은 일자에의 사유를 통해 이성이 된다. 일자가 먼저 있기에 일자를 보고 일자를 사유할 수 있으므로, 일자는 이성에 앞선다. 이 일자를 보고자 하고 붙잡으려고 하면서 일자로부터 거리를 취해 결국 그 일자를 보고 붙잡아 그 일자를 사유하는 것이 바로 이성이다.

> 단일하지 않은 것은 자기 자신을 구할 수 있고, 자기 자신으로 향하고 자신에 대한 의식을 갖기를 바랄 수 있다. 그러나 단적인 일자는 그가 자신으로 가고자 한들 어디로 갈 수 있겠는가? 그가 왜 자기 자신의 의식을 필요로 하겠는가? 자기의식 너머에 있는 것은 모든 사유 너머에 있는 것이다. 사유자는 존재에 있어서나 가치에 있어서나 최초의 것이 아니고 두 번째 것이므로, 그것은 선(善, 일자)이 이미 거기에 있고 생겨난 것이 움직여서 선을 바라보기 위해 자신에게로 움직일 때 비로소 발생하는 것이다. 그것이 바로 사유이다. 사유는 사유자가 자신이 바라는 선으로 향하는 것이다. 왜냐하면 바람이 사유를 낳고 동시에 자기 자신과 더불어 현존으로 부르기 때문이다. 봄은 보고자-원함이다. 그러므로 선은 자신을 사유할 수 없다. 왜냐하면 선은 자기 자신과 다르지 않기 때문이다.[19]

스스로 일자를 바라보면서 그 일자를 포착하고 사유하고자 일자로부터 거리를 취함으로써 비로소 사유하는 이성이 생겨난다. 사유함으로써 사유자와 사유대상의 이원화가 생겨나며, 그 결과로 사유하는 이성이 생겨나는 것이다. 플로티노스는 이 과정을 마치 보는 능력인 시력이 보고자 함으로써 봄에 이르러 현실적 봄이 있게 되는 것과 같다고 설명한다. 사유자와 사유대상의 구분이 없는 일자에서부터, 사유를

---

19 『엔네아데스』, V 6 [24](피안은 생각하지 않는다), 5.1-12(앞의 책 II, 83-85쪽).

지향함으로써 사유가 생겨나고 그로써 다수의 이성이 생겨난다. 일자에 대해 사유하려는 것은 일자에 대해 거리를 취하는 것이며, 그렇게 해서 일자로부터 이성(nous)이 생겨나는 것이다.[20]

그런데 일자에 대해 사유함으로써 비로소 이성이 생겨난다면, 애당초 무엇이 일자를 알고자 하고, 그래서 일자를 바라보며 일자에 거리를 취하여 사유하고자 하는 것인가? 이성 이전에는 일자밖에 없으므로 그것은 일자 자체여야 하지만, 일자는 단순자이고 자기충족적이지 않은가? 도대체 일자를 알고자 하는 충동, 그것은 누구의 충동인가? 일자밖에 없으므로 일자의 충동일 수밖에 없다. 일자가 일자의 자리에 있으려고 하지 않고 스스로 자기 자신을 대상화하여 보려고 하는 것이다. 즉 일자이려고 하지 않고 일자를 알려고 하는 것이다. 왜인가? 일자는 왜 일자 자신을 알려고 하는가? 일자가 자신을 모르기 때문인가, 아니면 일자가 자신을 이미 알고 있는데도, 자신이 안다는 사실을 모르고 다시 알려고 하는 것인가?[21]

플로티노스는 일자는 일자 자신에 대한 대상적 앎(이성적, 개념적, 분별적 앎)이 없지만 자신에 대해 무지하지 않고 자신을 안다고 말한다. 분별하지 않고 단일하게 아는 것이다. 이 일자의 자기자각을 알아차리

---

20 이 과정은 진여법신의 진여심(眞如心)이 무명(無明)으로 자신을 알지 못하고 동요하여 스스로 보고자 함으로써 능(能)과 소(所), 견분(見分)과 상분(相分)으로 이원화되는 과정과 비교해볼 만하다. 다만 불교는 그렇게 일어나는 마음을 진여심으로부터 멀어지는 망심(妄心)으로 간주하는 데 반해, 서양철학은 그 마음을 이성이라고 부른다. 서양이 강조하는 이성의 사려분별작용은 동양의 시선으로 보면 허망분별에 해당한다.

21 이것은 우리 일반 범부들에게 자신의 일심 내지 진여에 대해 스스로를 아는 각인 본각(本覺)이 있는가, 아니면 우리는 자신을 알지 못하는 불각(不覺)의 존재인가의 물음이기도 하다. 불교는 모든 중생이 본각(本覺)이 있으면서도 불각(不覺) 상태에 있다고 말한다. 본각이 있음을 알아차리지 못하는 것이 불각이고, 다시 그 본각이 있음을 알아가는 것이 시각(始覺)이다. 플로티노스의 유출설은 만물 안에 내재된 일자를 설하는 내적 초월주의라는 점에서 불교와 상통하는 바가 크다.

지 못하고 기어이 자신을 대상화해서 알려고 하는 것이 바로 자신을 알고자 하는 충동이고 바람이며, 이것이 사유를 낳고 이성을 낳는다. 그러므로 이성의 앎은 일자로부터 한 발짝 후퇴하는 것이고, 이성은 일자의 모상일 뿐이며 결국 일자를 그 자체로 알지는 못한다. 이성은 어떤 점에서 일자를 알지 못하는 것인가?

> 우리가 분명하게 표현해서 이성을 일자의 모상(Abbild)이라고 부르는 것은 무엇보다도 낳아진 자가 어떤 의미에서는 하나의 '일자'이기 때문이다. 즉 이성은 일자의 많은 것을 유지하며 마치 빛이 태양과 유사성을 갖듯 일자와의 유사성을 갖는다. 그러나 그럼에도 불구하고 일자는 이성이 아니다. 그럴 경우 일자가 어떻게 이성을 낳을 수 있겠는가? 자기 자신에게 향함으로써 일자는 자기 자신을 바라본다. 이 바라봄이 이성(사유)이다. 이 파악을 활동적이게 하는 것은 지각 또는 이성과는 다른 것이다. 지각은 선(線)이며 원을 그린다. 원은 속성상 분할 가능하지만, 일자는 움직이지 않는다. 여기서 그것(이성)은 일자일 수 있다. 그러나 이 일자는 모든 사물의 잠재성이고 가능성이다. 사물의 잠재성이 일자인데, 그 사물을 사유가 바라보면서, 사유는 동시에 자신을 그 잠재성으로부터 분리시킨다. 그렇게 하지 않으면 그것은 이성이 아닐 것이다. 그러나 일자는 이미 자기 자신으로부터 그 잠재성에 대한 일종의 자각을 가지고 있으며 이로부터 일자는 실체를 산출할 수가 있는 것이다. 그런데도 이성 또한 일자로부터 나오는 잠재성을 매개로 스스로 존재를 규정하는데, 그 존재는 소위 (일자에 속하는) 사물의 부분이며 일자로부터 온 것이므로 일자로부터 그의 힘을 갖고 일자에 의해 존재를 완성한다.[22]

---

22 『엔네아데스』, V 1 [10](세 가지 근원적 실체), 7.1-12(앞의 책 I, 225-227쪽). 이성이 일자로부터 구분되는 것은 신의 정신이 신과 구분되는 것과 같다. 신과 신의 정신의 구분

이성은 일자로부터 생겨나는 활동이지만, 일자를 바라봄으로써 일자의 잠재성으로부터 스스로를 분리시킨다. 바라봄으로써 왜 분리되는가? 일자로 머무르지 않고, 일자를 대상화하기 때문이다. 스스로를 앎의 대상으로 삼는 것은 곧 스스로를 사유하는 것이고 이는 곧 스스로를 사유대상으로 만드는 것이다. 결국 스스로를 이원화하는 것이다. 스스로 일자로부터 빠져나옴으로써 무한의 전체로부터 스스로를 유한화한다. 이성은 일자로부터 생겨나는 활동이면서 동시에 스스로 거리를 취해 일자가 일자 자신을 바라보는 행위이다.[23]

이성이 일자를 바라봄으로써 일자 안에 잠재적으로 담겨 있던 형상(이데아)들이 사유대상으로 드러난다. "일자가 모든 사물의 잠재성"이라는 것은 일자 안에 만물이 잠재적으로 내재해 있다는 말이다. 일자 내에 잠재적으로 있던 것이 현실화되는 것이 바로 일자로부터 유출이다. 이 유출과정 중에 가장 먼저 발생하는 것이 바로 이성의 바라봄이다. 이성의 바라봄인 사유를 통해 일자 내의 이데아들이 사유대상으로 나타난다.[24] 이성의 사유가 일자로부터 나오고, 사유대상인 형상 또한 일자로부터 현실화됨으로써 이성의 차원에서 비로소 사유자와 사유대상의 이원성이 성립하게 된다. 나아가 사유대상인 이데아가 다양한 만큼 이성은 다수성을 갖게 된다. 이 점에서 이성은 일자의 단일성과 대

은 성부와 성령의 구분으로 그리스도교 삼위일체설의 철학적 기반이 된다.

23 플로티노스는 이것을 점 주위에 그어지는 원으로 설명한다. 하나의 점으로부터 거리를 취해 뻗어 나가되 그 거리를 유지하면서 점을 중심으로 선을 그으면 원이 그려지게 되듯이, 이성은 일자(점)로부터 생기되 일자를 바라보며 일자를 중심으로 움직이는 사유활동이다.

24 일자로부터 이성의 유출에 있어 바라봄의 활동인 사유(noesis)는 견분(見分)에, 바라봄의 대상인 사유대상(noema)은 상분(相分)에 비교할 수 있다. 견분과 상분, 주관과 객관의 이원성을 미분적 일자로부터 설명한다는 점에서 유출설은 불교와 통하는 면이 있다.

비된다.

2) 이성의 이원성: 사유자와 사유대상

이성이 일자와 달리 이원성을 갖게 되는 것에 대해 플로티노스는 다음과 같이 설명한다.

> 낳는 자가 이성 저편에 있기에, 낳아진 것은 이성이어야 한다. 그러나 이성이 왜 낳는 자가 아니란 말인가? 이성의 현실태(energeia)가 사유(noēsis)이기 때문이니, 사유는 사유대상(noēton)을 바라보며 그 대상으로 향하고 그 대상에 의해 비로소 충족되어진다. 즉 사유가 바라봄처럼 그 자체로는 무규정적이었다가 사유대상에 의해 비로소 자신의 규정성을 얻게 되는 한에서 그런 것이다. 그러므로 무규정적인 이원성과 일자로부터 이데아들과 수(數)들이 생겨난다고 말하니, 이것(생겨난 것)이 바로 이성이다. 따라서 이성은 단순한 것이 아니라 다수성이며, 이미 일종의 (물론 오직 이성적인) 복합성을 제시하며 이미 직관하는 것으로서 다수성을 포함하고 있다. 이성은 확실히 그 자체가 사유대상이지만 또한 사유자이기도 하니, 그로써 이미 이원성이다. 그러나 또 한편 이성은 사유대상 자체와 구분되며 사유대상 다음의 것이기도 하다.[25]

낳는 자 = 일자(무규정자/잠재태)
↓
낳아진 자 = 이성 : 이원성 ┌ 사유대상(다수의 이데아)
└ 사유(사유대상에 의해 규정된 사유/현실태)

---

25 『엔네아데스』, V 4 [7](최초의 것과 그것 이후), 2.8-10(앞의 책 I, 153-155쪽).

우리는 전체를 한 번에 사유할 수 없다. 사유는 분별이며, 전체는 사유 속에서 분별된다. 우선 사유자와 사유대상이 분별된다. 이 분별이 없다면 사유가 없는 것이다. 그리고 다시 사유대상이 서로 분별된다. 일체 잠재태로부터 특정한 부분만 바라보게 되고, 그 부분만이 규정을 통해 현실태가 된다. 다음 구절에서 플로티노스는 이성에 선행하는 일자를 이성에 의해 사유되는 사유대상으로 설명한다. 이성이 일자를 사유대상으로 삼고 있음을 보여주는 것이다. 이성 내지 사유는 일자인 사유대상으로부터 나온다고 할 수 있다. 그렇지만 이성적 사유가 일어나기 이전 일자에게 자기지가 없는 것은 아니다. 일자에게 있는 본래적 자기지는 이성의 사유와는 다른 방식의 앎이다.

> 어떻게 이 이성이 사유대상(즉 일자)으로부터 나올 수 있을까? 사유대상은 그것(사유대상)이 자신을 고수하며 (보는 자나 사유자처럼) 결핍적이지 않지만(나는 사유자는 일자와 비교해서만 결핍적이라고 말한다), 그렇다고 그것(일자)이 의식이 없지는 않으니, 오히려 그것의 모든 내용은 그것(일자) 안에 그것(일자)과 함께 있다. 그것(일자)은 자기 자신을 철저하게 분류하고 나누는 능력이 있으며, 그것(사유대상)은 그것(일자) 안의 생명이며, 그것(일자) 안의 모든 사물이다. 그것(사유대상)은 그(일자)의 자기자각이며, 어느 정도 자기의식에 의한 것이다. 그것은 '항상 계속되는 정지 속의 사유'(일자의 사유)를 의미하며, 이것은 이성의 사유와는 다르다.[26]

일자의 사유: 무분별적 자기지 / 영원의 사유: 사유대상을 잠재태로 내포함

↓

이성의 사유: 분별적 사유: 사유자 ↔ 사유대상: 사유대상으로부터 사유하는 이성이 나옴

---

26 『엔네아데스』, V 4 [7] (최초의 것과 그것 이후), 2.11-12 (앞의 책 I, 155쪽)

이성이 사유하는 사유대상으로 등장하는 것이 사유세계인 이데아의 세계이다. 이성의 사유는 사유대상을 사유함으로써 이원적으로 분리된 주와 객을 다시 하나로 통합시킨다. 이 점에서 이성을 통해 사유자와 사유대상은 다시 분리를 넘어선다고 말할 수 있다. 이성은 사유를 시작하면서 일자로부터 분리되어 이원성을 만들지만, 사유를 통해 앞서 자신이 분리시킨 사유자와 사유대상을 다시 하나로 통합시킨다. 이렇게 사유자와 사유대상이 구분되지 않는 사유를 순수 사유 내지 제1 이성, 즉 신의 이성이라고 부른다.

> 이성의 사유가 사유대상과 동일하다면, 그 사유대상은 곧 현실태이며, 단순한 잠재태일 수가 없다(생각되지 않은 것일 수 없다). 또한 그것(사유대상)은 생명과 분리될 수 없지만, 그렇다고 생명이나 사유가 마치 돌이나 영혼 없는 사물에서처럼 다른 것에 추후적으로 덧붙여지는 그런 것일 수는 없다. 그러므로 사유대상 또한 제1실체이다. 그런데 사유대상이 현실태, 최초의 현실태, 따라서 가장 위대한 현실태라면, 그것은 본질적으로 사유, 가장 참된 사유이다. 그런 종류로서 근원적이며 또 근원적 의미에서 사유하는 그 사유는 분명 제1이성이다. … 따라서 이 모든 것, 이성(nous), 이성의 사유(noesis), 사유된 대상(noeton)이 모두 하나이다.[27]

이성이 일자로부터 나와서 일자를 사유한다는 것은 곧 이성이 일자를 사유대상으로 삼는 것을 말한다. 그렇게 해서 일자 내의 무한한 잠재성이 현실태로 규정된다. 이성의 차원에서 보면 사유자인 이성과 그 이성의 사유 그리고 사유대상이 서로 구분되지만, 일자의 차원에서 보

27 『엔네아데스』, V 3 [49](인식하는 실체와 그 피안), 5.32-43(앞의 책 V, 131-133쪽).

면 이들은 모두 일자에서 분화된 것이며, 따라서 다시 일자를 추구하는 것이다. 그래서 사유와 사유대상이 구분되지 않는 사유를 참된 사유, 근원적 사유, 제1이성이라고 부른다. 이성은 일자로부터 가장 먼저 생겨나는 것이며, 그만큼 일자의 선을 가장 많이 닮은 것이다.

> (이성이) 다른 원천에서가 아니라 제일 근원(일자)에서 생긴다는 것, 그리고 생겨남과 동시에 모든 존재자들과 가장 아름다운 이데아들과 모든 이성적인 신들을 자기 자신과 함께 만들어낸다는 것은 가장 순수한 것으로서의 이성의 품위에 알맞다.[28]

일자로부터 이성이 유출되며, 이성은 상향으로 움직이면 일자로 나아가게 되지만, 하향으로 움직이면 오히려 일자로부터 더 멀어지게 된다. 이렇게 해서 이성으로부터 생겨나는 것이 영혼이다.

3. 이성으로부터 영혼의 유출: 영혼과 물질

1) 이성에서 영혼으로

일자로부터 유출된 이성, 그 이성으로부터 다시 유출된 것이 영혼(psyche)이다. 이성으로부터 생겨나는 영혼의 활동을 플로티노스는 지각과 논리적 판단으로 설명한다.

---

28 『엔네아데스』, V 1 [10](세 가지 근원적 실체), 7.27-31(앞의 책 I, 227쪽).

영혼의 지각능력(aisthetikon)에 관한 한, 우리는 주저 없이 그것(지각능력)은 외적 사물을 향한다고 말할 수 있다. 내적인 신체과정을 공지각한다고 해도, 이 경우 역시 영혼 바깥의 것을 아는 것이다. 지각능력은 자신의 몸에 부딪히는 하위의 것들을 알아차리기 때문이다. 그러나 영혼 안의 논리능력(logizomenon)에 관한 한, 그것(논리능력)은 지각으로부터 생긴 상(Bild)들을 합하고 나누면서 점검한다. 그리고 이성으로부터 내려온 상들에 관한 한, 그것(논리능력)은 그 윤곽을 감시하면서 그것들에 대해서도 지각의 표상들에 대해서와 마찬가지의 능력을 행사한다. 나아가 그것(논리능력)은 거기에 의식을 결합하여, 새롭게 나타나는 인상을 다시 알아보고 그것을 그 안에 이미 있던 인상들과 비교한다. 이 과정을 우리는 영혼의 기억이라고 말할 수 있다.[29]

영혼의 활동

1. 감각적 지각 : 외부로 향함
2. 논리적 판단 : '지각으로부터 온 표상들'을 '이성으로부터 온 표상들'을 기준으로 삼아 정리

영혼의 활동은 크게 감각적 지각과 논리적 사유활동인 판단으로 나눠볼 수 있는데, 지각은 다시 외부 사물을 인지하는 외적 지각과 내적 신체를 인지하는 내적 지각으로 구분된다. 외적이든 내적이든 모든 지각은 영혼 바깥의 대상을 인지한다는 의미에서 외부로 향한 지각이라고 할 수 있다. 반면 논리적 사유 내지 판단은 지각 결과의 상 및 이성으로부터의 상을 종합하고 분석하여 사유하고 판단하며, 과거의 인식

---

29 『엔네아데스』, V 3 [49](인식하는 실체와 그 피안) 2.3-14(앞의 책 V, 121쪽).

을 재인하고 기억하는 활동을 한다. 이성으로부터 유출된 영혼은 사유 활동 속에서 이성과 관계하며, 영혼이 이성을 좇아감에 따라 우리는 이성에 가까이 다가가게 된다. 플로티노스는 이성을 좇는 길을 다음과 같은 두 가지 길로 제시한다.

> 지각이 신하로서 우리에게 기여한다면, 이성은 왕으로서 우리를 지배한다. 우리가 이성의 지시를 따라 행동한다면, 우리도 왕이다. 우리는 두 가지 방식으로 이성의 지시를 따라 살 수 있다. ① 이성의 문자가 명령으로서 우리 안에 새겨짐으로써이다. 즉 우리가 이성으로 채워져 이성의 현존을 보고 알아차릴 수 있음으로써이다. 우리는 우리에게 보여지는 그런 위대한 것에 힘입어 나머지 것들을 파악하면서 우리 자신을 인식한다. 또는 ② 우리가 그렇게 위대한 것을 인식하는 그 능력을 바로 그 능력 자체를 갖고 파악함으로써이다. 즉 우리 자신이 이성이 됨으로써이다.[30]

영혼이 이성을 좇아가는 두 가지 길 중 ① 첫 번째는 영혼이 사유능력 안에 기준으로 작용하는 이성을 따라 사유함으로써 이성과 가까워지는 것이다. 이때 영혼은 이성의 원리에 따라 세계를 인식함으로써 그만큼 자신을 인식한다고 할 수 있다. ② 두 번째는 영혼이 자신의 사유능력의 원천을 인식함으로써 스스로 그 원천인 이성이 되는 것이다. 이때 영혼은 스스로 이성이 되어 자기 자신을 안다. 이성에서 비로소 사유는 사유자와 사유대상이 하나인 그런 사유가 되어 보다 일자에 가까이 다가서는 것이라고 할 수 있다.

영혼은 내면으로 향하면 사유 속에서 자신 안의 이성을 발견하게 되

30 『엔네아데스』, V 3 [49](인식하는 실체와 그 피안), 3.45-4.8(앞의 책 V, 127쪽)

고, 외부로 향하면 지각활동을 하게 된다. 영혼이 이성을 좇는 것은 영혼이 이성을 좇아 일자로 나아가는 '상향의 길'이라고 할 수 있다. 그러나 우리 대부분의 영혼의 활동은 그와 반대로 '하향의 길'을 간다.

2) 영혼에 의한 시간 및 만물의 생성

플로티노스에 따르면 일자는 시간 너머 존재하는 영원이다. "영원은 일자 안에 머무른다."[31] "영원은 항상 동일성 안에 머무르면서 언제나 전체를 현재적으로 간직하는 하나의 사유, 하나의 생명"[32]이다. 영원은 변화하는 시간 흐름 안에 변하지 않는 현재로서 있다. 그렇듯 일자는 만물 안에 영원한 하나의 생명으로 포함되어 있다. 그렇다면 시간은 어떻게 해서 생겨나는 것인가?

영원에서 시간이 생겨나는 것은 일자에서 만물이 생겨나는 것과 같다. 그런데 일자 자체나 이성은 시간을 넘어선 것이다. 그러므로 시간을 만드는 것은 영혼이다. 플로티노스는 영혼이 시간을 만들며 동시에 그 시간 안의 만물을 만든다고 설명한다. 영혼이 만물을 생성하는 과정은 영혼이 시간을 생성하는 과정과 함께한다. 플로티노스는 영혼으로부터 시간이 출현하는 과정을 시간의 관점에서 다음과 같이 설명한다.

> 영혼이 이전을 낳기 전, 따라서 이전과 결부된 이후를 필요로 하기 전, 영혼은 존재자 안에 고요하게 있으며 아직 시간이 아니었고, 오히려 고요에 머

---

31 『엔네아데스』, III 7 [45](영원과 시간), 2.35(앞의 책 IV, 311쪽). 이것은 플라톤이 『티마이오스』 37d에서 한 말이다.

32 『엔네아데스』, III 7 [45](영원과 시간), 3.16(앞의 책 IV, 311쪽).

물러 있었다. 그러나 본성이 주제넘어(호기심이 많아) 영혼은 스스로 지배하려 하며 자립적이고자 하여, 자신이 가지고 있는 것보다 더 많은 것을 만들기로 결심했다. 그래서 영혼은 운동에 들어갔고, 나(시간)도 마찬가지로 운동에 들어갔다. 이 운동이 우리(시간과 영혼)를 점점 더 미래의 것, 이후의 것으로 가져갔으며, 계속해서 다시 결코 동일한 것이 아닌 다른 것으로 가져갔다. 그래서 우리가 장구한 긴 길을 이동하고 나니, 우리는 영원의 모상으로서 시간을 산출하게 되었다. 즉 고요하게 있지 않고 저 위에서 본 것을 다른 존재에게 옮기려고 항상 집착하는 영혼의 힘이 있었던 것이다. 영혼은 전체가 자신 안에 현재적으로 있는 것에 만족하지 않았다. 한 고요한 씨앗에게도 형상의 힘이 자기 자신을 전개하고 원하는 먼 곳으로 달려 나가듯이, 영혼은 자기 분화를 통해 먼 곳을 일자 자신에게가 아니라 소멸에게로 가져갔다. 영혼은 자기 자신에 머무르지 않고 일자를 영혼이 그리로 나아가는 무력한 연장성으로 낭비했다. 그렇게 해서 영혼은 가시적인 전체 세계를 만들었다. 전체 세계는 상위 세계를 모방하되 상위 세계의 운동을 실행하지 않고 오히려 영혼과 유사하고 영혼의 모상이고자 하는 운동을 실행한다. 그렇게 함으로써 영혼은 비로소 스스로를 시간화하고 영원의 보충으로서 시간을 창조했다. 그러나 그렇게 하여 영혼은 그렇게 생겨난 전체 세계에다 시간의 노예성을 부과하고, 영혼이 시간의 전체 흐름을 전체 세계 안에 집어넣음으로써 영혼은 세계를 완전히 시간성 아래 종속시켰다. 왜냐하면 전체 세계는 영혼 이외에는 그것이 있을 곳이 없기에 영혼 안에서 움직이고, 따라서 그것은 영혼의 시간 안에서 움직여야 하기 때문이다.[33]

영혼은 이성에 의해 포착되는 모든 사물의 본질을 현상세계 영역에

---

33 『엔네아데스』, III 7 [45](영원과 시간), 11.13-36(앞의 책 IV, 337쪽).

실현시키는 자이다. 영혼은 가지적 이데아계와 가시적 현상계를 매개하는 중간자의 역할을 한다. 즉 영혼은 그 자체로는 영원하며 초시간적인 것이지만, 동시에 시간을 산출해내며, 그 과정에서 가시적 현상세계를 형성한다. 영혼의 단계에서 형성되는 현상세계는 영혼이 인식하는 대상세계이다. 이 단계에서는 인식주관으로서의 영혼과 인식대상으로서의 세계가 심리적인 것과 물리적인 것, 인식주관과 인식객관 등으로 서로 대립되는 것으로 나타난다. 영혼은 영원한 현재의 고요에 머무르지 않고, 있지 않은 것으로 뻗어나감으로써 시간을 만들고 그 시간 안에 등장하는 가시적인 세계를 만든다. 그래서 시간과 세계는 우리의 영혼에 낯설지 않은 것이다.

> 시간은 어떻게 모든 곳에 있는가? 영혼이 우리 인간에게 있어 그 어떤 부분과도 소원하지 않듯이, 영혼이 세계의 어떠한 부분들과도 소원하지 않기 때문이다.[34]

영혼이 지각하고 판단하는 현상세계는 시간과 더불어 영혼에 의해 유출되고 영혼에 의해 만들어진 것이다. 본래 일자와 더불어 존재하는 것은 영원일 뿐이다. 그리고 그 영원과 일자의 의식이 곧 이성이다. 이성에서는 이성과 이성계가 이원화되어 있지 않다. 이성은 자기 자신을 무시간적으로 비대상적으로 인식한다. 그렇지만 그 이성으로부터 생겨난 영혼은 그 영원을 반복하려는 의지를 갖는다. 즉 현존에 만족하지 않고, 현재 없는 것, 과거와 미래로 나아가고자 하고, 그렇게 영원을 연장시키고자 한다. 이러한 영혼의 의욕으로부터 시간이 생겨난다.

---

34 『엔네아데스』, III 7 [45](영원과 시간), 13.48-49(앞의 책 IV, 349쪽).

영혼은 영원으로부터 시간을 만든다. 그렇게 영혼은 스스로 시간화하고 그 시간화와 더불어 시간적 세계를 형성한다. 시간이 영혼의 활동 결과물이듯이 모든 시간적 사물들 또한 영혼의 활동 결과물이다. 그래서 영혼은 시간의 척도를 따라 세계 사물들의 존재 및 운동을 인식하고 측정할 수 있는 것이다.

시간은 영혼의 활동을 통해 발생하되 영원의 모사로서 발생한다. 그러므로 각 인간의 영혼 안에서 생성되는 시간은 동일한 모습으로 나타난다고 할 수 있다. 영혼의 시간화 활동이 동일한 활동이기 때문이다.

> 과연 시간도 우리 인간 안에 있는가? 시간은 각자의 타고난 영혼 안에 있지만, 각자의 영혼 안에 동일한 방식으로 있다. 시간들은 모두 하나이다. 이 점에서 시간은 각각으로 나뉘어 있지 않다.[35]

시간이 각자의 영혼에 의해 만들어지되 하나의 시간으로 흘러가듯이, 현상세계 또한 각자의 영혼에 의해 생성되지만 하나의 세계로 드러난다. 일체가 궁극적으로는 일자로부터 유출되는 것이기 때문이다. 일자를 광원에 비유한다면, 이성은 그 광원으로부터 발사되는 빛에 해당한다. 빛은 광원으로부터 처음 유출되는 것이지만, 유출된 것으로서 광원과 구분된다. 그렇게 유출된 빛은 비추는 작용과 비춰지는 것의 이원성의 근거가 되지만, 빛으로서의 사유인 이성과 빛에 의한 사유대상인 이데아를 엄밀하게 구분하기는 쉽지 않다. 그러나 실제로 빛에 의해 비춰질 현상세계를 구성하는 것은 영혼이다. 영혼의 활동은 빛으로부터 반사된 색을 파악하는 감각 내지 지각작용으로 이해될 수 있

35 『엔네아데스』, III 7 [45](영원과 시간), 13.66-68(앞의 책 IV, 349쪽)

다. 영혼은 색의 현상세계를 형성하며 색의 현상세계를 감지하는 정신 작용이다.

그렇다면 영혼이 파악하는 현상세계의 기반은 무엇인가? 색으로 반사되게끔 하는 기반은 무엇인가? 현상세계 사물의 근저에 순수 물질이 있는가? 플로티노스는 사물의 기반을 '그림자'라고 말한다. 보여지는 색은 반사된 빛일 뿐 그 자체의 실체성이 따로 없기 때문이다. 그렇게 사물의 기반에는 단지 빛의 결여, 일자의 결여, 순수 무(無)가 있을 뿐이다. 이와 같이 플로티노스는 물질을 실체로 보지 않는다. 물질은 그림자이고 비어 있음으로 존재한다.

일자 →	정신(이성) →	영혼 →	세계
광원	빛 (정신세계를 형성)	빛의 분산 = 색채화 (색의 세계를 형성)	반사시키는 그림자 = 비어 있음
	이데아를 사유	색을 감각	

플로티노스에 따르면 일자로부터의 유출의 가장 마지막 단계가 물질적 현상세계이다. 그것은 영혼으로부터 형성된 것이다. 영혼이 인식 대상으로 파악하는 물질은 사실은 현상계의 가장 아래에 있는 그림자일 뿐이다. 실재하는 것이 아닌 것, 그림자, 결핍으로서 그것은 일체

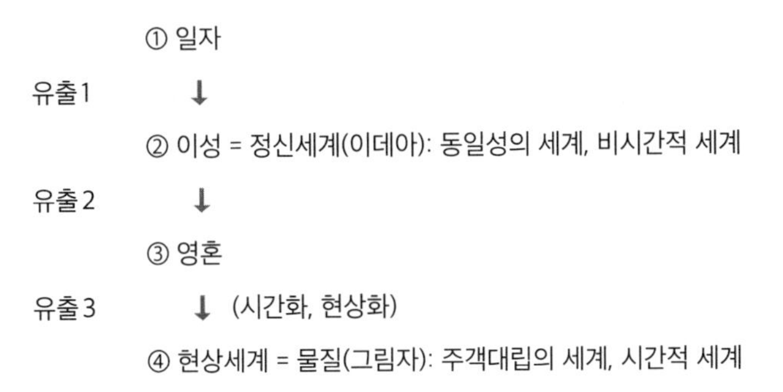

악(惡)의 원인이기도 하다. 물질은 모든 현상성과 모든 좋음의 절대적 부재이며 절대적 결여이고 순수 결핍이다. 그것이 근본악(根本惡)으로서 가시계의 가장 낮은 단계의 어두운 근거라고 할 수 있다. 이처럼 일자로부터의 유출에서 발생하는 전체 존재자의 위계질서는 일자에서 절대무의 대립으로 끝난다.

일자로부터 이성이 유출되고 영혼이 유출되어도, 일자는 그 안에 계속 일자로 남아 있다. 일자에서 이성의 유출은 곧 정신세계인 이데아세계의 유출이다. 이데아의 세계 속의 일자가 곧 이성이다. 정신세계인 이데아를 인식하는 일자가 이성인 것이다. 그다음 그로부터 영혼이 유출된다는 것은 영혼적 활동이 발생한다는 것이다. 그렇게 해서 현상세계가 형성된다. 현상세계 속의 일자가 곧 영혼이다. 일자가 영혼으로서 현상세계를 형성하는 것이다. 스스로를 시간화하고 공간화하여 현상세계를 그려내는 것이 영혼의 활동인데, 그것은 그 영혼 안에 일자가 핵으로 활동하기 때문이다. 따라서 유출은 다음과 같은 방식으로 그려볼 수 있다.

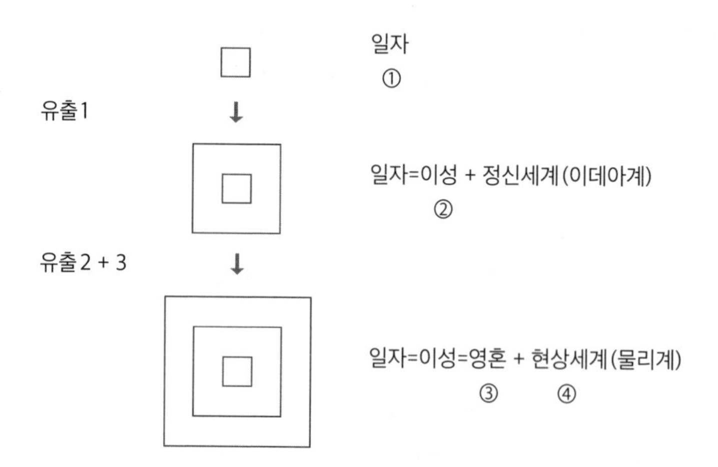

3) 영혼의 하향운동과 상향운동

플로티노스는 영혼의 활동을 두 가지로 구분한다. 하나는 보다 고차적이며 이성적이고 참된 존재를 향한 활동인 상향운동이고, 다른 하나는 하강하여 현상계를 형성하고 현상계와 결합하려는 활동인 하향운동이다. 영혼에서 이성으로 그리고 다시 일자로 나아가는 운동이 상향운동이다. 영혼의 활동에 따라 시간이 생성되고 현상세계가 생성되지만, 일체는 모두 일자로부터 유출된 것이기에 궁극적으로는 모든 이원성이 결국 하나로 통합되고, 분산된 영혼은 상향하여 이성으로 그리고 다시 일자로 나아가게 된다. 플로티노스는 인식하는 자(영혼)와 인식되는 것(현상세계)이 둘이 아니라는 것, 주와 객이 둘이 아니라는 것을 다음과 같이 말한다.

> 오직 근원만이 근원을 바라보고 근원과 하나 되며 또 오직 같은 것만이 같은 것과 하나 된다.[36]

> 만약 눈이 태양과 유사하지 않다면, 눈은 태양을 볼 수 없을 것이다. 마찬가지로 만약 영혼이 아름답지 않다면, 영혼은 아름다움을 볼 수 없을 것이다. 만약 누군가 신과 아름다움을 보고자 한다면, 그는 우선 완전히 신과 닮고 또 완전히 아름다워야만 한다.[37]

이와 같은 근원적 동일성에 입각해서 영혼의 이원적 분별로부터 다

---

36 『엔네아데스』, VI 9 [9](선과 일자), 11.32(앞의 책 I, 205쪽).

37 『엔네아데스』, I 6 [1](아름다움), 9.31-34(앞의 책 I, 25쪽).

시 근원적 하나로 나아가는 활동이 영혼의 상향운동이다. 이러한 상향운동과 달리 영혼의 하향운동은 오히려 일자에서 이성으로 나아가고 다시 영혼으로 나아가면서 궁극적으로는 물질적 현상세계로 나아가는 활동이다. 영혼의 하향운동은 일자가 유출되고 외화되고 다양화되는 길이다. 이 외화의 힘, 표현의 힘을 따라 영혼은 자기소외의 길인 하향의 길을 간다. 이 하향운동에 따라 일자의 영원성이 시간성으로 외화되고, 일자의 자기동일성이 다양성으로 차별화된다. 영혼이 현상세계로 나아가는 것이다. 플로티노스는 하향운동하는 영혼, 세계 사물과 결합되어 있는 영혼, 즉 세계 사물에 내재하는 영혼의 힘을 '자연'이라고 부른다. 따라서 자연은 영혼 중에서 가장 낮은 영혼이며 육체에 쌓여 있는 영혼이다. 이 자연의 영혼은 직접적으로 사물세계에 작용하는 힘을 가진다.

그러나 이러한 유출과 하향운동 속에도 일자는 계속 일자로 남아 있다. 일자가 이성으로 유출되고 영혼으로 유출되어도 그 각각의 핵은 일자로 남는다. 일자는 외화의 중심으로 외화되지 않고 남아 있는 비어 있는 핵이다. 이렇게 각 존재 안에 일자가 남아 있기 때문에, 이에 근거해서 다시 현상세계로부터 영혼으로, 다시 이성으로, 그리고 궁극적으로 일자로 향하는 것이 가능해진다. 상향운동은 곧 자신 안의 외화의 핵, 동일성의 근원으로 복귀하려는 노력인 것이다.

이와 같은 영혼의 상향과 하향의 운동은 각기 원의 중심을 향한 구심력과 원의 바깥을 향해 스스로 외화하려는 원심력의 관계와도 같다. 유출과 외화가 의미하는 것은 그렇게 유출되고 외화된 영혼은 다시 일자로 복귀하고자 한다는 것이다. 영혼이 육체를 떠나는 것은 시간을 벗어버리는 것이고 영원으로 돌아가는 것이다. 플로티노스는 인간 삶의 궁극목적을 일자와의 합일로 본다. 이것은 '이성적 관조'와 구분되는 '절대적 합일'을 의미하며, 이러한 합일을 신비적 합일, 엑스타시(ekstasis)라고 부른다.

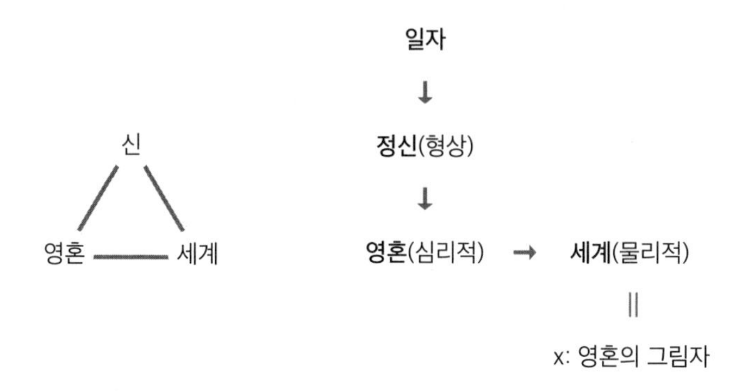

영혼이 신비적 합일로 나아가는 상향의 길이 가능한 것은 우리의 영혼이 일자로부터 유출되어 일자의 생명을 본질로 삼고 있기 때문이다. 그리고 이는 곧 각각의 개별자가 자신만의 개별적 핵, 개별적 실체를 갖지 않는 비어 있는 존재이기 때문에 가능한 것이다. 일자로부터의 유출설은 개별자 각각의 실체성을 부정하는 반실체론적 사유라고 할 수 있다.

제2부

중세의 실체론

서양 중세철학은 희랍의 철학사상과 히브리의 종교사상이 하나로 융합되면서 기독교신학으로 발전된 사상이다. 기독교적 인간관과 세계관 등 기독교철학을 체계적으로 확립한 사람은 교부철학자 아우구스티누스(354~430)이다. 그는 우주 만물 존재의 유일한 궁극은 오직 단 하나의 신(神)일 뿐이라는 것, 태초에는 신 이외에 아무것도 없었다는 것을 강조하며, 이로부터 우주의 존재를 신(神)에 의한 '무(無)로부터의 창조'로 설명한다. 아우구스티누스가 '신으로부터의 창조'가 아니라 '무로부터의 창조'를 말하는 것은 창조자인 신과 피조물인 우주 만물은 질적으로 서로 다르다는 것을 강조하기 위해서이다. 우주 만물은 신으로부터 존재성을 부여받되 그 본질은 허망한 무에 가까운 '근사무(近似無)'인 순수 질료이며, 그것이 각 개별자의 변화의 기반이 된다고 논한다.

서양 중세 기독교대학에서 가르치는 스콜라철학을 집대성한 사람은 토마스 아퀴나스(1224~1274)이다. 그는 일체 우주 만물의 궁극은 바로 신이며, 그 신이 단지 사유 속 개념이 아니라 실제로 존재한다는 것을 증명하기 위해 신 존재 증명의 다섯 가지 길을 제시한다. 신은 현상세계에서 운동하는 만물을 움직이게 하는 제1원인으로 또는 자연 질서의 궁극 근원으로 존재한다는 것이다. 그렇지만 그는 아우구스티누스와 마찬가지로 신에 의해 창조된 만물은 무로부터 창조된 것으로서 질료적 기반을 가지는 각각 별개의 실체라고 논한다. 따라서 그가 신과 인간의 관계를 유비로서 논할 때에도 그 각각의 실체성을 전제한 비례성 유비(수학적 유비)를 주장한다.

기독교사상의 확립자인 교부철학자 아우구스티누스는 시간 및 진리의 내면성을 강조한다는 점에서 플라톤적 색채를 띠고, 기독교사상을 체계적으로 집대성한 스콜라철학자 아퀴나스는 감각경험 대상으로서의 현상세계를 사유의 출발점으로 삼는다는 점에서 아리스토텔레스적 색채를 띤다. 이런 차이에도 불구하고 그 둘은 모두 기본적으로 '무로부터의 창조'를 주장하며 신과 인간의 본질적 다름을 강조한다는 점에서 창조자와 피조물, 신과 인간의 이원성, 성(聖)과 속(俗), 진제와 속제의 이원성을 벗어나지 못하고 있다. 이렇게 그들은 창조자와 피조물, 신과 인간을 질적으로 서로 다른 존재로 간주하며, 피조물들의 현상세계에 대해서는 다시 형상과 질료의 이원성, 정신과 물질의 이원성을 주장한다. 그렇게 함으로써 그들의 실체관은 '무한한 신'과 '유한한 영혼'과 '유한한 물체'라는 특수형이상학의 3각 구도를 형성한다.

이러한 기독교적 이원성을 비판한 사람이 중세 신비주의자 에크하르트(1260~1328)이다. 그는 기독교에서 주장하는 신이 진정으로 우주 만물의 유일한 궁극 근원이고, 따라서 창조 이전에는 신 이외에 아무것도 없었다면, 그렇게 절대무(絶對無)가 성립한다면, '무로부터의 창조'는 곧 '신으로부터의 창조'와 다르지 않다고 논한다. 따라서 정통 기독교의 '무로부터의 창조' 대신 '신으로부터의 유출(流出)'을 주장한다. 즉 우주 만물은 신의 존재가 넘쳐흘러 형성된 것으로서 모든 생명체는 신과 본질적으로 다르지 않은 존재라는 것이다. 인간이 신과 질적으로 다른 존재가 아니므로 인간은 신과 직접 소통할 수 있으며, 따라서 소통을 위해 둘을 매개하는 제3의 존재인 예수가 따로 필요한 것이 아니라고 논한다. 그는 신과 직접적으로 소통하는 신비적 체험을 위한 수행방법으로서 마음을 비우는 무심법(無心法)을 제시한다.

정통 기독교가 존재와 무, 신과 인간, 성과 속을 분리하고 분별하는 이원성의 사유라면, 에크하르트가 보여주는 신비주의는 신과 인간, 성과 속을 불이(不二)로 여기면서 존재의 궁극을 개별자 안에서 발견하는 내적 초월주의의 사유, 불이(不二)의 사유라고 할 수 있다. 그러나 신과 인간, 일과 다, 존재의 궁극과 개별적 존재자, 그 둘을 질적으로 서로 다른 존재로 보지 않는 에크하르트의 신비주의는 성과 속, 신과 인간을 이원적으로 분리하는 정통 기독교에 의해 이단으로 부정되었다. 서양 특유의 이원성의 논리와 달리 에크하르트의 사상은 불이를 논하면서 그 불이의 근원에 이르는 무심의 수행법까지 함께 논한다는 점에서 동양적 사유에 가깝다고 볼 수 있다.

중세철학

Ⅰ 교부철학(기독교 교부들의 철학): 4C(로마의 기독교 국교화)~7, 8C

유스티누스, 타티아누스, 오리게네스, 그레고리우스, 테르툴리우스, 아우구스티누스

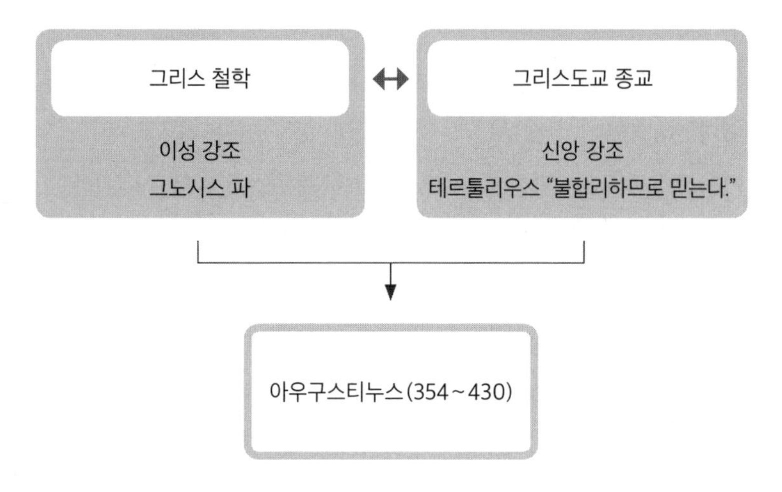

Ⅱ 스콜라철학(수도원학교의 철학): 9C~16C

1. 초기 스콜라철학: 9c~12c

보편논쟁

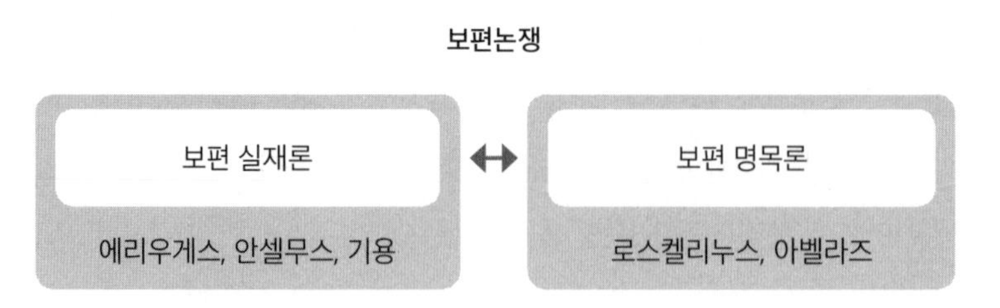

2. **전성기 스콜라철학**: 13C

아리스토텔레스의 번역이 아베로에스, 아랍 통해 들어옴
사유재산 없는 탁발수도회 생김: 도미니크교단

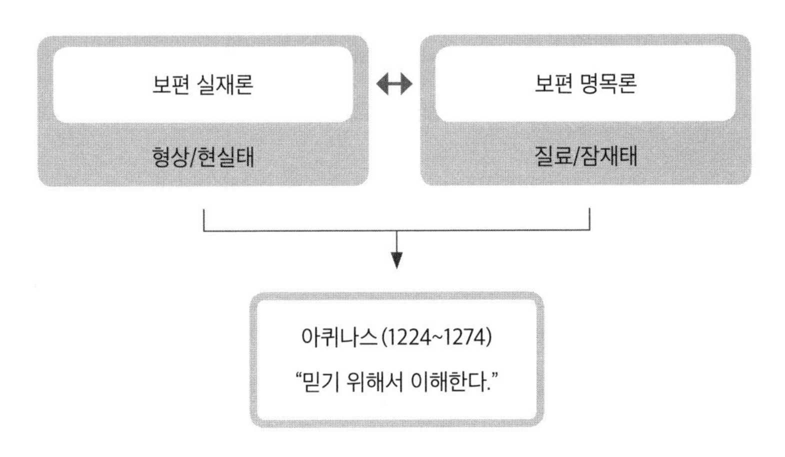

3. **후기 스콜라철학**: 14c~16c

가톨릭파와 개혁파의 대립: 유명론, 경험주의가 득세

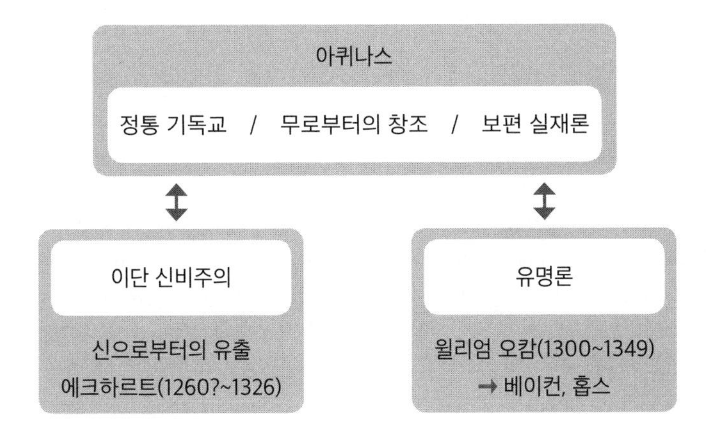

제4장

아우구스티누스: 무로부터의 창조

1. 창조설: 무로부터의 창조

1) 무로부터의 창조

아우구스티누스[1]는 신의 천지창조를 '무(無)로부터의 창조(creatio ex nihilo)'라고 강조한다. 이것은 두 가지 의미를 지닌다. 하나는 신이 우

---

1 아우구스티누스(Aurelius Augustinus, 354~430)는 당시 로마의 속지인 북아프리카 누미테아에서 태어났으며, 청년 시절 법률을 공부하러 카르타고로 유학 가서 정신적으로 방황하며 방탕한 생활을 했다. 그러다가 철학에 관심을 갖고 선악 이원론의 마니교에 심취하기도 하고 신플라톤주의와 기독교사상에 몰두하기도 했다. 어머니 모니카와 밀라노의 주교 암브로시우스(Ambrosius, 340~397)의 영향을 받아 386년 기독교로 개종했으며 395년 히포의 주교가 되어 활동하다가 76세에 사망했다. 그는 교부철학과 신플라톤주의를 종합하여 가톨릭 교의를 확립하는 데 크게 기여했으며, 『고백록』, 『신국록』, 『삼위일체론』 등의 저서를 남겼다.

주 만물을 어떤 무엇인가로부터가 아니라 무로부터 창조했다는 것이며, 다른 하나는 신이 우주 만물을 신 자신으로부터가 아니라 무로부터 창조했다는 것이다. 첫 번째에 대해 아우구스티누스는 이렇게 말한다.

> 당신은 일체를 무로부터 창조했습니다. … 당신 이외에는 다른 어떤 것도 존재하지 않았으므로 당신이 가지고 만들 수 있을 그런 어떤 것이란 존재하지 않았습니다.[2]

신이 우주 만물을 다른 어떤 것이 아니라 무로부터 만들었다는 것은 고대 희랍적 사유에 대한 부정이다. 고대 파르메니데스는 "있는 것은 있고 없는 것은 없다."는 존재의 논리를 강조했으며, 플라톤은 신이 우주를 제작하기에 앞서 이미 존재의 원리(형상, 이데아)뿐 아니라 지수화풍 등의 물질이 있어 신이 그것을 재료(질료)로 삼아 우주를 만들었다고 논했다. 이에 반해 아우구스티누스는 신의 창조 이전에는 아무것도 존재하지 않았음을 강조한다. 그것이 신의 완전성과 독자적 존재성에 더 합당하다고 보기 때문이다. 만일 창조 이전에 무엇인가가 이미 있었다면, 그것 또한 신과 마찬가지로 근원적이고 영원한 존재일 것이며 그만큼 신의 완전성이 제한받게 되기 때문이다. 이미 있는 그것이 아직 형상에 의해 규정되고 정리되기 이전의 '혼동적인 어떤 것', 카오스로 간주된다면, 그것은 곧 비정신적 물질을 뜻할 것이며, 결국 순수 정신으로서의 신과 순수 물질로서의 어떤 것이 두 가지 영원한 것으로서

---

2 『고백록』, 12권 7장 7절. 라틴어 원문 및 독어 번역은 *Confessiones/Bekenntnisse*, übersetzt von Joseph Bernhart, München: Kösel-Verlag, 1980, 683쪽 참조.

서로 대립될 것이다. 그러나 신은 유일한 완전자이기에 신이 우주를 창조하기 이전에는 신 이외에 다른 아무것도 없었다는 것이다.[3]

아우구스티누스가 무로부터의 창조를 강조하는 또 다른 의미는 신은 우주를 신 자신으로부터가 아니라 무로부터 창조했다는 것이다.

> 당신은 일체를 무로부터 창조했습니다. 그러므로 당신은 하늘과 땅을 당신 자신으로부터 만든 것이 아닙니다. 왜냐하면 그럴 경우 당신에 의해 만들어진 피조물이 당신의 속성, 즉 당신 자신과 같은 것이 되기 때문입니다. 그러나 당신이 아닌 존재이면서도 당신과 같은 것이 존재한다는 것은 결코 있을 수 없는 일입니다.[4]

아우구스티누스가 신의 우주 창조를 신 자신으로부터가 아니라 무로부터의 창조라고 강조하는 것은 창조자와 피조물은 질적으로 서로 다른 것이라고 생각하기 때문이다. 만약 신이 세계를 신 자신으로부터 창조했다면, 그렇게 만들어진 피조물은 신과 같은 속성의 것이며 결국 신 자신과 본질적으로 다른 것이 아니게 되기 때문이다. 이와 같이 아우구스티누스는 창조자와 피조물은 본질적으로 서로 다르다는 것을 전제한다. 신과 인간은 결코 서로 같은 존재, 하나의 존재가 될 수 없

---

3 아우구스티누스가 신의 창조 이전에 아무것도 없었다는 것을 강조하는 것은 고대 희랍사상에 대한 비판이기도 하고 또 그가 기독교를 신앙하기 전 심취했던 마니교(摩尼教, Manichaeism)의 이원론적 사유에 대한 비판이기도 하다. 마니교는 선악 이원론을 내세운다는 점에서 그보다 훨씬 더 오래전부터 페르시아 지역에 퍼져 있었던 조로아스터교(Zoroastrianism)와 상통하는 바가 있다. 조로아스터교는 유일신 '아후라 마즈다(Ahura Mazda)'를 신봉하는 유일신 사상이면서도 선악 이원론을 포함한다. 이 종교는 제례의식에서 항상 제단에 불을 피웠기에 '배화교(拜火教)'라고 불리기도 하며, '조로아스터'는 이 종교 창시자 '차라투스트라(Zarathustra)'의 희랍식 발음이다.

4 『고백록』, 12권 7장 7절(앞의 책, 683쪽).

는 질적으로 서로 다른 존재라는 것이다.

2) 두 단계의 창조

신에 의한 무로부터의 창조가 구체적으로 어떤 것인지를 아우구스티누스는 『성경』의 「창세기」를 가져와 설명한다. 그는 「창세기」 1장에서 천지의 창조과정이 두 번 등장함에 주목해서 천지의 창조를 '두 단계의 창조'로 해석한다.

> 〈1단계〉 태초에 하나님이 천지를 창조하셨다. 땅이 형상이 없고 공허하며 흑암이 심연 위에 있고 하나님의 정신이 물 위에 운행하셨다. 〈2단계〉 (1일) 하나님이 빛이 있으라 말씀하시니 빛이 있었고 그 빛이 하나님이 보시기에 좋았다. 하나님이 빛을 어둠으로부터 구분하여 빛을 낮이라 칭하시고 어둠을 밤이라 칭하셨다. 저녁이 되며 아침이 되니, 이는 첫째 날이다. (2일) 하나님이 물 가운데 궁창이 있어 물과 물을 구분하게 하라 말씀하시고 궁창을 만들어 궁창 아래의 물과 궁창 위의 물을 구분하시니 그렇게 되었다. 하나님이 궁창을 하늘이라 칭하시었다. 저녁이 되며 아침이 되니, 이는 둘째 날이다. (3일) 하나님이 궁창 아래의 물이 한곳으로 모이고 마른 뭍이 나타나라 말씀하시니 그대로 되었다. 하나님이 마른 뭍을 땅이라 칭하시고, 모인 물을 바다라 칭하셨다. 하나님이 보시기에 좋았다.[5]

앞의 두 문장이 창조의 첫 단계를 나타낸다. 하나님이 천지를 창조하되 땅이 형상이 없고 공허하며 흑암이 심연 위에 있고 하나님의 정

5 「창세기」, 1장 1-10절.

신이 물 위에 있게 된 것이 그것이다. 그다음 문장부터 창조의 두 번째 단계를 보여주는데, 이때부터는 창조과정이 시간적으로 진행된다. 우선 첫째 날에 빛을 만들어 낮과 밤을 구별하고, 둘째 날에 하늘을, 셋째 날에 땅을 만들고 그런 식으로 계속해서 여섯째 날에 인간을 만든다.

아우구스티누스는 첫 번째 단계에서 창조된 하늘과 땅, 그리고 두 번째 단계에서 시간적 진행 속에서 창조된 하늘과 땅을 구분한다. 우리가 일상적으로 보는 하늘과 땅은 자연적인 현상세계의 하늘과 땅으로서 이것은 두 번째 단계에서 창조된 하늘과 땅이다. 반면 첫 번째 단계에서 창조된 하늘과 땅은 그러한 자연현상으로서의 하늘과 땅이 아니다. 첫 번째 단계에서 창조된 하늘은 '신의 정신이 그 안에 운행하는' 하늘이고, 땅은 '형상이 없고 공허한 심연'의 땅이며, 그는 이 하늘과 땅을 두 번째 단계에서 창조된 하늘과 땅과 구분하기 위해 '하늘의 하늘'과 '땅의 땅'이라고 부른다.

아우구스티누스의 설명에 따르면 첫 번째 단계의 창조가 행해지는 그 태초에는 신 이외에 아무것도 없었다. 즉 신 이외에는 무(無)일 뿐이다. 신은 신 가장 가까이에 '하늘의 하늘'을 만들고, 신 가장 멀리에 '땅의 땅'을 만들었다. 땅의 땅은 신으로부터 가장 멀리, 즉 무에 가깝게(prope nihil) 만들어진 것이다.[6] 하늘의 하늘은 신의 정신에 해당하는 이데아인 형상이며, 땅의 땅은 그러한 하늘의 하늘인 형상에 의해 규정되기 이전의 것, 일체의 형상을 떠난 것이다. 그래서 '형상이 없고 공허한 것'이라고 한 것이다. 아우구스티누스는 그것이 바로 현상세계의 일체 사물이 그것으로부터 만들어지게 될 재료인 순수 질료에 해당

---

6 『고백록』, 12권 8장 8절(앞의 책, 685쪽).

한다고 해석한다. 무로부터 만들어진 무 가까이의 것, 프로페 니힐(prope nihil)인 '근사무(近似無)'가 바로 희랍철학자들이 논한 순수 질료라는 것이다. 이와 같이 순수 형상과 순수 질료를 만든 것이 첫 번째 단계의 창조이다. 이것은 시간적으로 만들어진 것이 아니며, 그 둘은 시간의 법칙에 따라 변화하는 것이 아니다. 그것은 각각 순수 형상의 정신세계와 순수 질료의 혼동적 물질이며, 이것들은 시간 바깥의 존재로서 시간에 따른 변화를 겪지 않는 것들이다.

그다음 두 번째 단계의 창조는 그렇게 만들어진 형상과 질료의 결합을 통해서 이루어지는데, 이 과정은 시간적 흐름을 따라 진행된다. 형상의 규정을 많이 받은 것이 하늘이고, 덜 규정받아 보다 더 물질적인 것이 땅이다. 그리고 그 사이의 공간 안에 광물과 식물, 동물과 인간이 차례로 만들어진다. 그 전 과정을 요약하여 정리하면 다음과 같다.

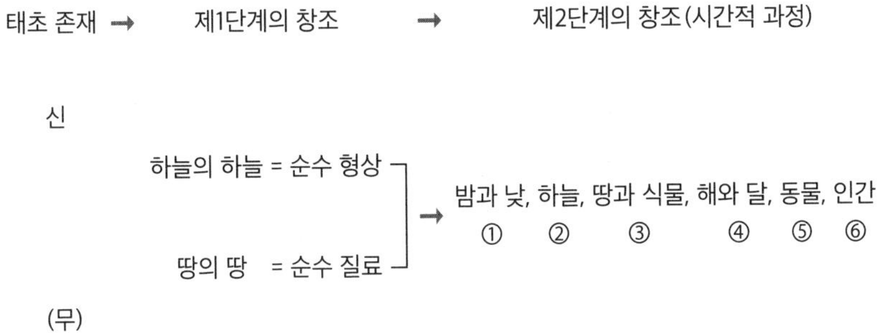

태초 존재 → 제1단계의 창조 → 제2단계의 창조(시간적 과정)

신

하늘의 하늘 = 순수 형상

땅의 땅 = 순수 질료

→ 밤과 낮, 하늘, 땅과 식물, 해와 달, 동물, 인간

① ② ③ ④ ⑤ ⑥

(무)

순수 형상(하늘의 하늘)과 순수 질료(땅의 땅)는 두 번째 단계의 창조 과정처럼 첫째 날 또는 둘째 날이라는 시간적 흐름 안에서 만들어진 것이 아니며, 따라서 시간 흐름 안에 존재하는 것이 아니다. 형상과 질료는 시간 너머에 존재하며, 그 둘의 결합을 통해 만들어지는 현상세계 사물들은 시간 안에 존재하면서 시간 경과에 따라 변화해나간

다. 아우구스티누스는 변화와 운동의 분석을 통해 이 주장을 정당화한다.

2. 개별적 실체의 확립

1) 변화의 기체로서의 실체

아우구스티누스에 따르면 사물의 변화는 곧 사물의 속성의 변화이다. 다시 말해 어떤 한 사물이 그것이 가지고 있던 어떤 속성을 더 이상 가지지 않게 되고, 그것이 가지지 않았던 속성을 새롭게 가지게 되는 것을 말한다. 예를 들어 초록색 사과가 빨간색 사과로 변했다면, 이는 사과가 초록 속성을 가지다가 더 이상 그것을 갖지 않게 되고 오히려 이전에 갖지 않았던 빨간 속성을 가지게 된다는 것을 의미한다. 아우구스티누스에게 있어 속성을 가진다는 것은 사물이 그런 형상을 갖게 되는 것, 그 형상에 의해 규정되는 것을 의미한다. 따라서 사물의 변화는 곧 그것을 규정하는 형상의 바뀜을 뜻한다.

t1		t2
x는 F1이다. (형상 F1을 가짐)	→	x는 F1이 아니다. (형상 F1을 버림)
x는 F2가 아니다. (형상 F2를 안 가짐)	→	x는 F2이다. (형상 F2를 취함)

이처럼 사물의 변화를 그 사물을 규정하는 형상 F1, F2 등의 바뀜으로 이해하면, 문제는 그 변화에 있어 기존의 형상을 버리고 다시 새로운 형상을 받아들이는 사물 자체 x는 과연 무엇인가 하는 것이다. 이

것은 플라톤이 형상과 모상 이외에 형상의 수용자로서 설정한 제3의 류 x에 해당하는 것이며, 아리스토텔레스가 개별자의 실체로 설정하면서 기체 또는 본질로써 해명하고자 한 것이다. 바로 이러한 형상의 수용자로서의 사물 자체가 무엇인가를 아우구스티누스는 다시 묻는다. 형상에 의해 규정받게 되는 그것은 무엇인가? 변화를 규정하는 것은 형상인데, 그런 형상의 규정을 받아들이고 수용하는 것, 그래서 그 자신이 변화하는 것으로 나타나는 것, 그것은 과연 무엇인가?

> 변화하는 사물에 있어 변화의 본질은 그 변화하는 사물이 그로 인해 바뀌게 되는 모든 형상들을 취할 수 있는 바로 그것입니다. 그렇다면 그 변화하는 것은 과연 무엇인가요? 그것은 정신인가요, 물질인가요? 그것은 정신의 존재방식을 가지는가요, 물질의 존재방식을 가지는가요?[7]

사물이 형상에 의해 규정되면 사물은 그 형상과 같은 속성을 갖게 되며, 따라서 사물의 변화는 곧 속성의 변화이다. 반면 형상을 받아들이는 사물 자체 x는 속성들의 변화의 기저에 있는 것으로 이것은 곧 '기체로서의 실체'라고 할 수 있다. 기체로서의 실체인 사물 자체 x는 형상을 받아들이는 것이기에 그 자체는 형상이 아니면서 그렇다고 완전히 없는 것인 무(無)라고도 말할 수 없는 그 무엇이다.

2) 무(無)의 실체화 : 근사무의 출현

아우구스티누스는 변화의 기저에 놓인 사물 자체 x를 형상과 무 사

---

7 『고백록』, 12권 6장 6절(앞의 책, 681쪽).

이의 어떤 것이라고 간주하며, 그것이 바로 신이 천지창조의 첫 단계에서 무 가까이에 만들어놓은 '근사무', 땅의 땅, 즉 '순수 질료'라고 논한다. 그것은 형상은 아니되 그렇다고 완전 무도 아닌 것, 형상이 없는 순수 질료로서의 '근사무'라는 것이다.

> 이전에 나는 아무 형상도 갖지 않는 것은 아무것도 없다(무다)고 판단했을 뿐이지, 그것을 형상과 무 사이의 어떤 것, 형상화되지 않았으면서도 무도 아닌 어떤 것, 형상 없는 근사무(prope nihil)라고 생각하지 못했을 것입니다. … 그러다가 나는 물질 자체에 주목하고 그 변화의 본질을 깊이 통찰했는데, 그 변화 속에서 물질은 무엇이었다가 아니게 되고, 무엇이 아니었다가 이게 됩니다. 그리고는 이와 같이 한 형상에서 다른 형상으로의 이행이 형상 없는 어떤 것(etwas)에 의해서 수행되는 것이지, 순수무(purum nihil)에 의해 이루어지는 것이 아니라는 결론에 이르게 되었습니다.[8]

사물의 한 형상에서 다른 형상으로의 이행과정에서 그 형상의 규정을 받는 사물 자체는 바로 형상 너머의 것이지만 그렇다고 무는 아니라는 것이다. 그는 무 아닌 그것을 무 가까이의 것, 근사무, 순수 질료라고 주장한다. 이것이 바로 그가 「창세기」 해석에서 논한 순수 질료, 신이 첫 번째 단계에서 창조한 땅의 땅, 형상 없는 혼돈, 공허한 심연에 해당하는 것이다. 이것은 무 가까이에 놓인 것, 무로부터 처음 만들어진 것, 그래서 무와 유사한 것, 순수 물질적인 것이다.

그리고 이것이 무로부터 만들어진 모든 피조물의 특징이 된다. 이 무성이 들어 있기에 일체 피조물은 신과 구분되며, 신과 본질적으로

---

8 『고백록』, 12권 6장 6절(앞의 책, 681쪽).

다른 존재가 된다. 피조물이 신과 다른 것은 이 무로부터의 질료성, 물질성이 내포되어 있다는 것이다. 이것이 인간의 무성이고 무상성이며, 인간 본성에서의 근본악이 되는 것이다.[9]

x는	F1 ~ Fn 이다.
실체	속성
순수 질료	형상
= 근사무	

3. 시간과 진리의 내면화와 인간의 유한성

1) 시간의 내면화

아우구스티누스에 따르면 가시적 현상세계는 신의 제2단계의 창조에 의해 만들어진 것이다. 그것은 시간 안에서 만들어진 것이며, 그 자체가 시간적인 존재이다. 일체의 가시적 존재자들은 시간 안에서 생성되고 변화하며 소멸한다. 그 생성하고 변화하며 소멸하는 과정에는 시간이 기본 형식으로 전제되어 있다. 그러나 그처럼 현상세계 사물들을 변화하게 하고 소멸하게 하는 시간이란 무엇인가? 시간은 과연 존재

9 이와 같이 무(無)를 진정한 의미의 없음인 '절대무', '순수무'로 이해하지 않고, 무에 가까운 어떤 것, '근사무', '유사무', 순수 질료를 설정함으로써 아우구스티누스는 개별자를 실체로 간주하게 된다. 무를 절대무인 공(空)으로 이해했다면, 우주 만물이 자기 자성을 가지는 개별적 실체가 아니라는 것, 무아(無我)이며 공이라는 것을 알 수 있었을 것이다.

하는 것인가? 존재한다면 어디에 어떤 방식으로 존재하는가?[10]

일상적인 시간의식과 일상적인 언어사용에 있어 우리는 언제나 시간을 과거와 현재와 미래의 연속체로 이해한다. 이러한 일상적 시간 이해는 아우구스티누스에 따르면 자연적이고 비반성적인 시간 이해로서 우리의 자연적 태도에 이미 전제된 사물의 사실성, 즉 우리에게 다가오고 머물고 사라져가는 사물들의 사실성에 기반한 것이다.

> 아무것도 지나가는 것이 없다면 과거의 시간도 없을 것이고, 아무것도 다가오는 것이 없다면 미래의 시간도 없을 것이고, 아무것도 존재하는 것이 없다면 현재의 시간도 없을 것입니다.[11]

그러나 우리가 시간을 과거, 현재, 미래라는 세 가지 존재방식에 따라 정확히 파악하려고 시도하면, 우리는 곧 그러한 일상적인 시간 이해 속에 감추어져 있는 수수께끼를 발견하게 된다. 어떤 것이 과거의 것으로서 지나갔으면, 그것은 더 이상 존재하는 것이 아니다. 그것은 지나간 시간인 과거에 대해서도 타당하다. 과거 시간은 있었던 시간이지만 현재에는 더 이상 존재하지 않는 것이다. 또 어떤 것이 미래적인 것이라면 그것은 아직 있는 것이 아니다. 미래 시간 또한 있을 시간이

10 아우구스티누스가 이 물음을 묻게 된 것은 신의 창조와 연관해서이다. 즉 신부인 그에게 당시 사람들은 "신은 우주를 창조하기 전, 홀로 존재하면서 과연 무엇을 했는가?"라는 물음을 던졌다. 그 물음에는 창조 이전 홀로 있는 신의 무료함, 그 무료함으로 인한 우주 창조라는 관념들이 함축되어 있다. 아우구스티누스는 이 물음에 직접 답하기보다는 그 물음이 이미 전제하고 있는 시간 관념에 대해 되묻기 시작한다. 즉 신의 창조활동을 시간의 좌표 위에서 이해해도 되는 것인가? 신의 활동에 대해 창조 이전 내지 이후 등 시간을 적용해도 되는 것인가? 시간이란 과연 무엇인가? 이렇게 해서 그는 시간의 존재 및 시간의 자리 등을 묻게 되었다.

11 『고백록』, 11권 14장 17절(앞의 책, 629쪽).

지만 아직 존재하지 않는 시간이다. 그러므로 과거도 미래도 존재하지 않는다는 결론이 나온다. 과거 시간과 미래 시간은 엄밀한 의미에서 있는 것이 아니다.

> 과거는 더 이상 존재하지 않으며 미래는 아직 존재하지 않는데, 이 두 시간 과거와 미래가 어떻게 존재하는 것일 수 있겠습니까?[12]

과거와 미래를 없는 것으로 간주하고 남아 있는 시간으로 현재를 생각해봐도 다시 마찬가지 문제가 발생한다. 현재의 시간을 정확히 분석해보면, 일 년, 한 달, 하루, 심지어 한 시간, 일 분도 실은 통째로 현재적인 것이 아니다. 모든 연장적인 것은 그것이 연장되어 있는 한 언제나 분할이 가능하며, 따라서 연장된 현재 시간 또한 과거와 미래의 시간으로 분할될 수 있기 때문이다.

> 시간에 대해 우리가 더 이상 부분으로 분할할 수 없게끔 그렇게 짧은 시간을 표상해야만, 그런 시간을 현재적이라고 부를 수 있습니다.[13]

그러나 그와 같이 연장이 없는 점으로서의 현재는 더 이상 존재의 성격을 갖기 어렵다. 연장이 없는 점으로서의 현재는 더 이상 머물러 존재하는 것이 아니라 오히려 아직 없는 미래에서 이미 없는 과거로 이행해가는 하나의 경계선일 뿐이기 때문이다. 만일 이행하는 것이 아니라면 그것은 더 이상 시간이 아닐 것이다. 그러므로 현재의 시간은

---

12 『고백록』, 11권 14장 17절(앞의 책, 629쪽).

13 『고백록』, 11권 15장 20절(앞의 책, 633쪽).

단지 지나감, 그것도 무에서 나와서 무로 사라지는 이행일 뿐이다. 시간은 존재하지 않는 과거로 넘어가기 위해 존재하지만, 그 존재의 자리가 없다. 그것은 미래로부터 와서 재빠르게 과거로 넘어간다. 그렇게 해서 더 이상 존재하지 않는 과거는 점점 더 커지게 되고 미래는 점점 더 작아지게 된다. 시간은 존재에 대립해 있으며, 무를 향해 나아가고 있을 뿐이다. 결국 과거도 미래도 현재도 있다고 말하기 어려워지는 것이다.[14]

그럼에도 불구하고 우리는 누구나 일상 삶에서 시간을 이야기하고, 과거와 미래와 현재를 이야기한다. 그렇다면 그것이 지시하는 대상이 이미 존재하지 않는 그 말들은 그 의미를 어디에서 얻는 것일까? 그 존재를 알 수 없는데도 우리는 시간이 존재한다고 전제하면서, 시간의 길이를 측정하여 '이것은 오래전이다.' '이것은 곧 일어날 것이다.'라는 식으로 긴 시간과 짧은 시간을 이야기한다.[15] 이는 곧 우리가 시간의 측정가능성 또는 측정된 시간의 비교가능성 등을 자명한 것으로 간주하고 있다는 것을 말해준다.

그러나 시간의 측정가능성에 대한 이러한 자명한 선이해 안에도 '시간의 존재'와 마찬가지의 패러독스가 숨겨져 있다. '시간 측정'이라는 것은 곧 시간의 벌어짐, 즉 이어지는 연속체에 있어 한 지점에서 또 다른 지점으로의 벌어짐을 잰다는 것을 의미한다. 그러나 현재라

---

14 이 부분은 『금강경』에서 말하는 "과거심불가득, 미래심불가득, 현재심불가득"과 비교해볼 만하다. 불교는 시간 흐름에 따라 일어난 념(念)은 그 시간 흐름에 따라 곧 멸하여 머무르는 바가 없으므로 마음 또한 고정되어 머무르는 집착이 없어야 한다는 "응무소주이생기심(應無所住而生其心)"을 말한다. 이하에서 논의되듯 아우구스티누스가 시간의 내면화를 통해 철학적 성찰의 시선을 인간 내면으로 돌렸다는 것은 서양철학사에서 중요한 사건이라고 생각된다.

15 『고백록』, 11권 15장 18절(앞의 책, 629쪽) 참조.

는 것은 단지 과거와 미래로부터 구분되는 경계점일 뿐인데, 다시 말해서 아직-아닌-지금(미래)에서 이미-아닌-지금(과거)으로의 이행점에 지나지 않으며, 따라서 연속적 벌어짐이 없는데, 어떻게 측정이 가능한가? 결국 측정될 수 있는 시간이라는 것은 현재의 시간이 아니라, 오히려 과거 또는 미래로 이어져 있는 시간이어야 한다. 그렇지만 과거는 더 이상 있는 것이 아닌데, 우리가 어떻게 있지 않고 지나간 시간을 한 점으로 취해 거기까지의 시간 거리를 측정할 수 있단 말인가? 미래도 마찬가지이다. 미래의 시간은 아직 있는 것이 아닌데, 우리가 어떻게 아직 있지 않은 앞으로의 시간을 한 점으로 취해 거기까지의 시간 길이를 측정할 수 있단 말인가? 그런데 측정 자체가 불가능하다면, 우리는 또 어떻게 해서 긴 시간 또는 짧은 시간 등을 말할 수 있단 말인가?

과거와 미래가 이미 있지 않거나 아직 있지 않은 것으로서 존재하지 않는다는 것, 나아가 현재까지도 연장 없는 점으로서 오직 과거에서 미래로 이행해가는 한 점에 지나지 않는다는 것, 이것들은 '시간은 존재하는가?'의 물음에 대해 '시간은 존재하지 않는다.'라는 부정적 암시를 제공한다. 그러나 비록 미래의 어둠으로부터 나와 과거의 어둠으로 다시 사라져간다고 해도, 그럼에도 불구하고 우리는 그러한 시간 흐름에 대해 이야기하고 시간 간격을 측정하며, 과거를 회상하고 미래를 예상하기도 한다. 만일 시간이 전적으로 존재하지 않는 것이라면, 어떻게 이런 일들이 가능하겠는가? 이런 수수께끼 앞에서 아우구스티누스는 말한다.

> 시간은 무엇인가요? 아무도 내게 그것을 묻지 않을 때에는 나는 그것에 대해 알고 있습니다. 그러나 누군가 물어서 그것을 설명하려고 하자마자,

나는 그것을 알지 못합니다.[16]

개념적으로 명료히 설명할 수는 없지만 그래도 이전부터 내가 알고 있다고 생각해온 그 시간의 선이해를 받아들인다면, 이상의 분석을 통해 도달한 결론, 즉 '시간은 존재하지 않는다.'라는 결론은 '시간은 객관적이고 물리적인 차원에서 존재하는 것이 아니다.'라는 의미로 제한되어야 한다. 이러한 제한은 시간에 대한 우리의 자연적인 선이해에 감추어져 있는 수수께끼를 드러내면서 동시에 시간에 대한 정확한 물음을 가능하게 만든다. 즉 우리는 '시간은 존재하는가?'를 묻기 전에 '시간은 어디에 있는가?'라는 물음, 시간의 본래적 자리, 시간의 존재방식에 대한 물음을 먼저 물어야 한다. 아우구스티누스는 시간에 관한 수수께끼를 해결하기 위해 사유의 시선을 외부세계로부터 내면으로 방향 전환한다. 자기 자신의 시간 경험으로부터 시간을 파악하지 않는 한, 시간의 문제는 결코 해결될 수 없는 수수께끼로 남게 되기 때문이다. 그는 시선의 방향을 내면으로 바꾸어 그 내면에서 시간의 수수께끼를 해결한다.

시간의 수수께끼는 우리가 시간에 대해 많이 이야기함에도 불구하고 시간은 존재하지 않는다는 것에 있는 것이 아니라, 오히려 우리가 시간의 근원적 자리가 어디인지도 알지 못하면서 시간을 자명한 것처럼 전제하고 시간에 대해 이야기하며 그 시간 간격을 측정한다는 것이다. 우리가 일상적으로 말하고 측정하고 사유하는 것이 완전히 무의미한 헛소리에 불과한 것이 아니라면, 우리가 그렇게 당연하게 말하고 측정하고 사유하는 그 시간은 완전히 아무것도 아닌 것일 수는 없다.

---

16 『고백록』, 11권 14장 17절(앞의 책, 629쪽).

그렇다면 시간은 도대체 어디에 있는 것일까? 이 수수께끼를 푸는 유일한 길은 바로 시간이 그곳으로부터 나오고 시간이 다시 그곳으로 돌아가는 그 어둠(occultum)을 밝히고 해명하는 것이다.

> 그것들(과거와 미래)은 존재하는 것인가요? 미래로부터 현재로 나아가는 것은 어떤 감추어진 것(occulto)으로부터 나오는 것이고, 현재로부터 과거로 되는 것은 어떤 감추어진 것으로 되돌아가는 것이니, 시간은 그런 방식으로 존재하는 것인가요?[17]

시간이 있는 그곳에는 어둠 속의 무, 즉 과거로 빠져버리려는 시간을 자신에게 끌어당기는 힘, 그리고 또 다른 무, 즉 미래로 멀어져가는 시간을 가까이 끌어당기는 그런 힘이 놓여 있어야만 한다. 이 힘을 통해 비로소 과거의 시간과 미래의 시간이 존재할 수 있기 때문이다. 존재한다는 것은 현재로서 존재하는 것이며, 따라서 과거의 현재와 미래의 현재로서 존재한다는 말이다. 그렇다면 이처럼 이미 무로 빠져버린 과거를 현재화하고, 아직 무에 빠져 있는 미래를 현재화하는 이 힘은 과연 무엇인가?

아우구스티누스는 그것을 기억(memoria)의 힘과 예상(expectio)의 힘이라고 설명한다. 과거를 현재화하는 기억과 미래를 현재화하는 예상, 이 두 가지 방식은 지나가는 점으로서 존재하지 않는 현재를 현재화하는 직관(contuitus)의 행위와 함께하는 활동이다. 이 힘들이 시간에 존재 성격을 부여하면서 시간을 구성하는 것이다. 그러므로 시간은 그것이 존재하는 것인 한, 더 이상 있지 않음(과거)과 아직 있지 않음

---

17 『고백록』, 11권 17장 22절(앞의 책, 637쪽).

(미래)으로서 구성되는 것이 아니라, 기억과 예상과 직관으로 구성된다. 시간은 지나간 것의 현재로서 기억된 과거와 지나가고 있는 현재로서 직관된 현재, 그리고 앞으로의 것의 현재로서 예상된 미래로 구성되는 것이다.

> 시간은 세 가지로 있습니다. 과거적인 것의 현재, 현재적인 것의 현재, 미래적인 것의 현재입니다. 이것은 영혼 안의 세 가지 방식으로서의 시간들이며, 나는 다른 어떤 곳에서도 그것을 볼 수 없습니다. 즉 과거적인 것의 현재는 기억이고, 현재적인 것의 현재는 직관이며, 미래적인 것의 현재는 예상입니다.[18]

앞서 언급한 어둠, 즉 시간이 있는 장소의 어둠은 바로 기억과 직관과 기억의 힘을 작용하게 하는 영혼의 어둠 이외의 다른 것이 아니다. 이 어둡고 신비스러운 영혼은 기억의 힘에 의해 지금까지의 모든 과거를 현재적으로 간직하고 또 예상의 힘에 의해 앞으로의 모든 미래를 현재적으로 간직하고 있다. 기억과 예상이 모두 영혼의 활동인 것이다.

> 시간은 무엇의 연장인가요? … 그것이 영혼 자체의 연장이 아니라면 이상할 것입니다.[19]

이처럼 시간이라는 것이 영혼 안에서 기억과 직관과 예상으로 구성

---

18 『고백록』, 11권 20장 26절(앞의 책, 641-643쪽).
19 『고백록』, 11권 26장 33절(앞의 책, 655쪽).

되는 시간으로서 영혼 내적인 시간이기에, 우리가 측정하는 시간의 길이는 영혼 자체의 지속 이외의 다른 것이 아니다. 시간 흐름의 연속성, 시간의 연장성이라는 것은 오직 영혼 자체의 연장 위에서만 가능한 것이다.

2) 진리의 내재성

시간이 영혼의 연장이라는 것은 시간 안에 전개되는 시간적 존재로서의 현상세계가 우리의 영혼의 활동을 벗어난 것이 아니라는 것을 의미한다. 과거의 시간, 미래의 시간이 영혼 안에 있다는 것은 곧 과거적인 것과 미래적인 것이 모두 영혼 안에 있다는 것을 의미한다. 나아가 영혼은 시간적인 세상의 실상, 그 진리를 이미 자신 안에 가지고 있다. 그래서 아우구스티누스는 세계에 관해 우리가 얻는 진리는 바깥으로부터 감각기관을 통해 시간적 절차를 따라 비로소 얻어지는 것이 아니라, 이미 우리 영혼의 내면에 초시간적 진리로서 주어져 있다고 강조한다. 진리는 인간 영혼 안에 비록 무의식적으로 감추어진 방식이라고 할지라도 이미 내재해 있다는 것이다.

> (진리는) 비록 아주 멀리 또 아주 깊이 감추어져 있다고 할지라도, 기억 속에 이미 놓여 있습니다.[20]

진리가 처음부터 우리 자신 안에 내재해 있다는 것은 비시간적 영원성이 모든 시간적 삶의 가능성의 근거가 된다는 것을 의미한다. 우리

---

20 『고백록』, 10권 10장 17절(앞의 책, 513쪽).

가 진리에 대해 큰 그리움을 갖고 있는 것, 우리가 어디에서든지 고갈되지 않는 사랑으로 진리를 추구하는 것, 이것은 우리가 진리와 함께 함에 대한 기쁨을 기억 속에 갖고 있다는 것을 말해주며, 따라서 우리가 진리를 비록 명시적으로는 아닐지라도 우리 영혼 속에 갖고 있다는 것을 말해준다.[21] 우리가 진리에 대해 아무것도 모른다면, 우리는 진리를 사랑할 수도 없고 찾을 수도 없을 것이다. 진리를 명시적으로 인식하고자 하는 노력은 바로 그러한 사랑으로부터 나온다. 우리는 진리를 사랑하기 때문에 진리를 찾으며, 사랑하기 때문에 그것을 발견했을 때 기뻐하는 것이다. 이 사랑은 바로 우리 영혼 안에 감추어져 있는 진리에 대한 선이해, 처음부터 우리의 기억 속에 들어 있는 비명시적이고 무의식적인 진리에의 선이해에서 나오는 것이다.

> 그들이 행복한 삶을 사랑한다면, 그것은 진리에의 기쁨 이외에 다른 것이 아니기에, 그들은 곧 진리를 사랑하는 것입니다. 만약 그들이 진리에 대한 어떤 식의 인식이든지 이미 기억 속에 갖고 있는 것이 아니라면, 그들은 진리를 사랑할 수 없었을 것입니다.[22]

그러므로 아우구스티누스에게서 '진리를 발견한다'는 것은 곧 '진리를 회상한다'는 것을 의미한다. 예를 들어 누군가 동전을 잃어버려 램프를 들고 그것을 찾고 있다면, 그리고 드디어 길거리에서 그것을 발견하여 확신에 차서 '아, 찾았다! 이것이 바로 내가 찾던 것이다!'라고

---

21 우리는 누구나 진리를 사랑한다는 것, 진리의 개시에서 기쁨을 느낀다는 것을 아우구스티누스는 누구나 진리에 있어 속기를 바라지 않는다는 것으로부터 자명한 사실로 받아들인다. 『고백록』, 10권 23장 33절(앞의 책, 543쪽) 참조.

22 『고백록』, 10권 23장 33절(앞의 책, 543쪽).

말하게 된다면, 그것은 그가 동전을 찾고 있을 때에 이미 그 동전을 알고 있기 때문에 가능한 것이다.[23] 아우구스티누스는 자신이 창조의 비밀에 대해 알기를 원하다가 어느 날 모세의 말을 듣고서 '그가 말하는 것이 진리다!'라고 확신에 차서 말할 수 있었던 것은 자신의 영혼 안에 이미 처음부터 진리가 감추어져 있었기에 가능했던 것이라고 말한다.

> 이 마지막 명증성을 부여하는 목소리는 사유능력이 거기에 있는 그 내면으로부터 나올 수밖에 없습니다.[24]

오직 내재하는 불변의 진리의 척도에 의해서만 우리는 참이라고 판단된 명제를 진리로 인식할 수 있고, 그것을 거짓 명제로부터 구분해 낼 수 있다. 그렇게 함으로써만 우리는 판단 행위에 있어 각자의 사적 체험의 변화가능성과 상대성을 넘어 절대적 명증성 내지 확실성을 얻을 수 있는 것이다. 진리를 찾게 만들고 그것을 발견했을 때 그것이 진리임을 확신하게 만드는 그 내면의 진리는 우리가 우리 바깥에서 실제로 진리를 발견했을 때 확인하는 그 외적 진리와 구분되지 않는 하나이며 동일한 것이다. 진리의 탐구를 추동하는 것, 진리 판단의 척도로 작용하는 것, 진리로 판단되고 진리로 간주되는 것, 이 모든 진리는 결국 하나이며, 그것은 처음부터 우리의 영혼 안에 내재해 있으면서 진리의 최종 근거로 작동하는 것이다. 그러므로 아우구스티누스는 다음과 같이 말한다.

---

23 이 비유는 『고백록』, 10권 18장 27절(앞의 책, 531쪽) 참조.

24 『고백록』, 11권 3장 5절(앞의 책, 609쪽).

밖으로 나가지 말고 내면으로 향하십시오! 진리는 내면에 있습니다.[25]

진리가 영혼 안에 내재해 있다는 말은 아우구스티누스에게는 곧 신이 인간 영혼 안에 내재해 있다는 것을 뜻한다. 신은 처음부터 우리 안에 있다. 우리가 영혼 안에서 진리를 발견하고 신을 발견하지 못하는 한, 밖에 있는 것은 진리나 신이 아니라 오히려 우리 자신이라고 말한다.

당신은 안에 있었고 내가 밖에 있었습니다. 나는 밖에서 당신을 찾고 있었습니다.[26]

내가 영혼 안에서 진리와 신을 만나지 못하는 한 나는 나 자신의 영혼 바깥에 있는 것이며, 따라서 나 자신으로부터 그리고 결국은 신으로부터 소외되어 있는 것이다. 우리가 진리를 본다면, 그것은 오직 신 또는 진리 자체가 우리를 밝혀주고 우리를 그 자신에게로 이끌어가기 때문에 가능한 것이다.[27]

---

25 『참된 종교에 대하여』, 39절 72. 아우구스티누스는 『고백록』, 1권 1장 1절(앞의 책, 13쪽)에서 "찾는 자는 발견할 것입니다."라고 말한다. 찾으면 발견할 수 있는 것은 찾고자 하는 진리가 바로 내면에 있기 때문이다.

26 『고백록』, 10권 27장 38절(앞의 책, 547쪽).

27 영혼 내면의 진리가 우리를 진리의 추구 및 진리의 인식으로 이끌어준다는 것은 『대승기신론』에서 논하는 '진여훈습(眞如熏習)'과 비교될 수 있다. 진리 내지 신의 내재성을 주장한다는 점에서 아우구스티누스의 사상은 동양의 '내적 초월주의'와 상통하는 바가 있다. 다만 기독교의 『성경』을 해석하면서 신과 인간의 질적 차이를 강조하며 '무로부터의 창조'를 논한다는 점에서 그의 사상은 동양의 불이(不二) 사상과는 큰 차이를 보인다. 중세의 정통 기독교가 아우구스티누스로부터 취한 것은 그의 '내면화의 철학'이기보다는 그의 진속 이원론에 입각한 '무로부터의 창조'이다.

3) 인간의 유한성

영혼은 자신 안에 영원성의 진리를 가지고 있으면서 또 스스로 과거와 미래로 연장하여 시간지평을 형성한다. 그래서 영혼은 영원성과 시간성이 교차하는 지점이다. 영혼에 교차하는 이 두 측면이 영혼의 두 가지 활동성, 즉 영혼의 지향성(intentio)과 연장성(distentio)의 근거가 된다. 이 두 특징은 사유의 통일성을 이루는 내면화의 힘과 감성적 지각의 다양성을 이루는 외화하는 힘으로 간주될 수 있다.

물론 이 두 힘은 서로 독립적으로 존재하는 별개의 것이 아니다. 지평을 가능하게 하는 지향성, 즉 기억과 직관과 예상은 지향된 것인 기억된 과거, 직관된 현재, 예상된 미래가 없이는 발생할 수가 없다. 기억이나 예상은 과거나 미래를 현재로 불러 모으는 지향적 행위이지만, 영혼은 이 행위에 앞서 이미 스스로를 과거와 미래로 분산시키는 외화 작용을 행한다. 기억과 예상을 통해 영혼을 중심으로 가져가 현재에 머무르게 하고 영혼에 통일성을 부여하려 하는 영혼의 지향성의 힘은 현재로부터 멀어진 기억된 과거와 예상된 미래로 영혼을 분산시켜 영혼에 다양성을 가져오는 영혼의 연장성의 힘과 동일하게 작용한다. 이것은 마치 구심력과 원심력의 관계와도 같다.

그러므로 영혼이 보다 넓은 시간지평을 형성하면 할수록 영혼은 보다 더 큰 분산을 경험한 것이 된다. 하나의 문장을 읽는 의식에서부터 한 사건에 대한 의식, 한 사회를 포괄하는 의식, 우주 전체를 포괄하는 의식 등 영혼의 지향성은 여러 범위로 펼쳐질 수 있다. 아우구스티누스는 각 단계마다의 영혼의 활동에서 시간지평의 열림을 본다. 확장되어 나아가는 영혼의 분산력은 그 분산된 것을 다시 모으는 집중력에 기반한 것이다.

그러나 아우구스티누스는 끝없이 확장되어가는 시간지평을 통해서는 신의 영원성에 도달할 수 없다고 주장한다. 영혼의 연장성은 분산의 고통이며 그것은 내적 지향성이나 통일성과는 대립되는 것이기 때문이다.

> 나의 시간들은 한숨 속에서 사라집니다. 오직 당신만이 나의 위로이고 나의 주인입니다. 당신은 영원합니다. 그러나 나는 시간과 시간으로 분산될 뿐이며, (영원의) 참된 질서를 알지 못합니다. 사물에 의해 자극받은 상태에서 나의 사유는 나의 영혼의 가장 깊은 생이 미치는 그곳까지 분산됩니다. 내가 당신의 사랑의 열기 속에서 당신과 분리될 수 없는 하나로 되기까지 분산됩니다.[28]

아우구스티누스가 추구하는 것은 영혼의 분산력인 시간화와 지평화를 넘어서서 영혼 안에 내재된 영원성인 진리 내지 신으로 영혼을 집중하는 것이다. 시간 흐름을 따라 퍼져나가는 영혼을 불러 모아 영혼의 내면, 영혼의 핵으로 집중시키는 것, 그래서 시간 흐름이 멎고 영원과 하나 되는 순간을 맞이하는 것, 그것이 바로 아우구스티누스가 '순간'으로서 기대하는 것이다.

그러나 아우구스티누스에 따르면 인간은 자신의 영혼의 내면 속에 잠재해 있는 진리를 오직 짧은 한순간 바라보고 마주하고 즐거워할 수 있을 뿐 결코 영원과 하나가 될 수는 없다. 인간의 영혼은 끊임없이 순간에서 시간으로 뻗어 나간다. 우리의 영혼은 왜 영원과 하나인 순간에 영원히 머무르지 못하고 다시 시간 흐름 속으로 빠져들고 마는

---

28 『고백록』, 11권 29장 39절(앞의 책, 667쪽).

것일까?

아우구스티누스는 그러한 까닭을 인간 안에 남아 있는 질료성, 물질성, 육체성, 한마디로 순수 질료 때문이라고 설명한다. 인간 영혼 안의 근사무가 인간을 신과 근본적으로 다른 것으로 구분 짓는다. 아우구스티누스는 인간이 한순간 진리를 보고 한순간 신과 마주할 수는 있지만, 시간을 넘어 영원히 진리와 하나 되고 신과 하나가 되는 것은 불가능하다고 논한다. 이것은 결국 그가 인간을 근사무로부터 만들어진 유한한 실체로 간주하기 때문이다. 이 세상 모든 개별자가 신으로부터 가장 멀리 그리고 무에 가장 가까이 만들어진 근사무, 순수 질료를 자신의 실체로 삼는다고 보기 때문이다.

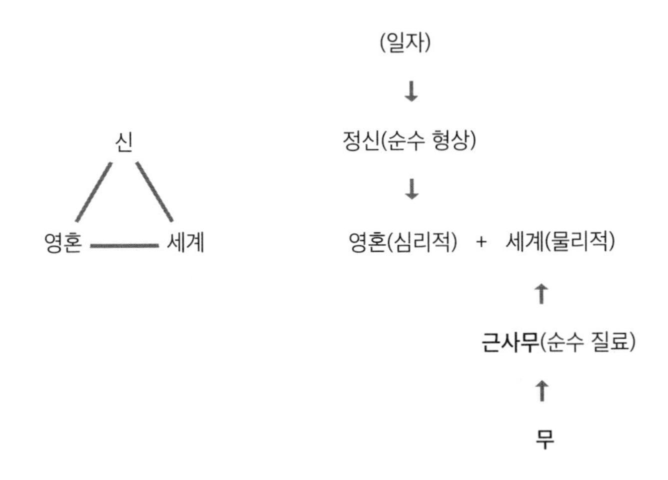

시간과 진리를 내면화함에도 불구하고 그러한 인간의 내면을 근사무에 기반한 개별적 실체로 간주함으로써 인간을 포함한 모든 존재자는 자신과는 질적으로 다른 신에 의해 만들어진 피조물로 간주된다. 창조자와 피조물, 신과 인간, 형상과 질료, 존재와 무가 서로 화해될

수 없는 질적으로 서로 다른 이원성으로 간주된 것이다. 우리 영혼이 시간화하면서 현상세계로 자신을 외화하는 것을 우리 본질의 무성, 질료성에서 발견한 것이라고 할 수 있다. 이처럼 아우구스티누스는 인간을 포함한 모든 존재자를 무에서 비롯된 근사무를 본질로 삼는 개별적 실체로 간주한다.

제5장

아퀴나스: 개별자의 실체성

1. 신과 피조물의 관계

1) 존재와 본질의 구분

아퀴나스[1]가 현상세계 존재자들의 인식 및 본질을 논하는 방식은 그리스의 아리스토텔레스와 크게 다르지 않다. 아퀴나스는 아리스토텔

1 아퀴나스(Thomas Aquinas, 1224~1274)는 이탈리아 로카세카 지방의 한 성주의 아들로 태어났다. 나폴리대학에 입학했다가 곧 설교와 연구를 목적으로 하는 도미니크회에 들어가 알베르투스 마그누스(Albertus Magnus, 1200?~1280)에게 배우며 사제가 되었다. 30대 이후 파리대학 신학부와 이탈리아에서 교수로 활동하며 저술활동을 하다가 50세에 수도원에서 병사했다. 그는 중세 스콜라철학의 대표적 철학자이고 신학자이며, 저술로는 『신학대전』(1266-1273), 『대이교도대전』, 『존재와 본질』, 『진리에 대하여』, 『신의 능력에 대하여』 등이 있다.

레스와 마찬가지로 '인간은 본성적으로 알기를 욕구한다.'라고 말하면서 인간 인식의 근원을 감각으로 설명한다. 이것은 플라톤이나 아우구스티누스가 주장하는 진리의 영혼 내재설 및 상기설과는 다른 것이다.

> 인간에게는 감각적인 것을 거쳐 초감각적인 것에 이르는 것이 자연스럽다. 우리의 모든 인식이 감각에서 시작되기 때문이다.[2]

나아가 아퀴나스는 감각을 통해 우리에게 주어지는 구체적인 시공간적 개별자들을 제1실체로 간주하며, 그 개별자들은 질료와 형상으로 구성되어 있다고 논한다. 현상세계에 속하는 개별자가 제1실체이며, 그러한 개별자는 질료와 형상의 복합물이라고 논하는 것 또한 아리스토텔레스와 다르지 않다.

> 복합적 실체에는 형상과 질료가 함께한다. 이것은 인간 안에 영혼과 신체가 함께하는 것과 같다.[3]

아퀴나스는 개체 너머 순수 형상 내지 이데아가 독립적으로 존재한다거나 우리가 이데아나 형상을 우선적으로 인식할 수 있다고 주장하지 않는다. 그는 모든 개별자는 형상과 질료의 결합체로서 존재하며,

---

2 『신학대전』, 1권 1장 9절. 라틴어 원문 및 독어 번역은 *Summa Theologica Bd1*, übersetzt von Dominikanern und Benediktinern, hrsg. von Katholischen Akademikerband, Salzburg · Leibzig: Verlag Anton Pustet, 1934, 28쪽 참조. 한글 번역은 『신학대전 1권』, 정의채 옮김, 성바오로출판사, 1985, 51쪽 참조.

3 『존재와 본질』, 2장. 라틴어 원문 및 독어 번역은 *Uber das Sein und das Wesen*, übersetzt von Rudolf Allers, Darmstadt: Wissenschaftliche Buchgegellschaft, 1980, 19쪽 참조.

형상은 개체의 질료적 기반 위에 구체화되어야만 비로소 우리가 그 형상을 인식할 수 있다고 주장한다.

> 인간의 인식 대상은 질료 안에 개별적으로 실현되어 존재하고 있는 그 어떤 것이다.[4]

개별자를 구성하는 형상과 질료 중 형상은 개별자로 하여금 본질적인 종적 속성 및 우연적 속성을 갖게 하는 보편적 규정성에 해당한다. 그리고 그런 형상을 통해 하나의 종에 속하거나 공통의 속성을 가지게 됨에도 불구하고 각각의 개별자가 서로 다른 개별자로 존재할 수 있게 되는 것은 바로 개별적 질료 때문이다. 인간이라는 하나의 종에 속하는 갑순이와 갑돌이가 그럼에도 불구하고 서로 다른 개별자로 존재하는 것, 빨간색이라는 공통의 속성을 가진 빨간 사과와 빨간 장미가 그럼에도 불구하고 서로 다른 개별자로 존재하는 것은 그 각각의 개별자를 이루는 질료가 서로 다른 것이기 때문이다. 이런 의미에서 형상은 개별자들을 공통의 종 내지 공통의 형상에 속하게 하는 일반화의 원리이고, 질료는 현상세계 사물들이 각자성을 이루게 되는 개별화의 원리이다. 그래서 그는 "질료는 개별화의 원리이다."[5]라고 말한다.

이와 같이 개별자는 질료와 형상의 결합물로 존재한다. 그런데 아리스토텔레스는 개체에서의 질료와 형상의 관계를 그 개체의 가능태와 현실태의 관계로 논했다. 가능태의 질료가 현실태의 형상에 의해 규정

---

4 『신학대전』, 1권 84장 7절. 영어 번역은 *The Summa Theologica Vol1*, translated by Fathers of the English Dominican Province, London: Encyclopaedia Britannica, 1952, 449쪽 참조.

5 『존재와 본질』, 2장 (앞의 책, 23쪽).

받음으로써 비로소 개별자가 구체적이고 현실적인 모습으로 존재하게 된다고 본 것이다. 반면 아퀴나스는 가능태와 현실태의 관계를 본질(essentia)과 존재(esse)의 관계로 논한다. 질료와 형상이 합하여 개별자의 본질을 이루지만 그 본질은 존재 가능성만을 지닐 뿐이고, 그런 본질을 갖는 개별자가 실제로 존재하는가 아닌가는 그 본질과 구분되는 존재에 의해 결정된다는 것이다. 본질은 개별자가 어떤 것으로서 존재하는가 하는 개별자의 무엇(Was-sein)을 말해주는 데 반해, 존재는 그러한 본질을 가지는 개별자가 실제로 존재하는가 아닌가 하는 개별자의 존재(Daβ-sein)을 말해주는 것으로 둘은 서로 다른 것이다.

	가능태	**현실태**
아리스토텔레스:	질료	형상
아퀴나스:	본질	존재

아퀴나스가 본질과 존재를 구분한 것은 현상세계 내 개별자들은 그것의 본질이 그것의 존재를 함축하지 않는다는 것을 말하기 위한 것이다. 즉 모든 현상적 개별자는 본질에 따라 존재하는 필연적 존재가 아니라 자신의 본질과 구분되는 존재 자체에 의해 존재하게 되는 우연적 내지 의존적 존재라는 것이다. '아름다운 섬' 또는 '100원'의 본질을 우리는 그 자체로 이해할 수 있지만, 그러한 본질이 곧 그것의 존재를 말해주지는 않는다. 'x는 이런저런 본질을 갖는다.'는 것이 '그런 x가 존재한다.'는 것을 포함하지는 않는 것이다. 그렇게 개별적 존재자에 있어 본질과 존재는 서로 다른 것이다.

반면 순수 현실태인 신에게서는 그 본질이 곧 그것의 존재를 함축한다. 신은 순수 형상으로서 순수 정신적 존재이므로 그 안에 어떠한 물질성도 포함되어 있지 않으며, 따라서 그 어떤 것도 아직 실현되지 않은 가능태로 남아 있는 것이 없다. 순수 형상으로서의 신은 다른 것에 의해 존재하는 것이 아니라 그 스스로의 힘으로 자신의 본질에 따라 존재하는 것이며, 따라서 신에게서는 본질과 존재가 구분되지 않는다.

형상과 질료를 자신의 본질로 삼는 모든 현상적 개별자는 그 본질이 존재를 포함하지 않기에 본질을 갖추고 있어도 그것의 존재가 확보되지 않는다. 개별자는 자기 본질 바깥의 존재에 참여함으로써만 존재하게 되는 만큼 '본질적 존재'가 아니라 '우연적 존재'이다. 그렇다면 개별자를 존재하게 하는 존재 자체는 무엇인가? 그러한 존재는 존재와 본질이 일치하는 신의 본질 안에서 찾아진다. 결국 개별자의 존재는 신의 존재를 통해 확보된다는 말이다. 따라서 아퀴나스 철학의 핵심 주제의 하나는 바로 존재와 본질이 일치하는 신이 존재한다는 '신 존재 증명'이다.

2) 제1원인으로서의 신

아퀴나스가 신과 현상세계 간의 관계를 어떤 식으로 이해하는지는 그의 신 존재 증명을 통해 드러난다. 그는 다섯 가지 방식으로 신의 존재를 증명하는데, 그중 첫 번째는 현상적 운동의 분석을 통해 신을 '부동(不動)의 동자(動者)'로 증명하는 것이다.

> 신이 존재한다는 것은 다섯 가지 길로 논증될 수 있다. 첫 번째 가장 명백한 길은 운동 변화에서 취하는 길이다. ① 이 세계 안에는 어떤 것이 움직이고 있는 것이 확실하며 또 그것은 감각으로 확인된다. ② 그런데 움직이는 모든 것은 다른 것에 의해 움직여진다. 사실 어떤 것도 그것을 향해 움직이

는 것에 대해 가능태에 있지 않은 한 움직일 수 없다. 움직이게 하는 것은 그것이 현실태에 있는 한 움직이게 한다. 즉 움직인다는 것은 어떤 것을 가능태에서 현실태로 이끌어가는 것 이외의 다른 것이 아니다. 그런데 가능태에서 현실태로 이끌어가는 것은 현실태에 있는 어떤 존재에 의하지 않으면 안 된다. 예를 들어 더워질 가능성이 있는 나무를 현실적으로 더운 것으로 만드는 것은 불, 즉 현실적으로 더운 것이며, 불은 이런 현실적으로 더운 것으로서 나무를 움직이게 하며 변화시킨다. ③그러나 같은 것이 같은 관점에서 동시에 현실태에 있으면서 가능태에 있을 수는 없다. 그러한 것은 오직 다른 관점에서만 가능하다. 예를 들어 현실적으로 더운 것은 동시에 가능적으로 더울 수 없으며 그것은 다만 가능적으로 찬 것일 수 있다. 그러므로 같은 관점에서 같은 양태로 어떤 것이 움직이는 것 또는 자기 자신을 움직이게 하는 것은 불가능하다. 그러므로 움직이는 모든 것은 다른 것에 의해 움직여져야 한다. 그러므로 어떤 것이 그것에 의해 움직이게 되는 그것이 움직인다면, 그것 또한 다른 것에 의해 움직여져야 하며, 그것은 또 다른 것에 의해 움직여져야 한다. ④그런데 이렇게 무한소급해갈 수는 없다. 그 이유는 (만일 무한소급된다면) 어떤 첫 움직이는 자가 없게 될 것이며, 따라서 다른 움직이게 하는 것도 없게 될 것이기 때문이다. 제2운동자는 제1운동자에 의해 움직여지지 않는 한 다른 것을 움직이게 하지 못하기 때문이다. 그것은 마치 지팡이가 손에 의해 움직여지지 않으면 다른 것을 움직이게 하지 못하는 것과 같다. ⑤그러므로 우리는 다른 어떤 것에 의해서도 움직여지지 않는 제1운동자에 필연적으로 도달하게 된다. 그리고 모든 사람은 이런 존재를 신으로 이해한다.[6]

---

6 『신학대전』, 1권 2장 3절(독어 번역책 1권, 44-45쪽; 한글 번역책 1권, 66-67쪽).

이상 아퀴나스가 제시하는 첫 번째 방식의 신 존재 증명의 논점은 다음과 같이 정리될 수 있다.

① 현상적으로 운동하는 것이 있다. 현상세계 사물들은 한 장소나 한 상태에 고정되게 머물러 있지 않고 끊임없이 운동하며, 우리는 그러한 것을 감각경험을 통해 확인할 수 있다.

② 운동은 어떤 것이 가능태에서 현실태로 바뀌는 것이다. 예를 들어 불탈 가능성이 있는 나무가 실제로 불타는 나무로 옮겨가는 것이다. 그런데 이러한 운동은 가능태에 있는 것 자체에 의해서가 아니라 이미 현실태에 있는 어떤 다른 것에 의해 움직여지는 것이어야 한다. 즉 현실적인 불에 의해서 불붙여져서 나무가 탈 수 있게 되는 것이다.

③ 어떤 것도 한 관점에서 동시에 가능적이며 현실적일 수는 없으므로 움직이는 것은 그것 아닌 어떤 다른 것, 즉 현실태의 어떤 다른 것에 의해 움직여지는 것이다. 즉 모든 움직이는 것은 다른 것에 의해 움직여진다.

④ a는 a 아닌 b에 의해 움직여지고, b는 b 아닌 c에 의해 움직여진다. 그러나 움직임의 계열을 추적해갈 때 모든 것이 끝없이 다른 것에 의해 움직여지는 식으로 무한소급될 수는 없다. 무한소급한다면, 즉 다른 것에 의해 움직여지지 않으면서 다른 것을 움직이게 하는 것, 그런 식으로 전체를 움직이게 하는 것이 있지 않다면, 가장 처음의 움직임이 일어날 수 없을 것이고 그러면 제2의 움직임도 없고 제3의 움직임도 없고 결국 지금 현실적으로 눈앞에서 일어나는 움직임도 일어날 수 없을 것이기 때문이다. 그러나 지금 운동이 일어나고 있다는 것은 누구나 경험하는 바이므로 무한소급은 일어나지 않아야 한다.

⑤ 그러므로 다른 것에 의해 움직여지지 않으면서 다른 것을 움직이

게 하는 최초의 것이 있어야만 한다. 이 부동(不動)의 동자(動者)를 사람들은 신(神)이라고 부른다. 그러므로 부동의 동자로서의 신은 존재한다.

이러한 논리는 현상세계에서 진행되는 인과관계를 따라 신을 제1원인으로 주장하는 두 번째 증명에서도 마찬가지이다.

> 두 번째 길은 작용인(causa efficiens)에 근거한다. ① 우리는 감각세계에 작용인의 질서가 있음을 발견한다. ②③ 그러나 이 세계의 어떤 것도 자기 자신의 작용인으로 발견되지 않으며, 그런 것은 가능하지 않다. 만일 그런 것이 있다고 가정한다면, 그것은 자기 자신보다 먼저 있어야 할 것이며, 그것은 불가능하기 때문이다. ④ 그런데 작용인이 무한히 소급될 수는 없다. … 작용인의 계열에서 무한소급된다면, 제1작용인이 없을 것이며, 최후의 결과도 중간 작용인도 없을 것이다. 이건 허위다. ⑤ 그러므로 제1작용인(prima causa efficiens)은 존재해야 한다. 우리는 이를 신이라고 부른다.[7]

여기에서도 아퀴나스는 첫 번째 길에서와 마찬가지로 운동하게 하는 것과 운동하게 되는 것, 작용하는 것과 작용되는 것을 서로 다른 것으로 구분한다. 움직이게 하는 것은 다른 것을 움직이게 하는 것이고, 움직여지는 것은 다른 것에 의해 움직여지는 것이다. 그런 식으로 다른 것을 운동하게끔 작용하는 능동태 내지 현실태의 존재와 그 다른 것의 작용을 받아서 움직여지는 수동태 내지 가능태의 존재를 서로 다른 것으로 구분하는 것이다. 이와 같이 아퀴나스는 신의 세계 창조를

---

7 『신학대전』, 1권 2장 3절(독어 번역책 1권, 45-46쪽; 한글 번역책 1권, 67쪽).

인과의 관계로 파악하되 작용하는 원인과 작용 받는 결과를 서로 다른 존재로 간주한다.

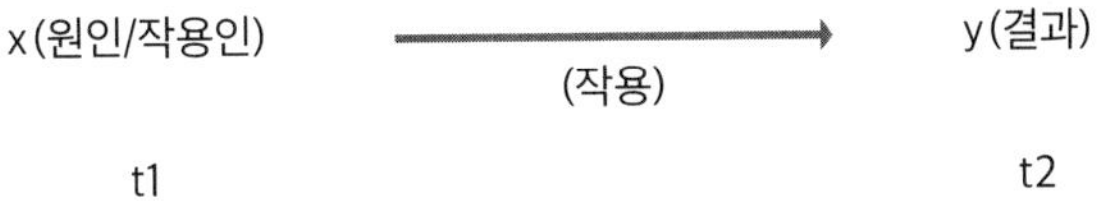

x(원인/작용인) ———(작용)———→ y(결과)

t1 t2

이는 곧 작용하는 원인 x와 그것으로 인해 작용 받는 결과 y는 같은 존재일 수 없다는 것이다. 그는 x와 y, 작용 원인과 작용 결과는 서로 다른 것이라는 것을 강조한다.[8] 만일 다른 것이 아니라면, 결과가 원인 안에 이미 있던 것이 되고 따라서 원인이 결과를 이미 포함하고 있는 것이 되는데, 그럴 수는 없기 때문이다. 다시 말해 x와 y가 같은 것이라면, 작용 받는 것인 결과 y가 그것을 있게 하는 작용인 x로서 이미 있다는 말인데, 그렇게 (결과로) 나중에 있게 되는 것이 (원인으로) 자기 이전부터 있다는 것은 말이 되지 않는다는 것이다. 이와 같이 아퀴나스는 원인과 결과는 서로 다른 존재라는 것, 신의 세계 창조도 원인과 결과의 관계라는 것, 따라서 세계의 원인으로서의 신과 그 신에 의해 만들어진 결과로서의 세계는 서로 다른 존재라는 것을 강조한다.

창조자와 피조물을 서로 다른 존재로 만드는 것은 궁극적으로 무엇인가? 그것은 아우구스티누스가 강조한 대로 신의 세계창조가 '그 자신으로부터의 창조'가 아니라, '무로부터 창조'라는 데 있다. 세계는 신

---

8 이것은 '인중유과(因中有果)'는 성립하지 않고 '인중무과(因中無果)'가 맞다고 주장하는 것이다. 아퀴나스는 그렇게 인과 과의 존재는 서로 다르다는 것을 강조한다. 이에 반해 불교에서는 인과 과를 다른 것으로 보면, 인중유과도 인중무과도 성립하지 않는다고 논한다. 인과 과가 서로 다른 별개의 실체라면, 그것이 인과 과의 관계로 작용할 수도 없기 때문이다.

자신과는 전혀 다른 무로부터 만들어졌기 때문이다. 현상세계 내 모든 개별자는 신이 무 가까이에 만들어놓은 만든 순수 질료, 순수 물질성으로부터 만들어진 존재이기 때문이다.

2. 개별자의 이해

1) 개별자의 존재

기독교의 '무로부터의 창조'는 현상세계가 신으로부터 만들어진 것이 아니라, 무로부터 만들어진 것임을 강조한다. 그러나 만일 무가 정말 무를 의미한다면, 신 이외에 무로부터 만들어졌다는 말은 곧 신으로부터 만들어졌다는 말과 사실 다를 바가 없게 된다. 그럼에도 불구하고 아우구스티누스의 교부철학과 그 이후 스콜라철학은 무로부터의 창조를 신으로부터의 창조와 구분한다. 정확히 말하자면 세계는 무로부터 만들어진 것이 아니라, 신이 무 가까이에 만들어놓은 근사무로부터 만들어진 것이다. 근사무는 일체의 형상이 배제된 것, 형상과 결합되기 이전의 순수 물질, 혼동적 질료이다. 현상세계 사물은 그러한 물질적 질료로 존재하며, 거기에 형상이 부가됨으로써 본질적 내지 우연적 속성을 갖게 된다.

개별적 사물	=	질료	+	형상
		‖		‖
		기체/존재		본질적·우연적 속성

형상은 사물에 있어 가시적으로 드러나 우리가 그것을 인식할 수 있게 하는 속성들이다. 실체를 속성들의 담지자로서 생각할 때, 우리가 전제하는 실체 내지 기체의 존재는 바로 그 질료이다. 무로부터 만들어진 것, 무와 유사한 것, 무 가까이에 있는 것, 근사무인 것이다. 속성은 그것이 본질적 속성이든 우연적 속성이든 실체에 부가된 성질들로서 사물의 존재와는 구분된다. 속성에 대해 그 속성들을 담지할 수 있는 기체가 더 우선적 존재라고 본다면, 사물의 존재를 이루는 근사무의 질료가 사물에 있어 가장 기본적인 것, 사물의 존재가 된다. 사물은 형상으로부터 속성들을 부여받고 규정받게 되지만, 사물의 존재 자체는 그것과 독립적으로 근사무로부터 형성된 것이다. 사물의 존재기반, 사물의 근거가 바로 근사무가 된다.

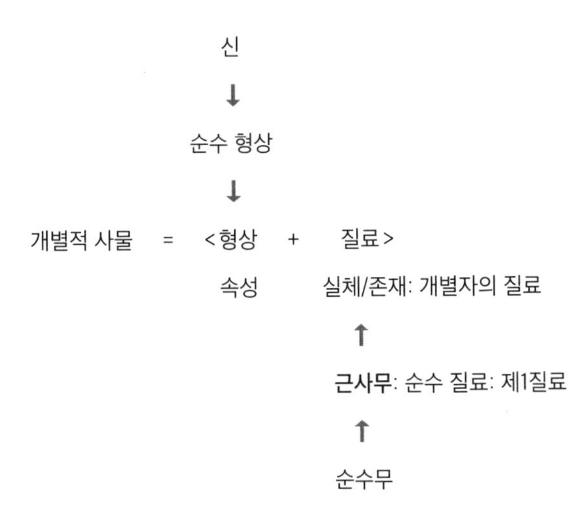

순수 질료는 신에 의해 무로부터 산출되었기에 그 자체도 '무와 유사한 것', '별것 아닌 것(nichtig)'이지만, 그래도 그것은 현상의 기반이 되는 실체를 이루며, 현상세계 배후로서 전제되는 물질적 기반으로 간주

된다. 결국 '무로부터의 창조'에서 무는 정말로 없는 '순수무' 내지 '절대무'가 아니라, 그것으로부터 물질적 현상세계가 만들어질 수 있는 '어떤 것', 즉 무 가까이에 있고 무와 유사한 '근사무'로 간주된 것이다. 결국 무가 '순수무'가 아니라 '근사무'인 것이다. 그렇게 해서 각 개별자는 그 개체적 기반을 근사무, 즉 질료로부터 부여받는다. 개별자의 존재기반이 근사무의 순수 질료가 된다. 순수 질료에서 비롯되는 개별적 질료가 각 개별자의 실체가 되고, 그 실체에 속하는 여러 성질들은 모두 질료와는 다른 차원의 형상에서부터 비롯된 것이다. 개별자를 개별적이게끔 하는 실체는 바로 그것의 질료가 되는 근사무로부터 얻어진다.

2) 개별자의 인식

아리스토텔레스와 마찬가지로 아퀴나스에서 현상세계에 대한 인식의 출발점은 보편적 이데아에 대한 사고가 아니라 개별적 사물에 대한 감성적 지각작용이다. 이는 인식대상이 단지 이데아인 형상만으로 존재하는 것이 아니기 때문이다.

> 만약 자연물의 본질에 질료가 속하지 않고 오직 형상만 속한다면, 그 자연물은 신의 정신 안에 이데아로 존재하는 것이 사물 자체로 존재하는 것보다 모든 면에서 더 참되다고 해야 할 것이다. 그러나 자연물의 본질에는 질료가 속한다. … 사람이나 말(馬)과 같은 '이 존재(hoc esse)'를 자연물은 신의 정신에서보다는 그 자신의 자연 안에서 더 참되게 가진다. 왜냐하면 사람(이나 말의) 진리에 질료적 존재가 속하는데, 그 질료적 존재를 자연물이 신의 정신 안에서 갖지는 않기 때문이다. 이것은 마치 집이 질료 안에서보다는 건축사의 정신 안에서 더 고상한 존재를 갖지만, 질료 안에 있는 집이

정신 안에 있는 집보다 더 참된 것으로 불리는 것과 같다. 전자는 현실태의 집이고, 후자는 단지 가능태의 집이기 때문이다.[9]

아퀴나스에 따르면 사물은 형상만으로 존재하는 것이 아니라 질료로 구성되어 있다. 사물은 질료로 되어 있으며, 바로 그 질료로 인해 사물이 구체적이고 감각적인 개별적 존재가 될 수 있는 것이다. 질료로 인해 개별적 사물들은 이런저런 속성들을 갖는 어떤 것, 구체적인 개별자, '이것'으로 존재한다. 이 구체적 개체화의 질료로 인해 형상은 그 사물의 속성이 되며, 개체는 단지 이데아적 사고대상이 아니라 우리의 감성에 주어지는 감각대상으로 존재하는 것이다. 아퀴나스는 인식은 존재의 소여에서부터 시작되며 그 소여는 감성에서 이루어지는 것이므로 우리의 인식은 감성으로부터 시작된다는 것을 강조한다.

인간의 인식은 감각적인 인식의 표상으로 거슬러 올라감으로써만 가능해진다. … 육체에 얽매여 있는 인간의 지성에게는 본래적인 대상이 물질적인 사물 안에 있는 본질이다. 그다음에 감각적인 사물의 본성을 통하여 우리들은 비감각적인 사물의 어떤 인식으로 올라가게 된다.[10]

개별화된 질료는 제1질료가 아니라 이미 연장된 질료(materia significa)이다. 이것은 인간의 개념이나 사고에는 파악되지 않고 오직 감성과 구상력에만 주어질 뿐이다. 이데아적 형상은 사유를 통해 파악되지만, 각 개별자의 기체로서의 질료는 감각경험을 통해서만 주어질 수 있다.

---

9 『신학대전』, 1권 18장 4절(독어 번역책 2권, 134쪽; 한글 번역책 2권, 220-221쪽).
10 『신학대전』, 1권 84장 7절(영어 번역책, 1권, 449쪽).

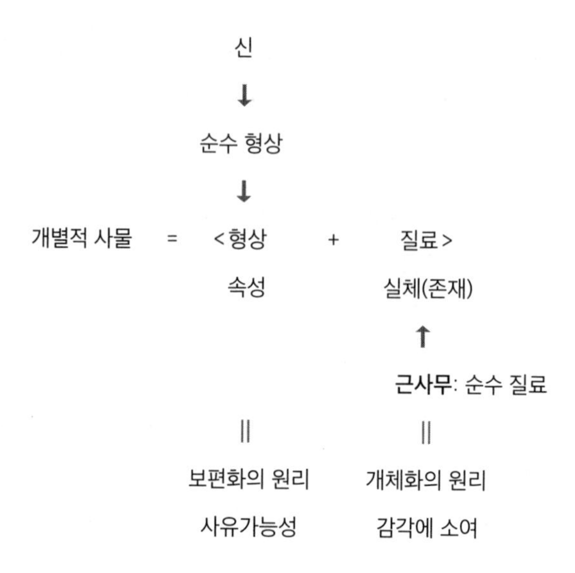

3. 존재의 유비

유비(analogia)는 일의성(univocatio) 그리고 다의성(equivocatio)과 더불어 논의된다. 파르메니데스는 '존재'를 동일한 하나의 의미인 일의성으로 이해했지만 아리스토텔레스는 '존재의 의미는 다양하다.'라고 하여 '존재'의 다의성을 말했다. '존재'뿐 아니라 '진리'나 '선' 등 각각의 개념이 언제나 동일한 하나의 의미로만 쓰이는지 아니면 그것이 서술되는 대상에 따라 서로 다른 다양한 의미로 사용되는지가 중요한 철학적 논쟁거리가 된다. 특히 아퀴나스가 이것을 문제 삼은 것은 신에 대한 우리의 인식이 얼마만큼의 타당성을 가지는지를 논하기 위해서이다. 인간 내지 현상세계 사물들에 적용되는 개념을 과연 신(神)에게도 동일한 의미로 적용할 수 있는 것인지, 인간에 적용된 개념과 신에 적용된 개념이 과연 일의적인지 다의적인지가 문제가 되는 것이다. 우리는 인간의 지혜, 인간의 선함 등을 말하기도 하고 또 신의 지혜, 신의 선함을 말하기도 한다. 여기에서 지혜 또는 선은 동일한 의미인가, 다른 의미인가?

한 개념이 일의적이지도 않고 다의적이지도 않을 때, 그 개념을 유비적이라고 말한다. 완전히 같은 의미인 것도 아니고, 그렇다고 완전히 다른 의미도 아닐 때, 그 개념은 유비적으로 사용된 것이다. '책상 위에 책이 있다.' '내 마음 속에 슬픔이 있다.' '이 나라에 평화가 있다.' '신에게 사랑이 있다.'에서의 있음의 의미, 존재의 의미는 완전히 동일하지도 않고 그렇다고 완전히 다르지도 않은 무엇인가를 표현한다. 유비적으로 사용된 것이다. 플라톤이 현상세계 개별자들은 이데아에 관여한다, 분유한다, 닮았다라고 할 때, 그 관계 또한 유비적이라고 할 수 있으며, 아리스토텔레스가 '존재의 의미는 다양하다.'고 할 때 그 다양한 의미도 서로 유비적이라고 할 수 있다. 이렇게 해서 유비 자체가 다시 일의성과 다의성의 양면을 가지게 된다.

아퀴나스는 '비례에 따른 일치'에 입각해서 유비를 두 종류로 구분하는데, 그 두 가지 유비에서 우리는 존재의 일의성과 다의성을 다시 확인할 수 있다.[11] 그는 우선 비례에 따른 일치를 다음과 같이 둘로 구분한다.

---

11 아퀴나스는 유비를 '비례 유비'와 '비례성 유비' 둘로 구분하는 데 반해, 아퀴나스의 『신학대전』을 주석한 카에타누스(1469~1534)가 유비를 '불완전한 유비', '속성적 유비', '비례성 유비' 셋으로 분류했다고 한다. 불완전한 유비를 제외한 나머지 두 가지 유비가 아퀴나스가 논한 두 가지 유비와 상응한다. 즉 '속성적 유비'는 '비례 유비'에 해당한다. 아퀴나스의 유비에 대한 국내 연구 자료로는 서병창, 「토마스 아퀴나스의 유비와 비유」, 『해석학연구』 11권, 2003; 박승찬, 「유비개념의 다양한 분류에 대한 비판적 성찰」, 『중세철학』 11권, 2005 참조.

비례에 따른 일치에는 두 가지 종류가 있다. 이 두 가지에 따라 유비의 공통성도 결정된다. ① 우선 특정한 비례관계에 있는 사물들 사이의 일치를 들 수 있다. 그것은 특정 거리나 다른 관계를 서로에게 가지고 있기 때문이다. 예를 들어 2라는 숫자가 1이라는 숫자의 두 배이기에 맺고 있는 관계와 같다. ②또 다른 하나는 비례관계에 있는 둘 사이에는 아무런 일치가 없고 오히려 두 비례 상호간에 유사성이 존재하는 것이다. 예를 들어 6은 3의 두 배이고 4는 2의 두 배이기에 6이라는 숫자가 4라는 숫자와 일치를 이루는 경우이다. ①첫 번째 일치는 비례의 일치이고, ②두 번째 일치는 비례성의 일치이다.[12]

비례에 따른 두 가지 일치

① 비례의 일치(convenientia proportionis): 비례되는 둘 간의 일치	예) 4:2:1
② 비례성의 일치(convenientia proportionalitatis): 두 비례 간의 일치	예) 6:3 = 4:2

① 비례의 일치는 둘이 비례의 관계로서 일치하는 경우를 말한다. 예를 들어 2는 1의 두 배로서 2와 1이 비례관계에 있기에 이를 '비례의 일치'라고 한다. ② 비례성의 일치는 둘 간에 직접적 비례관계는 없고 오히려 둘이 각각 다른 것과 맺는 비례관계가 서로 일치하는 경우를 말한다. 예를 들어 6이 3의 두 배이고 4가 2의 두 배이므로 이때 6과 4가 이루는 일치를 '비례성의 일치'라고 한다. 아퀴나스는 이와 같이 두 가지 서로 다른 일치 방식에 따른 유비의 차이를 다음과 같이 설명한다.

---

12 『진리에 대하여』, 2권 11장. 박승찬, 「유비개념의 다양한 분류에 대한 비판적 성찰」, 『중세철학』, 11권, 2005, 150쪽에서 재인용.

①우리는 첫 번째 일치의 방식에 따라 어떤 것이 둘에 대해 유비적으로 서술된다는 것을 발견한다. 이 경우 하나는 다른 하나에 대해 특정한 관계를 맺는다. 실체와 속성이 서로 맺고 있는 관계로 인해 존재가 실체와 속성에 대해 서술되는 경우가 그러하다. 또 오줌과 동물에 대해 '건강한'이라는 단어가 사용되는 것은 오줌이 동물의 건강과 특정한 관계를 갖고 있기 때문이다. ②그러나 때로는 두 번째 일치의 방식에 따라 유비적으로 서술된다. 예를 들어 '시각'이라는 단어가 육체적 시각이나 지성에 대해 서술되는 경우가 그러하다. 시각의 눈에 대한 관계처럼 지성이 정신에 대해 관계하기 때문이다.[13]

두 가지 유비

① 비례 유비 (analogia proportionis)	속성적 유비(analogia attributionis), 닮음의 유비	예) 실체의 '있음'과 속성의 '있음', 동물의 '건강'과 오줌의 '건강'
② 비례성 유비 (analogia proportionalitatis)	수학적 유비	예) 육체적 '시각'과 지성의 '시각'(눈 : 시각 = 정신 : 지성)

① 비례 유비는 상이한 것들이 서로 원인-결과의 관계로 직접 연관되는 직접적 관계성에 근거한 유비이다. '건강한 사람', '건강한 음식', '건강한 오줌'에서 '건강'이 그러하다. 건강한 음식과 건강한 사람이 인과 과의 관계로 연결되고, 건강한 사람과 건강한 오줌도 다시 인과 과의 관계로 연결된다. 이렇게 직접적 연관관계를 표현하는 비례 유비를 '속성적 유비'라고도 부른다. ② 비례성 유비는 동일한 관계에 의한 상이한 것들의 결합으로서 성립하는 유비이다. 지성을 '시각'이라고 칭하

13 『진리에 대하여』, 2권 11장. 앞의 글, 150쪽에서 재인용.

면 이는 육체적 시각의 유비로 쓰인 것이니, 눈과 시각의 관계가 정신과 지성의 관계와 같기 때문이다. 즉 〈눈:육체적 시각=정신:지성〉의 비례관계가 성립하기 때문이다. 이것은 마치 6:3=4:2의 관계와 같기에 이러한 비례성 유비를 '수학적 유비'라고도 부른다.

아퀴나스는 이와 같이 유비를 둘로 구분한 후 인간이 신에 대해 언급할 때 사용되는 개념은 모두 유비적으로 사용되는 것이며, 이때의 유비는 속성적 유비가 아니라 비례성 유비라고 말한다.

> ①첫 번째 방식에 따라 유비적으로 서술되는 것에서는 유비를 통해 어떤 것을 공통으로 가지고 있는 대상들 간에 특정한 관계가 존재해야만 한다. 어떤 것이 이 유비에 따라 신과 피조물에 대해 서술되는 것은 불가능하다. 왜냐하면 어떤 피조물도 신에 대해 그 신적 완전함이 그것에 의해 규정될 수 있을 그런 관계성을 갖고 있지 않기 때문이다. 피조물의 정의 내지 본질에는 질료가 속하는 반면, 신에게는 그런 질료가 귀속될 수 없기 때문이다. ②그러나 유비의 다른 방식에 따르면 유비를 통해 어떤 것을 공통적으로 가지고 있는 대상들 간에 어떤 특정한 관계가 정립될 필요가 없다. 이 방식에 따라 한 단어가 신과 피조물에 대해 유비적으로 사용되는 것을 방해하는 것은 아무것도 없다.[14]

아퀴나스는 신과 인간 간에는 ① 닮음에 입각한 속성적 유비(비례 유비)가 아니라 ② 비례성에 입각한 수학적 유비(비례성 유비)만이 적용될 수 있다고 보며, 그 까닭을 인간과 신이 본질적으로 서로 다른 존재이기 때문이라고 논한다. 그리고 그 서로 다른 이유를 바로 질료에서 찾

14 『진리에 대하여』, 2권 11장. 앞의 글, 151쪽에서 재인용.

는다. 즉 신은 질료가 없는 순수 형상이고 순수 정신으로서 완전한 존재인 데 반해, 인간을 포함한 모든 피조물은 질료를 포함하고 질료에 기반한 것으로서 불완전한 존재이기 때문이다. 수학적 유비에서는 서로 유비되는 두 가지가 각각 별개의 실체로서 서로 본질적으로 다른 존재라는 것을 전제한 후, 다만 그 각각이 어떤 것에 대해 갖는 관계가 같을 뿐이라는 것을 말하는 것이다. 예를 들어 비를 비유적으로 신의 눈물이라고 말한다면, 이것은 비례(속성적) 유비가 아니고 비례성(수학적) 유비이다. 신과 인간 또는 신의 눈물과 인간의 눈물 간에 어떤 특정한 관계가 있지 않고, 단지 인간과 눈물의 관계에 빗대어 신과 비의 관계를 언급하는 것이기 때문이다.

인간 : 눈물 = 신 : 비(= 신의 눈물)

이와 같이 비례성 유비로서 비를 신의 눈물이라고 말할 경우 인간과 인간의 눈물의 관계가 신과 비의 관계와 같은 관계라는 것을 말해줄 뿐, 인간과 신 사이에 어떤 유사성이 있다는 것을 말해주고 있지는 않다. 오히려 둘은 서로 다른 별개의 실체이기에 그 유비가 비례성 유비가 되는 것이다. 아퀴나스는 인간과 신이 본질적으로 서로 다른 별개의 실체이기에 속성적 유비가 아닌 비례성의 수학적 유비만이 가능하다고 말한다. 그리고 이처럼 인간을 신과 전혀 다른 별개의 실체로 존재하게 하는 것이 바로 피조물 안에 들어 있는 질료이다. 근사무에서 비롯되는 개별적 질료가 각각의 존재자를 서로 다른 각각의 개별적 실체로 만드는 것이다. 이와 같이 현상세계에 등장하는 개별자를 질료로 이루어진 각각의 개별적 실체로 간주하는 한, 인간과 신, 피조물과 창조자, 형이하와 형이상의 이원성은 극복되지 않고 남겨질 수밖에 없다.

제6장

에크하르트: 개별자의 비실체성

1. 신과 개별자의 관계

1) 신으로부터의 유출

에크하르트[1]는 아퀴나스와 마찬가지로 '신은 존재 자체이다(deus est esse).'라고 주장한다. 존재 자체인 신과 그 외의 개별 존재자들의 관계 또한 기독교의 정신에 따라 창조(creatio)라고 간주한다. 다만 에크하르트에게 있어 창조는 아우구스티누스나 아퀴나스가 생각하는 창조와는 다르다. 에크하르트는 창조를 유출(emanatio) 내지 끓어 넘쳐흐름

1 에크하르트(Meister Eckhart, 1260(?)~1328)는 독일 호흐하임 지역의 한 기사의 성을 돌보는 집사의 아들로 태어났다. 도미니크회에 들어가 수학한 후 수사(修士)가 되었으며, 주교로 활동하면서 파리대학에서 강의하기도 하다가 1313년 독일로 돌아와 슈트라스

(bullitio)으로 본다.

신의 존재가 충만하게 차고 넘쳐 흘러내림으로써 그 이외의 다른 존재가 있게 된다는 것이다. 마치 불 위에 얹힌 냄비에 죽이 가득 담겨서 끓어오르면 죽이 넘쳐서 냄비 밖으로 흘러내리듯이 또는 층층이 쌓아올린 와인 잔에 꼭대기부터 와인을 부으면 첫 잔이 채워지고 넘쳐 흘러 두 번째 층의 잔이 채워지고, 그래도 계속 넘치면 그다음 층으로 와인이 계속 흘러내리듯이, 그렇게 존재는 차고 넘쳐 흘러내린다는 것이다.

개별적 존재는 신의 존재의 차고 넘침에 의해 흘러내려진 것, 유출된 것이다. 이 경우 냄비의 죽과 밖으로 흘러넘쳐난 죽은 근본적으로 서로 다른 것이 아니다. 하나는 원인이고 다른 하나는 결과이되, 그 둘은 서로 질적으로 다른 것이 아니다. 즉 창조물과 피조물의 관계인 만듦의 관계가 아니라, 오히려 부모와 자식 간의 관계인 낳음의 관계와 같다. 부모가 자식을 낳으면 그 둘이 근본적으로 서로 다르지 않은 것처럼 신과 개별자의 관계는 유출 내지 낳음의 관계인 것이다.

창조설에서 창조자와 피조물, 신과 인간이 질적으로 서로 다른 존재라는 것을 강조하기 위해 신이 세계를 신 자신으로부터가 아니라 '무로부터' 창조했다는 것을 강조했다면, 에크하르트는 그 둘의 존재가 질적으로 서로 다른 것이 아니라는 것, 따라서 창조란 근본적으로 '존재

부르크, 프랑크푸르트를 거쳐 쾰른에 정착하여 설교했다. 만년에 이단적 설교를 했다고 재판에 회부되어 유죄판결을 받았으며, 사망 후인 1329년에 그의 26가지 명제가 이단적 사상이라고 선포되었다. 그가 주장하는 '신비적 체험', '신과의 합일', '영혼의 불꽃', '영혼에서의 신의 탄생' 등이 당시 정통 기독교사상과 일치하지 않았기 때문이다. 그는 대표적인 중세 독일 신비주의자이며, 『귀인에 대하여』, 『신적 위로의 책』 등의 논고와 『독어설교』를 남겼다. 대학에서 강의할 때 저술하거나 구상했을 것이라고 여겨지는 학술저서 『삼부작』은 일반 서문 및 1부와 2부의 서문만 남아 있다.

의 전달'이며 '무로부터'라는 말은 불필요한 말이라는 것을 강조한다.

> 창조는 존재의 전달(collatio esse)이다. 거기에 '무로부터'라는 말은 덧붙일 필요가 없다.[2]

'무로부터'를 부정하는 것은 신에 의한 창조는 '무로부터의 창조'가 아닌 '신 자신으로부터의 창조'라는 것을 강조하는 말이며, 이는 결국 무에서 비롯되는 순수 질료를 부정하는 말이다. 개별자는 신이 무 가까이에 만들어놓은 순수 질료인 근사무로부터 만들어진 존재가 아니라, 단적으로 신 자신으로부터 낳아진 존재이다. 개별자는 신으로부터 직접 그 존재를 부여받는다. 이로부터 신의 존재와 개별자의 존재가 근본에 있어 서로 다르지 않은 존재의 일의성이 귀결된다.

2) 존재의 일의성

개별자가 신 자신으로부터 유출된 존재라는 것은 신과 개별자 간에 존재의 의미가 유일하다는 것을 뜻한다. 신의 존재와 개별자의 존재는 근본적으로 다르지 않은 것이다. 하나로부터 다른 하나가 흘러넘쳐 생겨난 것이기 때문이다. 아퀴나스의 창조설에서는 '신으로부터의 정신적 존재'와 '근사무로부터의 질료적 존재'라는 존재의 이중 의미가 성립한 데 반해, 에크하르트의 유출설은 '신으로부터 유출되는 존재'만

---

2 『삼부작의 일반 서문』, 16. 라틴어 원문 및 독어 번역은 *Prologus Generalis in Opus Tripartitum, Meister Eckhart Bd1*, übersetzt von Konrad Weiss, Stuttgart: W. Kohlhammer Verlag, 1964, 160쪽 참조. 한글 번역은 이부현 편집 및 옮김, 『마이스터 에크하르트 선집』, 누멘, 2009, 95쪽 참조.

인정하고 '무로부터 형성된 근사무인 질료적 존재'를 부정함으로써 존재의 일의성을 주장한다.

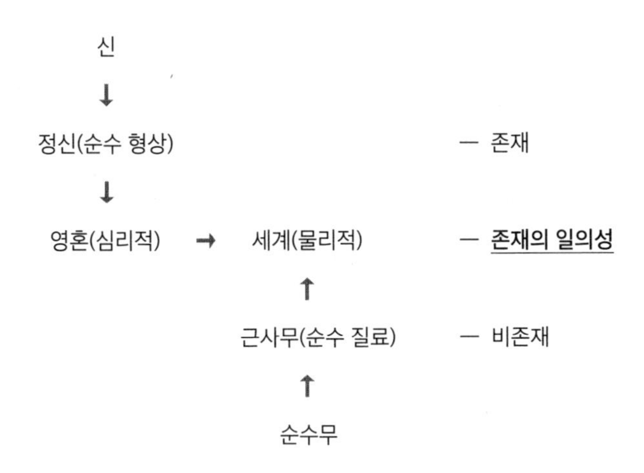

무로부터의 창조설에서는 질료 없는 순수 형상으로서의 신, 부동의 동자로서의 신은 궁극적 작용인으로서 활동하고, 신 이외의 모든 개별자는 다른 것에 의해 작용 받음으로써 움직여지는 것으로 간주된다. 작용하는 것과 작용 받는 것, 움직이는 것과 움직여지는 것이 서로 다른 것으로 여겨지는 것이다. 아리스토텔레스에 이어 아퀴나스는 예를 들어 불탈 수 있는 가능태의 나무는 자신 이외의 현실태인 실제로 타고 있는 불에 의해 불붙여짐으로써 비로소 변화 내지 운동이 가능해지며, 따라서 작용자와 피작용자는 서로 다르다는 것을 강조했다.

반면 에크하르트는 작용자와 피작용자가 실제로 서로 다르지 않은 하나의 존재라는 것을 일상의 사물을 들어 논한다. 예를 들어 작용자인 불과 피작용자인 나무는 서로 다른 존재가 아니라는 것을 다음과 같이 설명하면서 그들의 존재의 일의성을 주장한다.

> 불이 작용하여 나무를 불붙여 태우면, 불은 나무를 나무 자체와 닮지 않게 만들며 나무로부터 거칢과 차가움, 무거움과 습기 등을 빼앗아 불과 점차로 같아지게 만든다. … 불은 자기 자신을 나무 안으로 낳고 나무에게 자기의 고유한 본성과 존재를 전달하여 모든 것이 불이 된다. 나무와 불이 함께 아무런 더함도 덜도 없이 아무런 차이가 없게 된다.[3]

불이 나무를 타게 하면 나무가 타면서 나무는 결국 불이 된다. 불이 작용하면서 피작용자를 자신과 같게 하는 것이다. 즉 자신의 본성과 존재를 모두 전달해준다. 그런 식으로 신은 작용인으로서 작용하면서 세계 모든 개별자들에게 자신의 본성과 존재를 전달함으로써 만물을 존재하게 한다. 따라서 신과 개별자 간의 존재는 일의성을 갖는다.

신과 개별자의 존재가 일의성을 갖는다는 것은 각각의 개별자가 각자 자신만의 존재, 개체적 실체성을 갖지 않는다는 것을 의미한다. 개별자는 신으로부터 직접적으로 그 존재를 부여받는다. 직접 부여받는 존재가 아니라면 개별자는 그 자체로 존재할 수가 없다. 따라서 신과 개별자의 관계를 창조라고 한다면, 그 창조는 신이 태초의 한순간 만물을 창조하고 나서 그다음은 피조물 자체의 원리에 따라 진행되는 그런 방식으로 이루어지지 않는다. 모든 존재가 신의 존재의 직접적 전달이므로, 그 존재의 전달인 유출은 계속 일어나야 한다. 즉 신의 창조는 에크하르트에 있어서는 결코 완료되지 않는 것이다. 세계 내 사물들은 실체가 없는 것이므로 신과의 연결점을 잃으면 그 자체 무이며

---

3 「신적 위로의 책」, 독어 원문은 *Das Buch der Göttlichen Tröstung, Meister Eckehart Deutsche Predigten und Traktate*, Zürich: Diogenes Verlag, 1979, 117쪽 참조. 한글 번역은 『마이스터 에크하르트 선집』, 이부현 편집 및 옮김, 146-147쪽 참조.

스스로 존재를 지속할 수가 없다. 따라서 창조는 지속적으로 계속 일어나야 한다.

> 신은 그가 항상 계속해서 창조하도록, 그렇게 세계를 창조했다.[4]

이는 곧 계속적 창조를 뜻하며, 이렇게 창조는 매 순간의 창조가 된다.

> 존재자는 언제나 생성되며, 언제나 탄생된 것이고 또 항상 탄생되고 있다.[5]

현상세계 만물은 과거 어느 한순간 창조되고 나서 그 자체의 힘으로 존재가 유지되는 그런 것이 아니고, 매 순간 신에 의해 창조된다는 것이다. 다시 말해 만물은 과거가 아니라 바로 지금 이 순간, 현재 순간에 창조되는 것이다.

2. 개별자의 이해

1) 질료성의 부정

존재의 의미를 신으로부터 유출되는 존재로만 인정하고, 무 가까이

---

4 『삼부작의 일반 서문』, 18 (독어 번역책, 162쪽; 한글 번역책, 98쪽).

5 『삼부작의 일반 서문』, 18 (독어 번역책, 162-163쪽; 한글 번역책, 98쪽).

의 근사무 및 질료적 존재를 인정하지 않는다는 것은 곧 개별 존재자를 실체로 보지 않는다는 것을 뜻한다. 개별 존재자는 무로부터 형성된 각자의 실체성, 즉 근사무의 질료적 실체성을 갖고 있지 않다는 것이다. 그렇게 에크하르트는 아우구스티누스나 아퀴나스가 인정하는 무로부터 만들어진 근사무, 순수 질료를 부정한다.

> 무는 아무것도 수용할 수가 없다.[6]

개별자의 순수 질료가 개별자의 변화하는 속성들의 담지자로서 속성의 변화에도 불구하고 그 기저에서 변화하지 않고 동일하게 남아 있는 실체로 간주되었다면, 에크하르트는 그러한 순수 질료를 부정하고 따라서 개별자를 개별적 실체로 간주하지 않는다. 그는 아퀴나스에서 집대성되는 스콜라철학이 근사무의 순수 질료를 인정하는 것에 대해 그들이 무를 진정한 의미의 무인 절대무 내지 순수무로 이해하지 못하고, 그것을 무와 유사한 것, 무와 가까운 것인 근사무로 이해한 것이 문제라고 비판한다.

> (아퀴나스에 있어) 무는 순수무(purum nihil)가 아니라 유사무(quasi nihil)였다.[7]

---

6 『삼부작의 일반 서문』, 17 (독어 번역책, 161쪽; 한글 번역책, 97쪽).

7 아우구스티누스와 아퀴나스의 '근사무'의 설정은 플라톤의 '제3의 류'의 설정에서부터 이어지는 문제이다. 일체제법의 무아(無我), 무자성(無自性) 내지 공성(空性)을 보지 못하는 한, 개별 사물 기저에 무가 아닌 어떤 무엇인가가 개별자의 실체로서 존재한다고 생각하게 되기 때문이다. 그것이 '어떤 것'이 아니라 그냥 단지 무(無)라는 것, 그 '순수무'를 깨달음으로써 에크하르트는 유출설의 관점을 갖게 된 것이다.

일찍이 아우구스티누스가 '신이 세상을 무로부터 창조했다.'고 말했지만, 그때 그가 그 무를 정말 아무것도 없는 순수무 내지 절대무로 이해했다면, 무 가까이의 것 역시 무에 지나지 않는다고 생각했을 것이다. 그런데 그들은 처음부터 신 이외의 무를 어떤 무엇처럼 여기면서 그것과 가장 가까운 것을 신으로부터 가장 먼 것으로 간주하여 그것을 '근사무'라고 칭한 것이다. 그 근사무가 결국 세상의 물질적 기반으로 논해지고, 그것이 사물의 개별적 실체로 간주된 것이다. 에크하르트는 그러한 개별적 실체성을 부정한 것이다.

2) 개별자의 비실체성 : 신과의 하나됨

세계 내 사물의 근거를 근사무가 아닌 순수무로 이해하면 각 개체는 자체 내에 자기동일적 실체성을 갖지 않는 것으로 이해된다. 각각의 개별적 존재는 실체가 아니다. 그것은 자기 존재 근거를 자체 내에 갖지 않고, 오로지 신에게 갖는다는 말이 된다. 우주 만물에 대해 그 근원으로서의 일자와 그 일자로부터의 존재 유출을 제거시킨다면 이 세계에 남겨지는 것은 아무것도 없다. 남겨지는 것은 순수무이다. 세계는 어떠한 질료적 기반도 갖고 있지 않은 것이다.

이는 곧 현상세계 내 개별 사물들은 자신의 존재를 신으로부터 직접적으로, 아무 매개 없이 부여받는다는 말이 된다. 신이 무로부터 질료적 기반을 만든 후에 그 근사무로부터 만물을 만들었다고 하는 것은 곧 신과 인간 사이에 질적 차이가 있다는 것을 강조하는 것일 뿐 아니라, 그 둘의 관계가 더 이상 직접적이 아니라는 말이 된다. 그러나 유출에 있어 신과 개체는 존재의 유출을 통해 직접적으로 연관되어 있는 것이다. 개별자가 비실체이므로 모든 개별자는 자신의 존재근거인 신과 하나 됨이 가능하다. 그러므로 개별자의 비실체성, 일체 존재의 무성을 논하는 에크하르트는 결국 신은 하나이면서 모든 것이라는 것, 그렇게 일체 만물은 신과 하나라는 것을 강조한다.

> 신은 모든 것이며 하나이다.[8]

일체 존재자들이 신과 하나가 되는 것은 일체 존재자에서 그것들의 다양한 여러 속성들을 모두 제거시켰을 때 그 사물 자체로서 남겨지는 실체가 따로 존재하지 않기 때문이다. 사물은 변하지 않는 기체 내지 실체로서의 질료성을 갖고 있지 않다. 변화하는 속성들 너머 변화하지 않는 실체는 없다. 속성들을 제거했을 때 남겨지는 자리는 질료적 실체로 채워지지 않고 비어 있으며, 바로 그 빈자리가 신이 작용하는 자리이다. 속성 너머의 사물 자체는 질료가 아니라 신인 것이다. 개체는 비로소 신이 되는 것이 아니라 본래 신과 하나이다. 신과 하나인 그 지점에서 모든 개체들은 서로 하나이다. 신은 일체 사물의 다양성과 차이성 너머의 존재이기에 모든 사물과 하나일 수 있는 것이다.

> 신은 피조물들이 존재를 가지는 한 피조물 안에 있지만, 그럼에도 그것들 너머에 있다. 신이 모든 피조물들 안에 있게 되는 바로 그것으로 인해 신이 그것들 너머에 있는 것이다. 즉 여러 사물들 안에서 하나인 것은 반드시 그 사물들 너머에 있어야 한다.[9]

---

8 『독어설교 22』, 독어 원문은 *Meister Eckehart Deutsche Predigten und Traktate*, Zürich: Diogenes Verlag, 1979, 253쪽 참조.

9 『독어설교 10』 (앞의 책, 195쪽).

모든 사물은 서로 분리된 개별적 실체로 존재하는 것이 아니다. 각 개체에서 실체의 자리는 비어 있다. 그리고 그렇게 비어 있음으로 인해 모든 사물은 자신 이외의 다른 모든 사물과 하나이다. 모든 사물이 서로 하나가 되는 그 지점이 바로 모든 사물이 신과 하나인 그 지점이다. 그렇게 일체는 개별적 실체이기를 멈추는 그 지점에서 신과 하나이다. 다시 말해 개별자는 무(無)이기 때문에 신과 하나인 것이다. 개별자가 무가 아니고 개별적 실체라면, 그 실체에 막혀 신과 하나가 될 수 없을 것이다.

3. 신비적 체험의 가능성

1) 신과의 합일 가능성

신이 만물을 신 자신으로부터가 아니라 무로부터 만들었다는 것은 순수 정신적 존재로서의 신과 무로부터 만들어진 피조물 간의 존재론적 차이를 강조하기 위한 말이다. 피조물을 존재뿐 아니라 무로 구성된 이중적 존재라고 보는 것이다. 그 차이는 인간을 신으로부터 단절시키는 차이이며, 인간이 신에게 직접 나아가는 것을 불가능하게 만드는 차이이다. 신과 인간 사이에는 큰 간격이 있으며, 인간은 인간의 본질적 무성으로 인해 혼자 힘으로 그 간격을 넘어설 수가 없다. 중세 스콜라철학에서 인간 안의 무성은 곧 인간의 질료성, 신체성, 육체성의 한계를 의미하며, 이는 또한 피할 수 없는 인간의 유한성, 신으로부터의 단절 내지 근본악으로 간주된다. 인간은 본래적으로 자체 내에 근본악을 지닌 존재로 이해되며, 기독교는 이것을 '원죄'로 설명한다.

따라서 신과 인간 사이의 이 간격을 넘어서서 인간이 그 자신의 근원인 신에게로 나아가는 것은 인간 자신의 힘으로는 불가능하다. 그 둘의 근본적 차이가 크기 때문이다. 둘 간의 소통이 인간의 구원이고 구제라면, 인간은 그 자신의 힘만으로는 구원에 이를 수 없으며, 결국 그 둘의 간격을 메우고 그 둘을 매개하는 제3의 매개자를 필요로 한다.

스콜라철학에서 신과 인간 간의 간격을 메워줄 매개자의 역할을 하는 자가 바로 예수다. 신의 육화로서의 예수만이 신이면서 동시에 인간이기에 신과 인간의 간격을 메우고 인간을 신 앞으로 인도할 수 있다는 것이다. 예수에 의해서만 인간은 그 근본 악성 내지 원죄에도 불구하고 신에 의해 용서받고 구원받을 수 있는 것으로 간주된다. 그래서 신에 이르기 위해 예수는 반드시 거쳐야 할 길이 된다.

> 나(예수)는 길이요 진리요 생명이다. 나를 통하지 않고는 아무도 신에 이를 수 없다.[10]

이에 반해 근사무와 순수 질료를 부정하고 개체의 존재를 신의 존재의 직접적 전달로서의 유출로 이해하면, 인간과 신은 질적으로 서로 구분되는 존재가 아니다. 인간 개체 안에는 신의 존재가 그대로 간직되어 있으므로 개체는 그 자체로 신과 직접 교통할 수 있다. 그러므로 제3자적 매개자가 불필요하다. 따라서 예수는 매개적 구원자로서가 아니라, 가장 완성된 인간 내지 인격으로 간주된다. 예수는 인간의 전형으로서 누구나 예수와 같은 인간이 되어야 하는 모범일 뿐이다. 그러므로 에크하르트는 예수가 신의 자식이라면, 누구나 다 신의 자식이

---

10 「요한복음」, 14장 6절.

라고 강조한다.[11]

> 아버지(신)는 나를 자신의 아들로 낳을 뿐 아니라 나를 자신으로서, 자신을 나로서, 그리고 나를 자신의 존재로서 자신의 본성으로서 낳으신다.[12]

이와 같이 물질적 실체, 질료, 근사무를 부정하는 것은 곧 신과 인간이 근본적으로 하나의 존재라는 것을 말하기 위한 것이다. 인간은 아무 매개 없이 그 자체로 신과 하나 됨에 이를 수 있다. 그렇다면 신과 직접적으로 하나 되는 길은 어떤 길인가?

2) 영혼 비우기

각자 안에 유출된 신을 만나기 위해서는 자기 영혼의 근원에 도달해야 한다. 그러기 위해서는 자기 영혼을 채우고 있는 다른 잡다한 것들, 세상적인 것들에의 매임과 관심을 떠나야 한다. 즉 영혼을 비워야 한다. 이것을 일체의 상(相)을 여읨(Abgeschiedenheit)이라는 의미에서 무관심(disinterest) 내지 무심(無心)이라고 할 수 있다. 영혼의 바탕에서 신과의 하나 됨을 위해 스스로 마음을 비우는 것을 에크하르트는 최상의 덕이라고 간주한다.

---

11 인간과 신의 절대적 차이를 강조하면서 오직 예수만을 이 둘을 연결 짓는 유일한 매개자라고 주장하는 정통 기독교는 에크하르트의 이런 주장을 이단으로 간주했다. 고대 그리스에서는 인간과 신을 매개하는 다이몬(daimon)의 존재를 긍정적으로 인정했다. 소크라테스는 철학적 사색을 하는 중에 종종 다이몬의 소리를 들었다고 한다. 반면 기독교는 예수를 통하지 않는 신과 인간의 직접적 소통을 부정하며, 예수 이외의 매개자를 부정한다. 결국 기독교 전통 안에서 '다이몬'은 일종의 사악한 정신, 악령, 악마, 데몬(demon)으로 취급된다.

12 『독어설교 7』, 185쪽; 『마이스터 에크하르트 선집』, 이부현 편집 및 번역, 218쪽.

나는 진지하게 최선의 덕과 최상의 덕을 추구했는데, 그 덕에 의해 인간은 신에게 가장 가까이 다가갈 수 있다. 그 덕을 통해 신이 인간을 창조하기 이전, 곧 인간과 신이 분리되기 이전에 신이 인간에 대해 가졌던 형상에 가장 가까이 접근할 수 있다. 나는 그 훌륭한 덕이 순수한 무심(無心, disinterest), 곧 피조물로부터의 초탈(detachment)이라는 사실을 발견한다. … 사람들은 사랑을 칭송한다. 그러나 나는 사랑보다 무심을 더 고귀하게 여긴다. 사랑이 할 수 있는 일은 그것이 나로 하여금 신을 사랑하게 만드는 것이다. 그런데 내가 신을 향해 움직이는 것보다는 신이 나를 향해 움직이는 것이 내게 더 유익하다. 왜냐하면 영원 속에서 나의 행복은 내가 신과 하나 되는 것이기 때문이다. … 무심은 신을 나에게 오게 한다. 왜냐하면 만유는 자기 거처를 가장 좋아하는데, 신의 거처는 순수성과 단일성이며, 이것들은 무심에서 연유하는 것이기 때문이다. … 무심은 영(零, 空)에 매우 가깝기 때문에 신을 제외하고는 그 무심의 상태에 있는 마음속에 들어올 수 있을 만한 것은 아무것도 없다. 그러므로 무심의 경지에 이른 사람은 오직 신에게만 민감하게 된다.[13]

영혼이 세상 만물로부터 초탈한다는 것은 무엇을 뜻하는가? 무심이 되면 왜 신만이 접근가능한가? 인간이 세상 만물과 접촉하여 그것에 대해 인식하게 되는 것은 모두 감각적 상을 통해서인 데 반해, 그렇게 인식하는 인간 자신, 영혼 자체에 대해서는 상을 통해 인식할 수가 없

13 「무심에 대하여」, 『마이스터 에크하르트 1권』, 레이몬드 B. 블레크니 엮음, 이민재 옮김, 다산글방, 1994, 150-151쪽 참조. 독어 Abgeschiedenheit를 블레크니가 영어 disinterest로 번역했고, 그것을 이민재는 무심(無心)으로 번역했다. 독어 Abgeschiedenheit가 세상적인 것들로부터 거리를 두고 상(相)을 여읜다는 뜻이므로 세상적인 것에 매달리지 않는 무욕 내지 무심이라고 할 수 있겠다.

다. 인식하는 자 자체는 인식되는 대상적 상을 매개로 알려질 수 있는 것이 아니기 때문이다. 그러므로 영혼 자체를 상을 통해 알려고 해서는 안 된다. 영혼은 그 자체가 상을 떠난 것이다. 마찬가지로 신 또한 상을 떠난 것이다. 그러므로 우리는 신을 상을 통해 인식할 수 없다. 영혼이 영혼을 아는 방식, 영혼이 신을 아는 방식은 어떠한 상의 매개도 거치지 않고 직접적으로 일어날 수밖에 없다. 에크하르트는 영혼이 세상으로부터의 일체의 상을 비울 때 영혼 자체, 영혼의 근원에 이르게 되며, 바로 그 자리에서 일체 상을 여읜 신을 발견하게 된다고 말한다.

> 영혼이 하는 모든 활동은 힘을 매개(수단)로 해서 작용한다. 영혼이 인식하는 것은 영혼이 이성을 갖고 인식하는 것이다. 영혼이 무엇인가를 회상한다면, 영혼은 기억력을 갖고 그렇게 한다. 영혼이 사랑하고자 하면, 영혼은 의지를 갖고 그렇게 한다. 이와 같이 영혼은 힘을 매개로 하여 작용하는 것이지 (영혼의) 존재를 갖고 하는 것이 아니다. … (영혼의) 존재(Sein)에는 어떠한 작용도 없다. 왜냐하면 영혼이 작용할 때 의거하는 힘은 존재의 근원으로부터 흘러나오기는 하지만 그 근원 자체에는 매개(수단)가 침묵하고 있기 때문이다. 여기에는 오직 평안이 지배하며, 아버지인 신이 그의 말씀을 이야기하는 그 탄생과 그 작업을 위한 축제가 있을 뿐이다. 존재는 본성상 아무 매개 없이 오로지 신적 존재 이외의 그 어떤 것에도 수용적이지 않다. 여기에서 신은 그의 일부로서가 아니라 그의 전체로서 영혼으로 들어간다. 신은 여기에서 영혼의 근원으로 들어간다. 오로지 신 이외에는 그 어떤 것도 영혼의 근원에 접촉할 수가 없다. 어떤 피조물도 영혼의 근원에 머무를 수 없으며, 그 바깥의 힘 안에 머문다. 거기에서 영혼은 피조물의 상(Bild)을 바라보는데, 피조물들은 그 상을 매개로 서로 연결되고 거처를 부여받는다. 왜냐하면 영혼의 힘이 피조물과 접촉할 때, 영혼의 힘은 피조물로부터 상과

비유(Gleichnis)를 취하고 창조하여 그것을 자신 안으로 끌어들이기 때문이다. 그렇게 해서 영혼은 피조물을 인식한다. 피조물은 그보다 더 가까이 영혼에 다가갈 수가 없으며, 또한 영혼이 먼저 기꺼이 피조물의 상을 자신 안에 받아들이지 않는 한 결코 피조물에 다가갈 수가 없다. … 그러나 인간이 이런 방식으로 상을 수용한다면, 상은 반드시 외부로부터 감관을 통해 들어오는 것이다. 그러므로 영혼에게는 어떤 것도 영혼 자체만큼 안 알려진 것이 없다. 그래서 한 스승은 '영혼은 자기 자신에 대해 어떤 상도 창조하거나 이끌어낼 수 없다.'고 했다. 그러므로 영혼은 무엇을 갖고도 자기 자신을 인식할 수 없다. 상은 언제나 오직 감관을 통해 들어오며, 영혼은 자기 자신에 대해 어떤 상도 가질 수 없기 때문이다. 그러므로 영혼은 다른 모든 사물은 인식하되 자기 자신은 인식하지 못한다. 매개(의 결핍)로 인해 영혼은 어떤 것에 대해서도 자기 자신만큼 모르는 것은 없다. 그렇기에 당신은 영혼이 내적으로 모든 매개로부터 그리고 모든 상으로부터 자유롭고 그것들을 여의고 있다는 것을 알아야 한다. 그리고 바로 이것이 신이 스스로 상이나 비유 없이 자유롭게 영혼과 하나가 될 수 있는 근거이다. … 신은 어떤 상도 필요로 하지 않으며 또 어떤 상도 갖고 있지 않다. 신은 영혼 안에서 어떠한 매개(수단), 상이나 비유 없이 작용하며, 진실로 영혼의 근원에서 작용한다. 그 근원에는 어떤 상도 들어오지 못하고 오로지 신 자신만이 그 자신만의 존재를 갖고 들어온다. 어떤 피조물도 그렇게 할 수가 없다.[14]

인간이 상을 여읜 자리에서 신을 발견하게 되는 것은 신이 그 영혼

14 『독어설교 57』, 독어 원문은 *Meister Eckehart Deutsche Predigten und Traktate*, Zürich: Diogenes Verlag, 1979, 416-418쪽 참조. 한글 번역은 이부현 편역, 257-259쪽 참조. 에카르트는 이 설교에 '신은 나 에크하르트에게 아무것도 감추지 않으신다.'라는 제목을 붙였다고 한다. 『마이스터 에크하르트 1권』, 레이몬드 B. 블레크니 엮음, 이민재 옮김, 166쪽 참조.

의 근원 자리에서 신 자신을 낳기 때문이다. 즉 아버지인 신이 인간 영혼의 근원에서 상의 매개 없이 직접적으로 자식을 낳기 때문이다. 낳는 신이 신 자신에 대한 완전한 통찰을 가지고 있기에 인간이 모든 상을 여의면 바로 그 자리에서 자신을 낳은 신과 하나가 된다.

> 아버지는 자신의 아들을 영혼에서 어떻게 낳는가? 피조물들이 상과 비유를 갖고 만들듯이 만드는가? 결코 그렇지 않다. 오히려 그가 영원에서 낳는 바로 그 방식으로 낳는다. 그렇다면 아버지는 아들을 영원에서 어떻게 낳는가? 주의해서 보라! 아버지 신은 자기 자신에 대한 완전한 통찰을 갖고 있다. 그는 자기 자신에 대한 철저하고 완벽한 인식을 자기 자신을 통해 갖지 어떤 상을 통해 갖지 않는다. 그리하여 아버지 신은 그의 아들을 신적 본성의 진실된 단일성 안에서 낳는다. 보라! 결코 다르지 않은 바로 그 동일한 방식으로 아버지 신은 그의 아들을 영혼의 근원에 그리고 영혼의 존재에 영혼과 하나가 되는 방식으로 낳는다. 그러므로 거기에 어떤 상이 있다면, 참다운 하나 됨은 없을 것이다. 그러한 참된 하나 됨에 영혼의 완전한 행복이 있다. 당신들은 영혼에는 본성상 상들 이외에 다른 아무것도 없다고 말할지 모른다. 그러나 결코 그렇지 않다! 만약 그렇다면, 영혼은 결코 행복할 수 없을 것이다.[15]

에크하르트에 따르면 신은 일체의 상을 떠난 존재로서 신 자신에 대한 완전한 통찰을 갖고 있다. 그리고 신은 인간 영혼을 그 근원 내지 그 존재에 있어 신과 다를 바 없는 바로 하나의 존재, 하나 됨에 이를 수 있는 존재로 낳는다. 그렇게 신과 하나 되는 길은 상을 통해서가

---

15 『독어설교 57』(독어책, 418쪽; 한글 번역책, 259-260쪽).

아니라 바로 상을 여읨으로써이다. 따라서 그는 인간이 일체의 상 너머의 존재라는 것을 강조한다. 그렇지 않다면 자기 자신에 대한 앎이 있을 수 없고 또 신과 하나 됨의 행복이 있을 수 없기 때문이다.

우리 영혼이 밖으로부터 주어진 상을 취하지 않으면, 그때 우리는 일체의 상을 떠난 우리 자신을 알게 되며, 바로 그렇게 함으로써 모든 상으로부터 벗어나 신과 하나가 된다. 그렇다면 영혼에서 상을 비우는 일은 어떻게 수행되어야 하는가? 영혼의 근원, 영원의 핵에 이르는 길은 무엇인가?

> 모든 힘이 그 작용력과 상들로부터 물러날 때, 신의 말씀을 듣게 된다. 그러므로 '침묵 가운데에 비밀스런 말씀이 내게 들려온다.'고 말한다. 당신이 당신의 모든 힘을 단일성으로 모으고 모든 사물과 그로부터 받아들였던 모든 상들을 망각하면 할수록, 당신은 피조물과 그들의 상으로부터 멀어지고 그만큼 말씀에 더 가까워지며 더 수용적이게 된다. … 인간은 모든 감관에서 물러나 자신의 힘을 내면으로 돌리며 모든 사물과 자기 자신도 잊어버려야 한다. 그러므로 스승은 영혼에게 '모든 외적 활동의 산만함에서 벗어나라!'라고 말한다. 나아가 내적 생각의 번다함으로부터도 벗어나야 하니 그것이 불만족을 만들기 때문이다. 그러므로 영혼 안에서 신이 그의 말씀을 말하기를 원한다면, 영혼은 평화와 평안에 머물러 있어야 한다. 그때 신은 그의 말씀과 자기 자신을, 상이 아닌 자기 자신을 영혼 안에서 말한다.[16]

우리의 영혼 안에서 외부 사물로부터 얻어진 상 또는 내적 생각으로부터 얻어진 상들이 덜어내지면 그 안에서 우리는 상을 떠난 자기 자

16 『독어설교 57』(독어책, 419-420쪽; 한글 번역책, 261-261쪽).

신을 알게 되고, 그렇게 함으로써 신을 알게 된다. 상 너머의 신의 자기지는 곧 인간의 자기지가 된다. 그때 비로소 인간은 자신의 존재를 자각하고, 신을 자각하게 된다. 에크하르트는 이것을 신과 하나 됨의 은총이라고 말한다.

> 내가 신을 바라보는 시선이 곧 신이 나를 바라보는 바로 그 시선이다. 나의 시선과 신의 시선은 하나의 시선이며, 하나의 봄이고 하나의 인식이고 하나의 사랑이다.[17]

인간을 포함한 일체 존재자가 그 자체로는 아무것도 아니라는 것, 즉 자립적인 실체가 아니라는 것으로부터 에크하르트는 모든 존재가 오로지 유일한 일자인 신에 의존하는 존재이고 결국 신의 충만한 존재로부터 유출된 존재라는 것을 밝힌다. 인간은 존재의 근본인 영혼의 핵에 있어서는 신과 다르지 않고, 따라서 신과 직접 소통하며 신과 하나 되는 신비체험이 가능하다고 봤다. 우리가 외적, 내적 사물에 대해 형성한 일체의 상에 번다하게 매여 있지 않고 그 상들로부터 벗어나 자기 자신의 내면 안에 평화롭게 머물 때, 그 상을 여읜 빈 마음 안에서 비로소 신과의 하나 됨을 자각하게 된다는 것이다.[18]

---

17 『독어설교 13』(독어책, 216쪽).

18 영혼에서 상을 넘어섬으로써 상에 가리지 않은 영혼 자체의 자각에 이르고자 하는 에크하르트의 논의는 마음을 가리는 상(相) 너머를 지향하는 불교 수행과 상통하는 면이 있다. 상이 없는 곳에서 우리는 비로소 우리 자신의 본래 면목을 발견하게 된다. 상으로 채워지지 않은 빈 마음인 공적의 마음에서 신령한 앎, 공적영지(空寂靈知)를 자각하게 되기 때문이다. 불교는 그러한 공적영지의 자각, 본각(本覺)의 자각 자체를 불이(不二)의 깨달음이라고 설하는 데 반해, 에크하르트는 그것을 신과 인간 영혼의 하나 됨이라고 설명한다.

제3부

근대의 실체론

근대철학자들의 인식론과 형이상학의 중심개념은 관념, 이데아(idea)이다. 이데아는 원래 플라톤 철학의 핵심개념인데, 플라톤에서 이데아는 구체적 개별자들 너머 그 자체로 존재하는 보편적 형상(eidos)으로서, 감각하거나 사유하는 우리의 마음 바깥에 존재하는 객관적 실재이다. 반면 근대철학자들에게 이데아, 즉 관념은 그 존재론적 위상이 완전히 달라진다. 이들에게 관념은 감각이나 사유의 마음활동의 직접적 대상이 되는 표상(Vorstellung/representation) 내지 심상(mental image)으로서 오직 우리의 마음속에만 존재하는 주관적인 심적 존재이다.

이처럼 고대와 근대에서는 이데아의 존재론적 위상이 서로 다르며, 이데아를 둘러싼 물음 또한 서로 다른 방식으로 제기된다. 플라톤 철학에서 주요 물음은 '우리의 감각대상이 되는 현상세계 사물의 근거는 무엇인가?' '우리 마음 안의 개별적 심적 표상의 근거는 무엇인가?'이며, 이 물음의 답으로 제시된 것이 바로 우리 마음 바깥의 객관적 실재인 보편적 형상으로서의 이데아이다. 이데아는 현상세계의 존재 및 인식의 근거로 제시된 것이다. 반면 근대철학자들은 우리 마음 안의 개별적 심적 표상을 관념이라고 부르므로 여기서의 물음은 '이러한 개별적 심적 표상인 관념(idea)의 근거는 무엇인가?', '관념은 어디에서 기원하는가?' 등이 된다. 한마디로 고대에는 이데아가 우리 마음 바깥의 객관적인 보편적 실재로 간주된 데 반해, 근대에는 이데아가 우리 마음 안의 주관적인 심리적 표상으로 간주된 것이다.

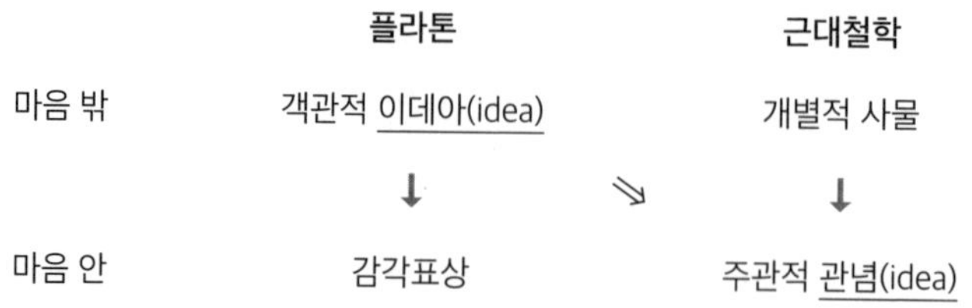

	플라톤		근대철학
마음 밖	객관적 이데아(idea)		개별적 사물
	↓	⇘	↓
마음 안	감각표상		주관적 관념(idea)

근대에 들어 관념이 플라톤적인 객관적 이데아에서 인간 주관의 심리적 관념 내지 표상으로 바뀌게 된 것은 중세의 추상관념 내지 보편자에 대한 '실재론-유명론' 논쟁이 한몫을 담당한다. 플라톤에서 이데아는 개별적 현상세계를 가능하게 하는 보편자이다. 그런데 유명론자들은 그런 보편자는 개별자 바깥에도 안에도 따로 존재하지 않고 그것은 단지 추상적 이름일 뿐이라고 주장한 것이다. 사물에 대해 우리가 갖는 개별적인 심리적 표상이 보편자로부터가 아니라면 그럼 어떻게 해서 가능한 것인가? 이것이 바로 '심적 표상인 관념의 근거는 무엇인가?' '관념은 어디에서 기원하는가?'의 물음이다.

근대철학자 중 합리론자는 관념의 기원을 신적 이성 내지 보편적 정신으로 간주하며, 우리는 태어날 때부터 영혼에 그런 신적 이성으로부터 부여된 본유관념을 갖고 있다고 주장했다. 반면 경험론자는 관념의 기원을 오직 개별적 대상 사물과의 경험에 두며, 신적 이성이나 본유관념을 인정하지 않는다. 이처럼 근대철학에서의 본유관념 논쟁은 우리의 심적 표상인 관념의 근거를 무엇으로 볼 것인가에 대한 논쟁이다.

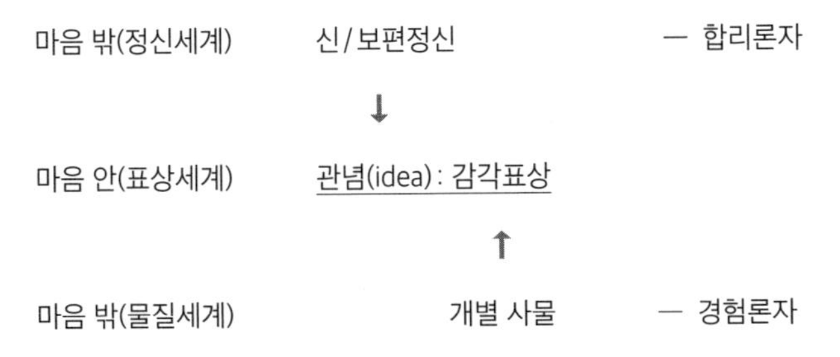

서양 중세가 신학과 철학이 분리되지 않은 시대였다면, 근대는 신학과 철학이 둘로 분리된 시기이다. 이것은 곧 무한과 유한, 절대와 상대, 성과 속이 이원화되었다는 것을 의미하며, 이 현상세계를 설명할 때 더 이상 초월적 근원 내지 절대의 궁극을 추구하지 않고 일체를 경험적 원리를 갖고 경험적 방식으

로 설명하는 것을 뜻한다. 우주 만물 일체를 포괄하는 절대의 하나, 전체로서의 일자에 대한 사고를 잃어버린 것이다. 이는 서양에서는 고대나 중세에 신을 논할 때조차도 그 일자로서의 신이 진정한 주객포괄의 일자로 생각되지 않고 늘 인간 마음 바깥의 객관적 실재, 이성 대상이거나 신앙 대상으로만 여겨졌기 때문에 발생할 수 있는 일이었다.

서양에서 절대의 일자를 신앙대상으로서의 신이 아니라 사유주체로서의 인간 마음으로 처음 자각한 철학자가 바로 근대의 데카르트(1596~1650)이다. 그는 감각대상의 외적 세계나 이성적 사유대상의 진리 및 신앙대상의 신까지도 모두 불확실한 것으로 의심해볼 수 있지만, 그렇게 의심하고 있는 자신의 의식활동 자체만은 도저히 의심할 수 없는 절대적 확실성의 존재라는 것을 발견했다. 존재의 궁극, 절대의 일자를 자신의 마음으로 알아차린 혁명적 사고라고 할 수 있다. 그러나 데카르트는 그렇게 발견한 절대의 일자를 중세적 신과 인간, 절대와 상대의 이원론에 따라 다시 주관적 영혼의 분별적 의식활동으로 좁혀서 해석한다. 전체로서의 심층마음을 발견하고도 그 마음의 활동을 표층적인 주객분별의 의식활동으로 간주하고 만 것이다. 그렇게 해서 다시 표층의식에서 성립하는 영혼과 물질, 마음과 몸의 이원론, 사유적 실체와 연장적 실체라는 실체 이원론을 확립하고 만다. 정신과 물질의 이원론은 서양 고대와 중세에서의 형상과 질료의 이원론의 연장으로서 우리의 일상적이고 경험적인 표층의식에서의 이원론을 그대로 반영하는 것이다.

경험주의자 로크(1632~1704) 또한 이러한 상식 차원의 이원론에 따라 영혼의 사유적 실체와 물질의 연장적 실체 두 실체를 전제하되, 우리가 인식하는 것은 실체 자체가 아니라 그것의 표상일 뿐이라고 논한다. 합리론자인 데카르트와 경험론자인 로크는 우리의 인식의 근거나 기원을 설명함에 있어서는 차이를 보이지만 영혼과 물체와 같은 개별자를 각각의 실체로 간주한다는 점에서는 마찬가지이다.

이에 반해 스피노자(1632~1677)는 영혼이나 물질적 개별자는 실체가 아니라고 주장한다. 실체는 그 자체로 존재하고 그 자체로 인식 가능한 것으로 정의되는데, 그러한 실체의 정의에 입각해보면 영혼이나 물체와 같은 개별자들은 그들의 유한성과 비자립성 때문에 실체로 간주될 수 없기 때문이다. 스피노자에 따르면 실체는 오직 그 스스로 존재하는 무한실체인 신뿐이며, 신은 무한하기에 그 바깥에 또 다른 실체가 있을 수 없다. 실체는 오직 하나의 신일 뿐이다. 신 이외의 우주 만물은 모두 무한실체인 신이 가지는 여러 속성 중 사유성과 연장성의 속성이 함께 드러난 양태에 불과하다. 이렇게 해서 개별자들은 다시 전체인 신의 부분적 양태 내지 표현으로 격하된다.

반면 라이프니츠(1646~1716)는 영혼의 활동을 표층의 분별적 의식 차원보다 더 깊은 심층의 마음활동으로 이해하며, 우주 만물이 모두 단일한 실체인 영혼 모나드로서 세계를 지각한다고 논한다. 의식보다 더 깊은 모나드의 '미세지각'은 모나드 자체 안에 내장되어 있던 정보가 현상으로 펼쳐지는 외화 내지 표현이라고 볼 수 있다. 영혼이 의식하는 현상세계는 각각의 영혼 모나드의 미세지각의 활동을 통해 형성된 산물이며, 따라서 물리적 사물은 그 자체로 존재하는 실체가 아니다. 라이프니츠의 이와 같은 현상이해는 '존재하는 것은 지각된 것이다.'라고 말하는 버클리(1685~1753)와 상통하는 바가 있다. 다만 버클리는 물리적 현상세계의 존재를 가능하게 하는 지각을 표층의식의 지각으로 간주함으로써 우리 의식이 지각하지 못하는 것들의 존재를 정당화하기 위해 '신의 지각'을 끌어들이는 데 반해, 라이프니츠는 의식 차원의 지각보다 더 깊은 마음활동인 미세지각을 논함으로써 그럴 필요가 없었다.

그렇다면 각각의 모나드가 각각의 세계를 지각하는데, 우리가 하나의 현상세계를 공유하면서 서로 의사소통이 가능한 이유는 무엇일까? 라이프니츠는 현상세계를 지각하는 미세지각의 모나드가 심층에 있어서는 모두 하나의 마음, 일심(一心)이라는 것을 생각하지 못한다. 그는 오히려 모나드는 '창이 없는 모나드'로서 각각으로 존재할 뿐이데, 그럼에도 불구하고 표면적으로 서로 소통하는 것처럼 보이는 것은 신이 그렇게 보일 수 있게끔 각각의 모나드를 애초에 조화롭게 만들었기 때문이라고 말한다. 이처럼 라이프니츠가 신의 '예정조화'를 말하는 것은 그의 모나드론이 결국 '창 없는 모나드'라는 유아론(唯我論)적 한계를 갖기 때문이다. 그러나 이런 한계에도 불구하고 현상세계를 형성하는 미세지각의 활동을 의식보다 더 깊은 심층마음의 활동으로 밝혔다는 점에서 라이프니츠 철학은 큰 의미를 갖는다.

라이프니츠나 버클리가 영혼의 실체만 인정하며 물리적인 연장적 실체의 존재를 부정한 데 이어 흄(1711~1776)은 영혼의 실체도 부정한다. 감각자료로 주어지는 인상만이 객관적 존재를 보장할 수 있는데, 자아에 대해서는 순간마다 주어지는 의식내용 이외에 그 의식내용들을 하나로 묶어주는 자아 자체에 대한 인상은 존재하지 않으므로, 자아란 허구적으로 구성된 개념에 불과하다고 본 것이다. 흄은 자아뿐 아니라 인과성이나 실체성에 대해서도 그 객관적 근거가 될 만한 인상이 없으므로 확실한 것이 아니라고 주장하는 회의주의에 빠진다.

칸트(1724~1804)는 우리가 인식하는 것이 모두 경험으로부터 귀납적으로 얻어지는 것이 아니라 우리 자신 안에 갖추어진 선험적 형식에 의해 규정된 선험적 인식도 있다는 것을 밝힌다. 선험적 인식은 우리가 세계를 보는 감성의 선험적 형식인 시공간과 우리가 세계에 대해 사유하는 선험적 형식인 범주를 따르는 인식이다. 칸트에 따르면 실체는 우리의 감각경험에 주어지는 경험적 잡다를 정리하고 종합하는 선험적 범주에 지나지 않는다. 우리는 우리의 사유틀과 직관틀에 따라 구성되는 현상만을 인식할 뿐이며, 실체란 그러한 현상 안에 설정되는 선험적 개념에 불과한 것이다. 따라서 궁극적 실재는 현상이나 현상 속 실체가 아니라 선험적 형식을 따라 현상세계를 구성하되 그 자체는 현상에 속하지 않는 초월적 자아이다. 그러나 칸트는 현상의 근거로서 초월적 자아를 논하되 그 초월적 자아는 현상이 아니기에 우리가 인식할 수 있는 것이 아니라고 주장한다.

근대철학

Ⅰ 대륙 합리론과 영국 경험론

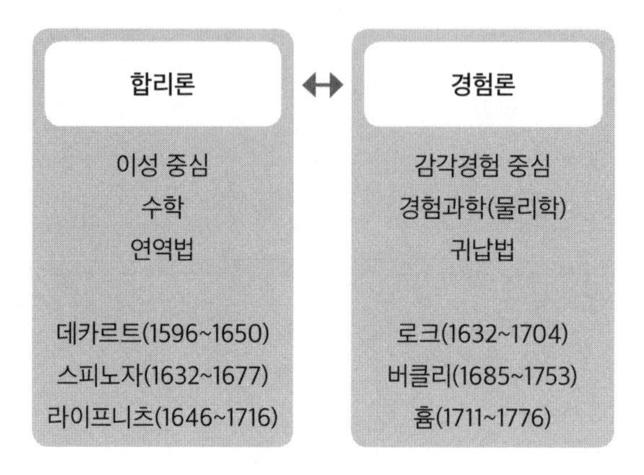

Ⅱ 칸트의 초월적 관념론

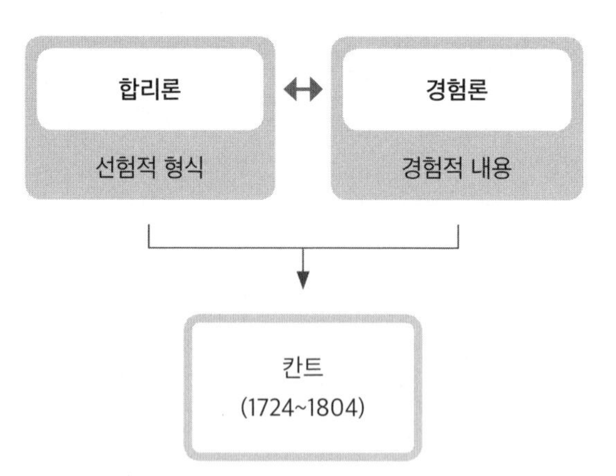

Ⅲ 칸트 이후 독일 관념론

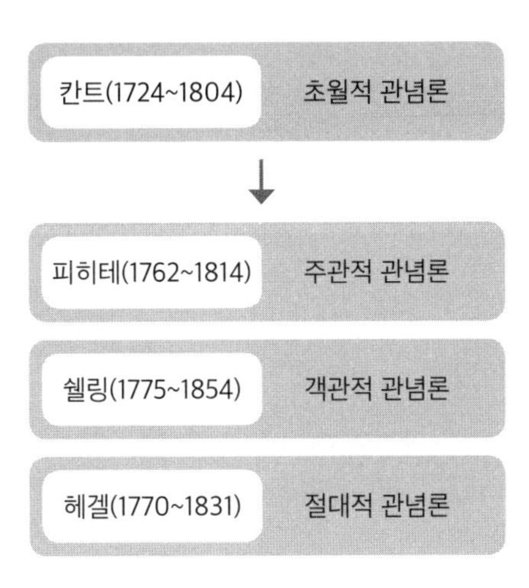

Ⅳ 헤겔 이후 헤겔 비판

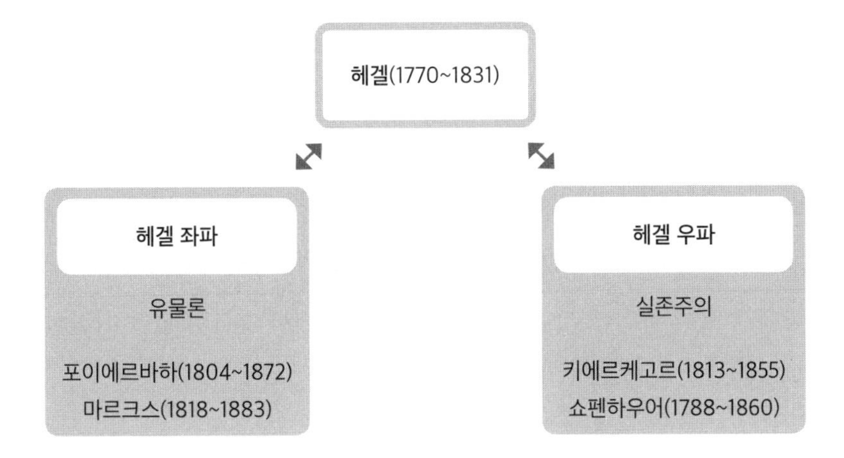

제7장

데카르트: 합리주의적 실체 이원론

1. 근원적 의식의 발견

1) 방법적 회의를 통한 자아의 발견

우리는 많은 것들을 확실하게 알고 있다고 생각하면서 살아간다. 그러나 또 한편 한때 확실하게 알았던 것들이 시간이 지나면서 불확실해지고 의심스러워지는 것을 경험하기도 한다. 만약 그런 경험을 진지하게 받아들인다면, 현재 내가 확실하다고 생각하는 것도 언젠가 다시 불확실한 것으로 판명날 수도 있다는 것을 생각하게 된다. 그렇다면 과연 무엇이 확실한 것일까? 데카르트[1]는 앎에서 흔들림 없는 확실한 토대를 발견하고 싶어한다.

학문에서 확고하고 불변적인 것을 세우려 한다면, 일생에 한 번은 이 모든 것을 철저하게 전복시켜 최초의 토대에서부터 다시 새로 시작해야 한다.[2]

확실한 토대를 구하기에 우리는 근대철학을 '토대주의'라고 부른다. 무엇이 그러한 토대가 될 수 있을까? 우리는 아주 많은 앎을 갖고 살아간다. 우리가 가지는 앎들은 표면적으로 보면 각각 별개의 앎처럼 흩어져 있는 것 같지만, 실은 서로 근거가 되고 결론이 되는 식으로 서로 연결되어 있다. 어떤 것은 기본적인 앎이고, 어떤 것은 그런 기본적 앎에 근거한 이차적 앎일 수 있다. 이런 식으로 우리의 앎들은 제대로 잘 정리되기만 한다면 그 전체가 하나의 체계를 이룰 것이다. 데카르트가 찾고자 하는 토대는 앎의 전체 체계를 지지하는 하나의 기반, 하나의 토대이다.

아르키메데스는 지구 전체를 움직이기 위해 단 하나의 점밖에 필요로 하지 않았다.[3]

---

1 데카르트(René Descartes, 1596~1650)는 프랑스 중부에서 관료의 아들로 태어났다. 푸아티에대학에서 법학을 공부하다가 지원장교로 네덜란드군에 입대한 후 수학에 관심을 갖고 '보편수학'을 구상했으며, 3년 후 군에서 나와서는 유럽 각지를 다니며 광학이나 자연학에도 관심을 갖고 연구했다. 1629년 이후에는 네덜란드에 머물면서 수학, 광학, 물리학 그리고 철학 분야의 저술을 남겼다. 그곳에서 사상의 혁신성으로 인해 캘빈파로부터 박해를 받던 중 1649년 스웨덴의 크리스티나 여왕의 초청을 받아 스톡홀름으로 가서 지내다가 다음해 폐렴으로 사망했다. 저서로는 『방법서설』(1637), 『성찰』(1642), 『철학의 원리』(1644) 등이 있다.

2 『성찰』, 1권. 라틴어 원문 및 독어 번역은 *Meditationes de Prima Philosophia*, übersetzt von L. Hamburg: Gäbe, 1959, 31쪽 참조. 한글 번역은 『성찰』, 이현복 옮김, 문예출판사, 1997, 34쪽 참조. 데카르트를 위시한 서양 근대철학자들은 모두 근본을 추구한 근본주의자, 토대주의자였다.

3 『성찰』, 2권(한글 번역책 42쪽).

그렇다면 그 가장 근본이 되는 앎은 어떤 앎인가? 모든 다른 앎들을 지지해주고 떠받쳐주는 앎은 어떤 앎인가? 그리고 그런 근본이 되는 앎은 정말로 확실한 앎일까? 만일 그것이 확실한 진리가 아니라면, 우리의 전체 앎은 결국 근거 없는 앎이 되는 것이 아닐까?

데카르트는 우리가 가진 모든 앎의 궁극적 기반이 될 수 있는 절대적으로 확실한 앎을 찾아내고자 했다. 그런 절대적으로 확실한 앎을 찾아나가기 위해 그는 회의를 시작한다. 회의의 출발지점에서는 개별적인 앎을 놓고 그것이 참인지 거짓인지를 판단함으로써 확실한 인식을 찾아나간다는 것은 불가능하다. 왜냐하면 개별적 인식이 무수히 많을 뿐 아니라, 아직 참과 거짓의 확실한 기준도 확립된 바가 없기 때문이다. 따라서 구체적이고 개별적 앎이 아니라 그런 앎을 가능하게 하는 원리에 대해서 그것이 확실한가 아닌가를 우선 판단하기로 한다. 그리고 아직 참 · 거짓의 기준이 없어 참 · 거짓을 판단할 수 없으므로 우선 거짓일 가능성이 조금이라도 있으면 그것을 확실하지 않은 것으로 간주하기로 한다. 거짓일 수도 있지 않을까라는 합리적 의심을 정당화하는 근거가 조금이라도 있으면 일단 확실한 인식으로부터 배제시키는 것이다. 이런 의미에서 데카르트의 회의를 '방법적 회의'라고 말한다. 이렇게 해서 찾고자 하는 것은 의심의 가능근거가 조금도 없는 앎, 결코 거짓일 수 없는 앎이다. 과연 무엇이 그와 같은 절대적으로 확실한 앎일 수 있을까?

우리가 갖는 대부분의 앎은 감각경험을 통해 얻은 앎이다. 그런 인식이 거짓일 가능성이 있을까? 데카르트는 감각경험을 통해 얻은 앎이 단 한 번이라도 거짓이었던 경우가 있다면, 다른 모든 감각경험적 앎 역시 거짓일 가능성을 배제할 수 없다고 말한다. 그런데 그런 적이 있는가? 우리는 감각경험상의 착각에서 그런 경우를 발견한다. 멀리서 보고 사람이 서 있는 줄 알았는데 가까이 가서 보니 실제로는 마네킹이었다든가, 방바닥 먼지인 줄 알고 집었는데 실제로는 벌레였던 경우가 있다. 이처럼 감각경험으로 얻은 앎은 착각일 가능성이 있다. 그러므로 내가 지금 감각경험으로 아는 앎도 원칙적으로 그것이 착각일 가능성을 배제할 수 없다. 착각이라는 의심 가능근거가 있기에 감각경험적 앎은 의심 가능성이 완전히 배제된 절대적으로 확실한 앎의 영역에 들어가지 못한다는 말이다.

그러나 멀리 있는 것 또는 가까이 있는 작은 것에 대해서나 그런 착각이 가능하지, 눈앞에 크게 보이는 것들에 대해 그것이 착각 아닌가라고 묻는 것은 좀 이상하지 않은가? 멀리 있는 마네킹이 아니라 눈앞의 사람을 보면서 또는 아주 작은 벌레가 아니라 눈앞의 강아지를 보면서 이 감각이 착각이 아닐까라고 묻는 것은 정신 나간 사람이나 하는 짓이 아닐까? 결국 멀리 있거나 아주 미세한 것에 대해서는 착각이 의심 가능근거가 될 수 있지만, 눈앞에 가까이 있거나 큰 것은 착각의 가능성이 없는 확실한 것이 아닌가? 그러나 데카르트는 크거나 가까이 있는 것에 대해서도 그것이 거짓일 가능성을 상상할 수 있다고 말한다. 예를 들어 나는 지금 내가 걸상에 앉아 손으로 책을 붙잡고 있다고 경험하지만, 그것도 거짓일 수 있다. 그것이 꿈일 수도 있기 때문이다. 가끔 내가 앉아서 책을 들고 있는 것을 꿈꾼 적이 있듯이, 지금의 이 감각경험 또한 꿈일 수 있으므로 나의 현재의 감각경험을 절대적으로 확실한 것으로 간주할 수 없다는 것이다. 결국 감각경험을 통해 얻은 앎은 모두 의심 가능하므로 절대적으로 확실한 앎이 되지 못한다.

그렇다면 감각경험이 아닌 이성을 통해 얻은 앎, 수학적 앎은 절대적으로 확실한 앎이 아닐까? 가령 1+2=3이라는 수학적 앎은 꿈에서조차도 타당하므로 그 거짓 가능성을 상상할 수 없지 않은가? 그러나 데카르트는 이성적 앎에 대해서도 그것이 거짓일 가능성을 제시한다. 어떤 악령(malin génie)이 존재하고 그가 인간의 이성으로 하여금 늘 잘못 계산하도록 조작할 수도 있다는 것이다. 우리의 이성은 늘 2+3=5라고 계산하지만, 그것이 사실은 우리를 속이는 악령에 의한 속임 때문일지도 모른다. 이런 식으로 데카르트는 이성적 인식에 대해서도 그것이 의심 가능한 만큼 절대적 확실성의 앎은 아니라고 결론 내린다. 결국 감각경험을 통해 얻은 앎이든 이성적 사유를 통해 얻은 앎이든 모두 의심 가능하기에 어느 것도 절대적으로 확실한 앎이 아니다.

인식 종류	의심 가능 근거
1. 감각경험: 멀리 작은 것	착각
2. 감각경험: 가까이 큰 것	꿈
3. 이성적 사유	악령의 속임

그렇다면 우리에게 절대적으로 확실한 앎은 없는가? 데카르트는 위와 같이 감각적 경험대상이나 이성적 사유대상은 모두 거짓 가능성을 가지는 의심스러운 것이지만 그렇게 의심하고 있는 의식활동 자체의 존재는 의심할 수 없는 확실한 것임을 발견한다. 그리고 그로부터 의식활동 자체로서의 나의 존재의 확실성을 논한다. 물론 나는 꿈꾸어진 내용일 수도 있고, 악령에 의해 속임을 당하는 존재일 수도 있다. 그러나 꿈꾸어진 내가 있기 위해서라도 꿈의 의식활동은 있어야 하며, 악령에게 속는 내가 있기 위해서라도 속임을 당하는 의식활동으로서의 나는 있어야 한다. 그러므로 나는 존재한다.

누군지는 모르지만 아주 유능하고 교활한 기만자가 집요하게 나를 항상 속이고 있다고 치자. 그런데 그가 나를 속인다면, 내가 있다는 것은 의심할 수 없다. 그가 온힘을 다해 나를 속인다고 치자. 그러나 나는 내가 어떤 것이라고 생각하는 동안 그는 결코 내가 아무것도 아니게 할 수 없다. 이렇게 모든 것을 세밀히 고찰한 결과 '나는 있다. 나는 현존한다.'는 명제는 내가 이것을 발언할 때마다 필연적으로 참이라는 결론에 이르게 된다.[4]

나의 존재에 대해 의심을 하고 있을 때조차도 그렇게 의심하고 있는 내가 존재한다는 것은 확실하다. 데카르트는 감각이나 사유나 의심 등 일체의 의식활동을 모두 포괄하여 '사유'라고 부르므로 그러한 의식활동으로서의 나의 존재에 대해 '나는 사유한다. 그러므로 나는 존재한다(cogito ergo sum).' 또는 '나는 사유하는 한 존재한다.'라고 말한다. 일체의 의식내용은 모두 거짓일 가능성을 배제할 수 없고 의심 가능하지만, 의식활동 자체만은 그 존재를 부정할 수 없다. 의식활동의 주체로서의 자아의 존재는 절대적으로 확실하다.

2) 발견된 자아의 의미

이렇게 확실하게 존재하는 나는 과연 어떤 의미로 존재하는 나인가? 데카르트는 방법적 회의과정에서 내가 여기 이렇게 있는 것이 꿈일 수도 있다고 했다. 장자의 호접몽이 말하듯 나는 실제로 있지 않고 단지 나비가 꾸는 꿈속에 등장한 인물일 수도 있기 때문이다. 그러나 나비 또한 그 존재가 확실한 것이 아니다. 꿈꾸는 나비라고 생각된 그것도 실은 내가 꾸는 꿈속에 등장한 존재에 지나지 않는 것일 수 있기 때문

---

4 『성찰』, 2권(앞의 책, 43쪽).

이다. 그렇듯 나도 장자도 나비도 모두 그 존재가 확실하지 않다. 그럼 아무것도 확실한 것은 없는 것인가? 나비도 꿈속 존재일 수 있고 장자도 꿈속 존재일 수 있어 모두 다 확실하지 않지만, 그래도 확실한 것이 있다. 바로 꿈 자체이다. 누가 누구를 꿈꾸는 것인지는 몰라도 꿈이라는 의식활동은 확실히 존재한다. 우리는 그 꿈에 바탕을 두고 그 꿈속에서 누가 꿈을 꾸고 누가 꿈꾸어진 것인지를 나눈다. 인식주관과 인식객관의 분별은 그 분별을 넘어선 의식활동 자체에 기반을 두고 그 위에서 행해지는 분별인 것이다.

데카르트가 '나는 사유하는 한 존재한다.'라고 말했을 때, 그 나는 바로 이런 의미의 의식활동 자체로서의 나이다. 주관과 객관, 나와 세계가 분별되기 이전의 지점, 사유와 존재가 구분되지 않는 지점, 그 지점의 근원적 의식활동을 나라고 부른 것이다. 우리의 모든 분별은 바로 이처럼 사유와 존재가 일치하는 그 지점 위에서 출발한다. 꿈속에서는 주관과 객관, 사유하는 나와 존재하는 세계가 서로 무관한 별개의 것으로 각각 존재하는 듯하지만, 그 둘은 모두 꿈을 꾸는 근원적 의식활동 위에서 펼쳐지는 분별들이다. 꿈꾸는 의식은 그 둘을 포괄하는 의식인 것이다. 그렇듯 일상에서 우리는 나와 너, 나와 세계를 주관과 객관으로 분별하지만, 그 분별에 앞서 확실하게 존재하는 것은 그 둘을 포괄하는 근원적 의식활동이다. 데카르트는 주객분별에 앞서 그 둘을 포괄하는 근원적 의식활동의 존재를 발견하고, 그것을 더 이상 의심할 수 없는 절대적으로 확실한 것으로 확립한 것이다.

그것의 부정을 생각할 수 없는 것, 그것이 존재하지 않는다는 것을 상상할 수도 없는 것, 그것은 곧 그것과 그것 아닌 것을 나누는 경계가 존재하지 않는 것이다. 그것이 아닌 것, 그것의 바깥을 우리가 떠올릴 수 없는 것은 곧 우리에게 전체가 되는 것이다. 우리가 떠올리는 것,

우리가 인식하고 존재로 파악하는 모든 것이 다 그 안에 포함되는 그런 것이다. 그것의 부정, 그것의 바깥이 없다는 것은 곧 그것의 상대가 없는 절대라는 말이고, 그것의 경계 내지 한계가 없는 무한이라는 말이다. 이처럼 데카르트는 전체로서의 의식, 무한과 절대의 의식을 발견한 것이다.

데카르트 이전까지 서양철학에서 주객을 포괄하는 전체로서의 의식은 유한한 인간 개별자의 의식이 아니라 무한한 신의 의식으로만 사유되었다. 그것이 존재하지 않을 가능성을 생각조차 할 수 없는 것, 그것의 부정을 상상조차 할 수 없는 것, 그런 절대적 확실성의 존재는 신에게만 귀속된다고 여긴 것이다. 그런데 데카르트는 신의 존재의 확실성을 논하기에 앞서 그보다 더 먼저 결코 의심할 수 없는 절대적 확실성의 존재로서 사유하는 자아를 확립한 것이다. 즉 그 부정을 생각조차 할 수 없는 절대적으로 확실한 것으로 의식활동으로서의 자아를 발견한 것이다. 이 점에서 데카르트의 철학은 중세 신학의 영향력을 벗어난 근대철학의 시작으로 평가될 만하다.

2. 개별자 실체론 : 실체 이원론

1) 사유적 실체

데카르트가 발견한 자아의 의식활동은 주관과 객관, 나와 세계가 이원적으로 분별되기 이전 그 둘을 하나로 포괄하는 전체로서의 의식이다. 그런데 데카르트는 자신이 발견한 이 의식활동의 의미를 온전하게 읽어내지 못한다. 그는 자아와 세계, 주관과 객관을 모두 아우르는 전체로서의 마음, 경계 없는 무한의 마음을 발견하고도 그 의식을 전체 세계 속 일부분인 개별적 자아가 일으키는 경계지어진 유한한 의식으로 좁혀서 해석하고 만다. 다시 말해 주객포괄의 절대 무한의 전체로서의 의식활동을 기존의 실체론적 개념틀을 따라 주객분별 구조 속의 주관으로서의 자아가 일으키는 의식활동으로 간주하고 만 것이다.[5]

그는 주객포괄의 의식활동이 존재한다는 것, 그런 의식활동으로서의 자아가 존재한다는 것을 발견하고 난 후, 다시 그러한 자아는 과연 무엇인가를 묻는다. 자신이 발견한 의식활동을 기존의 '실체-속성'이라는 실체론적 개념틀에 따라 특정한 개별적 실체가 일으키는 속성으로 간주하면서, 그런 의식활동을 하는 자는 과연 어떤 실체인가를 묻는 것이다. 그리고 그가 발견한 의식활동을 사유로 규정하면서 사유만이 그 자아로부터 분리될 수 없다는 것에 근거해서 자아를 사유하는 것, 즉 '사유적 실체'라고 결론 내린다.

> 사유만이 나와 분리될 수 없다. 나는 있다. 나는 현존한다. 이것은 확실하다. 그러나 얼마 동안? 내가 사유하는 동안이다. 왜냐하면 내가 사유하기를 멈추자마자 존재하는 것도 멈출 수 있기 때문이다. 지금 나는 필연적으로 참이 아닌 것은 아무것도 인정하지 않고 있기 때문이다. 그러므로 나는 정확히 말해 단지 하나의 사유하는 것(res cogitans), 즉 정신, 영혼, 지성 혹은 이성이다.[6]

---

5 이것은 기세간을 형성하는 전체로서의 마음인 아뢰야식의 활동(견분)을 붙잡아 그것을 기세간 속 자신(유근신)이 일으킨 마음활동이라고 생각하는 우리의 일상의 자아식(말나식)이 행하는 오류와 동일한 오류이다. 화가가 그림을 그리면서 그 안에 자신을 그려넣고는 자신을 그 그림 속 자기라고 여기는 것, 내가 꿈을 꾸면서 나를 꿈속 세계에 등장한 나로 여기는 것과 동일한 오류이다.

6 『성찰』, 2권(앞의 책, 46쪽).

데카르트는 자신이 발견한 자아를 사유를 본질로 삼는 '사유적 실체'라고 규정한다. 자아를 현상세계에 등장하는 '사유적 실체'라고 규정하면서 그는 서양 고대부터 중세를 거쳐 유지되어온 물질과 정신, 물체와 영혼의 이원론을 그대로 답습한다.

2) 연장적 실체

물질과 정신의 이원론에 입각하여 데카르트는 이 세계에는 '사유적 실체'인 '영혼' 이외에 또 다른 종류의 실체인 '물체'가 존재한다고 말한다. 그는 그러한 개별적 물체의 본질이 무엇인가를 알아내기 위해 밀랍 한 덩어리를 취해 그것을 불 가까이에 가져가보며, 그 과정에서 무엇이 변화하고 무엇이 동일한 것으로 남는지를 살펴본다. 바뀌지 않고 남아 있는 것이 우리가 판명하게 인식하는 물체의 본질적 속성이라고 전제하고, 그것이 과연 무엇인지를 밝히려는 것이다.

내가 밀랍을 불 가까이 가져갔더니, 있던 맛은 사라지고 향기는 날아가며 빛깔은 변하고 형체는 사라지고 더 크게 액체로 되었으며 따뜻해지고 거의 잡을 수도 없고 두드려도 소리를 낼 수가 없게 되었다. 그럼에도 여전히 동일한 밀랍으로 남아 있는가? 그렇다. 동일한 밀랍이라는 것을 부정할 사람은 없다. 그렇다면 밀랍에 있어 그토록 판명하게 인식되었던 것은 과연 무엇인가? 그것이 감각에 의해 포착될 수 있는 것이 아님은 분명하다. 미각, 시각, 촉각, 청각에 의해 감지된 것은 모두 변했지만, 그럼에도 밀랍은 여전히 남아 있기에 말이다.[7]

---

7 『성찰』, 2권(앞의 책, 50-51쪽).

이처럼 물체의 성질 중에서 시간과 환경의 변화에도 불구하고 그 자체는 변화하지 않고 동일하게 남아 있는 성질은 감각이나 상상이 알 수 있는 것이 아니기에 데카르트는 그것을 이성이 이해하는 것으로 간주한다.

> 나는 이제 물체조차도 본래 감각이나 상상력이 아니라 오직 이성에 의해서만 지각된다는 것, 물체는 만지거나 보아서가 아니라 이해함으로써 지각된다는 것을 알게 되었다.[8]

이성이 이해하는 사물의 본질을 데카르트는 사물의 연장성이 가지는 수학적 진리로 여긴다. 미각이나 촉각 등 감각으로 포착되는 것들은 사물의 우연적 속성으로서 사물의 본질을 구성하는 것이 아닌 데 반해, 이성의 수학적 진리로 표현되는 사물의 연장성은 그것이 물질인 한 따르게 되는 원리들이다. 따라서 물질적 사물의 본질적 속성을 연장성으로 간주하며, 그러한 물질적 실체를 '연장적 실체'라고 부른다. 정신(mens)은 사유적 실체(substantia cogitans)이고, 물체(corpus)는 연장적 실체(substantia extensa)이다.

	실체	본질적 속성	우연적 속성
1. 정신:	사유적 실체	사유성(의식성)	감각, 사유, 의심, 상상 등
2. 물체:	연장적 실체	연장성	색깔, 냄새, 크기, 모양 등

---

8 『성찰』, 2권(앞의 책, 55쪽). 바로 이 사실을 통해 물리적 실체(색법)는 그것을 아는 마음을 떠나 따로 존재하지 않는다는 것, 실체는 일종의 개념(범주)이며 공(空)이라는 것을 알아차릴 수도 있었을 것이다. 그러나 그러려면 마음이 주객포괄의 심층마음이어야 하는데, 데카르트는 그 마음을 발견하고도 그것을 개별적인 표층의식으로 간주했기에 개별자의 무실체성의 통찰에 이르지는 못한다.

물질적 사물세계의 존재 및 인식에 대해 데카르트는 근대적 '표상주의'를 보여준다. 표상주의에 따르면 우리의 의식의 직접적 대상은 표상(imago) 내지 관념(idea)이며, 우리는 관념을 통해 의식 외적인 실재세계의 사물 자체와 관계한다. 만약 우리가 표상 내지 관념에만 머물러 있다면, 우리의 의식은 확실성을 벗어나지 않으며 거기에는 오류가 있을 수 없다. 다만 그러지 않고 그런 관념에 상응하는 사물의 존재 및 속성들을 판단하려 한다면, 그때 비로소 오류가 발생하게 된다.

> 나의 사유에는 사물의 표상 같은 것이 있는데, 이것만이 본래 관념이라고 불릴 수 있다. 가령 내가 인간, 키메라, 하늘, 천사, 신과 같은 것을 생각할 때 나타나는 표상이 그것이다. 그러나 다른 것은 이런 표상 이외의 또 다른 형상(formas/객관)을 지니는데, 예를 들어 내가 욕망하거나 두려워하거나 긍정하거나 부정할 때, 나는 내 사유의 대상으로서 항상 어떤 것(표상/관념)을 인지하지만 또한 그것과 유사한 것이 아닌 또 다른 어떤 것(객관 사물)을 인지하게 된다. 이런 것 가운데 어떤 것은 의지 또는 정념으로, 다른 것은 판단으로 불린다. 관념에 관해 말한다면, 관념 그 자체만을 고찰하고 어떤 다른 것(사물)과 연관시키지 않는다면, 관념은 본래 거짓일 수 없다. … 판단에 있어 발견되는 흔한 오류는 내 속에 있는 관념이 내 외부의 사물과 유사하거나 일치한다고 판단할 때 일어난다. 내가 관념을 사유양태로서만 고찰하고, 그것을 다른 어떤 것(사물)과 연관시키지 않는다면, 관념은 결코 나를 오류의 함정에 빠뜨릴 수 없다.[9]

예를 들어 내가 눈앞의 빨간 사과를 보면서 빨간 사과의 표상을 가

9 『성찰』, 3권(앞의 책, 60쪽).

질 때 내가 그 표상 내지 관념에만 머물러 있다면 그 안에는 어떠한 오류도 일어나지 않는다. 즉 사유하는 내가 있고 그 나의 사유활동이 있으며 나아가 그 사유활동의 대상으로서의 빨간 사과의 표상은 분명히 존재한다. 다만 나의 사유대상인 표상 너머에 나의 표상과 상응하는 빨간 사과 자체가 실제로 존재한다고 판단할 경우, 그 판단은 오류가 될 수 있다. 표상 너머 의지의 대상이나 판단의 대상으로 여겨지는 사물 자체는 우리의 의식 영역을 넘어선 것이기에 의식의 확실성에 의해 그 사물 자체의 확실성을 확보할 수는 없기 때문이다. 그러므로 우리의 관념에 상응하는 물체가 실제로 외부에 존재하는지 그리고 존재한다면 과연 우리의 관념과 유사한 방식으로 존재하는지에 대해서는 우리 자신의 의식영역으로부터 답을 얻어낼 수가 없다. 여기서 데카르트는 정신과 물질을 통합적으로 연결하는 신(神)을 통해 그 답을 얻고자 하는데, 이 지점에서 우리는 또다시 그가 아직도 중세 스콜라철학의 영향 하에 있음을 알 수 있다.

나아가 데카르트는 방법적 회의과정에서 2+3=5와 같은 수학적 진리는 이성이 파악하기는 하지만 우리의 이성 자체가 악령에 의한 속임으로 인해 항상 잘못 계산하는 것일 수도 있다는 가능성을 논했다. 그만큼 이성이 파악하는 수학적 진리조차도 그것이 보편타당한 절대적 진리라는 것을 증명하기 어렵다는 말이다. 이러한 수학적 진리의 확실성을 증명하기 위해 데카르트는 우리의 이성이 악령에 의해 속임을 당할 가능성이 없다는 것을 논증하고자 하며, 이를 위해 인간을 포함한 우주를 창조한 신이 존재한다는 것, 그리고 그 신은 인간 이성을 속이려 하지 않을 만큼 완전하고 성실하다는 것을 증명하고자 한다. 결국 이성이 발견하는 수학적 진리의 보편타당성도 신의 존재 및 성실성에 입각해서 논하려는 것이다. 이와 같이 자신이 발견한 자아를 '사유적 실체'로 규정하면서 그와 대립되는 '연장적 실체'를 설정한 후, 그러한 연장적 실체로 이루어진 외부세계의 존재 및 그 인식 가능성을 논증하기 위해 데카르트는 다시 그 둘을 유한실체로서 포괄하는 절대적 무한실체(substantia infinita)로서의 신(神)의 존재를 논증해야 할 필요성에 직면한다.

3. 무한실체(신)와 유한실체의 구분

1) 신 존재 증명의 필요성과 증명과정

데카르트가 방법적 회의를 통해 발견한 것은 의식하는 자아의 확실성 그리고 그 자아의 의식활동과 그 의식활동의 직접적 대상으로서의 관념(표상)의 확실성이다. 이것들은 모두 의식 내재성 안에서 확보되는 확실성이다. 그런데 데카르트는 여기에 머무르지 않고 의식 내재성을 넘어서는 의식 외적인 사물 자체가 존재한다는 것을 증명하고자 한다. 우리가 직접적으로 의식할 수 있는 것은 오직 의식 내재적 관념일 뿐이지만, 우리는 대개 그런 관념을 일으키는 원인으로서 관념 너머의 외적인 사물 자체, 외부세계가 현존한다고 믿기 때문이다. 그런데 데카르트는 이러한 일상적 믿음을 맹목적으로 따르지는 않는다.

> 나에게 관념이나 표상을 전달해주는 나와 다른 어떤 것이 현존하고 있다는 지금까지의 믿음은 확실한 판단이 아니라 단지 맹목적인 충동에 의한 것이다.[10]

그렇다면 우리는 어떻게 의식 내재성을 넘어서는 의식 외적 실재를 증명할 수 있을까? 의식 내적 표상 내지 관념으로부터 어떻게 관념 너머의 실재로 나아갈 수 있을까? 데카르트는 맹목적 충동 이외에 외적 실재를 증명하는 다른 하나의 길을 제시한다.

> 내 안에 관념이 있는 사물 가운데 내 외부에 현존하고 있는 것이 있는지를 검토할 수 있는 또 다른 길이 있다. 즉 관념은 사유양태인 한에서는 어떤 차이도 없으며 모두 똑같이 나로부터 나온 것처럼 보인다. 그러나 어떤 관념은 이런 것을, 다른 관념은 저런 것을 표현하고 있는 한에서는 관념들은 서로 아주 다른 것이다.[11]

관념은 사유양태라는 점에서는 사유자인 나로부터 나온 것이며 모두 같다고 할 수 있지만, 관념 각각의 내용을 보면 서로 다 다르다. 데카르트는 그렇게 서로 다른 관념의 내용을 관념의 '객관적 실재성(realitas objectiva)'이라고 부른다. 신의 관념이나 돌멩이의 관념, 실체의 관념이나 양상의 관념 등은 모두 사유양태로서의 관념이라는 점에서는 동일하지만, 내용의 차이로 인해 신의 관념의 객관적 실재성이 돌멩이의 관념의 객관적 실재성보다 더 크고, 실체의 관념의 객관적 실재성이 양상의 관념의 객관적 실재성보다 더 크다는 것이다. 그리고 관념의 객관적 실재성의 차이는 각 관념을 일으키는 관념의 원인의 실재성의 차이에서 비롯된다고 보며, 관념의 원인이 갖는 실재성을 '현실적 또는 형상적 실재성(realitas actualis sive formalis)'이라고 부른다.

---

10 『성찰』, 3권(앞의 책, 63쪽).

11 『성찰』, 3권(앞의 책, 63쪽).

나아가 “자연의 빛에 의해 분명한 것은 전체 작용 원인에는 적어도 그 결과에 있는 것만큼의 실재성이 있어야 한다.”[12]고 말한다. 결국 어떤 관념의 객관적 실재성이 나의 관념의 객관적 실재성보다 크다면, 그 관념의 원인은 나의 형상적 실재성보다 더 큰 형상적 실재성의 존재여야 하고, 따라서 내가 그 관념의 원인일 수 없으므로 결국 나의 외부에 그 관념의 원인인 것이 존재한다는 말이 된다.

> 내 안에 있는 관념 중에서 그 객관적 실재성이 대단히 커서 형상적 또는 우월적으로 내 안에 있을 수 없고, 따라서 나 자신이 그 관념의 원인이 될 수 없음이 확실하다면, 이 세상에는 나 홀로 있는 것이 아니라 이 관념의 원인이 되는 다른 사물도 현존하고 있음이 필연적으로 귀결된다.[13]

데카르트는 물질적 사물이나 다른 인간 등의 관념은 그 객관적 실재성이 나의 관념의 객관적 실재성보다 크지 않으므로 그 관념의 원인으로 나의 형상적 실재성보다 더 큰 실재를 생각할 필요가 없는 데 반해, 오직 신의 관념만은 그 객관적 실재성이 나의 관념의 실재성보다 훨씬 더 크므로 내가 신의 관념의 원인일 수는 없다고 논한다. 즉 신의 관념은 나 자신으로부터 나올 수 없고, 나보다 더 큰 실재성의 존재인 신 자체로부터 나오며, 따라서 신은 존재한다는 것이다.

> 신이라는 이름으로 내가 이해하는 것은 무한하고 비의존적이며 전지전능하고 나 자신을 창조했고 또 다른 것이 존재한다면 그 모든 것을 창조한 실체이다. 이런 것을 깊이 생각하면 할수록 (신의 관념은) 나 자신에게서 나

12 『성찰』, 3권(앞의 책, 64쪽).

13 『성찰』, 3권(앞의 책, 66쪽).

온다고 할 수 없다. 그러므로 신은 필연적으로 현존한다고 결론짓지 않으면 안 된다. 왜냐하면 나 자신이 실체인 한 나는 실체의 관념을 갖고 있지만, 나는 유한하기 때문에 그 관념은 무한실체의 관념일 수 없으며, 따라서 무한실체의 관념은 실제로 무한한 실체로부터 유래해야 하기 때문이다.[14]

신의 관념은 나로부터 나올 수 없다. 무한실체의 관념이 유한자의 의식으로부터 나올 수는 없기 때문이다. 우리는 대개 우리 자신이 유한하기에 그 유한의 반대개념으로 무한자인 신의 관념을 갖게 된다고 생각한다. 그렇지만 데카르트는 무한의 관념이 유한의 부정으로 얻어지는 것이 아니라, 오히려 유한의 관념이 무한의 부정으로 얻어지며, 따라서 무한의 관념이 유한의 관념에 선행한다고 논한다.

나는 무한한 것을 참된 관념이 아니라 유한한 것의 부정으로 지각한다고 생각해서도 안 된다. … 반대로 무한실체 속에는 유한실체보다 더 많은 실재성이 내포되어 있다는 것, 따라서 무한한 것에 대한 지각은 유한한 것에 대한 지각보다, 즉 신에 대한 지각은 나 자신에 대한 지각보다 어떤 의미에서 더 앞선다는 것은 아주 분명하다. 나보다 더 완전한 존재자의 관념이 … 내 안에 있지 않다면, 내가 의심하고 어떤 것을 바란다는 것, 즉 내가 어떤 것을 결여하고 있고 아주 완전한 것이 아니라는 것을 내가 어떻게 알 수 있겠는가?[15]

이와 같이 무한자로서의 신의 존재를 인간의 유한성의 의식으로부

---

14 『성찰』, 3권(앞의 책, 69-70쪽).

15 『성찰』, 3권(앞의 책, 70쪽).

터 이끌어낸다는 것은 기존의 신 존재 증명과는 구분되는 데카르트 사유의 특징을 드러낸다. 신 존재를 증명하는 방식에 있어서는 데카르트적 의식철학의 특징이 드러나지만, 그러나 외부세계의 실재성을 증명하기 위해 신의 존재를 논한다는 것은 데카르트가 중세 신학의 영향하에 있음을 보여준다.

2) 신의 성실성과 그 함의

데카르트는 신이 무한실체로서 우리 의식의 바깥에 존재한다는 것을 증명한 후, 그렇게 존재하는 신의 완전성 내지 성실성에 근거해서 그러한 신이 우리의 이성을 속이는 기만자일 리가 없다는 것을 논한다.

> 신은 그 관념이 내 안에 있고, 즉 내가 그 모든 것을 파악할 수는 없어도 어느 정도는 생각할 수 있는 모든 완전성을 갖고 있으며, 어떠한 결함도 지니지 않는 신이다. 이로부터 분명해지는 것은 신은 기만자일 수 없다는 사실이다. 모든 사기와 기만이 어떤 결함에 의거한다는 것은 자연의 빛에 의해 명백하기 때문이다.[16]

신이 우리의 이성을 속이는 기만자일 수 없다는 것으로부터 데카르트는 우리가 물질적 사물에 대해 이성적으로 아는 수학적 진리뿐 아니라 감각적으로 아는 감각적 인식도 모두 참으로 받아들일 수 있다고 논한다.

16 『성찰』, 3권(앞의 책, 78쪽).

신은 감각관념이 물질적 사물로부터 유래한다고 믿는 커다란 경향성을 주었기 때문에, 감각관념이 만일 물질적 사물이 아닌 다른 것에서 유래한다면, 신이 기만자가 아니라고 이해될 수 있는 까닭을 알 수 없게 된다. 그러므로 물질적 사물은 현존하는 것이다. … 적어도 내가 명석판명하게 인식하는 것, 즉 일반적으로 보아 순수 수학의 대상에 속하는 것은 실제로 물질적 사물 속에 있는 것이다. … 신은 기만하지 않고 따라서 내 의견 속에 허위가 있으면 이를 교정할 수 있는 능력 또한 내게 부여했을 것이기에 (감각을 통해 파악하는 것에 있어서도) 진리에 이를 수 있다는 희망을 확실히 가질 수 있다.[17]

이와 같이 데카르트는 신의 비기만성에 입각해서 물질적 사물들로 이루어진 외부세계가 우리의 의식 바깥에 실재하며 또 우리의 표상과 상응하는 방식으로 실재한다고 논한다. 이로써 물질적 사물의 본질적 속성에 관한 수학적 인식 및 우연적 속성에 관한 감각적 인식 또한 모두 진리일 수 있다고 주장한다.

그러나 이것은 곧 외부세계의 실재성 및 그에 관한 우리 인식의 진리성은 우리 자신의 의식으로부터는 확보할 수 없고 오히려 우리 의식 바깥의 신에 의거해서만 비로소 얻어낼 수 있다는 것을 말해준다. 만일 데카르트가 논증한 신 존재 증명이나 그 신의 성실성을 받아들이지 않는다면, 그의 철학은 외부세계의 실재성이나 인식 가능성을 제대로 설명하지 못하는 회의주의를 면치 못하게 된다.

---

17 『성찰』, 6권(앞의 책, 111쪽).

제8장

로크: 경험주의적 실체 이원론

1. 관념의 기원

1) 본유관념 비판

합리주의자 데카르트와 마찬가지로 경험주의자 로크[1]도 근대철학의 전형인 표상론(representationalism)을 주장한다. 우리 마음이 직접 지

---

1 로크(John Locke, 1632~1704)는 영국 링턴에서 법률 대리인의 아들로 태어났다. 옥스퍼드대학에 입학하여 철학, 자연과학, 의학 등을 공부했으며, 종교적 관용, 자연법, 인간 지성능력 등에 대해 관심을 갖고 연구했다. 왕정에 대항하는 정치운동을 벌이다가 실패한 샤프츠베리 백작과의 친분으로 인해 반역죄로 몰릴 위험에 빠진 로크는 1683년 네덜란드로 망명했다가 1688년 명예혁명 후 사면되고 나서 다음해 귀국했다. 만년에 공직에 있다가 1700년 은퇴하고 에식스 주 오츠에 머물다가 72세로 생을 마감했다. 저술로는 『종교 관용에 관한 서한』(1689), 『통치론』(1690), 『인간지성론』(1690) 등이 있다.

각하고 인식하는 것은 마음 안에 주어지는 관념일 뿐이며, 실재하는 것은 그 관념의 원인으로 간접적으로만 알 수 있다는 것이다. 그렇다면 관념은 우리에게 어떻게 주어지는 것일까? 이에 대해 데카르트와 로크는 의견을 달리한다. 데카르트는 신의 관념 및 동일률, 모순율 등 논리적 관념 또는 수학적 관념은 우리에게 선천적으로 주어진 본유관념(innate idea)이라고 주장한다. 유한한 인간이 자신을 유한성으로 자각할 수 있는 것은 우리 안에 무한자의 관념이 원래 존재하기 때문이며, 우리가 논리적 또는 수학적 진리를 인식할 수 있는 것도 우리 이성 안에 그런 관념들이 원래 내재되어 있기 때문이다. 이런 본유관념으로 인해 우리 이성은 세계에 대해 경험에 앞선 선험적 앎을 가질 수 있다.

반면 경험주의자 로크는 중세 스콜라철학부터 근대 합리주의에 이르기까지 주장되어온 본유관념을 비판한다. 그들의 본유관념의 주장을 로크는 다음과 같이 정리한다.

> 전 인류가 보편적으로 동의하는 몇 가지 사변적 원리와 실천적 원리가 있다는 것보다 더 일반적으로 당연시되는 것은 없다. 그러므로 그들은 이 원리들이 불변하는 인상이어야 하며, 인간의 영혼이 처음 생기면서 이 원리를 받아들이고 또 영혼이 어떤 고유한 능력을 갖고 나오는 것처럼 필연적으로 그 원리를 갖고 세상에 나오는 것이라고 주장한다.[2]

본유관념론자들은 사변원리나 실천원리에 대해 인간에게 보편적 동

---

2 『인간지성론』, 1권 「본유개념」, 2장 「본유적 사변원리는 없다」, 2절. 영어 원문은 *An Essay Concerning Human Understanding*, Chicago: Encyclopaedia Britannica Inc, 1952 참조. 한글 번역은 『인간지성론 1』, 정병훈 · 이재영 · 양선숙 옮김, 한길사, 2015, 68쪽 참조.

의가 있으며, 그러한 보편적 동의는 인간에게 갖추어진 본유관념 때문에 가능하다고 주장한다. 여기서 사변원리는 수학이나 형이상학이 밝히는 우주질서를 말하고 실천원리는 윤리학이나 정치학이 논하는 도덕이나 윤리원칙을 말한다. 합리주의자들은 2+3=5 등의 수학원리, 동일률이나 모순율 등의 논리법칙, 신의 존재나 영혼불멸 등의 형이상학적 주장, 인간은 도둑질을 해서는 안 된다거나 살인을 해서는 안 된다는 윤리법칙 등에 대해 모든 인간이 보편적으로 동의한다고 생각하며, 그러한 동의는 경험이나 교육을 통해 얻어지는 것이 아니라 인간의 타고난 관념에 의해 확립되는 것이라고 논했다.

이와 같이 본유관념이 있어서 보편적 동의가 일어난다는 합리주의자의 주장에 대해 로크는 두 단계로 비판한다. 우선 보편적 동의가 있다고 해도 그것이 곧 본유관념 때문이라는 것, 따라서 본유관념이 존재한다는 것을 증명하는 것은 아니라는 것이다. 즉 "보편적 동의는 어떤 것이 본유적임을 증명하지 않는다."[3]고 하면서 그는 본유관념 이외의 방법으로도 얼마든지 보편적 동의에 이르는 것이 가능하다고 말한다. 예를 들어 유사한 경험이나 교육 등을 통해 보편적 동의가 일어날 수 있기 때문이다. 나아가 로크는 사실 보편적 동의 자체가 있는 것도 아니라고 논한다. 그는 동일률, 모순율 등에 대해 "전 인류가 보편적으로 동의하는 것은 하나도 없다."[4]고 주장한다. 본유관념에 의한 보편적 동의가 있다면 모든 인간이 날 때부터 동일률이나 모순율 등을 알아야 하지만, 그런 것들이 "아이들이나 백치들에게는 알려져 있지 않다."[5]는 것이다.

---

3 『인간지성론』, 1권 2장 3절(한글 번역책, 68쪽).
4 『인간지성론』, 1권 2장 4절(앞의 책, 68쪽).
5 『인간지성론』, 1권 2장 5절(앞의 책, 69쪽).

합리론의 주장: A(본유관념) → B(보편적 동의)

로크의 비판:	1. A → B를 부정.	–A → B도 가능.	즉 본유관념 아니어도 보편적 동의 가능
	2. B를 부정.	–B → –A임.	즉 보편적 동의가 없으므로 본유관념도 없음

인간에게 동일률이나 모순율 등에 대한 보편적 동의가 없다는 것, 따라서 본유관념이 없다는 것을 논하기 위해 로크는 어린아이나 백치가 그런 것을 알지 못함을 예로 든다. 그런 것이 본유관념이라면 어린아이나 백치에게도 주어져 있어야 하며, 그러면 그들 또한 그것을 알아야 하는데 그렇지 못하기에 결국 그런 본유관념은 없다는 것이다.

> 어떤 개념이 마음에 새겨져 있다고 말하면서 동시에 마음이 그 개념을 알지 못하고 그것에 주의하지 않는다고 말하는 것은 이런 인상을 없는 것으로 만든다. 마음이 결코 알지 못하며 의식하지 못하는 명제가 마음속에 있다고 말할 수는 없다.[6]

로크에 따르면 마음에 본유관념이 있다는 것은 곧 마음이 그 관념을 지각하고 이해하고 있음을 뜻한다. 마음에 어떤 관념이 주어져 있다면 마음은 곧 그 관념을 알아야 하며, 따라서 마음이 알지 못하는 관념은 마음 안에 있다고 말할 수 없다는 것이다. 결국 어린아이나 백치가 동일률이나 모순율을 알지 못한다는 것은 곧 그들에게는 그런 관념이 없다는 말이며, 이는 곧 그런 관념은 본유관념이 아니라는 말이 된다.

그러나 본유관념이 있다고 해서 마음이 그 관념을 지금 반드시 알고

---

6 『인간지성론』, 1권 2장 5절(앞의 책, 70쪽).

있어야 하는 것은 아니지 않을까? 본유관념이 있다는 것이 곧 마음이 그 관념을 현재 알고 있다는 말이 아니라 언젠간 그 관념을 알 수 있다는 가능성을 의미하는 것일 수도 있지 않을까? 로크는 이 반론을 예상하면서 이를 다음과 같이 반박한다.

> 만약 마음이 아직 알지 못하는 명제가 마음속에 있다고 말할 수 있다면 그것은 오직 마음이 그 명제를 알 수 있기 때문에 그렇게 말하는 것이 틀림없다. 그리고 마음이 앞으로 알게 될 모든 진리는 마음이 알 수 있는 진리이다. … 이 설명에 따르면 한 사람이 알게 되는 모든 진리가 전부 본유적인 것이 될 것이다.[7]

본유관념이 있다는 것을 마음이 현재 그 관념을 알고 있다는 것이 아니라 마음이 장차 그 관념을 알 수 있다는 의미로 이해한다면, 마음이 알게 되는 모든 진리는 다 마음이 알 수 있는 진리이기에 결국 모든 진리가 다 본유적 진리가 되어버린다는 것이다. 그렇다면 본유적인 앎과 본유적이지 않은 앎의 구분이 없어지게 되며, 결국 본유관념의 주장 자체가 무의미해지게 된다는 것이다.

로크는 본유관념을 주장하는 또 다른 방식, 즉 본유관념이 있다는 것이 지금 그 관념을 안다는 것이 아니라 누군가 이성을 사용하게 되면 그때 그 관념을 알게 된다는 뜻이라고 해석하는 것에 대해서도 다음과 같이 비판한다.

> 이성이 우리에게 가르치는 모든 확실한 진리가 본유적이라고 주장하지

7 『인간지성론』, 1권 2장 5절(앞의 책, 70쪽).

않는다면, 그 발견을 위해 이성의 사용이 필요한 것이라고 해서 확실히 본유적이라고 생각할 수는 없다.[8]

만약 본유적이라는 것이 이성을 사용하면 알게 된다는 것을 뜻한다면, 관념을 알기 위해서는 언제나 이성의 사용이 요구되므로 결국 모든 관념이 본유적이라는 말이 된다는 것이다. 그러므로 이성 사용을 통해 본유관념의 존재를 증명한다는 것은 설득력이 없다는 것이다. 로크는 어떤 관념의 인식에 이성의 사용이 요구된다는 것은 결국 그 관념이 본유적이지 않다는 것을 의미한다고 보며, 사실 이성의 사용은 그런 관념을 알게 되는 것보다 훨씬 더 앞선 시기라고 말한다. "일반적이고 추상적인 관념을 형성하고 일반명사를 이해하는 것은 이성적 능력의 부수물이며 그 능력과 함께 성장"[9]한다는 것이다. 소위 본유관념으로 알려진 것들도 사실은 인간의 이성 사용을 통해 비로소 찾아내어지고 알려지는 것들이므로 본래부터 인간에게 주어져 있는 관념은 아니라는 것이다.

본유관념을 부정하면서 로크가 염두에 둔 관념 중의 하나는 신(神)의 관념이다. 데카르트는 유한한 인간에게 무한자로서의 신의 관념이 본유관념으로 주어져 있다고 주장하지만, 로크는 신의 관념은 본유관념이 아니라고 논한다.

한 인류가 모든 곳에서 신의 개념을 가진다고 해도 (역사는 이와 반대로 말한다) 그렇기 때문에 신의 관념이 본유적임이 도출되지는 않는다. … 반대로 이런 개념이 사람들 마음에 없다는 것이 신의 존재를 부정하는 논증이

---

8 『인간지성론』, 1권 2장 9절(앞의 책, 72쪽).

9 『인간지성론』, 1권 2장 14절(앞의 책, 76쪽).

되지 않는 것은 대부분의 사람이 자석 개념과 이름을 갖고 있지 않다는 것이 자석이라는 사물이 세상에 없다는 것을 증명하지 못하는 것과 마찬가지이다.[10]

어떤 관념이 본유관념인가 아닌가는 그것에 대한 보편적 동의가 있느냐 없느냐의 문제와는 무관하다는 것이다. 게다가 신의 관념에 대한 보편적 동의가 있지 않다는 것이 로크의 생각이다. 로크는 신의 관념은 이성에 의해 새롭게 얻어진 개념임을 강조한다.

사람들이 신에 대해 가졌던 가장 참되고 가장 훌륭한 개념은 각인되었던 것(본유관념)이 아니라, 생각이나 명상, 인식능력의 올바른 사용으로 획득되어진 것이다.[11]

중세의 창조이념과 마찬가지로 근대 합리론자에게 본유관념은 신이 인간 영혼에 미리 새겨준 관념이다. 만약 신의 관념이 본유적이지 않다면, 그 이외의 어떤 관념도 본유적이지 않은 것이 된다. 로크는 신 관념이 본유적이지 않음을 논한 후 "신 관념이 본유적이지 않다면 다른 어떤 관념도 본유적이라고 생각할 수 없다."[12]고 말한다. 그가 부정하는 대표적 개념은 실체이다.

실체 관념은 본유적이지 않다. … 실체라는 말에 의해서 우리가 의미하

---

10 『인간지성론』, 1권 4장 「본유적 사변원리와 실천원리에 관한 그밖의 고찰」, 9절(앞의 책, 126쪽).

11 『인간지성론』, 1권 4장 15절(앞의 책, 133쪽).

12 『인간지성론』, 1권 4장 17절(앞의 책, 135쪽).

는 것은 우리가 아는 관념들의 기체 또는 지지물이라고 생각하는, 무엇인지 모르는 어떤 것(즉 그것에 대해 우리가 아무런 특정한 구별되는 긍정적인 관념도 가지지 않는 어떤 것)에 대한 단지 불확실한 가정 외에 아무것도 아니다.[13]

본유관념을 부정하고 나면 우리가 갖는 모든 관념은 타고나는 것이 아니라 경험으로부터 얻은 것이라는 말이 된다. 따라서 본유관념을 부정하고 나서 로크는 우리가 관념을 얻는 방식을 세밀하게 논한다.

2) 관념의 경험적 기원 : 감각과 반성

마음에 본래 타고난 관념이 하나도 없다는 의미에서 로크는 마음을 백지(tabla rasa)에 비유한다. 빈 백지 위에 사람이 글자를 써야 글자가 생겨나듯이, 마음에는 경험을 통해서만 관념이 생겨난다는 것이다.

마음은 백지와 같다고 가정해보자. 이 백지에는 어떤 글자도 적혀 있지 않으며 어떤 관념도 없다. 그럼 어떻게 하여 이 백지에 글자나 관념이 있게 되는가? … 마음은 어디에서 이성과 지식의 모든 재료를 갖게 되는가? 이 질문에 대해 나는 한마디로 경험에서라고 답한다. 우리의 모든 지식은 경험에 그 토대를 갖고 있다. 우리의 모든 지식은 궁극적으로 경험에서 유래한다.[14]

마음에 생기는 관념은 모두 경험을 통해 주어지는 관념이라는 말이다. 우리의 인식이 관념의 범위를 벗어나지 못한다면, 우리의 인식은

13 『인간지성론』, 1권 4장 9절(앞의 책, 126쪽).

14 『인간지성론』, 2권 「관념」, 1장 「관념 일반과 관념의 기원」, 2절(앞의 책, 150쪽).

결국 경험의 한계를 벗어나지 못한다. 로크는 이러한 경험을 크게 두 가지로 구분한다.

> 우리가 외부 감각대상을 관찰하거나 마음의 내적 작용을 스스로 지각하고 반성하여 이 작용을 관찰할 때, 우리 지성은 사유의 모든 재료를 공급받는다. 외부 대상과 마음의 내적 작용은 지식의 원천이며, 우리가 갖고 있거나 자연스럽게 가질 수 있는 모든 관념은 이 원천에서 발생한다.[15]

경험의 두 길

1. 외부 감각대상에 대한 관찰 = 감각(sensation): 외감 → 관념(idea)을 얻음
2. 내적 마음작용에 대한 지각 = 반성(reflection): 내감 → 관념(idea)을 얻음

감각(sensation)을 통해 외적 대상으로부터 관념을 갖게 되는 것에 대해 로크는 이렇게 설명한다.

> 개별적 감각대상과 관계하는 우리의 감관은 사물에 관한 여러 가지 구별되는 지각을 마음에 전달해주는데, 이는 대상이 감관에 영향을 미치는 다양한 방식에 따라 이루어진다. 그리하여 우리는 노랑, 하양, 뜨거움, 차가움, 부드러움, 딱딱함, 씀, 달콤함 등 우리가 감각적 성질이라고 부르는 모든 것에 관한 관념을 얻게 된다.[16]

외적 사물로부터 다양한 성질의 관념을 얻는 활동이 감각이다. 즉

---

15 『인간지성론』, 2권 1장 2절(앞의 책, 150쪽).

16 『인간지성론』, 2권 1장 3절(앞의 책, 150쪽).

감각을 통해 외부 물리세계 사물의 성질에 대한 관념을 얻는다. 감각 이외에 우리가 관념을 얻는 또 다른 방식은 반성(reflection)이다. 반성은 내적인 마음의 작용을 지각함으로써 마음의 작용에 관한 관념을 얻는다. 반성을 통해 내적 마음작용에 대한 관념을 갖게 되는 것을 로크는 이렇게 설명한다.

> 경험이 지성에 관념을 공급해주는 또 다른 출처는 마음이 자신이 얻은 관념에 관해 사용될 때 우리 안에 있는 우리 자신의 마음의 작용에 대한 지각이다. 영혼이 이 작용을 반성하고 고려함으로써 이들 작용들은 지성에 또 다른 관념을 제공하는데, 이 관념은 외부 사물에서 올 수 없는 것이다. 지각, 생각, 의심, 믿음, 추론, 앎, 의지작용 등 우리 마음의 모든 다른 행동이 이런 작용이다. … 모든 사람은 이런 관념의 원천을 전적으로 자신 안에 갖고 있다. 이 원천은 외부 대상과 아무 관계가 없으므로 감관은 아니지만 감관과 닮았으며 그래서 내적 감관이라고 부르기에 충분하다. 그러나 나는 그 다른 원천을 감각이라고 불렀으므로 이 원천을 반성이라고 부른다.[17]

내적인 마음작용에 대한 관념을 얻는 것이 반성이다. 반성을 통해 얻는 관념은 예를 들어 지각, 생각, 의심 등이다. 말하자면 마음이 외부 대상을 지각하면서 그 대상으로부터 색깔이나 따뜻함 등의 관념을 얻게 되는데, 그렇게 지각하던 마음활동을 돌이켜 반성하면 그 반성을 통해 '지각'이라는 관념을 얻게 된다. 반성은 이미 일어난 마음활동에 대한 주의를 필요로 한다. 따라서 로크는 "반성 관념은 주의가 필요하므로 (감각보다) 나중에 온다."[18]고 말한다. 외감인 감각과 내감인 반성

17 『인간지성론』, 2권 1장 4절(앞의 책, 151쪽).
18 『인간지성론』, 2권 1장 8절(앞의 책, 154쪽).

중에서 감각이 반성에 선행한다는 것이다.[19]

관념의 원천을 감각과 반성으로 설명한 후 로크는 인간 영혼의 본질을 사유로 규정하는 데카르트식의 영혼관을 비판한다. 그는 영혼이 항상 사유하는 것은 아니므로 따라서 영혼이 늘 사유한다는 주장은 증명된 것이 아니라고 강조한다.

> 관념들의 지각은 영혼의 본질이 아니라 그 작용들 중 하나일 뿐이다. 따라서 아무리 사유가 영혼의 고유 활동으로 상정된다 해도 영혼이 늘 사유하고 있다고, 늘 활동하고 있다고 상정할 필요는 없다. 아마도 늘 활동하는 영혼은 결코 죽지도 잠들지도 않는 모든 것의 무한한 창조주이자 보존자만이 갖는 특권일 것이고, 유한한 존재자, 적어도 인간의 영혼에는 허용되지 않을 것이다.[20]

사유는 마음활동의 계속되는 본질이 아니라는 것이다. 신의 영혼이라면 멈춤이 없이 계속 사유할 수 있지만, 인간의 영혼은 사유가 계속되지 않는다는 것이다. 로크에게 사유는 표층의식(제6의식)의 활동을 뜻한다는 것을 알 수 있다. 그는 깨어 있음, 사유함, 의식함을 모두 같은 것으로 이해한다.

---

19 이처럼 반성이 이차적인 마음활동을 의미한다면, 그런 반성이 일어나기 이전의 마음활동은 무엇인가? 로크는 그것을 '의식'이라고 부른다. 그런데 반성을 통해 얻어지는 관념으로서의 지각이나 생각 등은 모두 일차적인 마음활동, 일차적 근원적 의식이 아니라, 이미 반성이라는 대상화를 통해 붙잡힌 이차적인 대상화된 의식이다. 마음의 활동에 대한 관념을 반성을 통해 비로소 갖게 된다는 것은 곧 마음을 마음 자체로서가 아니라 마음에 의해 대상화된 표상으로서 파악한다는 뜻이다. 그러므로 그는 일차적인 마음의 활동, 사유하는 실체로서의 마음은 모른다고 말하게 된다.

20 『인간지성론』, 2권 1장 10절(앞의 책, 156쪽).

나는 깨어 있는 인간 영혼의 경우 결코 아무런 사유도 없는 상태일 수 없다는 점을 인정한다. 사유는 깨어 있다는 것의 조건이기 때문이다. … 어떤 것이 사유하면서 동시에 그것을 의식하지 않는다는 것은 상상하기 어려운 일이다.[21]

깨어 있는 동안은 사유하고 의식이 있는 데 반해, 깨어 있지 않고 잠든 동안은 사유도 멎고 의식도 멎는다고 본다. 이렇게 보면 여기에서 깨어 있음과 동일시되는 의식은 이차적인 반성적 의식이 아니라, 반성 이전의 일차적인 의식이라는 것을 알 수 있다.

2. 관념과 실체

1) 단순관념과 복합관념

의식 내지 사유의 대상은 관념이다. 로크는 관념을 다음과 같이 설명한다.

나는 관념이 사람이 사유할 때 지성의 대상이 되는 것이 무엇이든 그것을 나타내기에 가장 적절한 용어라고 생각하므로, 심상(phantasm), 개념(notion), 종(species)이 의미하는 모든 것 또는 마음이 사유할 때 사용할 수 있는 모든 것을 표현하기 위해 이 용어를 사용한다.[22]

---

21 『인간지성론』, 2권 1장 11절(앞의 책, 157쪽).

22 『인간지성론』, 2권, 2장 「단순관념」, 1절(앞의 책, 171쪽).

관념:	1. 심상(phantasm):	상상, 기억의 대상
	2. 개념(notion):	판단의 대상
	3. 종(species):	감각, 지각의 대상 = 감각적 종
		↕
		지적 종 = 플라톤적 이데아

심상은 마음이 떠올린 상으로 상상이나 기억에서 일어나는 표상이고, 개념은 사유와 판단의 대상인 보편적 표상이며, 종은 감각의 대상인 개별적 표상을 말한다. 이처럼 마음에 떠오르는 모든 표상을 로크는 총체적으로 '관념'이라고 부른다.

로크는 관념을 단순관념과 복합관념으로 구분한다. 감각이나 반성의 경험을 통해 얻는 관념은 모두 단순관념이며, 그렇게 얻어진 단순관념들을 지성이 결합하여 얻어내는 관념이 복합관념이다.

> 관념들 중에는 어떤 것은 단순하고 어떤 것은 복합적이다. 비록 우리의 감관에 영향을 미치는 성질들은 사물 자체 안에서 결합되어 있고 혼합되어 있어서 그것들 사이에 어떤 분리나 거리가 없다고 해도, 이것들이 우리 마음속에 산출하는 관념들은 감관에 의해 단순하고 섞여지지 않은 채로 들어온다.[23]

> 일단 지성에 단순관념들이 비축되면, 지성은 이것들을 심지어 거의 무한에 가깝도록 다양하게 반복하고 비교하고 결합하는 힘을 갖고 있으며, 따라서 임의로 새로운 복합관념을 만들 수 있다.[24]

---

23 『인간지성론』, 1권 1장 서론(앞의 책, 65쪽).

24 『인간지성론』, 2권 2장 2절(앞의 책, 172쪽).

단순관념: 감각과 반성으로 얻은 관념

복합관념: 지성에 의해 결합된 관념

단순관념은 감각과 반성의 경험에 의해 대상으로부터 우리에게 직접 주어지는 것이지만, 복합관념은 우리 자신의 지성에 의해 임의적으로 결합된 것이다. 그러므로 경험적 기원을 확인할 수 있는 관념은 단순관념뿐이다. 그런데 단순관념 중에서도 그것이 객관적 대상 자체의 존재방식을 그대로 반영하는 것인가 아닌가가 다시 구분된다. 단순관념을 내용에 따라 구분하기 위해 그는 일단 관념(idea)과 성질(quality)을 구분한다.

> 마음이 자신 안에서 지각하는 것은 무엇이든 또는 지각이나 생각이나 지성의 직접적 대상이 되는 것은 무엇이든 나는 그것을 '관념'이라고 부른다. 그리고 우리 마음속에 관념을 산출하는 힘을 나는 그 힘이 그 안에 있는 기체의 '성질'이라고 부른다.[25]

관념: 지각의 대상. 마음 안에 있는 것

성질: 관념을 산출하는 힘. 기체(사물)의 성질

마음의 직접적 대상이 되는 것은 모두 '관념'이며, 마음에 그런 관념이 떠오를 수 있게 하는 대상의 힘이 '성질'이다. 즉 마음이 관념을 갖게 되는 것은 대상이 가지는 성질 때문인 것이다. 이 대상의 성질을 로크는 다시 제1성질과 제2성질로 구분한다.

25 『인간지성론』, 2권 8장 「단순관념에 관한 그 밖의 고찰」, 8절 (앞의 책, 200쪽).

물체 안에 있는 것으로 고려되는 성질은 첫째로 물체가 어떤 상태에 놓이든 물체와 결코 분리될 수 없는 성질이다. 이 성질은 물체가 겪는 모든 변양과 변화에서 물체에 어떤 힘이 가해진다고 해도 그 물체가 항상 유지하는 성질이다. … 나는 이러한 성질, 즉 충전성, 연장, 모양, 운동 또는 정지, 수를 물체의 '본래적인 성질' 또는 '제1성질'이라고 부른다. … 둘째로 사실상 물체 안에 그 자체로는 없지만 물체의 제1성질, 즉 물체의 감각되지 않는 부분들의 부피, 모양, 구조, 운동에 의해 우리 안에 다양한 감각을 산출하는 힘으로서는 있는 성질이 있다. 색, 소리, 맛 등이 바로 이런 성질이며 나는 이것을 '제2성질'이라고 부른다.[26]

제1성질: 관념의 성질 그대로 물체에 있는 성질. 충전성, 연장, 모양, 운동, 정지, 수
제2성질: 물체에는 그런 관념을 야기할 힘으로만 있는 성질. 색, 소리, 맛 등

우리가 가지는 관념이 그대로 대상의 성질이라고 볼 수 있는 그런 성질이 '제1성질'이고, 그렇지 않고 대상 안에 관념을 산출하는 힘은 있되 관념 그대로의 성질이 대상에 있는 것은 아닌 성질이 '제2성질'이다. 로크는 물리적 대상에서 충전성, 연장, 모양, 운동, 정지, 수를 제1성질이라고 하고, 색, 소리, 맛 등을 제2성질이라고 구분한다. 제1성질은 관념 그대로 대상에 있는 성질이기에 '객관적 성질'이라고 할 수 있고, 제2성질은 관념 그대로 대상에 있지는 않기에 '주관적 성질'이라고 할 수 있다.

그렇다면 대상의 힘이 우리에게 어떻게 관념을 불러일으키는 것일까? 대상 안에 있는 제1성질이 주관 안에 관념을 불러일으키는 과정을

26 『인간지성론』, 2권 8장 9-10절(앞의 책, 200-201쪽).

로크는 충격(impulse)으로 설명한다.

> 물체는 어떻게 관념을 우리 안에 산출하는가? 이것은 명백히 충격에 의해서이다. 충격은 우리가 생각할 수 있는 물체의 유일한 작용방식이다. 외부 대상이 우리 마음에 관념을 산출할 때 우리의 마음과 하나로 연합되어 있지도 않은데도 우리가 우리 감관들 각각에 상응하는 본래적 성질을 지각한다면, 다음 사실이 명백하다. 즉 외부 대상에서 오는 운동이 우리의 신경이나 동물정기, 우리 육체의 부분들에 의해 두뇌나 감각중추에 연속되어 우리 마음에 우리가 외부 대상에 대해 갖는 개별 관념들을 산출하는 것이다. … 단독으로는 지각될 수 없는 물체(미립자)가 외부 대상에서 나와서 눈으로 오고, 이로써 운동을 두뇌에 전달하여 우리가 우리 안에 외부 대상에 대해 갖는 관념을 산출한다. … 그러한 입자들의 다양한 운동과 모양, 크기와 수가 우리의 여러 감각기관에 영향을 미쳐서 우리 안에 우리가 물체의 색과 냄새로부터 갖게 되는 다양한 감각을 산출한다.[27]

관념을 가지는 인간 주관과 관념을 일으키는 객관 대상이 서로 무관한 것으로 분리되어 존재하므로 그 둘 간에 관계가 성립하려면 대상이 주관에 가하는 충격에 의거하는 수밖에 없다. 물질적 대상으로부터 발산되는 미립자들이 인간의 감각기관을 충격으로 자극해서 신경체계에 반응을 일으키며, 그것은 궁극적으로 그 미립자 자체와는 종류가 다른 하나의 실재물인 마음속의 관념을 만들어낸다. 이것이 로크의 '표상적 실재론'이다. 대상으로부터 나온 미립자들에 의해 우리 마음에 관념이 생기는데, 이 관념이 대상의 성질을 그대로 표현하고 있다고 간주되는

---

27 『인간지성론』, 2권 8장 12-13절(앞의 책, 202-203쪽).

그런 성질이 제1성질이고, 관념이 대상의 성질과 닮지 않는다고 여겨지는 것이 제2성질이다.

> 물체의 제1성질의 관념은 이 성질과 유사하며 이 성질의 견본은 실제로 물체 자체 안에 있는 것이지만, 제2성질에 의해서 우리 안에 산출되는 관념은 제2성질과는 전혀 닮지 않았다. 제2성질의 경우 물체 그 자체 안에 우리의 관념과 닮은 것은 없다. 이 성질은 단지 우리 안에 그러한 감각을 산출하는 힘, 우리가 이 성질에 의해 형용사를 부여하는 물체 안에 있는 단적인 힘일 뿐이다. 관념에서 달콤함, 파란색 또는 따뜻함은 우리가 달콤하거나 파랗거나 따뜻하다고 형용하는 물체 자체에서는 감각되지 않는 부분들의 어떤 크기, 모양, 운동에 지나지 않는다.[28]

단순관념 중 대상의 제1성질을 나타내는 충전성, 연장, 모양 등의 관념은 마음이 대상의 충격을 그대로 수동적으로 수용하여 얻은 관념이며, 따라서 그 관념의 내용은 대상의 성질과 일치한다. 그렇지만 제2성질의 관념은 대상의 힘에 촉발되어 생기기는 하지만 대상 자체 안에 그 성질이 있다고 말할 수 없기에, 그 관념은 우리 스스로 산출한 관념이라고 할 수 있다. 이처럼 마음은 대상으로부터 수동적으로 규정되는 수용성 이외에 스스로 관념을 형성하는 능동적 작용력을 가진다. 로크는 인간 마음의 근본적 작용을 다음과 같이 나누어 설명한다.

1. 지각(perception): 인상을 받아들이는 수용성 + 주목하여 관념을 산출하는 능동성
2. 보유(retention): 단순관념을 유지 1) 관조(contemplation): 관념을 유지하여 바라봄
   2) 기억(memory): 관념을 되살림

---

28 『인간지성론』, 2권 8장 15절(앞의 책, 203-204쪽).

3. 식별(discerning): 관념을 서로 구별함

4. 명명(naming): 관념에 이름을 붙임

5. 비교(comparing)

6. 결합(compounding) — 단순관념을 복합관념으로 만듦

7. 추상(abstraction)

마음은 단순관념을 결합하여 복합관념을 만들고, 관념들을 나란히 놓고 바라보면서 관계관념을 만들며, 단순관념을 그것과 연관된 다른 관념들과 분리하는 추상을 통해 일반관념을 만든다. 단순관념을 결합하여 만든 복합관념을 로크는 크게 실체, 양태, 관계의 세 가지로 분류한다.

복합관념: 1. 실체(substance)

2. 양태(mode): 실체의 드러나는 양상

3. 관계(relation): 실체 간의 관계

2) 실체의 관념

로크는 실체를 경험으로부터 얻은 단순관념들을 지성이 결합하여 만든 복합관념으로 설명한다.[29] 실체를 경험에서 유래하되 지성이 결합한 관념으로 간주함으로써 로크는 실체의 존재에 대해 이중적 태도를 보인다. 즉 한편으로 그는 실체를 경험으로부터 직접 얻은 단순관

29 이처럼 실체개념을 경험에서 유래한 것으로 설명하는 로크식 논증을 칸트는 "심리학적(생리학적) 도출"이라고 규정하며, 그것을 경험 이전의 선험적 순수개념으로 밝혀내는 자신의 "초월적 연역"과 구분한다. 칸트, 『순수이성비판』, A86/B118 참조.

념들을 함께 귀속시키기 위해 우리의 지성이 기체로서 설정한 가정이며 개념일 뿐이라고 간주한다. 그러면서 다른 한편으로 그는 실체를 우리에게 단순관념을 일으키는 성질 내지 힘을 갖는 것이되 그 자체가 무엇인지는 우리가 알 수 없는 미지의 어떤 실재라고 논한다. 로크는 인식론적으로는 전자를 주장하되, 존재론적으로는 소박한 실재론의 입장에서 후자를 주장함으로써 실체 이해에서 이중성을 보인다.

지성의 가정(복합관념)으로서의 실체

로크에 따르면 실체는 인간의 지성이 단순관념을 결합하여 형성한 일종의 복합관념이다. 이 사실을 모르고 실체가 마치 어떤 특정한 존재를 지칭하는 것처럼 생각하는 것을 그는 비판한다. 그렇다면 이러한 실체 일반의 관념은 어떻게 만들어지는가?

> 마음에 (감각이나 반성에 의해) … 많은 수의 단순관념들이 갖추어지면, 마음은 이 단순관념들의 일정 수가 불변적으로 함께한다는 것에 주목한다. 이 관념들이 하나의 사물에 속하는 것으로 추정되고 … 하나의 기체(substratum) 안에 결합되어 하나의 이름으로 불린다. 우리는 이것을 나중에 부주의로 하나의 단순관념으로 여기기 쉽지만 실제로는 많은 관념이 집적된 것이다. 우리는 이 단순관념들이 어떻게 홀로 존속할 수 있는지를 상상하지 못하므로 이 관념들이 귀결되는 기체를 가정하는 데 익숙해져 이것을 '실체'라고 부르게 된다.[30]

우리가 어떤 사물과 접하여 색이나 향기나 부드러움 등의 관념을 갖

30 『인간지성론』, 2권 23장 1절(앞의 책, 429쪽).

게 될 때 그 관념들이 각각 따로 흩어져 있지 않고 늘 함께하는 것을 경험하면, 우리는 관념이 나타내는 성질들을 모두 떠받치고 있는 무엇인가가 성질의 지지물 내지 기체로서 존재한다고 여기면서, 그것을 '실체'라고 부른다는 것이다.

> '실체'라는 일반적 이름을 부여하는 관념은 우리가 존재한다고 발견하는 성질들에 가정된 미지의 지지체일 뿐이다. 우리는 이 성질들이 그것을 지지하는 사물 없이는 존속할 수 없다고 상상하며, 이러한 지지체를 실체라고 부른다. 이 말은 본래 의미에 따라 쉬운 영어로 말하자면 '아래에 서 있음 또는 떠받침(standing under or upholding)'이다.[31]

실체는 우연적 속성인 여러 성질들의 지지물로서 인간 지성에 의해 가정된 것일 뿐이다. 로크는 "철학에서 실체와 우연적 속성은 별 쓸모가 없다."라고 하면서 이렇게 말한다.

> 우연적 속성 개념, 즉 무엇인가 그것이 내재할 것을 필요로 하는 실재적 존재라는 개념에 처음 맞부딪힌 사람은 이 우연적 속성을 지지하는 실체라는 낱말을 찾아내지 않을 수 없었다. 만약 지구를 지지해줄 무엇인가가 필요하다고 상상한 인디언 철학자가 실체라는 낱말을 생각했다면, 그는 지구를 지지해줄 코끼리, 그리고 코끼리를 지지해줄 거북이를 발견하는 수고를 하지 않아도 좋았을 것이다. 실체라는 낱말이 이 일을 효과적으로 수행하니까 말이다. 그러면 지구를 지지하는 것을 찾고자 하는 사람은 인디언 철학자에게 미지의 실체가 지구를 지지해준다는 이야기를 듣고는 이를 훌륭한

---

31 『인간지성론』, 2권 23장 2절(앞의 책, 430쪽).

대답이라고 간주했을 것이다. 마치 우리가 유럽철학자에게서 미지의 실체가 우연적 속성들을 지지해주는 것이라는 말을 듣고는 그것을 충분한 답이고 훌륭한 학설이라고 간주하듯이 말이다.[32]

스콜라철학 내지 대륙철학이 우연적 속성을 지지하는 것으로서 '실체'를 논하는 것을 인디언들이 지구를 지지하는 코끼리, 코끼리를 지지하는 거북이를 말하는 것보다 더 나을 바가 없다고 보는 것이다. 실체는 속성을 지지하는 것이라고 말하지만, 그 실체가 무엇인가에 대해서는 아무런 할 말이 없기 때문이다. 속성의 지지자를 누구나 아는 코끼리나 거북이라고 답하면 다시 그것을 지지하는 것을 계속 묻게 되는데 반해, 아무도 알지 못하는 '실체'라고 답하면 더 이상 묻지 않게 할 뿐 그 답변을 통해 알려지는 것은 하나도 없다는 것이다.

로크는 지지체로서의 실체 일반의 관념을 넘어 구체적인 개별자 x의 실체 관념도 마찬가지로 우리 지성이 설정하는 가정이며 단순관념들을 결합하면서 설정한 복합관념일 뿐이라고 말한다.

실체 일반의 불분명한 상대적 관념이 만들어지고 나면 우리는 개별 종의 실체의 관념을 갖게 된다. 이는 우리 감관의 경험과 관찰을 통해 함께 존재하는 것으로 주목되는 단순관념의 결합체를 모음으로써 행해지며, 이런 단순관념은 실체의 개별적인 내적 구성이나 미지의 본질에서 흘러나온다고 가정된다. 이렇게 해서 우리는 인간이나 말, 금이나 물의 관념을 갖게 된다.[33]

---

32 『인간지성론』, 2권 13장 「단순양태의 복합관념: 공간의 단순양태」 19절(앞의 책, 260쪽).

33 『인간지성론』, 2권 23장 「실체의 복합관념」 3절(앞의 책, 431쪽).

대상의 성질에 해당하는 경험적으로 얻어진 단순관념들을 모두 떠받치고 있는 지지체가 개별적 실체 x로서 존재한다고 여김으로써 개별 실체인 인간, 말, 금, 다이아몬드 등의 실체 관념을 갖게 된다는 것이다. 그러나 그렇게 설정된 실체에 대해 우리가 알고 있는 것은 하나도 없으며, 우리는 대상을 실제로 여러 성질들의 집합으로만 이해할 뿐이다.

> 철이나 다이아몬드의 진정한 복합관념을 이루는 것은 그러한 실체 안에 함께 있는 것으로 관찰되는 통상적 성질들이다. 이런 성질들은 대장장이나 보석세공사가 철학자들보다 더 잘 알고 있다. 아무리 철학자가 실체적 형상에 대해 말할 수 있다고 해도 그는 그것이 그 안에서 발견되는 단순관념들의 집합으로 형성된다는 것 말고 그 실체에 대해 다른 어떤 관념도 갖고 있지 않다.[34]

철이나 다이아몬드를 잘 알고 있는 사람은 그 성질들 너머 실체를 설정한 철학자가 아니라 오히려 그런 설정 없이 구체적 성질들을 세세하게 알고 있는 대장장이나 보석세공사라는 것이다. 그만큼 철학자가 말하는 실체는 단지 지성이 설정한 개념에 지나지 않는다는 것이다.

로크는 전통 형이상학의 틀에 따라 실체를 유한실체인 물질적 실체(물체)와 사유적 실체(정신) 그리고 무한실체인 신, 이렇게 셋으로 구분한다. 그는 우리가 실체를 물체와 유한정신과 신으로 나누는 것은 우리가 경험하는 성질 때문이라고 설명한다. 우리가 경험하는 단순관념이 연장이나 모양이나 딱딱함 등의 성질이면 그 바탕에다 물질적 실체

---

34 『인간지성론』, 2권 23장 3절(앞의 책, 431쪽).

인 물체를 가정하고, 단순관념이 생각이나 추론이나 두려움 등의 성질이면 그 바탕에다 정신적 실체인 정신을 가정한다. 그리고 유한을 넘어서는 무한의 성질에 대해서는 그것을 결합한 신의 실체를 가정한다는 것이다.

> 물질의 관념이나 개념은 우리 감관에 영향을 미치는 많은 감각적 성질이 그 안에 존속하는 어떤 것이라는 관념에 지나지 않는다. 정신 실체의 개념은 생각, 앎, 의심, 운동하는 힘 등이 그 안에 존속하는 것을 가정함으로써 갖게 되는 개념이다. 정신 실체의 개념은 물체 실체의 개념과 똑같은 정도로 뚜렷하다. 후자는 외부 물체로부터 갖게 되는 단순관념의 기체로서 가정되고, 전자는 우리 자신의 내부에서 경험되는 작용의 기체로서 가정된다.[35]

> 우리가 우리 자신 안에서 경험하는 것으로부터 존재와 지속, 앎과 힘, 쾌락과 행복을 얻고 난 후, 우리가 할 수 있는 최고의 존재자에게 가장 적합한 관념을 형성할 때 우리는 무한의 관념으로 이 관념들 각각을 확장시킨다. 그리하여 이 관념들을 결합하여 신에 대한 우리의 복합관념을 만든다.[36]

물체나 정신과 같은 개별적 유한실체이든 신과 같은 무한실체이든 실체는 모두 우리가 경험하는 단순관념들을 특정한 하나에 귀속된 것으로 결합시켜 이해하고자 지성이 만든 복합관념, 지성이 설정한 가정에 불과하다.

---

35 『인간지성론』, 2권 23장 5절(앞의 책, 432쪽).

36 『인간지성론』, 2권 23장 33절(앞의 책, 455쪽).

미지의 실체: 소박한 실재론

실체가 단순관념들이 결합된 복합관념으로서 지성이 현상을 이해하기 위해 설정한 가정일 뿐이라면 그 실체의 구체적 내용을 우리가 알지 못하는 것은 오히려 당연하다. 지성이 설정한 가정이라면 지성 바깥에 실체가 따로 존재하지 않으며, 따라서 알아야 할 것 또한 따로 존재하지 않기 때문이다.

그러나 로크는 소박한 실재론적 관점에서 실체의 존재를 다시 전제하며, 우리가 그것이 무엇인지를 알지 못하는 것이라고 논한다. 그러면서 물질적 실체이든 정신적 실체이든 개별 실체가 무엇인지를 우리가 알지 못한다고 해서 그런 실체가 존재하지 않는다고 단정할 수는 없다고 논한다.

> 물질적 실체에 대해 아무런 뚜렷하고 구별되는 관념을 갖고 있지 않다고 해서 물체가 없다고 단언하는 것은 정신적 실체에 대해 아무런 뚜렷하고 구별되는 관념을 갖고 있지 않다고 해서 정신은 없다고 말하는 것만큼이나 합리적이지 않다.[37]

물질적 실체의 관념이 분명하지 않다고 해도 물체의 존재를 부정할 수 없는 것은 정신적 실체의 관념이 분명하지 않다고 해서 정신의 존재를 부정할 수 없는 것과 마찬가지라는 것이다. 이처럼 물질적 실체와 정신적 실체에 대해 로크는 똑같은 존재론적 위상을 부여한다.

> 우리의 감관이 우리에게 물질적 사물만을 보여준다고 쉽게 생각하는 것

37 『인간지성론』, 2권 23장 5절(앞의 책, 433쪽).

은 반성이 부족한 탓이다. 모든 감각행위는 적절히 고려되면 우리에게 자연의 두 영역, 물질적인 것과 정신적인 것을 똑같이 보여준다. 내가 보거나 듣는 것 등에 의해 나의 외부에 어떤 물질적 존재자인 감각대상이 있다는 것을 아는 한에서 나는 내 안에 보고 듣는 어떤 정신적 존재가 있다는 것을 더욱 확실하게 알기 때문이다. 나는 이런 행동이 단순히 감각할 수 없는 물질의 행동일 수는 없음을 확신한다. 이런 행동은 비물질적인 생각하는 존재 없이는 있을 수 없다.[38]

그렇다면 그 존재를 부정할 수 없음에도 불구하고 우리가 그 자체로 알 수 없는 실체란 과연 무엇인가? 로크는 관념을 산출하는 힘이 실체의 본질을 이룬다고 논한다.

힘은 실체의 복합관념의 대부분을 차지한다. … 각각의 실체는 우리가 실체로부터 직접 받아들이는 단순관념을 우리 안에 산출하는 식으로 실체 안에서 관찰되는 힘을 통해 다른 주체 안의 감각적 성질을 변화시킨다.[39]

로크에 따르면 우리가 사물의 성질로 아는 것은 그 사물의 '명목적 본질'에 해당하고, 사물이 그런 성질을 갖게 하는 것, 즉 감각되지 않는 미립자들이 이루는 실재적 구조가 바로 그 실체의 '실재적 본질'에 해당한다. 다만 우리는 각각의 실체의 실재적 본질에 대해 모두 알 수는 없다는 것이다. 이처럼 로크는 물체와 정신 그리고 신에 대해 우리가 그 각각의 실체의 실재적 본질을 정확히 알지 못한다고 해도 그것

38 『인간지성론』, 2권 23장 15절(앞의 책, 443쪽).
39 『인간지성론』, 2권 23장 7절(앞의 책, 434쪽).

들은 각각 실체로 존재한다고 주장한다.

> 한 개의 조약돌의 본질이나 한 마리의 파리의 본질 또는 우리 자신의 실재적 본질에 대해서 알지 못하는 우리는 신의 본질도 확실히 알 수가 없다.[40]

이와 같이 로크는 실체를 단순관념들을 결합하여 형성한 복합관념이며 지성의 가정일 뿐이라고 말하면서도 그럼에도 불구하고 그 관념이 지시하는 실재가 없는 것은 아니라고 말한다. 다만 우리는 그 실체가 무엇인지, 그 실재적 본질을 알지 못한다는 것이다.

3. 실체와 의식: 인간과 인격

1) 사물의 동일성: 수적 동일성

'동일성과 상이성'의 장에서 로크는 동일성의 문제를 다룬다. 동일성의 기본은 시공간적 동일성에서 확보되는 '수적 동일성'이다.

> 어떤 사물이 어떤 순간에 어떤 장소에 있는 것을 보면, 그것은 어떤 것이든 바로 그 사물이고 다른 모든 점에서 아무리 유사하고 구별 불가능하다고 해도 그 시간에 다른 장소에 있는 다른 사물이 아니라는 것은 분명하다. … 하나의 시작을 갖는 것은 같은 사물이고, 그 사물과 시간과 장소에서 다른

40 『인간지성론』, 2권 23장 7절(앞의 책, 434쪽).

시작을 갖는 사물은 같은 것이 아니고 다른 것이다.[41]

수적 동일성에 따르면 한 시간에 다른 장소에 있는 것은 각각 서로 다른 것이며, 서로 다른 것이 한 시간에 동일한 장소에 있을 수 없다.[42] 그런데 이 수적 동일성은 엄밀하게 원자 하나하나에 대해서도 말할 수 있고, 또는 원자들의 덩어리에 대해서도 말할 수 있다. 많은 원자들이 결합해서 이루어진 한 덩어리로서의 사물일 경우 그 구성요소인 원자들이 바뀌어서는 안 된다는 것을 로크는 강조한다.

원자들이 한데 결합하여 존재하는 동안에는 같은 원자로 이루어진 덩어리는 그 부분이 아무리 다르게 뒤섞인다 해도 같은 덩어리이니 같은 물체임이 틀림없다. 그러나 그 원자 중 어느 하나가 제거되거나 새로운 원자 하나가 추가된다면, 그것은 더 이상 같은 덩어리거나 같은 물체가 아니다.[43]

이와 같이 로크는 사물의 동일성은 수적 동일성으로 성립하는데, 한 사물을 이루는 구성요소로서의 원자가 바뀌지 않는 한에서 그 동일성이 유지된다고 주장한다.

---

41 『인간지성론』, 2권 27장 「동일성과 상이성」 1절(앞의 책, 477-478쪽).

42 그러나 이것은 같은 종류의 실체일 경우이고, 다른 종류의 실체라면 한곳에 있을 수도 있다. 로크에 따르면 물체 a와 물체 b는 같은 종류의 실체이기에 한 시간에 동일 장소에 있을 수 없지만, 신과 영혼, 영혼과 물체는 서로 다른 종류의 것이므로 한 시간에 동일 장소에 함께 있을 수 있다. "세 가지 종류의 실체는 같은 장소로부터 서로 배제하지 않지만, 우리는 그런 실체가 각각 동일한 종류의 어떤 것을 같은 장소로부터 필연적으로 배제한다고 생각할 수밖에 없다."(『인간지성론』, 2권 27장 2절, 앞의 책, 478쪽.)

43 『인간지성론』, 2권 27장 3절(앞의 책, 480쪽).

2) 식물 · 동물 · 인간의 동일성 : 생명의 동일성

생명체인 식물과 동물의 동일성 그리고 인간의 동일성은 사물의 동일성과는 다르다.

> 살아 있는 피조물의 상태에서 그 동일성은 같은 입자 덩어리에 의존하는 것이 아니라 다른 어떤 것에 의존한다. 피조물에서는 물질의 커다란 부분의 변화가 동일성을 변형시키지 않기 때문이다.[44]

묘목이 큰 나무로 바뀌어도, 떡갈나무 가지가 있다가 잘려나가도, 망아지가 말로 자라나도, 말이 살이 쪘다가 빠져도, 그 나무는 바로 그 나무이고 그 말은 바로 그 말이다. 식물이나 동물에서의 동일성은 "같은 물질 덩어리"에서 성립하는 것이 아닌 것이다. 그렇다면 식물, 동물의 동일성은 어디에서 성립하는가?

> 하나의 공통의 생명에 참여하는 하나의 정합체의 부분들이 그러한 조직을 갖는 하나의 식물이 됨으로써 그 식물은 같은 생명에 참여하는 한, 같은 식물이기를 지속한다.[45]

식물을 이루는 물질적 부분들이 조직을 이루게끔 하는 것이 생명이며, 식물은 그 하나의 생명에 참여함으로써 같은 식물일 수 있다. 다시 말해 개별적 생명이 식물의 개별적 동일성을 가능하게 하는 것이라고

---

44 『인간지성론』, 2권 27장 3절(앞의 책, 480쪽).

45 『인간지성론』, 2권 27장 4절(앞의 책, 480쪽).

할 수 있다. 그리고 이것은 동물의 경우에도 마찬가지이다. 동물적 생명이 동물을 하나의 움직이며 운동하는 조직된 몸체이게 하며, 바로 이 동물적 생명을 통해 동물의 동일성이 확보된다.

로크는 동일성의 문제를 다루면서 인간(man)과 인격(person)을 구분한다. 인간의 동일성은 신체적 동일성을 의미하며, 그것은 동물의 동일성과 마찬가지로 신체를 유기체로 조직하는 생명에서 온다.

> 인간의 동일성은 끊임없이 바뀌는 물질 입자가 같은 조직의 육체로 계속해서 생명력 있게 결합됨으로써 같은 지속적인 생명에 참여하는 것 이외의 다른 것이 아니다.[46]

로크는 인간의 동일성을 신체가 가지는 생명의 동일성에서 구하지 않고 신체와 별도의 영혼에서 구하는 것을 비판한다. 그럴 경우 신체가 다른 사람인 소크라테스나 빌라도나 어거스틴을 같은 인간이라고 부른다거나, 한 사람이 태아이거나 노령이거나 정신 나간 사람이 될 경우 각각 다른 인간이라고 부르게 되는 잘못을 범한다는 것이다. 동물은 살아 있는 유기체이며, 우리가 가지는 인간의 관념은 "어떤 형상을 가진 동물의 관념"이다.

> 누구라도 자기 자신의 모습과 체격을 가진 피조물을 보면 그의 전 생애를 통해 고양이나 앵무새보다 많은 이성을 갖지 못한다고 하더라도 여전히 그를 인간이라고 부를 것이다. 또는 누구라도 고양이나 앵무새가 이야기하고 추리하며 철학을 하는 것을 듣는다고 할지라도 그것을 단지 고양이나 앵무

46 『인간지성론』, 2권 27장 6절(앞의 책, 481-482쪽).

새라고 부르거나 생각할 것이다. 그리고 그 사람은 우둔한 비이성적 사람이 고, 다른 것은 매우 지능이 높은 이성적인 앵무새라고 말할 것이다.[47]

이처럼 로크는 인간을 특정한 모습을 갖춘 신체에서 찾는다. 영혼이나 이성의 특징이 아니라 연속적인 동일한 신체가 인간의 동일성을 이룬다고 보는 것이다.

3) 인격의 동일성 : 의식의 동일성

로크는 인간(man)과 인격(person)을 구분하며, 자기(self)의 동일성은 인간의 동일성이 아니라 인격의 동일성에서 찾아야 한다고 논한다. 그는 인격을 다음과 같이 규정한다.

> 인격이란 이성을 갖고 반성을 하며 자기 자신을 자기 자신이라고 간주할 수 있는, 생각하는 지적 존재자로서 각기 다른 시간과 장소에서 같은 생각을 하는 것이다.[48]

인격의 이성과 생각이 어떤 의미에서 의식과 결부되는가?

> 생각은 생각과 분리될 수 없고 생각에 본질적인 의식에 의해서만 행해진다. 누구든 자신이 지각한다는 것을 지각하지 않은 채로 지각하는 것은 불가능하기 때문이다. 어떤 것을 보고 듣고 냄새 맡고 맛보고 느끼고 사색하

---

47 『인간지성론』, 2권 27장 3절(앞의 책, 480쪽).

48 『인간지성론』, 2권 27장 9절(앞의 책, 486쪽).

거나 의지할 때, 우리는 우리가 그렇게 하고 있다는 것을 안다(지각한다=의식한다). 그것은 항상 우리의 현재 감각과 지각에 관한 것이고, 이것(의식)에 의해 모든 사람은 그가 자신에게 자아라고 부르는 것이 된다.[49]

외부세계에 대한 감각이나 반성, 사고나 의지활동을 할 때에도 우리는 항상 자신이 그런 활동을 하고 있음을 안다. 이러한 앎은 곧 우리가 스스로 자신을 의식하고 있음을 말한다. 우리가 스스로를 '나', '자아'라고 부르는 것은 바로 이러한 앎 내지 의식을 말하는 것이다. 여기서의 의식은 일차적인 마음활동을 뜻한다. 의식은 반성을 통해 얻어지는 관념과는 다르다. 로크는 자아의 인격적 동일성을 성립시키는 '의식'을 다음과 같이 설명한다.

a. 의식은 언제나 생각을 수반하고 이 의식이 모든 사람을 그 사람이 자아라고 부른 것이 되게 하며, b. 의식에 의해서 자신을 생각하는 다른 모든 사물과 구별하므로, 이 의식에서만 인격적 동일성, 즉 이성적인 존재자의 같음이 있게 되고, c. 또 이 의식이 어떤 과거의 행동이나 생각을 향해 과거로 확대될 수 있는 만큼 멀리 그 인격의 동일성은 도달한다.[50]

a. 의식 = 자아
b. 의식 = 이성적 존재로서의 인격적 동일성
c. 의식의 확장 = 인격의 범위 = 기억

49 『인간지성론』, 2권 27장 9절(앞의 책, 486-487쪽).
50 『인간지성론』, 2권 27장 9절(앞의 책, 487쪽).

이와 같이 의식 및 기억에서 성립하는 인격적 동일성과 관련하여 로크는 사유실험을 통해 다음과 같은 두 가지 의문을 제기한다.

> ①만일 하나의(같은) 생각하는 실체가 변한다면, 그것은 같은 인격일 수 있는가? ②또는 같은 실체로 남아 있으면서 다른 인격이 될 수 있는가?[51]

여기에서 제기되는 물음은 다음과 같은 두 가지 물음으로 정리될 수 있다.

① 두 실체에 하나의 인격이 가능한가?

② 한 실체에 두 인격이 가능한가?

첫 번째 물음(①)에 대해 로크는 "생각하는 실체의 본성"이 무엇인지를 우리가 정확히 알지 못하므로 답하기는 어렵지만, 그래도 동일한 의식이 하나의 실체에서 다른 실체로 옮겨갈 수 있다면 그 의식을 따라서 그 인격은 하나라고 간주되어야 한다고 답한다.

> 만일 동일한 의식이 하나의 생각하는 실체로부터 다른 생각하는 실체로 전이될 수 있다고 한다면, 두 개의 생각하는 실체가 단지 하나의 인격을 만드는 일이 가능하다고 봐야 한다. 동일한 실체이든 다른 실체이든 그 안에 동일한 의식이 유지된다면, 인격적 동일성은 유지되기 때문이다.[52]

---

51 『인간지성론』, 2권 27장 12절(앞의 책, 489쪽).

52 『인간지성론』, 2권 27장 13절(앞의 책, 490쪽).

실체를 컴퓨터의 하드디스크, 의식을 컴퓨터 하드디스크에 저장된 정보라고 생각한다면, 정보가 복제되면 같은 인격이라고 할 수 있다는 의미로 읽을 수 있을 것이다. 다만 이 경우 의식은 실체 자체의 자기 의식은 아닌 것이 된다.

두 번째 문제(②)는 동일한 정신 실체에 두 가지 구별되는 인격이 가능한가의 물음인데, 이에 대해 로크는 그럴 수 있다고 확정적으로 답한다. 정신적 실체인 하나의 영혼이되 그 일부가 다른 일부를 전혀 의식하지 못하고 기억하지 못한다면, 한 영혼 안에 두 인격이 함께한다고 말할 수 있다는 것이다. 이런 의미에서 로크는 영혼선재설이나 윤회설을 비판한다. 인격은 의식이 만들므로 소크라테스의 행동이나 생각을 전혀 의식하지 못하면서도 자신이 전생에 소크라테스와 동일 인격이었다고 주장하는 것은 불합리하다는 것이다. 동일한 인격의 조건이 동일한 의식인데, 로크에서 '의식한다'는 것은 곧 '안다'는 것을 의미하기 때문이다. 물질이 인격동일성을 만들지 않듯이 영혼이 인격동일성을 만드는 것이 아니다.

> 동일한 의식을 갖지 않은 동일한 영혼 실체가 어떤 육체와 결합됨으로써 동일한 인격이 되지 않는 것은 의식을 갖지 않은 물질 입자가 어떤 육체와 결합하여 동일한 인격이 되지 않는 것과 같다.[53]

인간의 자기동일성인 인격동일성을 만드는 것은 개별적 신체도 개별적 영혼도 아니고 그 영혼 안에서 작동하는 의식의 연속성이라는 것이다. 예를 들어 왕자의 영혼이 구두수선공의 영혼이 떠난 그 몸에 들

---

53 『인간지성론』, 2권 27장 14절(앞의 책, 493쪽).

어갔을 경우, 그는 신체를 따라 구두수선공과 동일한 인간이되 스스로를 왕자로 의식 내지 기억하기 때문에 왕자의 인격으로 존재한다고 할 수 있다.

로크의 인격동일성의 주장은 책임론에 크게 기여한다. 그에 따르면 의식과 기억으로 확립되는 인격동일성은 도덕과 법에 있어 책임의 중요한 단서가 된다.

> 보상과 처벌의 옳음과 정의는 전적으로 이 인격적 동일성에 근거를 둔다.[54]

기억상실의 경우, 미친 사람이나 금치산자의 경우, 하나의 인격으로 연결되지 않으므로 도덕적 내지 법적 책임을 부과할 수 없다. 그렇다면 술에 취해서 의식이 멎거나 수면 중이어서 기억하지 못할 경우, 그때에도 다른 인격으로 보아야 하고 따라서 법적 책임을 물을 수 없는 것인가?

> 술에 취했다가 깬 사람은 동일한 인격이 아닌가? 그렇지 않다면 왜 술 취했을 때 범한 (범죄)행위에 대해 그가 그것을 나중에 전혀 의식하지 못함에도 처벌받아야 하는가? 자고 있으면서 걷고 다른 일을 행하는 사람이 자고 있는 동안 그가 행한 좋지 않은 일에 책임이 있는 동일한 인격인 것과 같다. 인간의 법은 앎의 방식에 적합한 정의를 가지고 그 두 경우를 모두 처벌한다. 이 두 경우 법은 진실과 거짓을 확실하게 구별할 수 없으며, 따라서 술 취함과 수면에 의한 무지를 변명으로 인정하지 않기 때문이다.[55]

---

54 『인간지성론』, 2권 27장 18절(앞의 책, 496쪽).

55 『인간지성론』, 2권 27장 22절(앞의 책, 499쪽).

술에 취해서 또는 수면 중이어서 의식하지 못하거나 기억하지 못한다면 엄밀히 말해 동일 인격이라고 말하기 어려울 것이다. 그러나 로크는 법적 책임 추궁의 문제에 관한 한, 책임 없음으로 제시하는 근거가 진실인지 거짓인지에 대한 정확한 객관적 기준이 있어야 하는데, 술 취함이나 수면에 대해서는 그 참 거짓을 판별하기가 어렵기 때문에 그것을 책임 없음의 근거로 제시할 수는 없다고 논한다. 당사자의 말이 거짓일 가능성을 배제할 수 없으므로 법적으로 처벌 가능하다고 보는 것이다.

이와 같이 인간의 인격적 자기동일성은 의식을 통해 확립되며, 이러한 인격을 바탕으로 인간은 도덕적, 법적 책임을 지는 존재가 된다. 로크는 이러한 자아의 인격은 의식과 의식이 미치는 기억으로 성립한다고 설명한다.

> 인격은 행동과 그것의 이점에 적합한 법률 용어이다. 따라서 인격은 법률을 알고 행복과 불행을 아는 지적 행위자에게만 속한다. 이 인격은 의식에 의해서만 현재의 존재를 넘어서서 과거의 것으로 자기 자신을 확장한다. 그럼으로써 인격은 현재의 행동에 대해 그런 것과 같은 근거에서 과거의 행동에 관심을 가지며 그에 대한 책임을 갖게 되고, 그것을 자신의 것으로 여기고 자신의 탓으로 돌린다.[56]

인간이 단지 동물과 마찬가지로 생명을 가진 신체에 그치지 않고 도덕적, 법적 책임을 지는 인격으로 존재하는 것은 스스로를 자신으로 아는 의식 때문이며, 이 의식이 확장되는 범위, 즉 기억이 미치는 범위

56 『인간지성론』, 2권 27장 26절(앞의 책, 502쪽).

가 곧 자신의 인격에 포함되게 된다.

여기서 로크가 말하는 의식은 일체의 경험에 함께하는 일차적 마음활동이라고 볼 수 있다. 대상을 감각할 때에도 항상 그 감각과 더불어 있는 의식이고 이차적 마음활동인 반성에도 선행하는 마음활동이다. 이 의식은 데카르트가 방법적 회의를 통해서 발견한 자아의 의식활동과 다를 바 없다. 그런데도 로크가 '실체로서의 인간'과 '의식으로서의 인격'을 구분한 것은 물리적 실체뿐 아니라 정신적 실체까지도 모두 사유대상 내지 반성대상으로 간주함으로써 결국 그 실체적 본질을 알 수 없는 것으로 판단했기 때문일 것이다. 정신적 실체를 그대로 일차적 의식활동의 존재로 이해했다면, 정신적 실체 이외에 의식으로서의 인격을 다시 논할 필요가 없었을 것이다.

이렇게 보면 로크나 데카르트는 모두 일차적 의식활동을 자아 내지 인격의 핵심이라고 보았다는 점에서 일치한다. 다만 이들은 이러한 일차적 의식활동을 명석판명한 대상의식(제6의식)이라고만 생각했다는 한계가 있다. 마음의 활동을 제6의식보다 더 깊은 차원에서 이해한 사람은 라이프니츠이다.

제9장

라이프니츠: 실체 이원론의 극복

1. 개별적 실체: 소우주로서의 생명체

1) 생명체에 내재하는 본유관념

우리는 어떻게 세계를 인식할 수 있을까? 마음이 떠올린 관념으로 어떻게 세계를 알 수 있을까? 내 마음이 떠올린 관념이 세계와 일치함을 어떻게 알 수 있을까?

데카르트는 내 마음 안의 관념이 세계 사물과 일치한다는 것을 의식 자체로부터는 알 수 없다고 보았다. 다만 인간 안에 무한자인 신의 관념이 있는데, 그 관념은 유한자로부터 나올 수 없으므로 무한자인 신 자신으로부터 우리에게 본유관념으로 주어진 것이며, 따라서 신은 존재한다는 것, 그리고 그렇게 존재하는 신은 완전하고 성실하므로 인간

이성이나 감관을 속일 리가 없고, 따라서 우리의 이성이 사유하는 것이나 감관이 감각하는 것은 모두 실재와 일치한다는 것을 알 수 있다고 논했다. 인간 이성 안에 신의 관념 및 수학적 관념이 본유관념으로 주어져 있다는 것을 전제한 주장이다.

이에 반해 로크는 인간의 영혼 안에는 아무런 관념도 주어져 있지 않으며 모든 관념은 오직 경험으로부터만 얻어진다고 보았다. 인간의 영혼은 태어날 때 그 어떤 관념도 타고나지 않으며, 따라서 본유관념이란 존재하지 않고 영혼은 아무것도 쓰여 있지 않은 백지와 같다고 주장한다. 로크가 본유관념의 존재를 부정한 것은 모든 사람이 날 때부터 그런 관념을 명석판명하게 인지하고 있지는 않기 때문이다. 그는 영혼에 본유관념이 있다는 것은 곧 영혼이 그 관념을 알고 있음을 뜻한다고 보았다. 본유관념이 있다면 누구나 날 때부터 그 관념을 알아야 한다. 그런데 어린아이나 백치를 보면, 소위 본유관념이라고 간주되는 동일률이나 모순율, 수학적 관념, 신의 관념 등을 알지 못한다. 그러므로 본유관념은 없다는 것이다.

그러나 라이프니츠[1]는 우리 영혼에 관념이 있다는 것이 곧 우리가 그 관념을 명석판명하게 알고 있다는 것 또는 의식하고 있다는 것을 의미하는 것은 아니라고 본다. 우리가 분명하게 의식하거나 구체적으

---

1 라이프니츠(Gottfried Wilhelm von Leibniz, 1646~1716)는 라이프치히에서 라이프치히대학 도덕철학 교수의 아들로 태어났으며, 라이프치히대학에서 법률과 철학을, 예나대학에서 수학을 공부했다. 1670년부터 마인츠제후국의 법률고문으로 일하면서 파리에서도 활동하다가, 1676년에 하노버로 가서 하노버가의 궁중고문, 도서 관리 등의 일을 하면서 다양한 업적을 남겼고, 1716년 하노버에서 70세로 생을 마감했다. 그는 1700년 〈베를린 과학아카데미〉를 설립하여 초대원장이 되었으며, 이분법에 입각한 계산기를 발명하고(1674) 미적분법을 창시했으며(1684), '활력' 개념을 중심으로 '에너지보존법칙'의 사상을 확립했다. 철학적 저술로는 『형이상학 논고』(1686), 『변신론』(1710) 이외에 유고 『모나드론』(1720 출간), 『신인간지성론』(1765 출간) 등이 있다.

로 인지하지 못해도 우리 영혼 안에 관념이 있을 수 있다는 것이다. 로크가 우리 영혼에 본유관념이 없다는 것을 말하기 위해 영혼을 백지에 비유했다면, 라이프니츠는 우리 영혼에 일체의 관념이 주어져 있다는 것을 말하기 위해 영혼을 대리석에 비유한다.

> 원석의 대리석 안에 헤라클레스의 형태가 있듯이, 우리가 현실적으로 사유하지 않은 사물의 관념도 우리의 정신 안에 있다.[2]

우리는 일반적으로 감각적으로 경험되는 것만을 존재하는 것이라고 여기기에, 대리석 덩어리를 보되 거기에서 헤라클레스의 모습을 보지 못하면 거기에는 헤라클레스의 형태가 있지 않다고 여긴다. 그러나 그 형태로 조각되기 이전이든 조각된 이후이든 그 형태는 대리석을 통해 드러난 것이기에, 사실 그 형태는 이미 처음부터 그 대리석 안에 있었다고 말할 수 있다. 다만 헤라클레스의 형태가 대리석 안에 있는 방식은 감각적 경험 차원의 있음의 방식이 아니다. 마찬가지로 우리는 현재 내가 의식하고 있는 관념, 내가 사유하고 있는 관념만이 나의 영혼 안에 존재한다고 생각한다. 그래서 로크는 의식되지 않는 관념이 영혼에 있다는 주장은 모순적 주장이라고 말한 것이다. 그러나 라이프니츠는 우리 영혼의 존재 그리고 우리 영혼 안의 관념의 존재는 의식적 사유 차원을 넘어선다고 보았다. 감각되지 않아도 헤라클레스의 형태가 대리석 안에 있다고 말할 수 있듯이, 의식되거나 사유되지 않아도 관념이 우리의 영혼 안에 있을 수 있다는 것이다. 우리의 영혼 안에는

---

2 『인식과 진리 그리고 관념에 관한 성찰』, 한글 번역은 『형이상학 논고』, 윤선구 옮김, 아카넷, 2010, 24쪽 참조.

의식되고 사유되는 관념뿐 아니라 의식되거나 사유되지 않은 관념도 있다. 이는 곧 우리 영혼의 활동이 의식이나 사유보다 더 넓고 더 깊다는 것을 의미한다.

데카르트나 로크가 인간 영혼의 본질을 명석판명한 의식 내지 사유로 규정한 데 반해, 라이프니츠는 인간 영혼의 활동을 의식보다 더 깊은 심층마음의 활동으로 간주한 것이다. 라이프니츠가 본유관념을 가진 영혼을 형상을 가진 대리석에 비유한 것은 생명체의 영혼의 활동은 의식이나 사유보다 더 깊다는 것을 뜻한다.

2) 생명의 힘 : 대우주를 표현하는 소우주

대리석의 비유는 본래 아리스토텔레스가 잠재태와 현실태를 논하면서 이미 언급했던 비유이다. 아리스토텔레스에 따르면 대리석 덩어리는 잠재태(potentia)로서의 질료(hyle/matter)에 해당하고, 그 안에 새겨질 헤라클레스의 형태는 그 질료 바깥에서 질료에 부과되는 현실태(entelecheia)로서의 형상(morphe/form)에 해당한다.[3] 이렇게 보면 질료와 형상, 물질적 물체와 정신적 영혼은 서로 다른 각각의 실체로 규정된다.

반면 라이프니츠는 대리석의 존재를 다른 방식으로 이해한다. 즉 대리석을 형상이 결여된 단순 질료가 아니라 자신에게서 실현될 형상을 모두 자체 내에 담고 있는 것으로 이해하며, 따라서 형상을 질료 바깥

---

3 잠재태(potentia) 내지 가능태(dynamis)와 대비되는 현실태를 엔텔레키 또는 에네르게이아라고 부른다. 엔텔레키(entelechie)는 자신의 목적(telos) 안에(en) 도달해 있는 상태, 목적을 실현한 상태를 의미하고, 에네르게이아는 그렇게 목적을 실현시키는 힘 내지 활력을 강조한 단어이다.

에서 질료에 부과되는 것이 아니라 질료 안에서 스스로를 실현하는 힘으로 간주한 것이다. 즉 대리석을 죽어 있는 물질덩어리인 수동적 질료가 아니라 자체 활동을 통해 자신 안의 형상을 스스로 현실화하여 드러내는 살아 있는 활동적 존재로 간주한 것이다.[4]

이렇게 해서 라이프니츠에게서는 이전의 형이상학자들이 분류했던 정신적 실체와 물질적 실체, 형상과 질료, 영혼과 물체의 이분법이 사라진다. 단순한 물질적 질료로 간주되던 우주 만물이 그 안에 자신이 실현할 형상을 모두 담고 있는 살아 있는 활동적 존재로 간주되며, 그 점에서 우주 만물은 모두 자신 안의 형상을 스스로 실현하는 정신적 존재, 영혼으로 간주된다. 대리석 안에 형상이 담기는 방식과 영혼 안에 관념이 담기는 방식은 마찬가지이다. 대리석은 그 자체의 생명력으로 형상을 현실화하며, 영혼 또한 그 자체의 힘으로 관념을 실현한다. 그러므로 물체는 단순 질료만이 아니고, 영혼도 질료가 배제된 의식 내지 사유만이 아닌 것이다.

영혼 안에는 그것이 실현할 형상이 이미 내재해 있으며 따라서 영혼은 아무런 정보도 담겨 있지 않은 빈 종이가 아니라 우주 전체의 진리를 고스란히 자체 안에 담고 있으며 그 진리를 스스로 실현시켜가는 보물창고이다. 우주 만물은 그 하나하나가 모두 우주 전체를 담고 있는 소우주이다.

---

4 라이프니츠는 각각의 개별 실체 안에 내재된 형상을 "실체적 형상(formes substatielles)"이라고 부른다. 이는 곧 일체 존재 안에 깃든 영혼에 해당한다. 『형이상학 논고』, 10절, 불어 원문 및 독어 번역은 *Metaphysische Abhandlung*, übersetzt von Herbert Herring, Hamburg: Felix Meiner Verlag, 1975, 21쪽 이하 참조. 한글 번역은 『형이상학 논고』, 윤선구 옮김, 54쪽 참조.

모든 개체적 실체는 자기 나름의 방식으로 전 우주를 표현한다. … 모든 실체는 말하자면 전체로서 하나의 세계이고 신의 거울이다. 하나의 동일한 도시가 조망자의 상이한 위치에 따라 상이하게 보이듯이 각 실체가 그에게 독특한 방식으로 표현하는 전 우주의 거울이다. 따라서 우주는 존재하는 실체의 수만큼 복제된다. … 실체는 혼미한 방식으로이긴 하지만 우주에서 과거, 현재, 미래에 일어나는 모든 것을 표현한다.[5]

라이프니츠에 따르면 각각의 개별적 실체는 전체 우주를 표현한다. 모든 개별자가 자신의 관점에서 우주 전체를 표현하고 있기에 각각의 개별자는 우주 전체를 표현하는 거울이며, 우주는 그 개별자의 수만큼 복제되고 있다. 소위 죽은 물질로 분류되는 대리석과 같은 광물까지도 라이프니츠는 그 안에 실체적 형상이 작동하고 있는 살아 있는 힘이라는 것을 강조한다. 우주 만물, 각각의 자연은 그대로 살아 있는 힘의 존재이다.

물질 안에 있는 운동의 최종 근거는 창조 시에 물질 안에 각인된 힘이다. 그것은 물체 안에 있지만 물체의 충돌을 통해 자연 안에서 다양한 방식으로 제한되고 억제되는 힘이다. 나는 이 작용하는 힘이 모든 실체에 내재해 있고 항상 그것으로부터 활동이 생기며 따라서 정신적 실체처럼 물질적 실체도 자신의 활동을 결코 중지할 수 없다고 말한다. 물질적 실체의 본질을 전적으로 연장이나 불가침투성으로 규정하고 물체를 근본적으로 정지한 것으로 간주하는 사람들은 이것을 충분히 파악하지 못한 것으로 보인다.[6]

---

5 『형이상학 논고』, 9절(한글 번역책, 51-53쪽).

6 『제일철학의 개선 및 실체의 개념에 대하여』(앞의 책, 142-143쪽).

물체를 정신과 달리 활동성이 없는 정지한 수동성으로 간주하면서 그 본질을 연장성으로 간주한 사람은 데카르트이고 침투불가성으로 간주한 사람은 로크이다. 이에 반해 라이프니츠는 소위 연장적 물체도 스스로 활동하는 힘을 가진 존재로서 소위 사유적 실체인 영혼과 다를 바 없다고 논한다. 즉 살아 있는 생명력과 힘, 한마디로 영혼이 없는 소위 물질적 실체라는 것은 존재하지 않는다고 보는 것이다. 모든 개별자는 우주를 표현하는 힘을 가진 영혼이다.

3) 생명체의 단일성 : 모나드

우주 만물은 모두 생명력을 가지고 자신 안의 관념을 표현해내는 실체이다. 자신 안의 관념을 바깥으로 표출해내는 생명적 힘을 가진 실체를 라이프니츠는 단일성 내지 단순성이라는 의미의 '모나드'라고 부른다. 단일하다는 것은 분할 불가능하다는 말이다. 이러한 분할 불가능성은 데카르트가 사유적 실체인 영혼의 특징으로 제시한 것인데, 라이프니츠는 이것을 모든 개별자의 실체적 특징이라고 논한다.

> 실체는 활동이 가능한 존재이다. … 단순한 실체는 어떤 부분도 갖지 않는 것이다. … 모나드는 단일성 또는 하나를 의미하는 그리스어이다. 복합적 사물 또는 물체는 다수로 이루어져 있고, 단순한 실체, 생명체, 영혼, 정신은 단일하다. 단순한 것(단일한 실체, 영혼) 없이는 복합적인 것(물체)이 있을 수 없으므로 도처에 단순한 실체가 존재해야 한다. 결국 전 자연은 생명으로 충만되어 있다.[7]

7 『자연과 은총의 이성적 원리』, 1절. 불어 원문 및 독어 번역은 *Vernunftprinzipien der Natur und der Gnade*, übersetzt von Artur Buchenau, Hamburg: Felix Meiner

우주 만물이 모두 생명력을 지닌 단순한 모나드로서 존재한다. 상식의 눈으로 보면 복합적인 물체와 단일한 영혼이 서로 무관한 별개의 것으로 여겨지지만, 라이프니츠는 현상적 물체를 생명적 존재로 본다. 만물이 생명체이며 각각이 모두 모나드이다.

> 모나드는 복합된 것 안에 있는 단순한 실체에 다름 아니다.[8]

복합적인 물체 안에 영혼적 실체인 생명적 모나드가 존재하며, 이 모나드의 생명적 힘으로 복합적 세계가 전개된다. 단순한 모나드가 복합적 세계를 표현하는 것이다. 단순성은 복합성 안에 있고, 따라서 복합적인 현상세계는 단순한 실체인 모나드가 자신을 전개한 자기표현의 산물이다.

> 실체의 단순성은 이 동일한 단순 실체 내부에 있고 외부 사물에 대한 그의 관계의 다양성 안에 존재하는 상이한 상태들의 다수성을 결코 저해하지 않는다. 이런 사정은 한 중심 또는 한 점이 아무리 단순하다고 할지라도 그 안에서 만나는 직선들을 통해 만들어지는 무수히 많은 다양한 각도가 그 안에 존재하는 것과 동일하다.[9]

단순한 각각의 모나드는 자기 자리에서 전체 우주를 표현한다. 모나드에서 표현되는 세계는 복합적인 모습으로 나타난다. 모나드는 그렇

Verlag, 1982, 3쪽 참조. 한글 번역은 앞의 책, 225-226쪽.

8 『모나드론』, 1절. 불어 원문 및 독어 번역은 *Monadologie*, übersetzt von Artur Buchenau, Hamburg: Felix Meiner Verlag, 1982, 27쪽. 한글 번역은 앞의 책, 249쪽.

9 『자연과 은총의 이성적 원리』, 2절(한글 번역책, 228쪽).

게 세계를 지각하고 표현하고, 세계는 모나드에 의해 표현된 세계이며, 모나드에 내재된 관념의 현실화된 결과물이다.

> 모든 모나드는 자신의 관점으로부터 우주를 표현하고 우주 자체와 동일하게 규정되어 있는 내적 활동성이 가능한 살아 있는 거울이다.[10]

모나드에 의해 표현된 현상에서는 작용인의 법칙이 적용되지만, 모나드 내부의 지각은 목적인의 법칙을 따라 진행된다. 이런 식으로 라이프니츠는 작용인의 체계와 목적인의 체계 간의 조화를 주장한다.

2. 모나드의 활동

1) 지각과 욕구

모든 개별자는 자신 안에 자신이 실현할 관념을 모두 갖고 있으며, 그 관념을 현실화하는 힘을 갖고 있다. 그러므로 모든 개별자는 영혼적 실체로서 힘의 모나드이다. 모나드는 자신 안의 관념을 현실화함으로써 우주를 표현한다. 모나드가 세계를 표현하는 활동을 라이프니츠는 모나드의 지각과 욕구로 설명한다. 지각(perception/Perzeption)은 단일한 모나드가 각 순간마다 우주 전체를 표현하는 활동이다.

> 단일성 또는 단순한 실체 안에서 다수성을 포함하고 그것을 표현하는 일

10 『자연과 은총의 이성적 원리』, 3절(앞의 책, 230쪽).

시적인 상태가 사람들이 지각이라고 부르는 것 외의 다른 것이 아니다.[11]

단일한 모나드는 영혼적 실체이며, 복합적인 것 내지 다수성은 영혼에 의해 표현된 결과로서의 물체이다. 지각은 내재된 관념의 표현이며 이로써 단일한 것과 복합적인 것의 관계가 설명된다. 즉 단일한 모나드의 지각활동을 통해 복합적 현상세계가 나타나는 것이다. 영혼적 실체인 모나드는 우주 전체를 표현하는 생명적 활동성이다. 모나드가 지각활동을 통해 표현해낼 관념 내지 형상이 모나드 자체 안에 모두 포함되어 있음을 라이프니츠는 '주름'으로 비유한다. 시간의 흐름과 함께 주름이 펼쳐지면서 그 안에 담겨 있는 형상이 드러난다. 형상이 드러난다는 것은 곧 그 모나드로부터 하나의 우주가 펼쳐진다는 것, 모나드가 하나의 우주를 표현해낸다는 것을 의미한다. 그러나 지각활동에서 표현되는 형상을 모나드가 모두 의식하는 것은 아니다.

만일 시간이 경과해야 비로소 감각할 수 있도록 전개되는 그의 주름을 우리가 모두 펼칠 수 있다면, 우리는 모든 영혼 속에서 우주의 아름다움을 인식할 수 있을 것이다. … 모든 영혼은 무한한 것을 인식하고, 모호한 방식이긴 하지만 모든 것을 인식한다. 이는 마치 내가 바닷가를 산책하면서 바다의 굉장한 소리를 들을 때 그 전체 소리를 구성하는 파도의 모든 개별적 소리를 비록 내가 그것을 각각 구별하지는 못해도 모두 듣고 있는 것과 마찬가지이다.[12]

---

11 『모나드론』, 14절(앞의 책, 256-257쪽).

12 『자연과 은총의 이성적 원리』, 13절(앞의 책, 242쪽).

미세한 소리들이 합해서 큰 파도소리를 이룬다. 우리가 그 미세한 소리들을 각각으로 구분해서 알아차리지 못해도 그들의 합인 파도소리를 듣는다면, 그것은 우리가 이미 미세한 소리를 모두 듣고 있기에 가능한 것이다. 이처럼 우리의 의식이 무엇인가를 보고 듣는다면, 그것은 사실 우리의 의식이 미처 알아차리지 못하는 무수한 세밀한 지각들에 근거해서 가능한 것이다. 너무 세밀해서 우리가 미처 명료하게 의식하지 못하는 무수한 지각들이 합해져서 우리의 표층의식을 가능하게 한다. 이와 같이 우리가 보고 듣지만 너무 미세해서 그 자체로 의식되지 않는 지각을 라이프니츠는 '미세지각(petite perception)'이라고 부른다.[13] 그는 모든 생명체가 스스로 의식하지 못해도 지각을 갖고 있음을 논하며, 그러한 무의식적 지각이 단순한 모나드의 상태라고 설명한다.

> 우리가 마취상태에서 깨어날 때 우리의 지각을 의식하는 것은 곧 우리가 그 바로 직전에 비록 의식 못 한다고 해도 이미 지각을 갖고 있었음을 말해 준다. 왜냐하면 운동이 운동으로부터만 발생하듯이, 지각은 응당 다른 지각으로부터만 발생할 수 있기 때문이다. 이로부터 우리가 지각에서 분명한 특

13 라이프니츠의 미세지각은 현상적인 표층의식보다 더 심층에서 작동하는 마음의 활동을 논한다는 점에서 동양식 사고와 비교될 만하다. 불교 기신론은 표층의 제6의식이나 제7말나식보다 더 심층에서 활동하는 제8아뢰야식의 활동을 3가지 '미세한 상(무명업상, 능견상, 경계상)'이라고 논하며, 성리학은 경험적 방식으로 의식되지 않는 심층의 마음활동을 '미발지각(未發知覺)'이라고 부른다. 라이프니츠의 사상 안에 동양적 사유의 특징들이 드러나는 것은 그가 선교사들에 의해 로마 교황청에 전달된 동양의 경전들을 읽고 연구했다는 사실과 무관하지 않다고 본다. 중국 문헌들을 읽고 라이프니츠가 중국사상에 관하여 쓴 글 중에는 「중국인의 자연신학론」 등이 있다. 이동희는 이 글과 라이프니츠의 다른 몇 편의 글들을 더 모아 『라이프니츠가 만난 중국』(이학사, 2003)이라는 제목의 책을 펴냈다.

징과 강한 감각을 갖지 않는다면, 우리는 항상 마취상태에 있게 되리라는 것을 알 수 있다. 실제로 이것은 아주 단순한 모나드의 상태이다.[14]

우리의 의식의 근저에는 의식으로 올라오지 못한 무수한 미세한 지각이 일어나고 있으며, 이 미세한 지각의 방식으로 우리는 우주를 표현하고 있다. 지각은 모나드가 한 순간에 다수의 물질세계를 표현해내는 공간화의 활동이다. 반면 욕구(appetition/Streben)는 모나드가 한 순간의 지각에서 그다음 순간의 지각으로 나아가는 시간화의 활동이라고 할 수 있다.

한 지각으로부터 다른 지각으로의 이행 내지 변화를 야기하는 내부 원리의 활동을 욕구라고 한다.[15]

라이프니츠는 이와 같이 모나드의 내적 특성을 지각과 욕구로 설명한다.

모나드의 내적 특성과 활동은 지각과 욕구이다. 지각은 단순한 것 안에서 복합적인 것 또는 그의 외부에 존재하는 것의 표현이며, 변화의 원리로서의 욕구는 한 지각으로부터 다른 지각으로 이행하려는 노력이다.[16]

지각과 욕구는 영혼적 실체의 특징이다. 라이프니츠는 이것을 모든 개별자들, 즉 광물과 식물, 동물, 인간 모나드의 특징으로 간주한다.

---

14 『모나드론』, 15절(앞의 책, 258쪽).
15 『모나드론』, 15절(앞의 책, 258쪽).
16 『자연과 은총의 이성적 원리』, 2절(앞의 책, 227쪽).

모든 개별자가 생명의 힘을 가진 생명체로서 지각과 욕구를 한다는 것이다. 모든 생명체, 모든 모나드는 지각과 욕구의 활동을 한다는 점에서는 마찬가지이다. 다만 지각의 판명성에 따라 모나드는 서로 다른 층위의 존재가 된다.

2) 지각의 판명성에 따른 모나드의 등급

모나드가 우주를 표현하는 방식이 지각인데, 지각은 의식되지 않는 지각에서 명료하게 의식되는 지각에 이르기까지 그 판명성에서 차이가 있다.

> 영혼 안에 있는 각각의 판명한 지각은 전 우주를 포괄하는 무한한 수의 모호한 지각을 포함하고 있다. 영혼은 그가 지각하는 사물을 그의 지각이 판명하고 고양된 한에서만 인식하며, 그 영혼의 완전성은 그 지각의 판명성에 비례한다. … 유일하게 신만이 모든 것에 대하여 판명한 지각을 가진다. 그가 모든 존재의 근원이기 때문이다.[17]

지각의 판명성의 정도에 따라 모나드에 완전성의 차이가 있다고 하면서, 라이프니츠는 신의 모나드를 제외한 개별 모나드를 세 가지 등급으로 나눈다.

힘의 모나드 : 광물과 식물

자연의 모든 개별자는 실체이며 모나드이다. 가장 기본적인 모나드

---

17 『자연과 은총의 이성적 원리』, 13절(앞의 책, 242쪽).

를 힘 내지 생명력이라는 의미의 '엔텔레키(entelechie)'라고 부른다.

> 모든 모나드는 자신에게 고유한 신체와 더불어 하나의 살아 있는 실체를 형성한다.[18]

> 우리는 모든 단순한 실체 또는 창조된 모나드에게 엔텔레키라는 이름을 부여할 수 있다. 그들은 모두 자신 안에 완전성을 가지고 있기 때문이다. 그들은 자신을 자신의 내적 활동성의 근원으로 만들고 소위 비물질적 자동기계로 만드는 일종의 자족성을 가지고 있다.[19]

지각과 욕구를 한다는 점에서 광의의 영혼으로 부르기도 하지만, 감각기관을 통해 감각활동을 하는 협의의 영혼인 동물 모나드와 구분해서 부를 때는 그냥 '모나드' 또는 '엔텔레키'라고 부른다.

> 일반적 의미에서 지각과 욕구를 가지고 있는 모든 것을 영혼이라고 부른다면, 모든 단순한 실체 또는 창조된 모나드는 영혼이라고 부를 수 있다. 그러나 (감각은 없이) 단지 지각만을 가지고 있는 단순한 실체들에게는 일반적 명칭인 모나드 또는 엔텔레키로 충분할 것이다.[20]

단지 지각만 갖고 있다는 것은 의식 차원으로 떠오르는 지각인 감각이 아직 일어나지 않는다는 것, 판명한 지각이 아니고 무의식적 지각인 미세지각만 있다는 것을 뜻한다. 한마디로 지각이 의식화되지 않고

---

18 『자연과 은총의 이성적 원리』, 4절(앞의 책, 231쪽).
19 『모나드론』, 18절(앞의 책, 260쪽).
20 『모나드론』, 19절(앞의 책, 260쪽).

모나드의 무의식적 활동만 일어나는 것이다. 모나드의 이러한 상태는 동물이나 인간에서 의식이 끊긴 상태에 비교될 수 있다. 꿈 없는 잠이나 기절 상태가 그렇다. 이때는 의식은 멈추지만 생명이 멈춘 것은 아니다. 그러므로 생명활동은 작동하며 따라서 의식되지 않는 미세지각의 활동은 일어나고 있다. 미세지각으로 우주 전체를 표현하는 모나드의 활동은 지속되고 있는 것이다.

> 동물은 꿈 없는 깊은 잠이나 실신 상태에 있을 때처럼 지각이 의식하기 충분할 만큼 판명하지 않으면 단순한 생명체의 상태에 있게 되며, 그 영혼은 단순한 모나드의 상태에 있게 된다.[21]

모든 존재는 살아 있는 생명체인 모나드로서 자신의 내적인 생명적 활력으로 전체 우주를 표현한다. 우주를 표현하는 이 활동이 미세지각이며, 모든 존재는 끊임없이 미세지각을 하면서 살아 있는 생명적 실체인 모나드이다.

영혼의 모나드 : 동물

기본적인 모나드와 구분해서 동물의 모나드를 '영혼(ame/Seele)'(협의의 영혼)이라고 부른다. 동물에게는 눈이나 귀, 코나 입, 피부 등 감각기관이 있다. 감각기관이 있다는 것은 그것이 지각하는 인상이 두드러짐으로써 지각의 판명성이 크다는 말이다. 지각이 판명하면 생명체는 지각을 의식하게 된다. 이렇게 감각기관이 있는 생명체가 동물이다.

---

21 『자연과 은총의 이성적 원리』, 4절(앞의 책, 232쪽).

어떤 모나드가 그가 수용하는 인상과 그 인상을 재현하는 지각에 두드러진 차이가 존재하도록 하는 합목적적 기관을 갖고 있다면, 이 모나드의 지각은 감각에 이를 수 있다. 감각은 경우에 따라 후에 그것을 다시 떠올릴 수 있게끔 그것의 잔상이 오래 지속되는 기억을 동반한다. 그런 모나드는 '영혼'이라고 불리고, 이런 감각을 가진 생명체를 우리는 '동물'이라고 부른다.[22]

동물 모나드는 미세지각만 있는 단순한 모나드와 달리 감각기관이 있어 감각, 즉 의식되는 지각을 가지며, 이러한 동물 모나드를 엔텔레키의 모나드와 구분해서 협의의 영혼이라고 부른다. 보다 판명한 지각인 감각을 가진다는 점에서 영혼 모나드는 단순한 모나드와 구분된다. 그렇다면 영혼 모나드와 인간 모나드를 구분 짓는 것은 무엇인가?

동물의 지각에는 이성과 비슷한 연결이 존재한다. 그러나 이것은 사실 또는 결과에 대한 기억에 근거한 것이지 결코 원인의 인식에 근거한 것이 아니다. 그러므로 개는 사람이 그를 때리는 데 사용하는 막대기를 보면 도망치는데, 기억이 그 막대기가 그에게 준 고통을 떠올리기 때문이다. 사람도 경험적으로 행동하는 한, 그 행복방식의 4분의 3은 동물과 마찬가지로 행동한다.[23]

동물이 경험의 기억에 따라 행동하는 것과 인간이 이성의 추리에 따

22 『자연과 은총의 이성적 원리』, 4절(앞의 책, 231-232쪽).

23 『자연과 은총의 이성적 원리』, 5절(앞의 책, 233쪽); 『모나드론』, 26절(앞의 책, 263쪽).

라 사유하는 것을 구분한 것이다. 라이프니츠는 동물은 결과에 대한 기억만 가질 뿐인 데 반해 인간은 원인을 추리하여 필연적 진리를 안다는 것에서 동물과 인간의 차이점을 발견한다.

정신의 모나드 : 인간

단순한 모나드인 엔텔레키나 동물 모나드인 영혼보다 한 단계 더 나아간 모나드는 인간 모나드이다. 인간 모나드는 이성을 가진 영혼이며, 라이프니츠는 이러한 인간 모나드를 '정신(esprit/Geist)' 또는 '통각(apperception/Apperzeption)'이라고 부른다.

> 만일 영혼이 이성을 갖기까지 고양된다면 그것은 더욱 뛰어난 것이고, 우리는 이것을 '정신'으로 간주한다.[24]

> 필연적 진리를 인식하는 생명체는 원래적 의미에서 이성을 가진 생명체라고 하고, 그 영혼을 '정신'이라고 부른다. 이러한 영혼은 반성을 할 수 있고, 사람들이 자아, 실체, 영혼, 정신이라고 부르는 비물질적 사물과 진리를 파악할 수 있다. 바로 이것이 우리를 학문 또는 논증적 인식에 이르게 하는 것이다.[25]

여기서 반성을 한다는 것은 자기 자신에 대해 생각하고 인지하는 것을 의미한다. 이성 내지 정신만이 자기의식과 반성을 통해 진리를 인식하는 능력을 가진다. 라이프니츠는 이성적 추리에서의 두 원칙을 다

24 『자연과 은총의 이성적 원리』, 4절(앞의 책, 232쪽).
25 『자연과 은총의 이성적 원리』, 5절(앞의 책, 234쪽).

음과 같이 정리한다.

> 우리의 이성적 추리는 두 가지 대원칙에 기인한다. 첫 번째 원칙은 모순율이다. 우리는 이것을 통하여 모순을 포함한 것은 모두 거짓이라고 판단하고, 거짓인 것과 대립되거나 모순되는 것을 참이라고 판단한다. 그리고 두 번째 원칙은 충족이유율이다. 우리는 이것을 통하여 어떤 것이 왜 이럴 뿐이고 달리 저러해서는 안 되는지에 대한 충분한 근거가 없다면, 어떤 사실도 참된 것 또는 존재하는 것이라고 증명될 수 없고 어떤 명제도 참인 것으로 증명될 수 없다고 생각한다.[26]

이성적 추리의 원칙: 1. 모순율
2. 충족이유율

인간 이성은 반성과 추리를 통해 세계에 대한 이성적 인식을 얻는데, 그러한 추리에 전제되는 원칙이 모순율과 충족이유율이다. 라이프니츠에 따르면 모순율에 입각한 진리는 명제의 분석을 통해 도달되며 그 반대가 불가능한 필연적 진리이다. 수학적 정의와 공리 같은 명제를 '추론진리'라고 한다. 그리고 충족이유율에 입각한 진리는 세상에 일어나는 사실들의 이러저러한 근거를 따라 성립하는데, 한 사물이나 사태에 대한 이유 내지 근거는 무한히 찾아질 수 있으므로 충분 근거 또는 최종 근거는 사물들의 계열 밖에서 찾아지게 된다. 이런 진리를 '사실진리'라고 한다.

---

26 『모나드론』, 31-32절(앞의 책, 265-266쪽).

두 가지 종류의 진리, 즉 추론진리와 사실진리가 존재한다. 추론진리는 필연적이고 그 반대가 불가능하다. 사실진리는 우연적이고 그 반대가 가능하다.[27]

두 가지 진리: 1. 추론진리
2. 사실진리

이성 내지 정신은 단순한 모나드인 엔텔레키나 동물의 모나드인 영혼과는 구분되는 인간 모나드로서, 인간은 자신의 이성의 원칙에 따라 사유함으로써 추론진리 및 사실진리의 인식에 이를 수 있다. 이로써 인간 모나드는 신과 가장 가까운 모나드이며 완전자인 신을 모방하는 정신이다.

정신은 신의 작품에 대한 지각을 갖고 있을 뿐 아니라 스스로 비록 작은 영역에서이지만 신의 작품들과 닮은 것을 산출할 수도 있다. … 우리의 영혼은 의지적 행위에 있어서도 건축가처럼 행동한다. 그리고 우리의 영혼은 신이 사물(무게, 양, 수 등)을 배열하는 원리인 학문을 발견함으로써 허용된 영역 내에서, 신이 큰 세계 안에서 행하는 것을 작은 세계 내에서 모방한다.[28]

인간 정신의 특징은 의지적 산출과 학문적 인식이다. 그러나 인간의 정신 모나드 안에도 그것이 생명적 존재인 한 일반 모나드와 마찬가지

---

27 『모나드론』, 33절(앞의 책, 266쪽).

28 『자연과 은총의 이성적 원리』, 14절(앞의 책, 243쪽).

의 미세지각과 동물 모나드와 마찬가지의 감각 및 기억의 활동이 일어나고 있다. 라이프니츠는 모든 모나드 안에서 일어나는 지각활동과 인간의 정신 모나드 안에서 일어나는 통각활동은 분명히 구분되어야 한다고 강조한다.

3) 지각과 통각(의식)의 구분

인간 모나드는 정신이라고 부르는데, 정신 모나드의 통각활동은 모나드의 근원적 활동인 지각과 구분되어야 한다.

> 우리는 지각 또는 외부 사물을 표현하는 모나드의 내적 상태와 자의식 또는 이 내적 상태에 대한 반성적 의식인 통각을 구분하지 않으면 안 된다. 후자는 결코 모든 영혼에 주어지는 것이 아니며, 동일한 영혼에게도 항상 주어지는 것이 아니다.[29]

모든 개별적 실체인 모나드의 기본 활동성인 지각을 인간 모나드의 의식활동과 동일시해버리면, 의식되지 않는 지각을 하는 모든 생명체를 지각활동이 없는 죽은 물체처럼 간주하는 오류를 범하게 된다. 라이프니츠는 미세지각을 알지 못한 이전의 형이상학자들은 모두 이런 오류를 범한다고 비판한다.

> 지각은 통각 또는 의식과 구별되지 않으면 안된다. 데카르트주의자들은 사람들이 의식하지 못하는 지각을 아무것도 아닌 것으로 간주했는데, 바로

---

29 『자연과 은총의 이성적 원리』, 4절(앞의 책, 232쪽).

이 점에서 그들은 큰 실수를 범했다. 그 때문에 그들은 오직 정신만이 모나드이고, 동물의 영혼이나 다른 엔텔레키는 존재하지 않는다고 가정하게 되었다. 또 그들은 대개의 의견과 마찬가지로 장기적 실신상태를 본래적 의미의 죽음과 혼동했고, 이로써 다시 전적으로 육체를 갖지 않는 영혼이 있다고 하는 스콜라철학자의 편견에 빠지게 되었다.[30]

데카르트가 오직 인간만을 지각과 욕구를 갖는 영혼으로 간주하고 인간 이외의 다른 생명체를 단순히 물리적인 연장적 사물 내지 기계처럼 간주한 것은 그가 지각을 명석판명한 의식 차원의 지각과 동일시하면서 우리에게 의식되지 않는 미세지각의 활동이 있다는 것을 알지 못했기 때문이다. 그가 인간만이 갖는다고 생각한 지각은 라이프니츠에 따르면 반성적 인식 차원의 통각이지 일체 모나드의 근본 활동으로서의 지각이 아니다. 모나드의 지각은 의식적 반성이나 추론에 앞서 일어나는 활동, 우주 전체를 표현하는 생명력의 표출이기 때문이다.

3. 유아론과 예정조화설

1) 모나드의 창 없음

각각의 생명체 모나드는 자신이 전개할 관념을 모두 자신 안에 갖고 있으며 시간의 흐름을 따라 그 관념을 현실화한다. 관념이 겹쳐져 있는 주름이 펴지면서 세계가 전개된다. 그렇게 각 모나드는 자신의 관

30 『모나드론』, 14절(앞의 책, 257-259쪽).

념을 내부로부터 펼쳐내지 밖으로부터 받아들이는 것이 아니다. 이로써 '모나드는 창이 없다.'는 명제가 성립한다.

> 우리는 모나드 내부에 어떤 것도 전달할 수 없다. 부분들 상호간의 관계의 변화가 가능한 복합적 사물과 달리 그 안에서 야기되고 전달되고 증가하거나 감소할 어떤 내부운동도 생각할 수 없으므로, 어떻게 하나의 모나드가 다른 피조물에 의해 내부에 영향을 받거나 변화될 수 있는지를 설명할 수 있는 가능성은 없다. 모나드는 어떤 것이 그 안으로 들어가거나 안에서 밖으로 나올 수 있는 그런 창을 갖고 있지 않다.[31]

창이 없는 각각의 모나드가 자신의 세계를 펼쳐내지만, 우리는 그렇게 표현된 세계 안에서 서로 소통하면서 살아간다. 창이 없이 자신의 내면의 형상, 즉 주름 안에 감추어져 있던 것을 스스로 펼쳐낼 뿐인데, 현상 차원에서의 소통은 어떻게 가능한 것일까? 라이프니츠는 이것을 신(神)의 예정조화로 설명한다.

2) 신의 예정조화

라이프니츠는 신이 일체 모나드를 창조할 때 미리 장차 그 모나드들의 표현이 서로 조화를 이루게끔 창조했다고 주장한다. 그렇다면 그렇게 모나드를 창조할 신이 과연 존재하는지는 어떻게 아는가? 이 주장을 정당화하기 위해 라이프니츠 또한 신 존재를 증명하는데, 그가 신의 존재를 증명하는 방식은 서양철학의 전통적 방식과 다르지 않다.

---

31 『모나드론』, 7절(앞의 책, 253쪽).

즉 모든 인과 계열에는 최초의 원인, 일체 존재의 최종 근거가 있어야 하고, 그것이 바로 신이라는 것이다.

> (형이상학에서) 제기할 수 있는 첫 번째 질문은 왜 무가 아니고 어떤 것이 존재하는가이다. … 그런데 우주의 존재에 대한 충분한 이유는 우연적 사물들의 계열 안에, 즉 물체와 영혼 안에 있는 이들의 표상들의 계열 안에서 찾아질 수는 없다. … 따라서 다른 어떤 이유도 필요로 하지 않는 충분한 이유는 우연한 사물들의 계열 외부에 존재해야 하고, 이 계열의 원인이며 자기 존재의 이유를 자신 안에 가지고 있는 필연적 존재인 실체 안에 존재하지 않으면 안 된다. … 이 사물의 최종 근거가 신이라고 불린다.[32]

이렇게 신의 존재를 논증하고 그는 그러한 신은 전지하고 전능하며 최고로 선하다고 논한다.

> 근원적 단순실체는 그의 결과인 파생된 실체들 안에 포함되어 있는 모든 완전성을 최고의 정도로 포함하고 있지 않으면 안 된다. 따라서 이 실체는 능력, 지식, 의지에 있어서 완전하다. 즉 전능하고 전지하고 최고로 선하다.[33]

전지전능하고 최고로 선한 신이 창조한 세계는 따라서 최선의 세계이다.

---

32 『자연과 은총의 이성적 원리』, 7-8절(앞의 책, 237-238쪽).

33 『자연과 은총의 이성적 원리』, 9절(앞의 책, 238쪽).

> 신의 최고의 완전성으로부터 그가 우주를 창조함에 있어 가능한 가장 좋은 계획을 선택했다는 결론이 나온다. … 신의 지성 안에서는 모든 가능성이 그 완전성의 정도에 따라 존재를 얻으려 하기에, 그 모든 노력의 결과인 실제 세계는 모든 가능한 세계 중에서 최선의 세계여야 하기 때문이다. 이런 전제가 없다면 왜 사물이 달리 진행되지 않고 이렇게 진행되었는지에 대한 이유를 제시하는 것이 불가능할 것이다.[34]

신은 최선의 가능성이 실현되는 최선의 세계를 선택했으며, 그 질서에 따라 모든 모나드는 서로 조화를 이룬다. 따라서 모나드는 각각 자신의 내면을 표현하지만, 신의 예정조화에 따라 각 모나드의 표현은 모두 서로 조화를 이루어 마치 하나의 세계가 펼쳐지는 것처럼 여겨지는 것이다. 각각의 모나드는 서로 영향을 주고받을 수 있는 창이 없지만, 신의 예정조화에 의해 모든 모나드가 서로 통일과 조화를 이루는 것이다.

> 단순한 실체에서는 한 모나드가 다른 모나드에 미치는 영향은 오직 관념적 영향으로만 가능하다. 이 관념적 영향은 오직 한 모나드가 신의 관념 안에서, 신이 태초에 다른 모나드를 조정할 때 이미 그를 고려했다고 정당하게 요구하는 한에서, 신의 매개를 통해서만 작용된다. 왜냐하면 창조된 모나드는 다른 모나드의 내부에 어떠한 물리적 영향도 행사할 수 없으므로 오직 이런 방법으로만 하나의 모나드가 다른 모나드에 의존할 수 있기 때문이다.[35]

---

34 『자연과 은총의 이성적 원리』, 10절(앞의 책, 239쪽).

35 『모나드론』, 51절(앞의 책, 275쪽).

신의 예정조화에 의해서 모나드들은 창이 없어도 마치 서로 영향을 주고받는 듯 하나의 조화로운 세계를 이루는 것이다. 그렇게 각각의 모나드는 대우주를 반영하는 소우주로 존재한다.

> 모든 창조된 사물을 각각의 사물에, 그리고 각각의 사물을 다른 모든 것에 결합 또는 순응시킨 결과, 모든 단순한 실체는 다른 실체의 총체를 표현하는 관계를 포함하고, 그 결과 그는 살아 있고 영속하는 우주의 거울이 된다.[36]

라이프니츠는 일상적인 정신과 물질, 물리와 심리의 이원성에 입각한 실체 이원론을 비판한다. 서로 다른 두 종류의 실체, 영혼과 물체가 따로 있는 것이 아니고, 모든 개별자는 지각하며 욕구하는 살아 있는 생명체인 영혼이다. 우주 삼라만상은 영혼의 생명적 활력이 밖으로 표출된 현상이며, 영혼의 주름 안에 내장되어 있던 관념들의 자기전개이다. 무수한 모나드가 각각 표출해내는 무수한 우주가 그럼에도 불구하고 하나의 우주처럼 함께 맞물려 돌아가는 것을 라이프니츠는 태초에 그런 방식으로 모나드를 창조한 신의 예정조화 덕분이라고 설명한다.[37]

---

36 『모나드론』, 56절(앞의 책, 277쪽).

37 미세지각의 심층마음을 논하되 그것을 일(一)이 아닌 다(多)의 관점으로만 생각한 것이 라이프니츠의 한계라고 본다. 연기(緣起)적 공생(共生)과 궁극의 일심(一心)을 알지 못하기에 그는 생명적 실체를 고립된 개별자인 '창 없는 모나드'로 규정했고, 따라서 서로 간의 소통의 현상을 설명하기 위해 다시 신의 예정조화를 들여올 수밖에 없었다. 궁극의 일자(一者)는 인간 밖의 신(神)이어야만 한다는 서양식 사유의 한계 때문이라고 본다.

제10장

흄: 실체의 부정

1. 경험주의 원칙

1) 경험주의 전략

라이프니츠는 경험적 차원에서 의식으로 확인되는 물질과 정신의 이원성을 부정하고 그 둘을 통합하는 하나의 생명적 실체인 모나드를 주장했다. 모나드는 일체의 관념을 자신의 주름 안에 간직하고 시간의 흐름에 따라 주름을 펼쳐내면서 관념을 실현하여 우주를 표현한다. 모든 개별자는 창조 순간부터 무한한 관념을 갖고 그것을 현실화하는 생명적 힘인 것이다. 라이프니츠 철학은 이중 차원을 포함한다. 우리 각각의 모나드가 자신 안에 포함된 관념을 펼쳐서 우주 현상을 표현해내는 선험적 존재론적 차원과 그렇게 펼쳐진 우주 현상을 우리가 의식하는 경험적 인식론적 차원이 그것이다. 모나드의 전자의 활동은 의식되지 않는 지각인 미세지각의 차원이며, 이것은 경험적 의식으로는 포착되지 않는 차원이다.

만약 일상적인 경험적 의식 차원에서만 존재를 논한다면, 아직 현상으로 구체화되지 않은 관념, 그런 관념을 실현하여 우주를 표현하는 모나드, 그런 모나드의 의식되지 않는 미세지각의 활동 등은 경험적으로 확인되지 않는 형이상학적 가설에 불과할 것이다. 경험주의자 흄[1]은 감각경험을 통해 확인할 수 있는 것과 감각경험을 통해 확인할 수 없는 것, 둘을 구분하며, 우리의 이성은 오직 감각경험을 통해 확인할 수 있는 것에 대해서만 논리적 사유를 통해 진리를 인식할 수 있을 뿐이고, 감각경험을 통해 확인할 수 없는 것에 대해서는 어떠한 이성적 진리 인식도 가질 수 없다고 주장한다. 따라서 앞서의 형이상학자들이 경험적 현상의 근거로서 실체, 즉 물체와 영혼에 대해 논해왔던 것을 "주제넘고 근거 없는 것"으로 간주한다. 경험을 넘어서는 것에 대한 이성적 인식을 부정하는 것이다.

> 나는 분명히 외부 물체의 본질과 마찬가지로 정신의 본질도 알 수 없다고 여긴다. 신중하고 정확한 실험, 그리고 상이한 여건과 상황으로부터 유래하는 개별적 실험 결과에 대한 관찰 등을 제외한 다른 방식으로 정신의 능력

---

1 흄(David Hume, 1711~1776)은 스코틀랜드 에든버러에서 토지소유권자이며 법률가인 아버지와 열렬한 칼빈교도인 어머니 사이에 태어났다. 에든버러대학 법학부를 나왔으나, 문학, 철학, 역사 등에 더 많은 관심을 갖고 그 방면의 저술활동을 했다. 30대에 몇몇 대학에 구직했으나 무신론자라는 의심을 받아 자리를 얻지 못했으며, 1752년부터 에든버러 변호사회 도서관 사서로 일하다가 1763년 프랑스 대사의 비서관, 1767년 국무차관을 역임하고, 1769년 은퇴 후 에든버러로 돌아와 윤택한 생활을 영위하다가 65세에 병으로 사망했다. 저서로는 『인간 본성에 관한 논고』(1739), 『도덕과 정치논집』(1741~1742), 『도덕 원리에 관한 연구』(1751) 등이 있다.

과 실질에 관한 어떤 개념도 형성할 수 없다고 생각한다. … 우리는 분명히 경험을 넘어설 수 없다. 인간 본성의 가장 근원적인 성질을 발견했다고 주장하는 어떤 가설이라도 주제넘고 근거 없는 것으로 먼저 거부되어야 한다.[2]

그러나 흄은 이러한 인식의 한계가 철학의 한계가 아니라 오히려 철학이 밝혀내야 할 새로운 통찰이라고 보았다. 그는 궁극원리에 대해서는 어떤 근거도 제시할 수 없다는 것, 궁극원리에 대한 설명은 불가능하다는 것을 인간 본성의 해명을 통해 밝히고자 했다. 그는 모든 인식과 학문의 토대에는 인간의 본성이 놓여 있으며, 모든 학문의 기반을 밝히고자 하면 우선 인간의 본성이 어떠한지를 밝혀야 한다고 보았다.

모든 학문이 인간의 본성과 관련되어 있다. 학문 중에서 인간의 본성과 거리가 먼 것처럼 보이는 학문도 이런저런 경로를 거치면 분명히 인간의 본성으로 되돌아온다. 심지어 수학과 자연철학 그리고 자연종교까지도 인간학에 의존하고 있다. 왜냐하면 그런 학문도 인간의 인식능력 아래 있으며, 인간의 능력이나 인식기능을 통해 판단되기 때문이다.[3]

수학이나 자연과학 및 자연종교까지도 모두 인간의 인식을 통해 학

---

2 『인간 본성에 관한 논고』, 1권 「오성에 관하여」 서문. 영어 원문은 *A Treatise of Human Nature: Being an Attempt to Introduce the Experimental Method of Reasoning into Moral Subjects*, New York: Dolphin Books, 1961 참조. 한글 번역은 『오성에 관하여』, 이준호 옮김, 서광사, 1994, 22쪽 참조.

3 『인간 본성에 관한 논고』, 1권 서문(한글 번역책, 20-21쪽).

문으로 성립하므로 결국 인간의 인식능력의 범위나 한계 등을 밝히는 인간학에 의거한다는 것이다. 모든 학문의 기초인 인간학은 인간의 본성을 밝혀야 하며, 따라서 그는 자신의 주저에 '인간 본성에 관한 논고'라는 제목을 붙였다. 그리고 인간 본성을 논하는 인간학은 실험 관찰에 입각해야 한다는 경험주의적 입장을 견지한다.

> 인간학은 다른 학문을 위한 유일하고 견실한 기초이므로 우리가 인간학 자체에 제공할 수 있는 기초는 경험과 관찰 위에 놓여 있어야 한다.[4]

실험과 관찰의 방법으로 인간학을 확립한다는 것은 인간 본성에 대해 어떠한 선험적 가설도 세우지 않고 인간의 인식을 경험적 현상으로 기술하고 서술하며 그러한 경험으로부터의 결론만을 이끌어낸다는 것이다. 감각경험을 통해 확인 가능한 것에 대해서는 이성적 인식이 가능하지만, 감각경험을 통해 확인되지 않는 것에 대한 우리의 앎은 이성적 인식이 아니라 이성적 근거가 없는 앎, 상상력에 의해 만들어진 앎, 습관적으로 형성된 앎에 지나지 않는다는 것이 그의 인간학의 결론이다. 이하에서는 경험주의적 관점에서 그러한 결론에 이르기까지 그의 사고과정을 살펴본다.

2) 인상과 관념의 구분

경험주의자 흄은 우리의 이성적 인식의 한계가 어디까지인가를 논하기 위해 우리가 감각경험으로 확인할 수 있는 영역이 어디까지인지

---

4 『인간 본성에 관한 논고』, 1권 서문(앞의 책, 21-22쪽).

를 밝힌다. 경험이 우리에게 제시하는 것이 무엇이고, 우리가 경험으로부터 알 수 있는 것이 무엇인지를 논하고자 그는 우선 우리의 지각 표상을 인상과 관념으로 구분한다.

> 인간 정신의 모든 지각은 서로 다른 두 종류로 환원될 수 있는데, 나는 그것을 인상(impression)과 관념(idea)이라고 부른다. 이 둘의 차이는 지각이 정신을 자극하며 사유 또는 의식에 들어오는 힘과 생동성의 정도에 있다. 최고의 힘과 생동성을 갖고 들어오는 지각을 인상이라고 부를 수 있는데, 감각(sensation), 정념(passion), 정서(emotion) 등은 우리의 영혼에 최초로 나타나므로 나는 이것을 모두 인상에 포함시킨다. 나는 관념을 사유와 추론에서의 인상의 희미한 심상(image)이라는 뜻으로 쓴다.[5]

- **인상**: 강한 힘과 생동성의 지각표상 — 감각, 정념, 정서에서의 표상
- **관념**: 약한 힘과 생동성의 지각표상 — 사유와 추론에서의 표상

흄은 지각의 표상을 힘과 생생함의 정도에 따라 인상과 관념으로 구분한다. 작용력이 있는 구체적이고 개별적인 표상은 인상이고, 작용력이 없는 추상적이고 일반적인 표상은 관념이다. 한마디로 인상은 감각표상(외감과 내감을 포함하는 감각)에 해당하고 관념은 인상으로부터 얻어진 개념에 해당한다고 볼 수 있다. 내가 현재 눈앞의 빨간 사과를 보면서 갖는 빨강의 표상은 인상이고, 그 빨강을 기억하거나 일반적인 빨간색 이미지를 떠올리면서 갖는 빨강의 표상은 관념이다. 내가 지금

---

5 『인간 본성에 관한 논고』, 1권, 1부 「관념과 관념의 기원 · 합성 · 연관 · 추상에 관하여」 1절 「관념의 기원에 관하여」 (앞의 책, 25쪽).

배가 아프면서 갖는 고통의 표상은 인상이고, 그때를 기억하거나 고통에 대해 논하면서 떠올리는 고통의 표상은 관념이다. 이러한 인상과 관념의 구분에 이어 흄은 다시 그 각각에 대해 단순한 것과 복합적인 것을 구분한다.

> 지각에 대한 또 다른 구분은 단순한 것과 복합적인 것의 구분이다. 이것은 쉽게 찾아볼 수 있으며 인상과 관념 모두에 적용된다. 단순지각인 단순인상과 단순관념은 구별과 분리를 허용하지 않는다. 복합지각은 이와는 반대로 부분으로 구별될 수 있다. 색, 맛, 향기는 이 사과에 모두 함께 합해 있는 성질이지만, 이 성질들이 동일하지 않고 서로 구별될 수 있음은 쉽게 알 수 있다.[6]

단순한 것:	단순인상	단순관념	—	색, 맛, 향기
복합적인 것:	복합인상	복합관념	—	사과

빨간 사과를 보면서 갖는 빨간색이나 둥근 모양, 향기나 부드러움 등의 표상은 단순인상이고, 이러한 단순인상 여러 개가 결합하여 만들어진 빨갛고 둥글면서 향기롭고 부드러운 사과의 표상은 복합인상이다. 복합인상은 사물에서 단순인상이 결합된 방식 그대로 우리에게 주어지는 인상이다. 반면 인상에 근거해서 우리 안에서 다시 만들어진 표상, 인상의 재현으로 형성된 표상이 관념이다. 단순인상의 재현으로 형성된 빨간색 표상 내지 개념이 단순관념이고, 복합인상의 재현으로 형성된 사과의 표상 내지 개념이 복합관념이다. 사과는 색, 모양,

---

6 『인간 본성에 관한 논고』, 1권, 1부 1절(앞의 책, 26쪽).

향기, 맛 등의 여러 성질을 가지는 물체 x, 실체를 지시하는 복합관념이다.

관념은 인상의 재현으로 떠오른 표상이므로 힘과 생생함에 있어서는 인상만큼 강하지 못하지만, 내용상으로 보면 단순관념은 각각의 단순인상을 재현하는 것이므로 그 관념과 인상 간에 일대일 대응관계가 성립한다.

> 내가 눈을 감고 나의 방을 생각할 때, 내가 형성한 관념은 내가 느낀 인상의 정확한 재현(representation)이다. 인상에서 발견되지 않는 관념의 여건은 결코 있을 수 없다. 나는 다른 지각에서도 여전히 동일한 유사성과 재현을 발견한다. 관념과 인상은 서로 대응하는 것으로 나타난다.[7]

관념은 인상의 재현으로서 인상과 유사성을 가지며, 따라서 인상과 관념 간에는 대응관계가 성립한다. 그러나 인상과 관념 간의 이러한 대응관계가 항상 성립하는 것은 아니다. 단순인상과 단순관념 간에는 그런 대응관계가 항상 성립하지만, 복합인상과 복합관념 간에는 그런 대응이 성립하지 않는 경우가 있다. 복합관념은 우리가 단순인상이나 단순관념들을 임의적으로 결합하여 형성할 수 있으므로 그에 상응하는 인상이 없을 수 있기 때문이다.

> 나는 일반적으로 복합인상과 복합관념 사이에 엄청난 유사성이 있다고 할지라도 그 인상과 관념이 서로 정확하게 모사한다는 규칙은 보편적으로 참이 아니라고 생각한다. … (반면) 모든 단순관념은 각각 그 관념을 닮은

7 『인간 본성에 관한 논고』, 1권 1부 1절(앞의 책, 26쪽).

단순인상을 가지며, 단순인상은 모두 그 대응 관념을 갖는다는 규칙이 예외 없이 적용된다.[8]

흄에 따르면 관념의 경험적 근거는 인상이다. 그에 상응하는 인상을 찾을 수 있는 관념은 객관적인 근거가 있는 관념이지만, 그에 상응하는 인상을 찾을 수 없는 관념은 인간이 임의적으로 만든 관념에 불과하다. 관념을 인상의 재현으로 보고, 인상을 관념에 선행하는 것으로 간주함으로써 흄은 경험주의자가 된다. 그는 단순관념과 단순인상 간의 대응관계에 근거하여 확실한 인식을 구성하는 관념에는 그에 상응하는 단순인상이 존재해야 한다는 경험주의 원칙을 주장하고, 그러한 대응관계가 깨지는 복합관념의 형성에 있어서는 인간의 상상력의 힘이 작용하고 있음을 강조한다.

3) 관념의 경험적 기원: 본유관념의 부정

인상과 관념의 대응관계로부터 흄은 관념은 인상으로부터 생겨나고 인상에 대응하며 인상의 재현에 불과하다는 것, 그리고 인상은 관념에 선행한다는 것을 인식의 제1원리로 이끌어낸다.

처음 나타나는 단순관념은 단순인상으로부터 유래하는데, 이 단순인상은 단순관념에 대응하며 단순관념은 단순인상을 정확하게 재현한다.[9]

---

8 『인간 본성에 관한 논고』, 1권 1부 1절(앞의 책, 27쪽).
9 『인간 본성에 관한 논고』, 1권 1부 1절(앞의 책, 28쪽).

단순인상은 언제나 그 대응 관념에 선행하며, 결코 그 역순으로 나타나지 않는다. … 인상의 선행은 관념이 인상의 원인이 아니라, 인상이 관념의 원인이라는 것에 대한 증거이다.[10]

- **단순한 것**: 단순인상 & 단순관념 — 둘이 반드시 서로 대응함
- **복합적인 것**: 복합인상 & 복합관념 — 둘이 서로 대응하지 않기도 함

단순인상이 단순관념에 선행한다는 것으로부터 흄은 단순인상이 단순관념의 원인이라고 말한다. 단순관념은 그에 선행하는 단순인상으로부터 생겨나며, 인상이 원인이 되고 관념이 결과로서 재현된다. 그러므로 인상이 없는 관념은 있을 수 없다.

인상이 없는 관념이 없다는 것으로부터 그는 의미 있는 관념은 그에 상응하는 인상이 있어야 한다는 경험주의적 원칙을 내세운다. 특정 관념이 의미 있는 관념이고자 한다면, 반드시 그것에 상응하는 인상이 있어야 한다. 인상이 없는 관념은 경험적 근거가 없이 만들어진 임의적 개념이 된다.

어떤 철학적 용어가 아무 의미나 개념 없이 사용되고 있다는 의심이 든다면, 우리는 '그렇게 상정된 관념은 어떤 인상에서 유래하는가?'를 묻기만 하면 된다. 그리고 그 근원으로서 어떤 인상도 찾을 수 없다면, 그것은 우리의 의심을 더 굳건히 할 것이다.[11]

10 『인간 본성에 관한 논고』, 1권 1부 1절(앞의 책, 28쪽).
11 『인간 지성 연구』, 2. 17, 22쪽. 이재영, 『영국 경험론 연구』, 서광사, 1999, 171쪽에서 재인용.

나아가 인상이 관념에 선행한다는 것을 밝힘으로써 흄은 그때까지의 본유관념 논쟁에 종지부를 찍고자 한다. 복합관념은 단순관념으로 분할되며 단순관념은 단순인상으로부터 얻어지고 인상은 경험으로부터 생겨나기에, 결국 우리의 모든 관념은 경험으로부터 획득된다는 것이다. 따라서 경험과 무관하게 우리에게 태어날 때부터 주어지는 본유관념이란 존재하지 않는다는 것이다. 이처럼 흄은 인상이 관념에 선행한다는 자신의 제1원리가 그간의 본유관념에 관한 일체의 논쟁을 마감하는 최종 결론에 해당한다고 주장한다.

> (제1원리에서 말하는) 인상 또는 관념의 선행에 관한 문제는 본유관념이 있는가 또는 모든 관념은 감각과 반성에서 유래하는가에 대해 우리가 다른 말로 크게 논쟁했던 것과 같은 문제임은 주목할 만하다. (인상이 관념에 선행한다는 것은) 본유관념에 대한 모든 논쟁을 소멸시킨다.[12]

본유관념을 부정하는 것은 곧 모든 관념은 경험으로부터 얻어진다는 말이다. 로크가 관념을 야기하는 경험을 감각과 반성으로 구분했듯이, 흄도 관념에 앞서 인상을 야기하는 경험을 감각과 반성 둘로 구분한다. 외부 사물에 대한 감각인 외적 감각(외감)을 '감각'이라고 부르고, 내적 상태에 대한 감각인 내적 감각(내감)은 따로 '반성'이라고 부른 것이다. 그러면서 흄은 감각과 반성의 관계에 대해서도 로크와 마찬가지로 감각이 반성에 선행한다고 말한다.

> 반성의 인상은 그에 대응하는 관념에 반드시 앞서지만, 감각의 인상보다

---

12 『인간 본성에 관한 논고』, 1권 1부 1절(앞의 책, 30쪽).

는 뒤이며 감각의 인상으로부터 유래한다.[13]

외감인 감각과 내감인 반성에 대해 감각이 일차적이고 반성은 감각에 의거해서 이차적으로 일어난다는 말이다.

2. 상상력의 활동

1) 복합관념의 형성

단순인상과 단순관념 간에는 대응관계가 성립하지만, 복합관념에 있어서는 그런 대응관계가 항상 발견되는 것은 아니다. 복합관념은 우리가 단순인상이나 단순관념을 임의적으로 결합하여 만들어낼 수 있기 때문이다. 색이나 향기나 맛 등의 단순인상이 함께하는 특정한 어느 사과 한 알을 보면 바로 그 사과의 복합인상을 갖게 되지만, 우리가 사과라는 복합관념을 떠올릴 때 바로 그 사과의 복합인상을 그대로 재현해내지는 않는다.

인상보다 힘과 생생함이 덜한 표상인 관념을 떠올리는 방식으로 흄은 두 가지를 드는데, 기억과 상상이 그것이다. 복합관념을 떠올릴 경우 기억은 단순인상들이 결합된 방식 그대로의 복합인상을 떠올리는 활동이고, 상상은 그러한 방식을 따르지 않고 임의대로 변형시켜 떠올리는 활동이다.

13 『인간 본성에 관한 논고』, 1권 1부 2절 「주제의 구분」(앞의 책, 31쪽).

상상력은 근원적 인상과 동일한 질서와 형태에 얽매이지 않는다. 반면 기억은 관념의 질서와 형태를 변화시킬 수 있는 능력이 전혀 없이 근원적 인상과 동일한 질서와 형태에 얽매인다.[14]

기억과 다르게 상상력은 경험적으로 주어진 인상의 질서나 형태를 그대로 따르지 않고 그것을 임의적으로 변형시켜 관념을 형성해내는 능력이다. 인상을 그대로 재현하지 않고 자유롭게 바꾸고 변형시키는 능력인 것이다.

자신의 관념을 바꾸고 변형시키는 상상력의 자유에 관한 우리의 제2원리는 명증적이다.[15]

흄에 따르면 우리 인식의 제1원리는 인상이 관념에 선행한다는 것이고, 제2원리는 상상력의 자유에 의해 관념은 바뀌고 변형된다는 것이다. 바뀌고 변형되면서 단순관념들이 서로 하나로 결합되어 복합관념을 형성하게 된다.

그러나 우리가 갖고 있는 관념들을 보면 대략적인 규칙이나 현실과의 연관성이 있는 것처럼 보인다. 따라서 흄은 우리의 상상력이 관념을 형성함에 있어 어떤 원리를 따르고 있다고 보며 그 원리를 찾아내고자 한다.

단순관념은 모두 상상력에 의해 분리되고 상상력이 원하는 형태로 다시

---

14 『인간 본성에 관한 논고』, 1권 1부 3절 「기억의 관념과 상상력의 관념에 관하여」(앞의 책, 32쪽).

15 『인간 본성에 관한 논고』, 1권 1부 3절(앞의 책, 32쪽).

합일된다. 만일 상상력이 모든 시간과 공간에서 어느 정도 한결같게끔 해주는 보편적 원리를 따르지 않는다면, 상상력이라는 능력의 작용보다 더 이해하기 어려운 것도 없을 것이다. … 우리는 이 원리를 부드러운 힘으로 간주한다. 복합관념으로 합일되기에 가장 적합한 단순관념을 자연이 우리에게 가리켜주므로 이 힘은 일상적으로 널리 유포되어 있으며, 무엇보다도 언어가 서로 아주 비슷하게 대응하는 근거이기도 하다.[16]

복합관념을 형성하는 것이 상상력의 자유이기는 하지만, 이 자유는 자연이 우리에게 제공하는 부드러운 힘을 따라 규칙성을 갖고 진행된다. 우리의 상상력은 제멋대로가 아니라 대개 적절한 단순관념을 합해서 복합관념을 만들고, 따라서 사람들이 형성하는 복합관념의 언어체계는 대충 다 비슷비슷한 방식인 것이다. 흄은 상상력이 따르는 규칙을 다음과 같이 정리한다.

관념의 연합을 일으키며 정신이 한 관념에서 다른 관념으로 나아가게 하는 성질은 유사성, 시간과 공간의 인접성, 인과성, 이 세 가지이다.[17]

상상력이 관념을 결합할 때 따르는 규칙: 1. 유사성
2. 인접성: 시공간적 인접
3. 인과성

상상력은 유사성과 인접성과 인과성의 원리에 따라 여러 인상 및 관

16 『인간 본성에 관한 논고』, 1권 1부 4절 「관념의 연관 내지 연합에 관하여」(앞의 책, 33쪽).

17 『인간 본성에 관한 논고』, 1권 1부 4절(앞의 책, 33쪽).

념들을 서로 연결하여 복합관념을 형성한다. 흄은 로크와 마찬가지로 복합관념을 관계, 양태, 실체의 셋으로 구분한다. 그중 실체의 관념을 상상력에 의해 설정되는 미지의 x, 허구로 설명한다.

> 실체의 관념은 양태의 관념과 마찬가지로 단순관념의 집합일 뿐이며 상상력에 의해 합일되고 그 관념에 부여되는 하나의 이름을 갖는다. … 그러나 (실체의 관념은) 실체를 형성하는 개별적 성질들이 일상적으로 그 성질이 본래 속한다고 가정되는 미지의 어떤 것(x)과 관련되거나 아니면 이런 허구가 발생하지 않더라도 적어도 인접과 인과의 관계를 통해 그 성질들이 밀접하게 연관된다고 가정되는 것이라는 점에서 (양태의 관념과) 다르다.[18]

복합관념: 1. 관계
2. 양태
3. 실체: 성질들이 속하는 미지의 x를 설정

실체는 일종의 복합관념으로 그것에 상응하는 인상은 우리에게 없다. 우리가 경험을 통해 얻은 단순인상이나 그로부터 얻어진 단순관념들을 우리 자신의 상상력으로 유사성과 인접성과 인과성의 원칙에 따라 결합함으로써 비로소 얻어낸 복합관념이다. 실체에 상응하는 인상이 없다는 것은 결국 실체는 경험적 근거가 있는 확실한 개념이 아니라 우리의 상상력이 만든 일종의 허구적 개념에 불과하다는 것을 의미한다.

18 『인간 본성에 관한 논고』, 1권 1부 6절 「양태와 실체에 관하여」(앞의 책, 38쪽).

2) 언어의 사용 : 일반관념 내지 추상관념의 문제

경험주의자로서 흄은 관념은 인상으로부터만 얻어진다고 주장한다. 그렇다면 우리의 언어를 구성하는 대부분의 일반관념 내지 추상관념은 어떻게 설명할 수 있을까? 로크는 고유명사를 제외한 일반 단어의 의미는 그 단어가 지시하는 추상관념을 통해 확보된다고 설명함으로써 추상관념의 존재를 인정하고 있는 데 반해, 버클리는 일반 단어에 상응하는 추상관념은 존재하지 않는다고 주장한다. 흄 또한 버클리와 마찬가지로 추상관념은 실재하지 않는다고 보지만, 추상관념이 없어도 언어사용을 통해 일반 단어의 의미가 확보될 수 있다고 논한다. 흄은 추상관념의 문제를 다음과 같은 '추상관념의 딜레마'를 갖고 설명한다.

> 인간에 대한 추상관념은 모든 체형과 성질의 인간들을 재현한다. 이것은 ① 모든 가능적 체형과 성질을 동시에 함께 재현하거나, 아니면 ② 개별적인 것을 전혀 재현하지 않는 경우에만 성립한다.[19]

만약 인간에 대한 추상관념이 존재한다면, 그것은 특정한 이 인간 또는 저 인간이 아니라 모든 인간에게 타당한 관념이어야 한다. 그러자면 그 추상관념은 ① 모든 인간이 가질 수 있는 특징을 모두 재현하고 있거나, 아니면 ② 인간이 가질 수 있는 특징을 모두 배제하고 있거나, 둘 중 하나여야 한다. 추상관념의 존재를 부정한 버클리는 이 두 가능성을 모두 부정한다. 이에 반해 흄은 추상관념에 관해 다음 두 가

19 『인간 본성에 관한 논고』, 1권 1부 7절 「추상관념에 관하여」(앞의 책, 40쪽).

지 명제를 주장한다.

명제1: 질이나 양의 정도에 대한 정확한 관념을 형성하지 않고 어떤 질이나 양을 생각하는 것은 궁극적으로 불가능하다.

명제2: 정신의 역량이 무한하지 않다고 할지라도 우리는 질과 양의 가능한 모든 정도에 대한 관념을 동시에 형성할 수 있고, 또 이 관념을 적어도 불완전하나마 모든 반성과 대화의 목적에 사용할 수 있다.[20]

명제1은 추상관념의 딜레마 중 ②의 가능성을 배제한다. 인상이 언제나 확정된 질과 양을 갖듯이, 인상의 모사로서의 관념도 어떤 특징을 가지고 개별적인 것을 재현해야지 아무것도 재현하지 않을 수는 없다는 것이다. 흄은 "사실에서 불합리하면, 관념에서도 불합리하다."[21]고 말한다. 예를 들어 인간은 여자이거나 남자로서만 존재하지, 여자도 아니고 남자도 아닌 방식으로 존재하지 않는다. 그러므로 성이 규정되지 않은 인간의 인상이 있을 수 없고, 따라서 성이 규정되지 않은 인간의 추상관념 또한 불가능하다는 것이다. 결국 ②와 같이 모든 규정을 배제한 추상관념은 있을 수 없다는 것이다.

추상관념의 딜레마 중 ①의 가능성을 배제하는 사람은 인간의 정신이 무한한 역량을 갖지 않으므로 모든 가능적 체형과 성질을 모두 재현하는 것은 불가능하다고 주장한다. 흄의 명제2는 바로 이 점을 반박함으로써 ①의 가능성을 열어놓는다. 추상적 인상이 없듯이 추상관념은 없지만, 우리는 질과 양의 모든 정도를 재현하는 일반관념을 우리

20 『인간 본성에 관한 논고』, 1권 1부 7절(앞의 책, 40쪽).
21 『인간 본성에 관한 논고』, 1권 1부 7절(앞의 책, 41쪽).

의 언어에서 의미 있게 사용한다는 것이다.

관념을 그 본성을 넘어 사용하는 것은 내가 설명한 명제2, 즉 질과 양의 가능한 모든 정도에 대한 관념을 불완전하나마 우리가 삶의 목적을 위해 사용할 수 있다는 것에서 기인한다. 우리 앞에 자주 나타나는 여러 대상들 사이에서 어떤 유사성이 발견되면, 그 대상들의 질과 양의 정도에서 어떤 차이가 관찰되거나 대상들 사이에서 다른 차이가 나타나더라도 우리는 그 대상들 모두에 대해 동일한 이름을 사용한다. 우리가 이런 습관을 얻은 후에는 그 이름을 들으면 곧 그 대상들 중의 하나의 관념을 재생하며 상상력은 그 대상을 표상하게 된다.[22]

대상들 간의 유사성을 발견하면 우리는 그 대상들의 차이를 넘어서서 그것들을 하나의 이름으로 부르는 습관이 생기게 되고, 결국은 그 이름에 따라 상상력은 하나의 관념을 재생해낸다. 일반관념 내지 추상관념은 우리 마음의 습관에 따라 상상력이 만든 관념인 것이다.

개별 관념은 일반 술어에 동반됨으로써 일반적으로 된다. 다시 말해 개별 관념은 습관적 결부로부터 많은 다른 개별 관념과 관계하며, 또 상상력 안에서 다른 개별 관념들을 쉽게 상기시키는 하나의 술어에 동반됨으로써 일반화된다.[23]

추상관념이나 일반관념이 따로 존재하는 것이 아니라 오직 일반적

---

22 『인간 본성에 관한 논고』, 1권 1부 7절(앞의 책, 42쪽).

23 『인간 본성에 관한 논고』, 1권 1부 7절(앞의 책, 42쪽).

술어로 구성된 언어의 사용에 의해서 일반적 의미를 부여받음으로써 활용된다는 것이다. 이처럼 언어를 사용하면서 관념을 자유롭게 분리하고 결합하며 일반화하고 추상화하는 능력이 바로 우리의 상상력이다.

이와 같이 흄은 우리의 언어에 사용되고 있는 복합관념 내지 추상관념을 우리의 상상력의 작용 결과로 설명한다. 우리의 언어와 관념은 경험에 의해서도 정당화되지 않고 지성의 법칙으로도 설명될 수도 없는 마음의 습관과 상상력의 힘에 의한 것이다.

우리 언어에 담겨 있는 인과성과 실체 등의 복합관념 그리고 대부분의 단어가 의미하는 일반관념은 그에 상응하는 인상이 경험적으로 주어지지 않는다. 그것은 경험적으로 확인되지 않은 채 우리의 상상력에 의해 형성된 허구적 관념이다. 이 점에서 흄은 회의주의자이다.

3) 회의주의 : 실체와 실재에 대한 회의

우리는 지각과 대상, 즉 우리에게 인상이 일어나는 지각과 그런 지각을 야기하는 대상을 구분함으로써 지각 너머에 대상이 따로 존재한다고 말하게 된다. 그런데 이런 구분 및 대상 존재에 대한 생각이 과연 근거가 있는 것인가?

> 지각과 대상을 동일한 것으로 간주하는 한, 우리는 지각의 존재로부터 대상의 존재를 추정할 수도 없고, 사실 문제에 관해 보장된 유일한 관계인 원인과 결과의 관계로부터 어떤 논변을 끌어낼 수도 없다. 우리가 대상과 지각을 구별한다고 해도 우리는 여전히 지각의 존재로부터 대상의 존재를 추론할 수도 없다. 우리의 이성은 그런 구별을 할 수 없을 뿐 아니라 어떤 가

정에 따라 물체의 지속적이고 독립적인 존재에 관한 확증을 제공해줄 수도 없다. 그런 믿음은 전적으로 상상력에 기인하는 것이 틀림없다.[24]

우리가 경험할 수 있는 것은 인상과 관념을 제공해주는 지각뿐이다. 지각과 대상을 동일시하는 한, 지각은 지각 주체로부터 독립적이지 않으며 시간에 따라 변화하는 것이므로 그러한 지각 너머 자기동일적 대상을 이끌어낼 수가 없다. 인과관계 또한 원인과 결과를 선후의 서로 다른 것으로 전제하므로 지각과 대상을 동일시하는 한, 지각의 원인으로 대상을 추론할 수가 없다. 그렇다고 지각과 대상을 구분한다고 해서 대상의 존재를 확증할 수 있는 것도 아니다. 우리가 경험할 수 있는 것은 대상이 아니라 오직 지각일 뿐이므로 지각 너머 독립적인 자기동일적 대상을 추론해낼 근거가 없기 때문이다. 그러므로 우리가 일상적으로 지각된 대상을 지속적이고 독립적인 존재로, 즉 물체나 영혼 등의 실체로 간주하는 것은 이성에 입각한 판단이 아니라 상상력의 작용 결과라는 것이다.

우리의 상상력은 특정한 인상이 늘 동일한 질서로 나타나는 항상성과 규칙적인 연관관계로 나타나는 정합성을 보이면 그 인상의 원인으로 자기동일적 대상을 떠올린다. "물체의 지속적 존재에 대한 믿음은 인상들의 정합성과 항상성에 의존한다."[25] 그렇지만 흄은 이러한 원인과 결과의 인과관계라는 것도 그에 상응하는 인상이 있지 않기에 경험적으로 확실한 것도 아니고 이성적으로 타당한 것도 아니라고 말한다.

---

24 『인간 본성에 관한 논고』, 1권 4부 「회의적 철학체계와 그 밖의 철학체계에 관하여」 2절 「감관에 관련된 회의론에 관하여」(앞의 책, 205쪽).

25 『인간 본성에 관한 논고』, 1권 4부 2절(앞의 책, 207쪽).

원인과 결과에 관한 추론은 모두 오직 습관에서 유래하며, 믿음은 우리 본성에서 인지적 행위이기보다는 오히려 감성적 행위라고 하는 것이 더 타당하다.[26]

인과관계는 이성적 사유에 입각한 인지적 판단이 아니라 상상력과 습관에 의거한 신념이라는 것이다. 감각경험을 통해 확인 가능하고 이성적으로 논증 가능한 것이 확실한 앎인데, 우리가 안다고 생각하는 많은 것들은 이성이 아닌 상상력에 근거하고 확실한 인식이 아닌 본능과 습관에 따른 신념에 불과한 것이다.

감각경험을 통해 확인되지 않은 것들은 상상력과 습관에 의한 신념에 속하는 것들이다. 흄은 이전의 형이상학자들이 주장한 많은 것들이 바로 이 영역에 해당한다는 것을 밝힌 것이라고 볼 수 있다.

3. 자아의 부정: 관념의 다발

1) 관념의 다발로서의 자아

나는 누구인가? 이것은 바로 '나는 누구인가?'라는 물음을 물으며 그 답을 찾고자 하는 그 마음활동의 주체의 정체를 묻고 있는 물음이다. 데카르트는 이러한 마음활동의 주체를 '생각하는 자아'로서 '사유적 실체'라고 보았다. 반면 로크는 사유적 속성들 너머에 설정되는 실체는

26 『인간 본성에 관한 논고』, 1권 4부 1절 「이성에 관한 회의론에 관하여」(앞의 책, 196쪽).

알 수 없는 것이므로 그것으로 나를 삼을 수는 없다고 보고, 자아의 인격동일성을 스스로를 자기로 의식하고 기억하는 그 의식에서 찾았다. 이처럼 자아는 사유적 실체로서든 의식으로서든 단순성(분할 불가능성)과 동일성(의식의 자기동일성)을 가진 것으로 주장되었다. 그러나 흄은 자아의 단순성과 동일성은 객관적인 경험적 사실이 아니라 철학자들의 상상이며 허구일 뿐이라고 논한다.

> 철학자들의 상상에 따르면 우리는 매순간마다 우리 자아를 내면적으로 의식하고 있으며, 자아의 존재 및 자아가 지속적으로 존재한다는 것을 느끼고, 자아의 완전한 동일성과 단순성은 모두 논증의 명증성 이상으로 확실하다. … (그러나) 불행히도 이 모든 주장은 그 주장을 옹호하는 실제 경험과는 상반되며, 이런 방식으로 우리는 자아의 관념을 가질 수 없다.[27]

자아의 자기동일성이나 단순성의 주장은 경험적으로 근거가 없으며, 우리는 이런 방식으로 자아의 관념을 갖게 되지 않는다는 것이다. 자아의 동일성이나 단순성이 경험적으로 확인되지 않는다는 것은 무슨 말인가?

> 어떤 인상에서 자아의 관념이 유래될 수 있는가? 명백한 모순이나 불합리함 없이 이 물음에 답하는 것은 불가능하다. 그러나 우리가 자아의 관념을 명료하고 이해 가능하게 만들려면 반드시 대답되어야 할 물음이다. 모든 실제적 관념마다 그 관념을 불러일으키는 인상이 분명히 있다. 자아나 인격은 하나의 인상은 아니지만, 여러 인상과 관념이 그러한 인상에 관계하는

---

27 『인간 본성에 관한 논고』, 1권 4부 6절 「인격의 동일성에 관하여」(앞의 책, 256쪽).

것으로 가정된다. 만일 어떤 인상이 자아의 관념을 일으킨다면, 그 인상은 우리 삶의 전 과정을 통해 불변적 동일성을 유지해야 한다. 자아는 그런 방식으로 존재한다고 가정되기 때문이다. 그러나 항상적이고 변하지 않는 그런 인상은 없다. 고통과 쾌락, 슬픔과 기쁨, 정념과 감각은 서로 계기하며 동일 시간에 함께 존재하지 않는다. 그러므로 이런 인상들 중 어떤 것 또는 다른 것에서 자아의 관념이 유래하지 않는다. 결국 그와 같은 관념은 없다.[28]

흄의 경험주의적 원칙에 따르면 객관적이고 실제적인 관념은 그에 상응하는 인상이 있어야 한다. 우리가 자아에 대해 단순성과 동일성을 수반한 관념을 갖고 있다면, 바로 그러한 인상이 우리에게 있어야 한다는 것이다. 그러나 우리가 자아에 대해 갖는 인상은 고나 쾌, 슬픔과 기쁨, 정념과 감각 등 서로 다른 인상들이며 그 어는 것도 항상적이고 불변적인 인상은 아니다. 결국 동일적이고 항상된 자아의 인상도 없고, 그런 자아의 관념도 있지 않다는 것이다. 내가 나에 대해 발견하는 것은 항상 변화하는 인상들일 뿐이다.

내가 나 자신이라는 것의 심층에 들어가보면 나는 언제나 이런저런 개별적 지각, 즉 뜨거움이나 차가움, 빛이나 그림자, 사랑이나 증오, 고통이나 쾌락 등과 만난다. 지각 없이는 내가 나 자신을 전혀 포착할 수 없고, 지각 없이는 어떤 것도 관찰할 수 없다. 깊은 잠에 빠졌을 때처럼 내 지각이 일정 시간 없어진다면, 그동안 나는 나 자신을 감지할 수 없고, 사실 나 자신은 존재하지 않는다고 할 수도 있을 것이다.[29]

---

28 『인간 본성에 관한 논고』, 1권 4부 6절(앞의 책, 256쪽).
29 『인간 본성에 관한 논고』, 1권 4부 6절(앞의 책, 257쪽).

내 안에서 내가 나 자신으로 발견하는 것은 매 순간마다 변화하는 감각인상일 뿐이다. 나는 그런 인상을 지각함으로써만 나를 포착할 수 있지, 일체 지각 너머 나 자신을 따로 의식할 수는 없다. 따라서 흄은 나란 '지각들의 다발'일 뿐이라는 결론을 내린다.

> 인간은 서로 다른 지각들의 다발 또는 집합일 뿐이다. 지각은 표상할 수 없을 정도로 빠르게 서로 계기하며 영원히 흐르고 운동한다. 우리 눈은 우리 지각을 변화시키지 않고는 안와에서 운동할 수 없다. 사유는 시각보다 더 가변적이다. 다른 모든 감관과 능력은 이 변화에 기여한다. 단 한 순간이라도 변화 없이 동일한 것으로 남아 있는 영혼의 능력은 결코 있을 수가 없다.[30]

자아는 빠르게 바뀌고 변화하는 지각들의 집합에 불과하다는 것이다. 여러 가지 영상이 변화하면서 빠르게 지나감으로써 스크린 위에 하나의 연결되는 스토리의 영화가 만들어지듯이, 자아는 그렇게 빨리 바뀌면서 지나가는 지각들의 흐름에 불과하다. 이 점에서 흄은 자아를 '극장'에 비유한다.

> 정신은 일종의 극장이다. 이 극장에는 여러 지각들이 계기적으로 나타나고 지나가며 다시 지나가고 미끄러지듯 사라지며 무한히 다양한 자태와 상황 안에서 혼합된다. … 극장과 비교하는 것이 우리를 오도하지는 않을 것이다. 계기적 지각만이 정신을 구성하는 유일한 것이며, 지각이 재현되는 장소나 그런 장소를 구성하는 소재에 대해서는 아무런 견해도 있을 수

---

30 『인간 본성에 관한 논고』, 1권 4부 6절(앞의 책, 256쪽).

없다.[31]

자아를 관념의 다발로 규정한다고 해서 관념 이외에 관념들을 묶는 끈을 자아로 따로 생각한다거나 자아를 극장에 비유한다고 해서 바뀌면서 지나가는 영상들의 흐름 너머 그런 영상들이 펼쳐질 고정된 공간을 자아로 따로 설정해서는 안 된다고 흄은 강조한다. 자아를 관념의 다발이나 극장으로 비유할 때에도 관념을 묶는 끈이나 영상이 펼쳐지는 공간을 따로 설정함이 없이 그냥 그렇게 바뀌고 변화하는 관념 내지 인상의 흐름이 바로 자아라는 것이다.

2) 정신적 실체의 부정

그렇다면 단순하고 동일적인 자아의 인상이 없는데도 우리가 일상적으로 자기 자신을 자기동일적 자아로 생각하는 이유는 무엇일까?

> 계기적 지각에 동일성이 속하는 것으로 생각하고, 삶의 전 과정을 통해 단절 없는 불변적 존재를 우리가 갖고 있다고 가정하는 그런 엄청난 성향을 우리에게 부여하는 것은 무엇인가?[32]

흄이 해명하고자 하는 것은 동일성을 상상하는 우리의 자연적 성향이다. 물질적 실체로서의 물체이든 정신적 실체로서의 자아이든 모두 동일성을 전제하기 때문이다. 흄은 여기서 가정되는 동일성이 무슨 의

31 『인간 본성에 관한 논고』, 1권 4부 6절(앞의 책, 257-258쪽).
32 『인간 본성에 관한 논고』, 1권 4부 6절(앞의 책, 258쪽).

미인지를 그 반대개념인 다양성과 연관하여 설명한다.

> 우리는 대상에 대해 시간의 가상적 변화를 거치면서도 단절 없이 불변적으로 남아 있는 독립적 관념을 갖는데, 이 관념을 동일성의 관념 또는 같음의 관념이라고 부른다. 또한 우리는 계기적으로 존재하며 밀접한 관계로 서로 연관된 여러 대상들에 대해 마치 대상들 간에 어떤 관계도 없는 듯한 독립적 관념을 갖는데, 이것은 정확히 다양성에 대한 완전한 관념을 제공해준다.[33]

동일성이든 다양성이든 모두 대상을 지각하면서 우리가 갖게 되는 관념이다. 흄은 우리가 상상력에 의해 이 둘을 혼동함으로써 다양한 계기들을 지각하면서도 마치 거기에 자기동일적 존재가 있는 듯 상상하여 끊어짐이 없는 불변적 실체를 상정한다는 것이다.

> 우리는 상상력의 활동에 의해 끊어짐이 없는 불변적 대상을 고찰하고 또 관계된 대상의 계기에 대해 반성하는데, 우리는 이 둘을 거의 같다고 느낀다. 앞의 경우처럼 뒤의 경우에도 사유의 노력이 많이 필요하지 않다. 관계는 한 대상에서 다른 대상으로 옮겨가는 것을 쉽게 해주어 마치 정신이 지속적인 하나의 대상을 보는 듯 옮겨가게 해준다. 이 유사성이 혼동과 오해의 원인이며, 우리로 하여금 관계된 대상의 관념에다 동일성의 관념을 대체하게 한다. 어떤 순간에는 관계된 계기들을 가변적이고 단절적인 것으로 간주할 수 있지만, 우리는 그다음에 그 계기에 완전한 동일성을 귀속시키면서 그 계기를 끊어짐이 없는 불변적인 것으로 간주한다는 것이 확실하다. 이러

33 『인간 본성에 관한 논고』, 1권 4부 6절(앞의 책, 258쪽).

한 오해의 성향은 매우 왕성하며 … 우리는 상상력에서 이 편견을 제거할 수 없다.[34]

대상을 보면서 우리는 대상을 끊어짐이 없는 불변적 존재로 상상한다. 그것이 상상인 이유는 대상에서 우리가 실제로 지각하는 것은 서로 다른 지각의 계기일 뿐이기 때문이다. 우리는 대상에서 다양성을 지각하면서 그것을 대상의 동일성으로 바꾸어 상상한다. 그렇게 해서 대상을 자기동일적 실체로 간주하는 것이다.

우리의 마지막 방편은 상상력에 굴복하여 연관된 서로 다른 대상들이 단절적이고 변화적이라고 하더라도 결국은 동일한 것이라고 과감하게 주장하는 것이다. 우리는 이 불합리를 정당화하기 위해 대상을 함께 연관 짓고 대상의 단절과 변화를 막아줄 새로운 원리를 어렵게 꾸며낸다. 우리는 감관의 지각이 갖는 끊어짐을 제거하기 위해 지각의 지속적 존재를 꾸며내고, 그 변화를 감추기 위해 영혼, 자아 그리고 실체 등과 같은 관념에 빠져든다.[35]

자기동일적 영혼이나 자아 등 실체의 관념은 모두 상상력이 만들어낸 관념이라는 것이다. 이처럼 상상력은 "허구로 나아가는 성향"이다. 이런 허구를 창출하는 성향인 상상력을 통해 우리는 변화하는 지각의 계기들을 바라보면서 거기에 자기동일적인 불변의 실체가 존재한다고 상상하며, 그것을 영혼, 자아, 실체로 간주한다.

---

34 『인간 본성에 관한 논고』, 1권 4부 6절(앞의 책, 258-259쪽).
35 『인간 본성에 관한 논고』, 1권 4부 6절(앞의 책, 259쪽).

이런 식으로 흄은 물리적 사물세계의 물질적 실체뿐 아니라 현상세계를 지각하고 의식하는 의식 주체로서의 자아인 정신적 실체도 상상력이 만든 허구적 개념에 불과하다고 결론내린다. 감각경험을 통해 인상으로 확인되는 자아, 객관적 실재로서의 자아, 그런 정신적 실체는 존재하지 않는다는 것이 흄의 결론이다. 자아가 존재한다는 신념은 우리의 상상력과 습관에 따라 형성된 허구 내지 주관적 신념에 불과하다는 것이다.[36]

---

36 흄이 자아를 '인상 내지 관념의 다발'로 규정하면서 그 너머의 자아의 존재를 부정한 것에 근거해서 흄의 철학을 불교의 '무아론(無我論)'과 연관 지어 논하는 사람들이 종종 있다. 불교 또한 우리가 흔히 자아라고 집착하는 것은 '색수상행식 오온(五蘊) 화합물'에 불과하며 그것을 넘어선 상일주재적인 개별적 자아는 따로 존재하지 않는다고 말하기 때문이다. 그러나 불교의 무아론은 흄이 논하는 것처럼 경험적 의식현상의 분석에 그치는 것이 아니다. 경험적 의식에 주어지는 인상을 알아차리는 자, 그런 인상 내지 관념의 연기적 흐름 내지 윤회를 벗어나고자 수행하는 자, 그리고 수행을 통해 그 흐름을 벗어나 해탈의 경지에 이르는 자, 불교는 이런 자의 존재를 부정하지 않으며, 오히려 불교의 핵심은 바로 자신을 그런 자로 자각하는 것에 있기 때문이다. 그 자각의 성취를 위해 무아 내지 아공(我空)을 설하여 오온으로서의 개별적 자아에 대한 집착을 벗어나게 하는 것이다. 반면 흄의 논리에 따르면 우리는 경험적으로 주어지는 인상 내지 관념을 넘어설 수 없는 존재, 현상에 매인 존재일 뿐이다. 불교를 경험론적 관점으로 해석하는 것은 결국 불교의 핵심을 놓치는 것이 된다.

제11장

칸트:
범주로서의 실체(현상)와 그 너머의 무제약자

1. 이성비판의 길

1) 독단주의와 회의주의 비판

칸트[1]에 따르면 인간은 본성적으로 형이상학적 물음을 묻는 존재이다. 인간은 살아가면서 누구나 자연스럽게 삶의 궁극에 대한 물음을 던진다. 그러나 정작 그 답을 발견하기가 쉽지 않다는 것이 칸트의 생

1 칸트(Immanuel Kant, 1724~1804)는 당시 동프로이센의 수도 쾨니스베르크(현재 러시아의 칼린그라드)에서 태어났다. 쾨니스베르크대학에서 공부하고 1755년부터 모교에서 강의하다가 1770년 정식 교수가 되었으며, 평생을 고향에 머물다가 80세에 세상을 떠났다. 저서로는 『순수이성비판』(1781/1787), 『실천이성비판』(1788), 『판단력비판』(1790)의 3대 비판서 외에 『세계 시민적 관점에서 본 보편사의 이념』(1784), 『도덕형이상학 원론』(1785), 『이성의 한계 안에서의 종교』(1793) 등이 있다.

각이다.

인간 이성은 그 자연 본성으로부터 부과되어 결코 물리칠 수 없는 물음을 묻되 그에 대한 답은 그의 능력을 벗어나 있어 결코 답할 수 없는 그런 물음으로 괴로워하는 운명을 갖고 있다.[2]

인간이 살아나가다가 자연스럽게 던지는 물음은 바로 자기 자신의 영혼, 세계 자체, 신에 대한 물음이다. 즉 나는 죽으면 어떻게 되는가? 영혼은 불멸적 존재로서 사후에도 존속하는가? 나의 길은 이미 정해져 있는가, 자유로운가? 인과필연성의 세계 안에 과연 자유가 있는가? 신은 존재하는가? 인간은 본성적으로 이런 물음을 던져왔고, 형이상학자들은 이러한 물음에 대해 학문적으로 답해왔다. 그러나 칸트는 형이상학자들의 답은 그저 학적 체계에 그칠 뿐 일반 대중에게는 아무런 영향도 미치지 못한다고 말한다.

실체의 단순성에 근거해서 우리 영혼이 사후에도 존속한다고 증명하는 것, 주관적 필연성과 객관적 실천적 필연성의 구분에 의거해서 보편적 기계성에 대한 의지의 자유를 증명하는 것, 변화하는 우연성과 제1운동자의 필연성이라는 개념에 의거해서 최고 실재성의 존재인 신의 현존을 증명하는 것이 각 학파를 넘어 한 번이라도 대중에게 이르러 그들 확신에 작은 영향이라도 미칠 수 있었던가?[3]

---

2 『순수이성비판』, A viii. 독어 원문은 *Kritik der Reinen Vernunft*, Hamburg: Felix Meiner Verlag, 1971, 5쪽 참조. 한글 번역은 『순수이성비판 1』, 백종현 옮김, 아카넷, 2006, 165쪽 참조.

3 『순수이성비판』, B xxxii (한글 번역책, 192쪽).

형이상학을 논하는 학자들이 실체의 단순성, 객관적 인과필연성과 자유, 최고의 실재성 등에 입각해서 형이상학적 대상인 영혼, 세계, 신에 대해 어떤 결론을 이끌어낸다고 해도 그것은 개념적인 논의에 그칠 뿐 그 물음을 제기한 우리 일반인에게 충분한 설득력을 갖지 못한다는 것이다. 형이상학의 대상인 영혼, 세계 자체, 신(神)은 일반 사람들이 자연적 본성에 따라 관심을 갖고 궁금해하는 것들이지만, 그에 대한 철학자의 논의는 그 궁금증을 해결해주지 못한다고 본 것이다. 칸트는 철학에서 이런 문제가 왜 생겨날 수밖에 없는지를 밝힌다.

칸트 이전에는 형이상학이 존재 일반을 논하는 일반형이상학과 특수한 영역의 존재를 논하는 특수형이상학으로 구분되어 있었다. 칸트에서는 존재 일반을 논하는 일반형이상학은 존재론으로 불리고, 영혼과 세계 자체와 신을 논하는 특수형이상학만이 형이상학으로 남겨진다. 이 둘의 구분은 경험 가능한 대상의 영역과 경험 가능하지 않은 대상의 영역, 즉 형이하의 영역과 형이상의 영역의 구분에 해당한다.

형이하의 영역(A):	감각경험에 주어지는 대상	ㅡ 현상의 영역
↕		
형이상의 영역(B):	감각경험에 주어지지 않는 영혼, 세계 자체, 신	ㅡ 물자체(무제약자)의 영역

칸트는 이 두 영역을 명확히 구분함으로써 칸트 이전 철학의 두 부류인 합리론과 경험론을 모두 비판한다. 합리론은 우리에게 선험적 인식이 있음을 논하면서 그 선험적 원칙을 형이상학의 대상인 영혼과 세계 자체와 신에게까지 적용하여 형이상학 체계를 수립했는데, 칸트에 따르면 그것은 선험적 원칙의 근원과 한계를 제대로 알지 못하고서 그

원칙을 제한 없이 적용하려 한 독단주의이다. 반대로 경험론은 우리의 인식을 모두 경험으로부터 이끌어내려 함으로써 선험적 인식 자체를 인정하지 않고 그것을 모두 감각경험으로부터 설명하려고 했는데, 이것은 칸트에 따르면 우리에게 있는 선험적 인식을 제대로 설명하지 못하고 의심하는 회의주의이다.

칸트에 따르면 우리에게는 선험적 인식에 해당하는 원칙이 있는데, 이 원칙은 형이하의 영역(A)에 대해서는 타당하지만 형이상의 영역(B)에는 적용될 수 없는 원칙이다. 그런데 합리론은 그 원칙을 영역 B에까지 월권으로 적용하는 독단주의에 빠지고, 경험론은 그 원칙을 영역 A에서조차 인정하지 않는 회의주의에 빠진 것이다.

형이하의 영역(A, 경험 가능한 대상)의 원칙을 부정 = 회의주의 ↔ 원칙을 확립

↕ (비판주의)

형이상의 영역(B, 영혼+세계 자체+신)에 원칙을 적용 = 독단주의 ↔ 원칙을 제한

그것은 둘 다 그러한 선험적 원칙이 어떻게 해서 가능한지에 대한 물음, 즉 원칙의 근원에 대한 물음과 그것이 어디까지 적용될 수 있는지에 대한 물음, 즉 원칙 적용의 한계에 대한 물음을 제대로 해명하지 않았기 때문이다. 칸트는 우리가 자연적 본성에 따라 관심을 갖게 되는 형이상학적 대상에 관해 직접 논하려 하기 전에 우선 우리가 가지는 인식능력 자체를 먼저 검토해봐야 한다고 주장한다. 즉 형이하의 영역의 경험 가능한 대상이든 형이상의 영역의 경험 불가능한 대상이든 대상 자체를 논하기에 앞서 우선 대상에 대해 인식하는 이성 능력 자체를 먼저 검토해야 한다는 것이다. 그렇게 해야 형이상학의 주장이 정당한 주장인지 월권적 주장인지를 가려낼 수 있기 때문이다.

> 이 시대는 이성에게 이성이 하는 일 중 가장 어려운 일인 자기인식의 일에 착수하여 하나의 법정을 설치할 것을 요구한다. 이 법정은 정당한 주장을 하는 이성은 보호하는 반면 근거 없는 일체 월권에 대해서는 강압적 명령에 의해서가 아니라 이성의 항구적 법칙에 의해 거절해야 한다. 이 법정이 바로 순수이성비판이다.[4]

이처럼 이성 자체를 비판적으로 살펴보는 것을 '순수이성비판'이라고 부른다. "지성이라고 불리는 능력의 근원을 밝히고, 그 지성 사용의 규칙과 한계를 규정하는 것"[5]이 이성비판이 수행하고자 하는 것이다. 이성비판을 통해 경험적 대상에 타당한 특정한 원칙들을 찾아내는 것이다. 그렇게 경험적 대상(A)에 대해 보편타당성을 지니는 원칙들을 발견함으로써 경험주의의 회의주의를 극복하고, 나아가 그 원칙들의 적용범위의 한계를 분명히 밝혀 경험되지 않는 대상(B)에 그것을 적용할 수 없음을 분명히 함으로써 이성의 월권을 막아 합리주의의 독단주의를 극복하려는 것이다.

그렇다면 그러한 원칙을 어떻게 찾아낼 수 있는가? 보편적 원칙을 찾아내기 위해 칸트는 우리에게 사고의 전환이 필요하다고 역설한다.

2) 사고방식의 전환 : 코페르니쿠스적 전회

칸트는 철학에서 요구되는 사고의 전환을 논하기에 앞서 그러한 사고의 전환이 수학이나 물리학에서는 이미 일어나고 있다고 설명한다.

---

4 『순수이성비판』, A xii (앞의 책, 168쪽).

5 『순수이성비판』, A xvi (앞의 책, 171쪽).

> (수학자는) 어떤 것을 안전하게 선험적으로 알기 위해서는 사물에다 그 개념에 따라 그 사물 안에 집어넣은 것으로부터 필연적으로 귀결되는 것 이외에 아무것도 덧붙여서는 안 된다. … (물리학자도) 이성 자신이 자연 안에 집어넣은 것에 따라 그가 자연에서 배워야 할 것을 자연에서 찾는다.[6]

대상으로부터 경험을 통해 비로소 얻는 인식은 경험의 상대성 및 귀납논리의 한계로 인해 절대적 보편타당성을 가질 수가 없다.[7] 보편타당성을 갖는 인식은 우리가 대상으로부터 경험적으로 얻어내는 인식이 아니라 경험과 연관되되 경험에 앞선 인식, 즉 우리 자신이 대상에 집어넣은 것을 대상에서 다시 읽어내는 그런 인식이어야 한다. 그런 인식은 그 인식의 근원이 경험이 아니라 우리 자신이며, 따라서 경험적 인식이 아닌 선험적 인식이다. 선험적 인식만이 우리에게 경험적 상대성을 넘어선 보편타당성을 제공해줄 수 있다. 이처럼 절대적 보편타당성의 인식을 확보하기 위해서는 우리가 대상으로 향하는 것이 아니라 대상이 우리의 기획에 따른다는 것을 보여주어야 한다. 칸트는 수학과 물리학에서 그러하듯이 철학 내지 형이상학에 있어서도 선험적 인식을 얻고자 하면 그러한 사고방식의 전환이 필요하다고 역설한다.

> 이제까지 사람들은 우리의 인식은 모두 대상을 따라야 한다고 가정했다. 그러나 대상에 관해 우리의 인식을 확장시킬 무언가를 개념에 의거해 선험적으로 이루려는 모든 시도는 이 전제 아래에서는 무너진다. 그러므로 이제

---

6 『순수이성비판』, B xii-xiv (앞의 책, 179-180쪽).

7 바로 이 점이 칸트가 흄에게서 배운 것이다. 흄은 인식의 근원을 경험에 두는 경험론자이기에 우리 인식이 갖는 보편타당성을 설명할 수 없었고 결국 회의주의로 빠지게 된 것이다. 확실한 인식의 근원은 오로지 경험이어야 한다는 경험주의적 원칙을 의심함으로써 칸트는 흄의 회의주의를 극복하게 된다.

우리는 대상이 우리의 인식을 따라야 한다고 가정함으로써 우리가 형이상학의 과제를 더 잘 해결할 수 있는지를 시도해봐야 한다. 이것은 … 대상에 관한 선험적 인식의 가능성에 더 잘 부합한다.[8]

이러한 사고방식의 전환이 소위 '코페르니쿠스적 전회'이다. 칸트는 이성비판의 과제를 '세계에 대한 선험적 인식이 어떻게 가능한가?', 즉 '선험적 종합판단은 어떻게 가능한가?'를 밝히는 것이라고 논한다. 그리고 선험적 인식의 가능근거를 밝히는 것은 결국 그 인식의 한계를 드러내는 작업으로 이어진다.

2. 인간 인식능력의 분석

1) 인식의 구조

인식의 두 줄기: 감성과 지성

이성(Vernunft)은 이론이성과 실천이성을 포함하여 인간 정신을 총칭하는 광의의 개념이다. 객관세계를 인식하는 이론이성의 활동을 논할 때 칸트는 인간의 인식능력을 크게 감성과 지성 둘로 구분한다.

인간 인식에는 두 줄기가 있는데, 감성(Sinnlichkeit)과 지성(Verstand)이 그것이다. 이 둘은 아마 우리에게는 알려지지 않은 하나의 공통의 뿌리로부터 생겨났을 것이다.[9]

---

8 『순수이성비판』, B xvi (앞의 책, 182쪽).

9 『순수이성비판』, A 15 (앞의 책, 213쪽).

감성은 대상으로부터 인상 내지 감각자료를 받아들이는 능력이고, 지성은 주어진 감각자료를 정리하고 개념화하여 사고하고 판단하는 능력이다. 대상을 보고 듣고 만지는 등의 감성의 활동을 '직관(Anschauung)'이라고 부르고, 대상에 대해 사유하고 판단하는 지성의 활동을 '사고(Denken)'라고 부른다. 직관에서의 표상이 '직관표상(직관)'이고, 사유에서의 표상이 '개념(Begriff)'이다.

> 우리 인식은 마음의 두 원천으로부터 유래한다. 그중 첫 번째 원천은 표상을 받아들이는 능력, 즉 인상의 수용성이고, 두 번째 원천은 이 표상을 통해 하나의 대상을 인식하는 능력, 즉 개념의 자발성이다. 전자에 의해 대상이 우리에게 주어지고, 후자에 의해 대상이 마음의 규정인 저 표상과 연관하여 사고된다. 그러므로 직관과 개념은 우리의 모든 인식의 요소를 이룬다.[10]

인식능력	인식활동	표상
감성	직관	직관표상(직관)
지성	사고	개념

직관표상은 대상으로부터 직접적으로 주어지는 표상이므로 개별적이고 구체적인 표상이다. 반면 개념은 많은 직관표상을 비교하고 추상하여 얻어낸 것으로 일반적이고 추상적이다. 그런데 인식을 이루려면 직관표상과 개념이 함께해야 한다.

---

10 『순수이성비판』, B 74(앞의 책, 273쪽). 불교 용어로 말하면 직관표상은 대상의 직접적 표상이라는 의미에서 '자상(自相)'이고, 개념은 공통적인 일반적 표상이라는 의미에서 '공상(共相)'이다.

대응하는 직관 없이는 어떤 개념도, 또 개념 없이는 어떤 직관도 인식을 제공할 수가 없다.[11]

인식을 이루기 위해서는 감성에 의해 대상으로부터 주어진 직관과 지성에 의해 사유된 개념이 함께해야 한다. 이것은 경험으로부터 얻은 경험적 인식에 대해서뿐 아니라 경험으로부터 얻은 것이 아닌 선험적 인식에 대해서도 마찬가지이다. 결국 선험적 인식이 가능하자면 우리의 인식능력인 감성과 지성, 인식활동인 직관과 사고 각각에 경험에 앞서는 선험적 요소가 있어야 하며, 그 선험적 요소들이 결합하여 선험적 인식을 이루어야 한다. 따라서 칸트는 '선험적 인식이 어떻게 가능한가?'를 밝히기 위해 우리의 감성과 지성에 각각 어떤 선험적 요소가 있는가를 탐구한다.

인식의 형식: 시공간과 범주

인식은 감성의 직관과 지성의 개념이 함께해야 하는데, 그 둘 다에는 내용과 형식이 포함된다. 내용은 경험으로부터 주어지지만, 그렇게 주어지는 내용을 받아들이거나 정리하는 형식은 경험으로부터 주어지는 것이 아니라 경험에 앞서 이미 갖추어져 있는 선험적인 것이다. 따라서 선험적 인식은 바로 그러한 인식형식에서 확보된다.

우선 감성적 직관에서의 내용과 형식의 구분, 그리고 그 형식의 선험성에 대해 칸트는 다음과 같이 설명한다.

현상에서 감각에 대응하는 것을 현상의 내용이라고 부르고, 그러한 현상

11 『순수이성비판』, B 74(앞의 책, 273쪽).

의 잡다가 일정한 관계로 정리되게 만드는 것을 현상의 형식이라고 부른다. 감각이 그 안에 정리되어 일정한 형식으로 표현되는 그런 것이 다시 감각일 수는 없으므로, 비록 현상의 내용이 단지 경험적으로 주어진다고 해도 그 형식은 모두 마음에 선험적으로 놓여 있어야 하며, 따라서 모든 감각과 분리해서 고찰될 수 있어야 한다.[12]

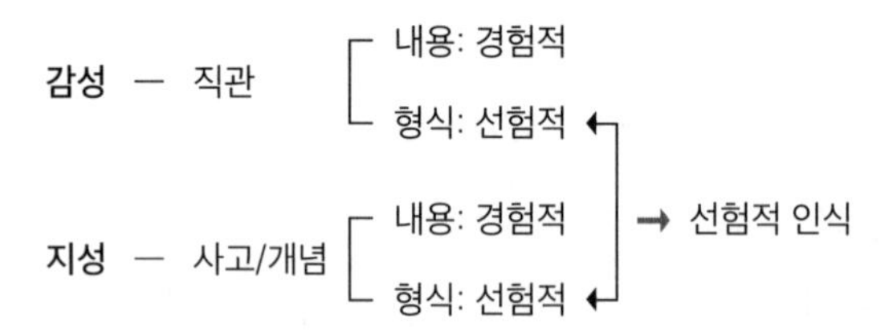

직관의 내용은 빨간색, 딱딱함, 향기 등 경험적으로 잡다하게 주어지는 감각자료(Empfindungsdaten)이지만, 그런 잡다한 감각자료들을 일정한 방식으로 정리하여 수용하는 직관의 형식 자체는 경험적으로 주어지는 감각자료가 아니다. 그렇다면 그런 감각자료인 내용을 정리하는 직관의 형식은 무엇인가?

우리는 외감을 매개로 대상을 우리 바깥에 있는 것으로 표상한다. 즉 대상을 모두 공간상에 표상한다. 그 안에서 대상의 형태와 크기와 상호관계가 규정되는 것이다. 마음은 내감을 매개로 자기 자신과 자신의 내적 상태를 직관하는데, 내감은 객관으로서의 영혼 자체에 대해서는 직관하지 못해도 영혼의 내적 상태에 대한 직관을 가능하게 하는 일정한 형식을 갖고 있다. 즉 내적 규정에 속하는 모든 것은 시간 관계에 따라 표상된다.[13]

---

12 『순수이성비판』, B 34 (앞의 책, 240쪽).

13 『순수이성비판』, B 37 (앞의 책, 243쪽).

공간: 외감의 선험적 형식

시간: 외감 + 내감의 선험적 형식

외부 사물로부터 주어지는 감각내용들은 공간적으로 배치되므로 외적 직관의 선험적 형식은 공간이고, 내적 마음상태의 감각내용들은 시간적으로 정리되므로 내적 직관의 선험적 형식은 시간이다. 그런데 외감의 내용도 내적인 마음활동을 통해 수용되므로 시간은 외감과 내감 공통의 선험적 형식이다. 칸트는 공간이 선험적인 직관형식이라는 것을 다음과 같이 논증한다.

> 공간은 외적 경험으로부터 추출된 경험적 개념이 아니다. 왜냐하면 특정한 감각이 나의 바깥의 어떤 것과 관계 맺기 위해서는, 그리고 내가 그것들을 서로의 바깥에 또는 곁에 있는 것, 즉 서로 다른 장소에 있는 것으로 표상하기 위해서는 공간이라는 표상이 이미 그 기초에 놓여 있어야 하기 때문이다. 그러므로 공간의 표상은 경험을 통해 외적 현상의 관계로부터 얻을 수 있는 것이 아니고 오히려 외적 경험이라는 것 자체가 오직 공간의 표상을 통해 비로소 가능한 것이다. … 공간은 모든 외적 직관의 기초에 놓여 있는 선험적이고 필연적인 표상이다.[14]

시간에 대해서도 마찬가지의 방식으로 그것이 선험적 직관형식이라는 것을 밝히며, 이로써 시간과 공간이 인간의 선험적 직관형식임을 밝힌다. 우리가 감성적으로 직관하는 일체의 경험적 내용은 모두 우리의 선험적 직관형식인 시공간에 따라 주어지는 것이다.

---

14 『순수이성비판』, B 38 (앞의 책, 244쪽).

지성은 사유하고 판단하는 능력이다. 지성의 사유 및 판단에 대해서는 기존의 일반논리학인 형식논리학에서 다루는데, 형식논리학은 사유와 판단에 사용되는 개념의 내용은 모두 배제하고 오직 개념을 연결하는 방식, 즉 판단의 순수 논리적 형식만을 다룬다. "일반논리학은 인식의 모든 내용, 즉 인식의 대상과의 모든 관계맺음을 도외시하고, 인식 상호간의 관계에서의 논리적 형식인 사고 일반의 형식만을 고찰한다."[15]

반면 칸트는 일반적인 형식논리학과 구분되는 새로운 논리학을 주장하며, 그것을 '초월논리학(transzendentale Logik)'이라고 부른다. 일체의 대상연관을 배제하고 논리적 판단형식만을 다루는 일반논리학과 달리 초월논리학은 대상세계와의 경험적 연관성은 배제하되 선험적 연관성은 배제하지 않는다. 즉 경험적으로 주어지는 경험적 잡다는 배제하되 그런 경험적 잡다가 주어지는 선험적 형식으로서의 '순수 잡다(reine Mannigfaltigkeit)'를 취해 그것으로부터 경험적이지 않은 순수 지성개념을 찾아낸다.

일반논리학은 인식의 모든 내용을 도외시하고 어디선가 외부로부터 표상이 주어지기를 기대하며 이 표상을 개념으로 전환시키되 분석적으로 그렇게 한다. 반면 초월논리학은 선험적인 감성의 잡다를 눈앞에 가지는데, 그것은 순수 지성개념에 내용을 주기 위해 초월적 감성학이 제공하는 것으로 이 내용이 없다면 순수 지성개념은 아무 내용이 없고 공허한 것이 되었을 것이다.[16]

---

15 『순수이성비판』, B 79 (앞의 책, 277쪽).
16 『순수이성비판』, B 102 (앞의 책, 295쪽).

초월논리학도 논리학이므로 지성을 다루는 학이다. 우리의 지성은 선험적 감성형식인 순수 잡다를 일정한 방식으로 연결하는 순수 종합을 행하는데, 이러한 순수 종합의 개념이 곧 순수 지성개념이다. 순수 종합을 실행하는 순수 지성개념을 칸트는 '범주(Kategorie)'라고 부른다.

> 사고의 자발성은 잡다로부터 인식을 얻기 위해 이 잡다가 먼저 특정한 방식으로 개관되고 받아들여져 결합되기를 요구한다. 이 활동을 종합(Synthesis)이라고 부른다. … 만약 잡다가 시공간처럼 경험적으로가 아니라 선험적으로 주어진다면, 그 종합은 순수 종합이다. … 일반적으로 표상된 순수 종합은 순수 지성개념을 제공한다.[17]

순수 잡다의 순수 종합 = 범주(순수 지성개념)의 내용

그렇다면 일반적 형식논리학과 칸트가 주장하는 초월논리학은 어떤 관계에 있는가? 칸트에 따르면 형식논리학에서 다루는 개념 형성 및 판단의 활동은 지성의 분석 활동이다. 개념 형성은 직관표상을 개념으로 바꾸는 것으로 여러 직관표상들의 비교와 반성과 사상이라는 분석 과정을 통해 완성된다. 예를 들어 빨간 장미, 빨간 옷, 빨간 불을 보면서 그 직관표상들을 서로 비교하면서 같은 것(빨간색)을 반성하여 취하고 다른 것(장미나 옷이나 불)을 사상하여 '빨간색'의 개념을 형성하게 된다. 이와 같은 개념화 작용에 대해 칸트는 "표상들을 분석적으로 한 개념 아래로 보낸다."[18]고 말한다. 그리고 이렇게 형성된 개념을 사용

---

17 『순수이성비판』, B 102-104 (앞의 책, 296쪽).

18 『순수이성비판』, B 104 (앞의 책, 297쪽).

함으로써 판단이 이루어진다. 예를 들어 '저 장미는 빨간색이다.'라는 판단은 여러 직관표상으로부터 얻어진 빨간색이라는 개념을 사용하여 다시 직관대상인 저 장미를 규정한 것이다. 이러한 개념 사용으로서의 판단은 'A는 B이다.'의 방식으로 표상 A와 B를 서로 연결시켜 표상에 통일성을 부여하는데, 이러한 판단의 논리적 형식에서의 통일을 칸트는 "분석적 통일(Einheit)"이라고 부른다. 반면 초월논리학은 직관표상이 주어지는 순수 형식인 순수 잡다를 연결하는 순수 종합의 지성활동을 논하는데, 칸트에 따르면 지성의 순수 종합이 지성의 논리적인 분석 활동을 가능하게 한다. 형식적 논리적 판단을 가능하게 하는 지성 활동이 바로 범주의 종합활동이다. 지성의 '논리적 · 분석적 활동'은 지성의 '초월적 · 종합적 활동'의 기반 위에서 가능하며, '분석적 통일'은 '종합적 통일'에 근거한다.

> 한 판단에서 서로 다른 표상들에 통일성을 부여하는 기능과 동일한 기능이 한 직관에서의 여러 표상들의 순수한 종합에 통일성을 부여한다. 일반적으로 말해 이것이 순수 지성개념이라고 불리는 것이다. 그러므로 동일한 지성이 개념에서 판단의 논리적 형식을 성립시켰던 분석적 통일을 매개로 한 그 작용을 통해, 직관 일반에서의 잡다의 종합적 통일을 매개로 그의 표상에 초월적 내용을 부여한다.[19]

지성의 논리적·분석적 통일: 판단의 논리적 형식을 성립시킴 — 형식논리학에서 다룸

↑

지성의 초월적·종합적 통일: 직관 일반의 잡다의 순수 종합 — 초월논리학에서 다룸

19 『순수이성비판』, B 104-105(앞의 책, 297쪽).

칸트는 논리적 판단방식을 양, 질, 관계, 양태에 따라 각각 세 가지로 정리하여 총 12가지의 판단형식을 제시한다. 그리고 그 각각에 대해 그런 논리적 판단형식을 가능하게 하는 순수 지성개념인 12개의 범주를 찾아낸다.

12개 논리적 판단형식:	일반논리학의 대상 — 지성의 분석활동
↑	
12개 범주(선험적 개념):	초월논리학의 대상 — 지성의 종합활동

칸트가 12개의 판단형식으로부터 그 각각을 가능하게 하는 선험적 개념으로 밝힌 12개의 범주를 구체적으로 나열하면 다음과 같다.

판단형식:	전칭/특칭/단칭	긍정/부정/무한	정언/가언/선언	개연/실연/필연
↑				
범주:	하나/다수/전체	실재/부정/제한	실체/인과/상관	가능/현실/필연

이처럼 칸트는 지성의 논리적 판단형식으로부터 그것을 가능하게 하는 사유의 순수형식을 찾아내어 그것을 12개의 범주로 밝힌다. 일반형이상학에서 문제 삼아온 실체나 인과성이 칸트에 따르면 우리의 순수 지성개념인 범주에 해당한다. 직관의 순수 잡다를 연결 짓는 순수 종합이 범주에 따라 일어나는데, '실체'는 그러한 범주 중의 하나인 것이다. 즉 실체는 우리의 인식능력 바깥에 실재하는 어떤 것을 지칭하는 것이 아니라, 우리에게 주어지는 순수 잡다를 종합하는 순수 지성개념에 속하는 것이다.

그렇다면 이러한 순수 지성개념으로서의 범주가 우리가 경험하는 구체적 대상세계 사물들에게 어떻게 적용될 수 있는 것일까? 즉 현상 사물에 대해 어떻게 객관적 타당성을 가질 수 있는 것일까? 칸트는 이 문제를 '초월적 연역'에서 다룬다.

2) 범주의 초월적 연역

초판(A판)의 연역

일체의 대상연관을 배제하고 논리적 판단형식만을 다루는 일반논리학과 달리 초월논리학은 감성의 직관형식인 순수 잡다를 대상으로 삼아 그것의 종합을 내용으로 가진다. 인간에게 직관형식은 시공간이므로 초월논리학이 논하는 순수 종합은 순수 잡다인 시공간의 순수 종합이 된다. 즉 범주는 시공간의 순수 잡다를 종합하며, 그 순수 종합이 범주의 내용이 된다. 지성의 사유형식인 범주에 따라 감성의 직관형식인 시공간의 잡다가 종합되는 것이다. 이처럼 범주의 내용이 순수 잡다의 종합이라는 것은 순수 사유형식인 범주가 어떻게 경험적 대상세계에 대해 객관적 타당성을 가질 수 있는가를 설명해준다. 칸트는 범주의 초월적 연역(transzendentale Deduktion) 초판(A판)에서 이 문제를 3단계의 종합을 통해 좀 더 구체적으로 해명한다.

감성에 주어지는 직관의 잡다를 한 번에 알아차리는 것을 직관의 '포착(Apprehension)의 종합'이라고 한다. 그런데 이 포착의 종합은 시간 흐름에 따라 선행하는 것을 놓치지 않고 재생하여 하나로 떠올리는 상상력의 '재생(Reproduktion)의 종합'에 기반한다. 그리고 재생의 종합은 결국 재생된 것을 같은 하나의 것으로 알아보는 지성의 '재인(Rekognition)의 종합'에 근거한다. 한마디로 감성의 종합이 상상력의 종합에 기반하며, 상상력의 종합은 지성의 종합에 근거한다는 것이다.

이로써 지성의 순수 개념인 범주가 감성에 주어지는 일체 내용에 대해 타당성을 갖게 된다는 것이다.[20]

직관에서 포착의 종합

↑

상상에서 재생의 종합

↑

개념에서 재인의 종합

그렇다면 직관과 상상의 종합 및 지성의 종합을 가능하게 하는 최종 근거는 과연 무엇인가? 순수 직관의 잡다의 종합 및 순수 개념의 종합의 최종 근거는 무엇인가? 현상세계 전체를 하나의 세계로 직관하게 하는 궁극의 근거, 일체 순수 종합의 최종 근거는 결국 순수 지성의 통일성이다. 칸트는 그것을 '초월적 통각(transzendentale Apperzeption)' 또는 '순수 통각'이라고 설명한다.

> 우리의 모든 직관의 잡다의 종합에서 그리고 객관 일반의 개념의 종합에서, 따라서 경험의 모든 대상의 종합에서 의식의 통일성이라는 초월적 근거를 반드시 만나게 된다. … 이 근원적인 초월적 조건이 바로 초월적 통각이다.[21]

초월적 통각은 시간 흐름 속에서 내적 지각의 대상이 되는 '경험적 자기의식' 내지 '경험적 통각'과 대비하여 부른 것이다.

---

20 3단계 종합은 『순수이성비판』, A 98-105 참조(앞의 책, 321-326쪽).

21 『순수이성비판』, A 106-107(앞의 책, 326쪽).

내적 지각에서 상태의 규정에 따른 자기의식은 경험적이고 항상 변화할 뿐이므로 내적 현상의 흐름 속에서 지속적이고 항존적인 자기는 있을 수 없다. 그것은 보통 내감 또는 '경험적 통각'이라고 불린다. 반드시 수적 동일성으로 표상되어야 할 것은 경험적 내용에 의해서는 그렇게 생각될 수 없다. 그것은 모든 경험에 선행하면서 경험 자체를 가능하게 하는 조건이며, 초월적 전제를 성립시키는 조건이어야 한다. … 이 순수하고 근원적이며 변함없는 의식을 '초월적 통각'이라고 부른다.[22]

내감의 형식에 따라 시간 흐름 속에 주어지는 자아는 '경험적 통각'이고, 내감과 외감의 순수형식의 근거가 되면서 지성의 판단형식을 가능하게 하는 최종 근거인 순수 자아는 '초월적 통각'이다. 이렇게 해서 자아동일성의 최종 근거인 초월적 통각의 통일성이 내감과 외감에 주어지는 일체 현상세계의 최종 근거가 된다.

자기 자신의 동일성에 대한 근원적이고 필연적인 의식은 동시에 개념들에 따른 모든 현상의 종합의 필연적인 통일에 대한 의식이다.[23]

이 통각의 통일성에 근거해서 지성의 종합과 상상력의 순수 종합, 그리고 순수 직관의 종합이 일어나고 모든 경험적 직관은 이런 종합에 입각해서 일어나므로, 결국 통각의 통일성이 일체 인식 및 존재의 통일성의 근거가 된다. 그러므로 순수 지성개념인 범주가 현상세계 대상에 대해 객관적 타당성을 갖게 되는 것이다.

---

22 『순수이성비판』, A 107 (앞의 책, 326-327쪽).

23 『순수이성비판』, A 108 (앞의 책, 327쪽).

재판(B판)의 연역

범주의 초월적 연역 B판은 바로 이와 같은 종합의 궁극적인 최종 근거를 밝히는 것으로부터 범주의 객관적 타당성을 논한다. 여기에서 칸트는 존재 및 인식의 최종 근거로서의 초월적 통각의 통일성을 '나는 생각한다'의 초월적 자기의식으로 설명한다.

> '나는 생각한다'는 나의 모든 표상에 함께할 수밖에 없다. 그렇지 않다면 내가 전혀 생각할 수도 없는 것이 내게 표상되는 식이 되기 때문이다. 모든 사고에 앞서 주어지는 표상은 직관인데, 직관의 모든 잡다는 이 잡다가 주어지는 주관 안에서 '나는 생각한다'와 필연적 관계를 맺는다. '나는 생각한다'의 표상은 자발성의 작용이며, 따라서 감성에 속하는 것이 아니다. 나는 이 표상을 '순수 통각'이라고 부름으로써 '경험적 통각'과 구분한다.[24]

경험적 직관에 주어지는 경험적 잡다는 시공간의 순수 잡다 안에서 종합되고 통일되며, 이는 궁극적으로 '나는 생각한다'의 초월적 통각의 '근원적·종합적 통일'에 근거한 것이다. 이로써 통각의 통일성이 지성과 상상력과 감성의 종합의 근거가 되며, 감성에 주어지는 일체 현상세계의 잡다에 대해서도 그 통일적 근거가 된다.

> 의식의 종합적 통일은 모든 인식의 객관적 조건이다. 내가 객관을 인식하기 위해 이 조건을 필요로 할 뿐만 아니라, 나에 대한 객관이 되기 위해서는 어떤 직관이든 이 조건에 속해야만 한다. 이 종합 없이 다른 방식으로 잡다가 의식에 통합될 수는 없기 때문이다.[25]

---

24 『순수이성비판』, B 131-132(앞의 책, 346쪽).

25 『순수이성비판』, B 138(앞의 책, 350-351쪽).

통각의 통일성은 내가 객관을 인식하기 위한 조건일 뿐 아니라, 현상 사물이 내게 객관으로 존재하기 위한 조건이기도 한 셈이다. 현상 사물이 나의 감성적 직관에 주어지는데, 그 직관의 잡다가 나의 범주에 종속되고 범주는 통각의 근원적 통일에 따라 종합되므로, 결국 모든 종합과 통일의 근저에 통각의 통일성이 작용하고 있는 것이다.

> 모든 감성적 직관은 직관의 잡다가 한 의식 안에 모일 수 있는 조건인 범주에 종속한다. 감성적 직관에 잡다하게 주어지는 것은 반드시 통각의 근원적 · 종합적 통일에 속한다. 이 통일에 의해서만 직관의 통일이 가능하기 때문이다.[26]

이상과 같이 감성적 직관의 다양, 순수 직관의 종합, 범주의 종합이 모두 통각의 통일성에 근거하므로, 그 통일성에 근거한 우리의 사유형식인 범주는 현상 사물 일체에 대해 객관적 타당성을 가진다고 할 수 있다.

3) 선험적 인식의 확립

범주는 우리의 순수 지성개념이다. 범주에 따라 직관의 순수 잡다가 종합되므로 우리가 경험하는 것은 모두 범주의 형식에 따라 주어지게 되며, 따라서 우리는 세계에 대해 선험적 종합판단인 선험적 원칙을 갖게 된다. 양의 범주에 따라 '모든 존재하는 것은 일정한 크기(외연량)를 가진다'는 원칙, 질의 범주에 따라 '모든 존재하는 것은 일정한 성질

26 『순수이성비판』, B 143 (앞의 책, 354쪽).

(내포량)을 가진다'는 원칙, 실체의 범주에 따라 '모든 존재하는 것은 속성의 변화를 담지하는 지속적 실체로 존재한다'는 원칙, 인과율의 범주에 따라 '모든 존재하는 것은 원인과 결과의 관계를 따른다'는 원칙, 상호성의 범주에 따라 '모든 존재하는 것은 상호 인과관계를 이룬다'는 원칙, 가능성과 현실성과 필연성의 범주에 따라 '모든 존재하는 것은 가능적이거나 현실적이거나 필연적이다'라는 원칙이 성립한다. 우리는 우리가 무엇을 경험하든 그 경험대상은 이런 원칙을 따른다는 것을 경험에 앞서 이미 선험적으로 알고 있는 것이다.

우리가 세계를 경험하기도 전부터 세계에 대해 이미 선험적으로 무엇인가를 알 수 있는 것은 우리 자신이 세계에다 집어넣은 원칙을 우리가 다시 세계로부터 읽어내기 때문이다. 이처럼 인식의 근거와 기준점을 대상 자체가 아니라 인간 자신으로 삼는 사고방식의 변혁을 통해 칸트는 우리가 세계에 대해 보편타당한 선험적 인식을 갖고 있다는 것을 밝힌다.

> 이런 사고방식의 변경에 따라 우리는 선험적 인식의 가능성을 아주 잘 설명할 수 있고 나아가 경험대상의 총체인 자연의 근저에 선험적으로 놓여 있는 법칙을 만족스럽게 증명할 수 있게 되었다.[27]

이와 같은 사고방식의 전환을 통해 세계에 대해 우리가 선험적 인식을 갖고 있다는 것을 밝힘으로써 칸트는 경험론의 회의주의를 극복한다. 우리의 세계에 대한 인식 중에는 단지 경험으로부터만 주어지는 것이 아니라 우리 자신에서 비롯된 것이 있고, 따라서 우리는 경험의

---

27 『순수이성비판』, B xix (앞의 책, 184쪽).

상대성을 넘어선 보편타당한 진리를 알고 있는 것이다. 이로써 일체의 인식을 경험으로부터 이끌어낸 것으로 설명하려는 경험론의 회의주의를 넘어선다. 흄은 경험적 인상으로부터 귀결되지 않는 일체의 주관적 활동을 모두 주관적 습관 내지 상상력의 허구라고 보아 그 진리성을 의심했지만, 칸트는 오히려 인식주관에 근거한 것이기에 선험적 인식을 이루며, 따라서 보편타당성을 가질 수 있다고 평가한 것이다.

3. 인간 인식의 한계

1) 선험적 인식의 한계 설정

칸트의 사고방식의 전환이 갖는 또 다른 특징은 인간의 선험적 인식의 한계를 밝혀 합리론의 독단주의를 넘어선다는 것이다. 우리가 갖는 선험적 인식은 우리 자신으로부터 부과되는 것이기에 그 적용의 범위에 한계가 있다. 즉 선험적 원칙은 오직 우리의 인식형식에 의해서 규정되는 현상에 대해서만 타당하지 우리의 인식형식과 무관한 것에까지 확장하여 적용해서는 안 된다. 대상의 인식형식이 우리 자신으로부터의 형식이므로 그 형식의 원칙이 선험적 인식이 될 수 있지만, 그 선험적 인식은 그 인식형식에 의해 제한되는 대상인 '현상'에 대해서만 타당할 뿐, 인간의 인식형식에 의해 제약받지 않는 대상, 우리의 감각경험에 주어지지 않는 대상, 현상이 아닌 사물 자체에 대해서는 타당하다고 말할 수 없는 것이다. 우리가 갖는 선험적 원칙은 오직 우리의 감성형식인 시공간 안에 주어지는 현상에 대해서만 타당한 것이다.

> 우리는 우리의 선험적 인식능력을 가지고는 결코 가능한 경험의 한계를 넘어갈 수 없다. … 우리의 선험적인 이성 인식은 단지 현상과만 상관하는 것이며, 사물 그 자체는 독자적으로 실재하는 것이기는 해도 우리에게는 알려지지 않는 것으로 남게 된다.[28]

우리가 가지는 선험적 원칙은 오직 우리의 감성에 주어지는 현상에 대해서만 타당할 뿐 사물 자체에 확대해서 적용될 수 없다는 점에 근거해서 칸트는 기존 형이상학자들의 독단주의를 비판한다.

2) 무제약자에 대한 불가지: 기존 형이상학의 비판

칸트는 우리의 선험적 인식은 오직 우리의 인식형식에 따라 주어지는 경험적 대상인 현상에 대해서만 타당할 뿐 우리의 인식형식에 의해 제약받지 않는 무제약자(Unbedingte), 감각경험에 주어지지 않는 물자체(Ding an sich)에까지 확대하여 적용할 수 없음을 강조한다. 칸트가 감각경험의 대상이 아닌 무제약자라고 말하는 것은 곧 특수형이상학의 대상인 영혼, 세계 자체, 신(神)이며, 근대철학자들이 사유적 실체, 물질적 실체, 무한실체로 논해오던 것들이다.

28 『순수이성비판』, B xx (앞의 책, 184쪽).

우리는 자연적 또는 본성적으로 인간의 영혼 자체나 세계 자체 또는 신에 대해 궁금해하며 '영혼은 불멸하는가?', '세계에 자유는 있는가?', '신은 존재하는가?' 등의 형이상학적 물음을 던지지만, 칸트에 따르면 인간의 이성은 이에 대한 이론적 답을 제시하지 못한다. 실체나 인과성 등의 범주에 따른 선험적 원칙은 우리의 감각대상인 현상을 인식하기 위한 원칙이지 현상의 범위를 넘어선 무제약자에까지 확장될 수 있는 인식이 아니기 때문이다.

칸트는 『순수이성비판』 「변증론」에서 합리론자들이 선험적 인식의 한계를 알지 못하고 그것을 형이상학의 대상에까지 확대 적용하는 잘못을 범했다고 비판한다. 실체나 인과성 또는 실재성의 범주와 그것으로부터의 선험적 원칙을 우리의 경험대상이 아닌 영혼이나 세계 자체나 신에게 적용하여 설명하는 것은 독단이라는 것이다. "실체의 단순성에 의거해서 우리의 영혼이 사후에도 존속한다고 증명하는 것", "최고 실재 존재자라는 개념에 의거해서 신이 현존한다고 증명하는 것" 등은 모두 인간 인식의 한계를 무시한 독단을 보여준다. 칸트는 영혼에 대한 독단적 주장은 '오류추리(Paralogismus)'라고 비판하고, 세계 자체에 대한 독단은 '이율배반(Antinomie)'에 빠진다고 비판하며, 신에 대한 독단적 주장은 '순수 이성의 이상(Ideal)'에 불과하다고 비판한다.

그런데 '영혼이 불멸한다'는 주장이나 '신이 존재한다'는 주장은 어차피 영혼이나 신이 우리의 경험을 넘어선 무제약자이기에 그 주장에 대한 반증 또한 제기될 수 없으므로 그 독단적 성격을 극복하기는 불가능하다. 반면 인과성의 범주를 세계 자체에 적용하여 자연필연성과 자유를 함께 생각할 경우 우리는 서로 모순되는 명제를 주장하는 이율배반에 빠지게 되는데, 칸트에 따르면 이 이율배반은 극복 가능하다. 그는 이 이율배반을 선험적 인식이 타당한 현상의 영역과 선험적 인식이 적용될 수 없는 물자체의 영역을 구분함으로써 해결한다.

> 우리가 우리의 비판에 의해 필연적이게 된 경험대상으로서의 사물과 사물 자체로서의 사물의 구분이 이루어지지 않았다고 가정하면, 인과성의 원칙, 즉 인과성에 의해 규정된 자연필연성이 작용인으로서 모든 사물 일반에 대해 타당해야 할 것이다. 그러면 인간 영혼에 대해 나는 명백한 모순에 빠지지 않고는 그 의지가 자유로우며 그러면서도 동시에 자연필연성에 종속되어 있다고, 즉 자유롭지 않다고 말할 수 없었을 것이다.[29]

우리는 한편으로는 선험적 원칙인 자연의 인과필연성을 타당하다고 여기면서 다른 한편으로는 인간의 자유가 타당하다고 여긴다. 인과필연성과 자유 둘 다가 타당할 수 있으려면 그 각각이 타당한 영역이 따

---

29 『순수이성비판』, B xxvii (앞의 책, 189쪽).

로 존재해야만 한다. 즉 인과필연성이 타당한 현상의 영역과 자유가 타당한 무제약자의 영역이 구분되어야 하는 것이다. 다시 말해 우리의 선험적 인식인 '모든 발생하는 것은 원인이 있다'는 인과필연성의 원칙은 감각경험 대상인 현상세계에 적용되는 것이고, 거기에 속하지 않는 무제약자에 대해서는 인과필연성이 아니라 자유가 허용될 수 있다는 것이다.

그렇다면 칸트는 무슨 근거에서 선험적 원칙에 포함되어 있지 않던 자유를 주장하는 것일까? 이율배반을 일으킴으로써 인간의 선험적 인식의 한계를 드러내는 자유는 어디에서 온 것일까? 다시 말해 선험적 인식이 타당하다고 여겨지는 현상 너머 물자체인 무제약자가 따로 존재한다는 것을 우리에게 알려주는 것은 무엇인가? 그것은 이성비판 안에서, 즉 우리의 선험적 인식의 근거 안에서 찾아져야 한다. 그것이 바로 선험적 인식의 최종 근거로서의 초월적 통각이다. 초월적 통각은 그 자체 현상의 존재 및 인식을 가능하게 하는 최종 근거이지만, 그 자체는 감성적 직관 안에 주어지는 경험대상이 아니다. 즉 현상이 아니다. 칸트는 초월적 자아는 일체 현상을 가능하게 하지만, 그 자체는 현상이 아니므로 경험대상처럼 인식되는 것이 아니라는 것을 강조한다.

> 나는 내가 존재하는 대로의 나 자신에 대해서는 어떤 인식도 갖지 못하고 내가 나에게 현상하는 대로의 나에 대한 인식을 가질 뿐이다.[30]

'나는 생각한다'의 초월적 통각으로서의 나 자신에 대해 나는 어떠한 인식도 갖지 못하고, 단지 나의 직관형식인 시간 흐름 속에 내감의

---

30 『순수이성비판』, B 158(앞의 책, 365쪽).

대상으로 주어지는 현상으로서의 나에 대해서만 인식할 수 있다. 이와 같이 내감의 대상으로서의 나와 초월적 자아로서의 나는 구분된다. 나는 현상으로 주어지는 내감의 대상으로서의 나를 인식할 수는 있지만, 현상으로 주어지지 않는 초월적 자아로서의 나를 인식할 수는 없다.[31] 초월적 자아는 궁극적 주체이지 인식대상이 아니기 때문이다. 초월적 통각은 현상의 근거이지 그 자체 현상이 아닌 것이다.

이와 같은 현상과 물자체의 구분에 입각해서만 인과필연성과 자유가 함께 인정될 수 있다. 현상으로서의 경험적 자아와 그런 현상을 가능하게 하는 초월적 자아의 구분에 상응해서만 현상에 타당한 인과필연성과 물자체에 타당한 자유가 함께 인정될 수 있기 때문이다.

> 비판은 객관을 두 가지 의미, 즉 현상의 의미와 사물 자체의 의미로 받아들일 것을 가르친다. … 인과성의 원칙은 오직 첫 번째 의미의 사물인 경험 대상으로서의 사물에만 적용되고, 두 번째 의미의 사물은 이 원칙에 종속되지 않는다. 그러므로 바로 동일한 의지가 현상에서는 자연법칙에 필연적으

---

31 칸트가 이렇게 주장하는 것은 인간에게 가능한 직관은 오직 경험적 직관일 뿐이며 인간에게 지적 직관은 없다고 여기기 때문이다. 경험적 직관은 직관형식인 시공간을 따라 대상화된 현상에 대한 직관이다. 인간은 스스로 현상을 구성하는 주체이면서도 그렇게 구성된 현상만 직관하지 구성하는 자기 자신은 직관하지 못한다고 본 것이다. 이는 비트겐슈타인이 형이상학적 자아는 세계를 보는 눈일 뿐 세계 속에 보여지는 것이 아니기에 우리는 그 자아를 알 수 없다고 말하는 것과 마찬가지이다. '눈은 눈을 볼 수 없다'는 관점이라고 할 수 있다. 이는 세계를 형성하는 식(識)이 식 자신을 스스로 신령하게 안다고 보는 불교적 관점과 대비된다. 불교는 그러한 일심(一心)의 자기자각을 '성자신해(性自神解)', '공적영지(空寂靈知)' 내지 '본각(本覺)'이라고 부른다. '마음은 이미 마음을 안다'는 관점이라고 할 수 있다. 불교는 그러한 본각을 망각한 일상의식을 '불각(不覺)'이라고 한다. 칸트는 세계가 가(假)임을 통찰했음에도 불구하고 끝내 일반 중생심인 불각의 관점을 넘어서지 못했다고 본다. 그리고 이는 궁극의 자기지는 신(神)의 영역에 속하는 것으로 간주하는 기독교적 영향 때문이 아닐까 생각한다.

로 따르므로 그런 한에서 자유롭지 않다고 생각되고, 다른 한편 사물 자체에 속하는 것으로서는 저 법칙에 종속되지 않아 자유롭다고 생각되는데, 여기에 어떤 모순도 일어나지 않는다.[32]

인간의 의지의 자유는 형이상학자들이 논하는 선험적 원칙에 의해 설명되는 것이 아니라, 오히려 그 선험적 인식의 한계를 분명히 할 때 확보된다. 칸트에 따르면 선험적 인식에 한계를 긋는 것은 곧 인간 인식능력에 한계를 긋는 것이며, 이는 결국 형이상학적 대상에 관한 한 우리는 그것들을 이론적으로 인식할 수 없고 오직 도덕의 차원에서 실천적으로 접근할 수 있을 뿐이라는 것을 의미한다.

3) 이론이성에서 실천이성으로

칸트는 선험적 인식의 한계를 긋는 것은 곧 그런 인식을 형이상학의 대상에까지 적용하는 것을 제한하기 위해서임을 강조한다. 형이상학의 대상인 인간 영혼이나 자유나 신의 문제는 이론적 인식의 대상으로 고찰될 수 있는 것이 아니라고 보기 때문이다.

만약 사변이성으로부터 그것의 과도한 통찰의 월권을 빼앗지 않았다면, 나의 이성의 필수적인 실천적 사용을 위해 신, 자유, 그리고 영혼의 불사성을 전혀 받아들일 수 없게 된다. 왜냐하면 사변이성은 이런 통찰에 이르기 위해 원칙들을 이용할 수밖에 없는데, 이 원칙은 순전히 가능한 경험의 대상들에만 충분한 것인데도 경험의 대상일 수 없는 것에까지 적용하여, 그것

32 『순수이성비판』, B xxvii-xxviii (앞의 책, 189쪽).

을 결국 현상으로 전환시키고 그렇게 해서 순수한 이성의 모든 실천적 확장을 불가능한 것으로 천명하기 때문이다. 그러므로 나는 신앙을 위한 자리를 만들기 위해 지식을 폐기해야만 했다.[33]

칸트는 이론적 인식의 한계를 분명히 함으로써 현상 너머의 형이상학적 대상에 대해서는 이론적 인식이 아닌 실천적 접근의 필요성을 역설한다. 그것을 이론적 인식이 아니라 실천적 신앙의 영역으로 남겨놓으려는 것이다.

이와 같이 칸트철학은 경험의 영역에 대해서는 선험적 인식을 주장하여 회의주의를 극복하면서, 경험을 넘어선 형이상학의 영역에 대해서는 선험적 인식의 한계를 논함으로써 합리주의자들의 독단론을 비판한다. 그 과정에서 우리가 사물 자체라고 여기는 '실체'는 우리의 인식능력 바깥에 실재하는 객관적 사물 자체가 아니라, 오히려 우리에게 현상세계로부터 경험적으로 주어지는 경험적 잡다 및 순수 잡다를 종합하고 정리하기 위해 우리 자신이 사용하는 사유틀의 개념, 일종의 범주에 불과하다는 것을 밝히고 있다.

33 『순수이성비판』, B xxix-xxx (앞의 책, 191쪽).

제4부

현대(탈근대)의 실체론

현대사상의 주된 흐름은 '포스트모더니즘(post-modernism)' 또는 '포스트구조주의(post-structualism)'라고 할 수 있다.[1] 포스트는 앞 사조와의 연관성을 함축하는 '후기'의 의미보다는 단절을 함축하는 '탈'의 의미가 더 강하다고 할 수 있다. 포스트모더니즘은 또한 '해체주의'라고 불리기도 한다. 기존의 의미체계와 가치체계를 해체(deconstruction)한다는 뜻이다. 해체는 구축(construction)의 반대개념인데, 구축의 또 다른 반대인 파괴(destruction)와는 구분된다. 파괴가 구축물을 완전히 부정하여 그냥 없애버리는 것이라면, 해체는 구축물의 구조를 분석하고 분해하여 단계적으로 부정하는 것이다. 파괴는 테러리스트의 전략에, 해체는 무정부주의자의 전략에 비유될 수 있다. 파괴가 외적 붕괴의 시도라면, 해체는 구축물에 잠입하여 내부로부터의 잠식을 꾀하는 내적 붕괴의 시도이다.

포스트모더니즘이 해체하고자 하는 것, 따라서 그들이 집중적으로 논의하고 분석하며 비판하고자 하는 것은 바로 서양의 근대성인 모더니즘이다. 그리고 그들의 분석에 따르면 서양의 근대성은 바로 그리스로부터 시작되는 서양 전통 형이상학의 결실이다. 비록 중세에서 근대로 넘어가면서 신본(神本)에서 인본(人本)으로 바뀌는 변화가 있기는 하지만, 그래도 그 기본 사고방식에 있어서 절대적 근원과 기준, 절대적 의미와 진리 등을 추구한다는 점에서, 그리고 인간의 신체적 욕망이나 감성보다는 보편적 이성이나 합리성에 더 큰 비중을 둔다는 점에서 근대는 여전히 고대와 중세의 이분법을 벗어나지 못했다.

---

1 '포스트모더니즘'과 '포스트구조주의'는 '해체주의'와 더불어 거의 동의어처럼 사용되고 있다. 그래도 굳이 구분해보자면 '포스트모더니즘'은 후기자본주의사회 전반의 문화논리로서 1960년대 미국에서 주로 작가들의 창작활동 방식으로 시작된 것이며, 문학을 포함한 예술분야 나아가 문화 전반의 경향 더 나아가 오늘날의 시대정신까지를 포괄하는 넓은 의미로 사용된다. 이에 반해 '포스트구조주의'는 철학이나 사회과학 등의 분야에 주로 적용되는 개념이며, 이는 1960년대 프랑스에서 구조주의에 대한 비판과 더불어 시작되었다.

이처럼 모더니즘의 비판은 곧 서양 전통 형이상학의 이성중심주의에 대한 비판을 포함한다.[2]

이성중심주의가 함축하는 동일성의 철학은 자기동일적으로 존재하는 것만을 실재로 간주하고, 자기동일적으로 머물러 있지 못하고 시간에 따라 변화하고 바뀌는 것들은 참된 실재가 아닌 가상으로 간주한다. 현상을 실재하는 것의 움직임에 따라 산출되는 외적 모습, 허상, 비진실로 평가하는 것이다. 이와 같이 자기동일성의 강조는 곧 불변하는 것과 가변적인 것, 영원한 것과 무상한 것, 진실한 것과 거짓된 것, 실재와 가상이라는 이분법을 낳는다. 플라톤의 동굴의 비유에서 잘 드러나는 이러한 이분법이 서양 중세를 거쳐 근대에 이르기까지 지속되고 강화되었다는 것이 탈근대철학자들의 주장이다.

실재와 가상, 불변하는 것과 변화하는 것, 동일성과 차이의 이분법은 변화하는 현상 너머 불변의 실재를 상정함으로써 오히려 현상을 억압하는 기제로 작동한다. 변하지 않는 이성적인 것만이 실재하는 중심으로 간주되고, 변화하는 현상적인 것들은 주변적인 것, 중요하지 않은 것, 없어도 되는 것, 오히려 없어지고 부정되어야 할 것들로 간주된다. 그렇게 해서 중심 바깥의 주변적인 것들은 경시되고 억압되며 말살되기에 이른다. 따라서 근대성을 비판하는 탈근대는 이성 중심을 비판하면서 탈이성화, 탈중심화, 탈영토화를 꾀한다. 현상의 유동성과 생동성, 다양성과 평등성을 억압하는 중심의 벽을 허물고 도처에서 발견되는 무한한 발산의 힘, 변화의 생동성, 생명의 에너지를 긍정하려는 것이다.

이러한 포스트모더니즘적 사유의 특징은 독일과 프랑스를 위시한 대륙에

---

2 절대를 부정하는 현대의 과학이론, 즉 하이젠베르크의 불확실성의 원리나 아인슈타인의 상대성이론 등도 포스트모더니즘의 사상 성립에 그 배경 역할을 했다고 볼 수 있다. 철학 내에서는 이성이나 합리성보다는 욕망이나 신체성을 강조한 니체(1844~1900), 인간의 무의식을 분석한 프로이트(1856~1939), 인간 사회의 권력을 분석한 마르크스(1818~1883)가 포스트모더니즘의 선구자로 간주된다.

서뿐 아니라 영미에서도 마찬가지로 등장한다. 철학에서 포스트모더니즘의 창시자로는 흔히 독일 철학자 니체(1844~1900)가 주목된다. 니체는 쇼펜하우어(1788~1860)와 마찬가지로 이 현실을 고통 가득한 세계로 보지만, 그렇다고 생의 의지를 부정하는 소극적이고 허약한 염세주의로 빠지지 않고 오히려 변화하고 사멸하는 것을 예찬하면서 생의 의지를 긍정하는 적극적이고 강한 염세주의를 주장한다. 그는 자기동일적 실체를 고집하는 서양 전통 형이상학의 이성중심주의를 추상적 사유 및 언어의 틀에 매인 언어형이상학, 표층적 의식에 머무르는 의식형이상학이라고 비판하며, 의식이나 이성보다 더 심층에서 작용하는 생의 의지를 우리의 삶 나아가 현상세계의 근원으로 설명한다.

우리의 사유뿐 아니라 우리의 지각까지도 언어의 틀 내지 언어의 규칙을 벗어나지 않는다는 것을 밝힌 사람은 영국 철학자 비트겐슈타인(1889~1951)이다. 그는 초기에는 세계의 존재형식과 우리의 언어형식이 일대일 대응한다는 그림이론을 제시하며, 따라서 구문법의 논리를 따르는 명제만이 의미 있는 명제라고 주장했다. 그러다가 후기에는 단어의 의미는 그 단어가 지칭하는 대상이 아니라 그 단어의 사용에 있다는 것, 우리의 언어사용을 규정하는 것은 단일한 구문법적 논리가 아니라 오히려 역사와 문화에 따라 다양하게 전개되는 삶의 양식이라는 것을 논했다. 그는 한 단어나 한 개념이 지시하는 자기동일적 본질은 존재하지 않으며 오히려 유사한 경우들의 다양한 중첩이 있을 뿐이라는 '가족유사성' 개념을 통해 과거 형이상학의 플라톤적 본질주의를 비판한다. 서양철학에서 '언어적 전회'로 불리는 그의 사상은 이후 영미 분석철학에 지대한 영향을 끼쳤다.

플라톤적 본질주의의 전복을 꾀하는 또 다른 철학자는 바로 최근까지 활동한 프랑스 철학자 들뢰즈(1925~1995)이다. 그에 따르면 서양 전통 형이상학은 동일성을 내세워 차이를 배제하고 따라서 차이에 근거한 변화와 생성을 부정하는 본질주의이고 이성주의이며 결국 플라톤주의이다. 그는 플라톤적 형이상학을 해체하는 데 그치지 않고, 동일성 내지 유사성에 앞선 차이 자체를 일체 현상의 존재 및 인식근거로 설명하면서 새로운 형이상학, 즉 차이와 생성의 형이상학을 제시한다. 본래 포스트모더니즘적 사유가 가장 활발하게 전개된 곳은 리오타르로부터 시작해서 푸코, 데리다, 라캉 등에 이르는 다수의 탈근대철학자들이 활동한 프랑스이다. 들뢰즈의 사상은 프랑스를 넘어 한국에서도 철학과 문학, 문화와 예술 등 다방면에 걸쳐 의미 있는 영향력을 행사하고 있다.

제12장

니체: 의지의 형이상학

1. 강한 염세주의의 길

1) 고통의 자각

서양 형이상학이 추구해온 실체에 대한 논의는 근대 이후 현대(탈근대)에 들어와서 새로운 형태로 전개된다. 탈근대는 이성 중심의 전통 형이상학이 표방하는 실체적 세계관을 비판하는데, 니체[1]는 이러한 탈

1 니체(Friedrich Wilhelm Nietzsche, 1844~1900)는 독일 뢰겐에서 태어났다. 5세 때 엄격한 목사였던 부친이 사망하고 할머니, 어머니, 누이와 함께 자랐다. 본대학에서 고전문헌학을 공부하고 1869년 바젤대학 고전문헌학 교수가 되었지만, 35세인 1879년 건강상의 이유로 퇴직하고 요양하면서 저술에만 몰두했다. 1888년 말부터 정신이상 증세를 보이다가 56세에 바이마르에서 사망했다. 저서로는 『비극의 탄생』(1872), 『반시대적 고찰』(1873-76), 『인간적인, 너무나 인간적인』(1878-1880), 『즐거운 학문』(1882),

근대철학의 창시자로 간주된다. 그런데 탈근대는 근대를 벗어나는 사유이지만 또한 근대의 산물이기도 하다. 고대와 중세를 잇는 근대 형이상학이 어떻게 니체의 탈근대사상으로 연결되는가?

칸트에 따르면 우리가 경험하는 세계는 우리 자신의 선험적 인식형식인 시공간과 범주에 따라 구성된 현상세계이다. 그러한 현상세계의 구성원리는 순수 이론이성에서 비롯되는 수학 내지 순수 물리학의 원칙들이며, 각각의 개별자는 그러한 시공간 및 인과필연성에 따라 규정된 것으로 존재한다. 이와 같이 칸트는 우리가 경험하는 세계는 물자체가 아닌 우리 자신의 인식형식에 의해 제약된 현상일 뿐이라고 논하며, 그러한 제약을 벗어난 무제약자로서의 물자체, 즉 현상구성자인 초월적 자아 자체는 알 수 없는 것이라고 주장한다. 결국 세계는 우리 자신의 인식형식에 의해 구성된 현상세계와 그런 인식틀에 의해 규정되지 않는 물자체의 세계로 구분된다. 순수 이론이성이 파악하는 세계는 우리 자신에 의해 구성된 현상세계인 데 반해, 그러한 현상세계를 구성하는 초월적 자아 자체, 물자체는 이론적 인식대상이 아니며 따라서 알 수 없는 것으로 남겨진다.

쇼펜하우어(A. Schopenhauer, 1788~1860)는 칸트가 구분한 현상과 물자체를 '표상으로서의 세계'와 '의지로서의 세계'로 개념화했다. 우리의 이론이성에 의해 구성되는 현상세계는 '표상으로서의 세계'에 해당하고, 그러한 현상세계를 구성하는 물자체의 세계가 '의지로서의 세계'에 해당한다. 이처럼 쇼펜하우어가 우리의 의지를 형이상학의 핵심에 둘 수 있었던 것은 우리의 이성이 파악하는 세계는 물자체의 세계

『차라투스트라는 이렇게 말했다』(1883-1885), 『선악의 피안』(1886), 『도덕의 계보학』(1887), 『권력에의 의지』(1884-1888, 미완성 유고) 등이 있다.

가 아니라 우리 자신의 인식형식에 의해 구성된 현상세계에 불과하다는 것, 일종의 가상이라는 것을 칸트가 밝혔기 때문이다. 기존 형이상학이 현상의 근거로서 논해온 개별적 실체는 현상을 구성하는 우리의 사유형식에 속하는 하나의 범주에 지나지 않으며, 결국 표상으로서의 세계에 속하는 개념에 불과한 것이다.

이에 쇼펜하우어는 더 이상 실체에 매달리지 않고 그러한 실체가 속하는 표상으로서의 세계를 가능하게 하는 의지 자체를 형이상학의 핵심 주제로 다룬다. 다만 칸트는 이론이성 너머 물자체인 초월적 자아를 자연의 인과필연성을 넘어선 자유의 순수의지로 간주하며 그 자유에 입각해서 새로운 형이상학인 '도덕형이상학'을 확립했지만, 쇼펜하우어는 표상세계 너머의 의지에서 그러한 보편적 순수성 내지 자유와는 전혀 다른 것, 완전히 새로운 것을 발견한다. 기존의 서양 형이상학에서는 세계의 본질에 해당한다고 여기지 않은 것, 따라서 형이상학의 중심과제로 제기된 적이 없었던 것, 바로 인생의 고통, 삶의 고통을 발견한 것이다.[2] 그는 현상세계의 근거가 되는 우리의 의지가 자연적인 사적 경향성을 떠난 보편적 순수의지가 아니라 오히려 개별화의 원리에 따라 개별적 삶을 지향하는 맹목적 의지라고 논한다.[3] 맹목적 의지

2 여기에서 서양 형이상학에 새롭게 유입된 동양 불교사상의 영향을 볼 수 있다. 경험세계가 현상에 불과하다는 칸트적 통찰은 근대 인식론의 결과라고 볼 수 있지만, 그 현상세계의 근거가 신이 아닌 인간 자신의 생의 의지라는 쇼펜하우어의 통찰은 불교에 힘입은 바가 크다고 본다.

3 쇼펜하우어에 따르면 의지는 스스로 객관화하여 표상으로 드러나며, 따라서 "세계는 나의 표상이다." 결국 의지가 없으면 표상도 없고 세계도 없다. 우리는 의지의 객관화 산물인 표상세계 안에서 사물의 근거, 즉 생성과 인식과 존재와 행위의 충족 이유를 발견할 수 있지만, 의지 그 자체는 더 이상의 이유나 근거가 없는 의지, 한마디로 맹목적 의지이다. 우리의 개별적 삶은 모두 이 맹목적 의지를 좇아가는 삶이다. 그가 표층적인 의식 내지 이성의 근거에서 맹목적 의지를 발견한 것은 불교가 제6의식의 근거에서 본능적 자아식인 제7말나식을 논하는 것과 일치한다.

를 따라 개별화된 삶은 다른 개별자들과 대립과 투쟁의 관계에 있을 수밖에 없으며 따라서 삶은 고통일 수밖에 없다. 그리고 이러한 삶의 고통으로부터 벗어나는 길은 개별화하는 맹목적 의지를 부정하고 체념하는 길밖에 없다. 이처럼 삶의 고통과 그 고통의 근거가 되는 맹목적 의지 그리고 그 의지 극복의 길을 진지하게 사유하는 쇼펜하우어의 '의지의 형이상학'을 우리는 비관주의 또는 염세주의라고 부른다.[4]

니체 또한 쇼펜하우어와 마찬가지로 우리의 삶을 고통으로 본다. 그러나 고통을 낳는 삶의 의지를 부정하거나 극복의 대상으로 여기지 않고, 고통의 삶을 있는 그대로 수용하면서 삶에의 의지를 긍정하는 적극성을 보인다. 그는 쇼펜하우어의 염세주의를 '약한 염세주의'라고 부르며, 고통을 수용하고 삶을 긍정하고 운명을 사랑하는 자신의 염세주의를 '강한 염세주의'라고 부른다. 니체가 비판하고자 하는 약한 염세주의의 정신은 그가 『비극의 탄생』에서 언급하는 현자 실레노스의 지혜로 표현된다. 실레노스는 인간에게 가장 좋은 것이 무엇인가를 묻는 왕에게 다음과 같이 답한다.

> 하루살이 같은 가련한 족속이여, 우연과 고난의 자식이여, 그대는 왜 듣지 않는 것이 그대에게 가장 이로운 것을 나에게 말하도록 강요하는가? 가장 좋은 것은 그대에게 불가능한 것이다. 그것은 태어나지 않는 것이며, 존재하지 않는 것이고 무(無)로 존재하는 것이다. 그러나 그대에게 차선의 것이 있다면 그것은 금방 죽는 것이다.[5]

---

4 여기에서 우리는 쇼펜하우어의 철학이 불교의 4성제(聖諦)인 고집멸도(苦集滅道)와 근접해 있음을 확인할 수 있다.

5 『비극의 탄생』, 독어 원문은 *Die Geburt der Tragödie, Nietzsche Sämtliche Werke, Bd1*, hrsg. von G. Colli & M. Montinari, München: de Gruyter, 1980, 35쪽 참조. 한글 번역은 『비극의 탄생』, 박찬국 옮김, 아카넷, 2007, 73쪽 참조.

이에 반해 니체는 삶의 고통을 직시하되 그럼에도 불구하고 삶을 그 자체로서 추구할 만한 가치가 있는 것으로 여기며 삶에의 의지를 긍정하는 적극성을 추구한다. 그러한 긍정의 정신으로 보면 삶은 가치 있고 오히려 죽음이 고통스런 것이 된다. 그 정신은 실레노스의 지혜와는 달리 다음과 같이 말한다.

> 그들(그리스인들)에게는 가장 나쁜 일이 머지않아 죽는다는 것이며, 그다음으로 나쁜 일은 누구나 언젠가는 죽는다는 것이다.[6]

고통스런 삶 앞에서 차라리 태어나지 않기를 바라고 이미 태어났다면 빨리 죽기를 바라는 것이 약한 염세주의라면, 강한 염세주의는 죽을 수밖에 없는 고통스런 삶이지만 그렇기에 그 삶이 더 의미 있고 가치 있다는 것을 표방한다. 니체는 어떤 의미에서 삶을 긍정하고자 한 것일까? 쇼펜하우어는 의지를 스스로 개별화하여 고통에 찬 가상의 생을 만들어내는 근거 없는 맹목적 의지로 간주하여 체념 내지 극복의 대상으로 여기지만, 니체는 일체의 가상을 떨쳐내고 자신 안에서 생에의 의지를 느끼고 그것과 하나 되는 것을 도취이고 환희라고 말한다. 그는 그러한 도취와 환희에 이르는 길을 그리스 비극을 통해 밝힌다.

2) 고통 승화의 두 길: 아폴론적 꿈과 디오니소스적 도취

칸트의 현상과 물자체의 구분, 쇼펜하우어의 표상으로서의 세계와

---

6 『비극의 탄생』(한글 번역책, 77쪽).

의지로서의 세계의 구분은 니체철학에서 아폴론적인 것과 디오니소스적인 것의 구분으로 되살아난다. 이 두 신의 이름은 니체가 그의 초기 작품『비극의 탄생』에서 그리스 비극의 기원을 논하기 위해 그리스 신화로부터 가지고 온 것이다. 그런데 니체에서 예술작품으로서의 비극은 곧 인간의 본성으로서의 자연을 모방한 것이므로 니체가 행한 비극의 분석은 결국 인간 본성의 분석이기도 하며, 그의 예술론은 곧 "예술가-형이상학"이기도 하다. 니체에 따르면 아폴론 신은 개별화의 원리에 따라 가상을 창출하는 "꿈"의 정신에 해당하고, 디오니소스 신은 개별화의 원리를 파기하고 가상을 부숨으로써 탈실체화하여 근원적 일자로 귀의하는 "도취"의 정신에 해당한다.

아폴론의 정신이 현상 내지 표상과 연관되는 것은 그것이 바로 개별화의 원리에 따라 가상을 창출하는 정신이며, 그것이 바로 모든 인간의 일반적인 이성 활동을 뜻하기 때문이다. 칸트는 그것을 시공간과 12개 범주에 따라 '현상세계'를 구성하는 이론이성의 활동으로 논했고, 쇼펜하우어는 그것을 시공간과 인과율에 따라 '표상으로서의 세계'를 형성하는 의지의 객관화 활동으로 논했다. 니체에 따르면 우리가 꿈속에서 꿈의 세계를 만들어내듯 우리가 일상에서 경험하는 이 세계는 우리 스스로가 만들어내는 가상, 아폴론 신이 만들어내는 환영과 다르지 않다.

인간은 꿈의 세계를 산출한다는 점에서 완전한 예술가이다. 그리고 이러한 꿈의 세계의 아름다운 가상이야말로 모든 조형예술의 전제이다. … 철학적 인간은 우리가 그 안에 사는 이 현실의 이면에는 또 하나의 완전히 다른 제2의 현실이 숨겨져 있으며 따라서 우리가 그 속에 사는 이 현실조차도 하나의 가상이라는 예감을 갖고 있다. 쇼펜하우어는 때로 인간과 사물들을

한갓 환영이나 꿈속의 형상으로 볼 수 있는 재능을 철학적 능력의 특징으로 간주하고 있다.[7]

그런데 우리는 왜 가상을 만드는가? 그리스인은 왜 아폴론으로 대표되는 올림포스 신들의 세계를 꿈꾼 것일까? 출발점은 삶의 고통이다.

> 그리스인은 존재의 공포와 끔찍함을 알고 있었고 느끼고 있었다. 즉 살아갈 수 있기 위해서라도 그리스인은 그러한 공포와 끔찍함에 대해서 올림포스라는 찬란한 꿈의 산물을 내세워야만 했다. 자연의 거인적인 힘에 대한 저 엄청난 불신, 모든 인식 위에 무자비하게 군림하는 저 운명의 여신 모이라, 인간의 위대한 벗인 프로메테우스의 (간을 쪼아 먹는) 저 독수리, 현명한 오이디푸스가 맞이하는 저 무서운 운명, 오레스테스로 하여금 어머니를 살해하도록 강요하는 아트레우스 가문에 내려진 저 저주 (등) … 숲의 신(거인적 신)이 설파한 철학 전체와 그들의 신화 속의 여러 사례는 그리스인들에 의해 올림포스 신들이라는 저 예술적인 중간세계를 통해서 끊임없이 극복되고 은폐되고 시야에서 사라지게 되었다. 살아가기 위해서라도 그리스인들은 이러한 신들을 가장 절실한 필요에 의해 창조하지 않을 수 없었다.[8]

가상의 건립은 존재의 공포와 끔찍함, 삶의 고통을 견디기 위한 수단이다. 아폴론의 정신은 가상의 꿈의 세계를 만들고 우리로 하여금 그 세계에 몰입하여 거기 머무르게 하는 것이다. "꿈의 세계가 만들어 내는 환영에 몰입하여 그것을 흐트러뜨리지 않고 '이것은 꿈이다! 이

---

7 『비극의 탄생』(앞의 책, 53-54쪽).

8 『비극의 탄생』(앞의 책, 73-75쪽).

꿈을 계속해서 꾸어보자!'라고 부르짖는 사람"[9]은 바로 우리의 의지가 만들어놓은 표상세계, 그 가상의 현상세계에 머물면서 그 안의 삶을 긍정하는 사람이라고 할 수 있다.

왜 가상에 머무르고자 하는가? 니체는 "꿈을 관조하는 것이 마음속에 커다란 즐거움을 가져다준다."[10]고 설명한다. 삶의 의지에 담겨 있는 근원적 고통을 아름다운 가상의 세계로 변용시켜 그 아름다움을 관조하면서 거기 머무르는 것이다. 이와 같은 "가상을 향한 강렬한 열망과 가상에 의한 구원에의 열망"으로부터 니체는 다음과 같은 "형이상학적 가설"을 주장한다.

> 이 가설이란 진정으로 존재하는 근원적 일자는 영원히 고뇌하며 모순에 가득 찬 존재이면서 자신의 지속적인 구원을 위해 매혹적인 환상이나 즐거운 가상을 필요로 한다는 것이다. 우리는 이러한 가상에 사로잡혀 있으면서, 이 가상을 진정으로는 존재하지 않는 것으로, 즉 시간과 공간 그리고 인과율 속에서 끊임없이 생성되는 것으로, 달리 말해 경험적 실재로 느낀다. 우리가 우리 자신의 경험적 존재와 세계 일반의 경험적 존재를 근원적 일자가 매 순간 만들어내는 표상으로 파악하게 되면, 우리는 꿈을 가상의 가상으로서, 가상에 대한 근원적 욕망을 보다 고차원적으로 충족시키는 것으로서 간주해야만 한다.[11]

현상세계 내지 표상세계의 근거인 근원적 의지, 세계의지를 니체는 "근원적 일자"라고 부른다. 이 근원적 일자는 고통으로부터 자신을 구

9 『비극의 탄생』(앞의 책, 80쪽).
10 『비극의 탄생』(앞의 책, 80쪽).
11 『비극의 탄생』(앞의 책, 81쪽).

원하기 위해 가상을 만든다. 일자가 만들어내는 표상세계는 시공간과 인과율에 따라 형성되는 현상세계이며, 이것은 오직 경험적 실재성만을 가진다. 우리가 밤이면 꿈을 꾸고 또 예술가가 조형예술을 만들 듯, 우리는 늘 가상의 현실을 만들고 그 안에 살고 있다. 우리가 가상세계에 머물고자 하는 것은 가상을 창출하는 아폴론 신의 정신에 모든 이성적 규정 내지 한정, 정교한 질서, 조형적 아름다움 등이 속하기 때문이며, 그 가상의 아름다움을 관조하는 것이 우리에게 즐거움을 주기 때문이다.

> 저 절도 있는 한정, 광포한 격정으로부터의 자유, 조형의 신의 저 지혜 가득한 평정은 아폴론 신의 형상에서 없어서는 안 되는 것이다. … 쇼펜하우어가 마야의 베일에 사로잡혀 있는 사람에 대해 말한 것은 아폴론에 대해서도 타당하다. … '고통의 세계 한가운데에 인간 개개인은 개별화의 원리를 믿고 의지하면서 고요히 앉아 있다.' … 우리는 아폴론을 개별화의 원리를 상징하는 장려한 신상이라고 불러도 좋을 것이다. '가상'의 쾌감과 지혜 전체가 그것의 아름다움과 함께 그의 태도와 시선을 통해 우리에게 말을 건다.[12]

그리스 비극은 관객으로 하여금 한정과 질서와 조형적 아름다움으로 만들어진 가상세계를 관조하게 하며 그러한 관조의 즐거움을 따라 그 가상세계에 머무르게 만든다. 그것이 그리스 비극에서 표출되는 아폴론 신의 정신이다.

---

12 『비극의 탄생』(앞의 책, 56, 58쪽). 여기서 마야(maya)의 베일은 불교가 논하는 무지와 환상의 베일을 말한다. 현상세계는 가상이고 환상이라는 것이다.

그러나 비극이 비극인 까닭은 개별화된 주체로서의 비극의 주인공이 그가 만든 위대한 가상과 더불어 운명적으로 몰락하기 때문이다. 그것은 그리스 비극에서도 그렇고, 우리 인생의 비극에서도 그렇다. 그리스 비극에서 관객은 처음에는 무대 위에서 펼쳐지는, 주인공이 만든 가상의 아름다움을 관조하면서 아폴론적 꿈에 빠져들지만 비극의 절정에 이르면 상황은 바뀐다. 주인공은 몰락하고, 영웅적 서사로서 무대 위에서 거창하게 펼쳐지던 아름다운 가상의 세계 또한 더불어 몰락한다. 개별화의 원리에 따라 만들어졌던 모든 가상은 그것이 가상이기에 결국 무(無)로 돌아가고 만다. 이때 비로소 관객은 개별화의 원리가 파기되고 가상이 몰락하는 것을 목도하게 된다. 그렇게 가상 밖으로 던져짐으로써 관객은 아폴론적 꿈에서 깨어나고, 마야의 베일로부터 벗어나게 된다. 가상의 몰락을 바라보며 아폴론적 꿈에서 깨어날 때, 그는 과연 무엇을 느낄까?

개별화의 원리의 파기, 가상세계의 몰락은 인간이 설정한 절도와 한정, 규범과 제한이 모두 무너지고 무효화된다는 것을 의미한다. 인간이 설정한 규범과 제한이 파괴되고 그러한 규범 안에서 통용되던 개별자로서의 모든 차이가 사라지면, 그 자리에 남겨지는 것은 결국 개별화되기 이전의 근원적 일자, 가상으로 객관화하기 이전의 근원적 의지이다. 개별화된 가상세계의 몰락을 바라보는 자, 아폴론적 꿈에서 깨어나는 자, 마야의 베일을 벗어던진 자는 자기 자신이 더 이상 가상에 속한 자가 아니라는 것을 알게 된다. 그는 자신을 개별화 이전의 근원적 일자와 하나로 느끼게 된다. 이처럼 가상의 몰락 속에서 스스로를 근원적 일자와 하나로 느끼는 환희, 탈개별화에서 오는 일자와의 합일의 환희를 니체는 "디오니소스적 도취"라고 부른다.

인간 사이에 놓여 있던 완강하고 적대적인 모든 제한이 파괴된다. 세계의 조화라고 하는 복음 속에서 사람들은 이제 이웃과 결합하고 화해하며 융합하고 있다고 느낄 뿐 아니라, 마야의 베일이 갈기갈기 찢어져 신비로운 근원적 일자 앞에 펄럭이고 있는 것처럼 이웃과 하나가 된다고 느낀다. 노래하고 춤추면서 인간은 자신이 보다 높은 공동체의 일원임을 표명한다. … 인간은 자신을 신으로 느끼며, 그가 꿈속에서 신이 거니는 것을 본 것처럼 이제는 그 자신이 황홀하게 고양되어 거닌다. 인간은 더 이상 예술가가 아니라 예술작품이 되어버린다. 근원적 일자가 환희에 찬 최고의 만족을 누리기 위해 자연 전체의 예술적 힘이 도취의 전율 속에서 자신을 계시한다.[13]

주인공으로서의 개별자의 몰락, 가상의 몰락 속에서 개별화의 원리는 파기되고 마야의 베일은 찢어진다. 이 순간 우리는 가상의 관조에서 물러나 가상을 창조하는 근원적 일자의 자리로 나아가게 된다. 인간적 규범, 개체적 절도가 사라져 전체와 하나로 화해하고 융합하면서 환희적 도취에 빠져든다. 개별화된 주체는 탈개체화되어 자기망각, 즉 망아(忘我)에 이른다. 이것이 디오니소스 신의 정신이다.

디오니소스적 흥분이 고조되면 주체적인 것은 완전한 자기망각 속으로 사라져버린다.[14]

개체는 모든 한계와 절도를 지녔음에도 불구하고 디오니소스적인 상태라는 자기망각 속으로 몰락해가고 아폴론적 규준을 망각한다.[15]

---

13 『비극의 탄생』(앞의 책, 56, 58쪽).
14 『비극의 탄생』(앞의 책, 59쪽).
15 『비극의 탄생』(앞의 책, 85쪽).

이와 같이 니체는 그리스 비극을 "꿈과 도취를 겸비한 예술"[16]로 칭한다. 고통의 바다 한가운데에서 개별화의 배를 타고 아름다운 가상을 만들어 그것을 관조하는 것이 아폴론적 꿈이고, 그렇게 만들어진 가상이 무너지고 개별화가 파괴되는 순간 일체의 규범과 절도를 떠나 근원적 일자로 회귀하여 하나 됨의 환희에 빠져드는 것이 디오니소스적 도취이다. 고통을 넘어서고자 만들어진 아폴론적 가상은 아름답지만, 그 개별적 가상이 부서지는 것 또한 일자로 복귀하는 쾌감을 낳는다. 개별적 가상이 부서지는 것을 바라보면서 우리는 개별화가 파기된 후 남겨지는 근원적 일자의 자리로 돌아가며 도취적 환희에 빠져든다. 이처럼 그리스 비극은 아폴론적인 것과 디오니소스적인 것, 꿈과 도취가 함께한다. 그 안에서 인간은 규범과 절도를 통해 가상을 만들어 그 아름다움을 관조하고, 다시 그 가상의 무너짐을 바라보면서 근원적 일자로 복귀한다. 가상의 건립과 가상의 붕괴 사이에서 인간은 고통과 고통의 승화를 경험하고, 고와 락이 함께하는 삶의 모순을 알게 된다.

니체는 비극의 분석을 통해 우리가 현상 너머의 자아 내지 의지를 어떻게 확인하게 되는지를 논했다. 디오니소스적 환희에서 발견하는 나는 경험적 자아가 아니라 무제약적 물자체로서의 자아이다. 이와 같은 현상 너머의 영역을 니체는 예술의 영역으로 설명한다.

> 그(서정시인)는 저 세계(현상세계)를 움직이는 중심으로서 '나'라고 말해도 된다. 다만 이러한 나는 깨어 있을 때의 경험적-현실적 인간이 아니라 진실로 존재하는 유일한 자아 그리고 사물의 근거에 자리 잡은 영원한 자아이다. 이 자아의 모상을 통해 서정적 천재는 사물의 저 근거까지도 꿰뚫어보

16 『비극의 탄생』(앞의 책, 63쪽).

게 된다.[17]

자신을 개별화를 넘어 진실로 존재하는 자아로 자각하는 자가 진정한 예술가이다.

> 주체, 즉 욕구하고 자신의 이기적 목적을 추구하는 개체라는 것은 예술의 적일 뿐이지 결코 예술의 근원이라고 생각할 수 없다. 주체가 예술가인 한 그는 이미 자신의 개인적 의지로부터 해방되어 있으며 진실로 존재하는 주체(세계영혼)가 가상 속에서 자신을 구원하는 것을 자축하는 것을 돕는 매체가 된다. … 삶과 세계는 미적 현상으로서만 정당화된다.[18]

자아를 발견하는 진정한 예술가가 되기 위해서는 가상이 몰락하는 디오니소스적 체험이 있어야 한다. 디오니소스적 체험은 예술에 속하는 미적 현상이다. 세계를 이론적 차원에서만 접근하여 아폴론적 정신에만 몰두한다면 결국 가상에 머무르고 마야의 베일에 싸여 있으면서, 자신이 그렇다는 것을 알지 못하는 무지를 벗어나지 못한다. 니체에 따르면 그리스 비극의 시대가 지나가고 소크라테스의 이성의 시대가 열리면서 서양철학은 그러한 전도된 형이상학으로 나아간다. 니체는 아폴론적 이성에만 매몰된 기존 형이상학을 이성형이상학, 언어형이상학, 의식형이상학이라고 칭하며 비판한다.

---

17 『비극의 탄생』(앞의 책, 95-96쪽).

18 『비극의 탄생』(앞의 책, 99쪽).

2. 이성형이상학 비판

1) 도치된 형이상학

니체는 칸트에서 쇼펜하우어로 이어지는 세계의 현상성 내지 표상성을 그대로 수용한다. 우리가 경험하는 세계는 우리 자신의 인식형식에 의해 구성된 현상 내지 표상에 불과하며, 그러한 현상의 근거는 무제약적 자아 내지 의지이다. 세계는 그 자체로 존재하는 것이 아니라 의지의 개별화되고 객관화된 결과일 뿐이다. 가상의 몰락을 목도하면서 가상을 가상으로 알아차리는 순간 우리는 가상 너머 근원적 일자에게로 회귀하여 하나 됨의 도취, 형이상학적 환희에 빠져들게 된다. 이것이 니체가 그리스 비극의 분석을 통해 밝히고자 한 그리스 비극의 핵심인 디오니소스적 도취이다.

그러나 그리스에서 비극의 시대가 끝나고 소크라테스와 플라톤의 이성주의가 시작되면서부터 아폴론과 디오니소스의 화합은 깨어진다. 니체에 따르면 그 이후 서양 형이상학의 역사에는 개별화하고 가상화하는 아폴론적 꿈의 정신만 있고 탈개별화하고 탈실체화하여 가상을 폭로하는 디오니소스적 도취의 정신은 없다. 서양 형이상학은 왜 이성을 절대시하고, 이성보다 더 깊은 곳에서 작동하는 의지를 간과한 것일까?

이것 또한 생의 고통 때문이다. 삶에 만연해 있는 고통을 극복하기 위해 아폴론적 이성은 삶에다 한계와 절도, 규칙과 법칙을 부여하여 가상을 창출하고 그 가상을 관조하면서 거기 머무르고자 한다. 가상의 꿈에 머무는 것은 그것이 가상이고 꿈이라는 것을 모르는 한 지속된다. 플라톤 이후 서양철학은 가상을 실체화하여 오래도록 가상의 꿈에 머물러온 철학이라고 할 수 있다.[19] 플라톤이 제시하는 규정과 한정의 이데아의 철학은 바로 우리 삶의 고통을 피해 이성이 꿈꿔온 형이상학, 언제까지나 이데아의 사유로 빚어진 가상에 머무르고자 하는 아폴론적 꿈의 형이상학이다.

자연이나 사회관계 속에서 인간이 편안하고 안정되게 살아가는 때는 늘 익숙하고 친숙한 것, 우리가 이미 알고 있는 것들과 함께할 때이다. 무엇인가 새롭고 낯선 것, 미지의 것과 부딪치게 되면 인간은 두렵고 불안하고 긴장하게 된다. 그러한 생의 고통으로부터 벗어나 편안함과 안정을 추구하려는 본능, "공포로부터의 도피 본능"이 작동하여 우리의 인식은 늘 일정한 방향성을 갖게 된다. 즉 인식이란 "낯선 것, 비일상적인 것, 의문스러운 것 안에서 우리에게 이미 알려져 있어 우리를 마음 놓게 하는 그런 요소들을 찾아내려는 의지"[20]의 표현이다. 따라서 "낯선 것은 이미 알려진 것으로 환원되어야 한다. 이미 알려진 것은 우리가 이미 그것에 익숙해서 더 이상 그것에 대해 놀랄 필요가 없는 것, 일상적인 것, 규칙적인 것, 한마디로 우리에게 훤히 드러나 있어 우리가 그것에 대해 편안히 느낄 수 있는 모든 것이다."[21]

인식은 우리에게 처음 주어지는 x를 우리가 이미 알고 있는 y로 규정하는 것이다. 우리에게 낯선 것, 의문스러운 것 x가 우리에게 이미 친숙한 y로 규정되면, x는 y라는 속성을 가지는 것 또는 y와 같은 종류의 것으로 알려지게 된다. 이 y가 바로 우리의 이성이 현상을 규정

---

19 그래서 소크라테스가 강조한 '너 자신을 알라!'라는 델포이 신전의 주문은 역설적이게도 비극의 시대가 끝나고 아폴론적 이성이 홀로 지배하는 철학의 시대에 오히려 더 긴요한 주문이었을 것이다.

20 『즐거운 학문』, 독어 원문은 Die *Fröhliche Wissenschaft*, hrsg. von G.Colli & M.Montinari, München: De Gruyter, 1980, 594쪽.

21 『즐거운 학문』(독어책, 594쪽).

하는 일반 개념이며 현상을 구조화하고 체계화하는 범주이다. 우리는 현상세계를 이러한 일반 개념 내지 범주에 따라 인식하고 경험한다. 플라톤의 이데아는 이러한 일반 개념에 해당한다.

y는 우리가 세계 경험을 통해 가장 최후에 추출해낸 것인데도 그것이 우리에게 더 익숙하고 편안하기에 우리는 그것이 세계 경험보다 더 먼저 있는 것, 가장 처음의 것이라고 여긴다. 플라톤 이후 이데아적 규정 내지 개념적 사유를 중시해온 이성형이상학을 니체는 "최후의 것과 최초의 것이 도치"된 형이상학이라고 비판한다. 그것은 "맨 마지막에 오는 개념들, 일반화된 빈 개념들, 현실성이 둔화된 최후의 입김을 오히려 최초의 것으로 맨 앞에다 설정한다."[22] 그렇게 함으로써 우리는 더 이상 그 체계 내에서 낯선 미지의 것과 부딪치지 않게 된다. 이처럼 "철학자는 세계를 이념으로 환원시킴으로써 세계를 이미 알려진 것으로 바꾸어놓았다. 왜? 이념이 그에게 친숙하므로 그 이념 앞에서 불안해할 필요가 없기 때문이다."[23] 니체에 따르면 "언어형이상학의 기본 전제"인 항속성, 동일성, 실체, 원인 등의 모든 추상적 개념은 단지 사고의 "편견"에 지나지 않는다.

니체가 전통 형이상학을 이성형이상학 내지 언어형이상학이라고 부르는 것은 형이상학적 사고가 우리에게 낯선 존재를 우리에게 익숙한 언어구조에 따라 이해하는 사고방식이기 때문이다. 형이상학이 사물을 실체-속성의 관계로 이해하는 것은 곧 세계를 주어-술어의 언어구조에 따라 이해하는 것이다. 그렇게 이해된 세계가 결국 우리의 언어구조 내지 사유구조에 따라 이해된 가상이라는 사실을 알지 못하고,

---

22 『우상의 황혼』, 독어 원문은 *Götzen Dämmerung*, hrsg. von G.Colli & M.Montinari, München: De Gruyter, 1980, 76쪽 참조.

23 『즐거운 학문』(독어책, 594쪽).

그것이 객관적인 세계 자체인 줄로 아는 것이 전통 형이상학이 갖는 한계이다. 우리의 이성적 규정 내지 관념을 따라 가상을 형성하고도 그것이 가상이라는 사실, 꿈이라는 사실을 알지 못하는 것이다.

2) 이성(인식)과 의지

이성적 규정 내지 개념이 맨 마지막의 것이 되는 것은 우리의 인식 능력인 이성 자체가 인간의 마음활동 중 가장 최후의 것이기 때문이다. 니체에 따르면 이성은 개념적 가상을 형성하는 최후의 활동이며, 우리 삶에서의 모든 망설임과 사려, 판단과 결정은 이성적 판단에 앞서 이미 의지 차원에서 행해진다.

서양은 고대에서부터 이성을 인간의 본질로 간주해왔다. 이성은 명석판명한 의식을 지닌 채 개념적으로 사유하고 판단하는 능력으로서 인간을 인간답게 하는 인간의 본질로 여겨졌으며, 따라서 인간은 늘 '이성을 가진 동물'로 정의되어왔다. 인간을 포함한 동물이라는 근사류로부터 인간 종을 구분 짓는 종차가 바로 이성이라고 간주되었기 때문이다. 반면 니체는 명석판명한 의식이나 이성을 인간의 본질로 여기지 않는다. 이성을 "인간의 핵심, 영원한 것, 근원적인 것, 확고히 주어진 것" 등으로 간주하는 것은 이성에 대한 "가소로운 과대평가와 오해"[24]에 불과하다. 니체에 따르면 이성 내지 의식은 "인간의 기관 가운데 맨 마지막에 발달한 것이며, 따라서 가장 비완성적이고 가장 무기력한 것"[25]이다.

---

24 『즐거운 학문』(앞의 책, 382-383쪽).

25 『즐거운 학문』(앞의 책, 559쪽).

니체는 인간의 내면에서 가장 우선적이고 근원적으로 발생하고 또 삶의 중요한 과정에서 결정적인 선택을 행하는 것은 의식적 사려나 이성적 판단이 아니라고 주장한다. 인간 내면에서 가장 먼저 일어나는 것은 "상이하고 서로 모순되는 웃음, 원망, 실망 등의 의지의 충돌"이며 그러한 모순적 감정과 의지들이 서로 부딪치고 대결하고 상호 조정되어 하나의 결론에 이르게 되는 것도 이성이나 명료한 의식에 의해서가 아니라 오히려 명료하게 의식되지 않는 의지의 차원에서 일어난다는 것이다.

우선 한 사물이나 사태에 대해 각각의 충동은 일방적인 자기 주장을 내놓아야 하며, 거기에서 비로소 서로 모순되는 상이한 충동들 상호간에 투쟁이 성립하게 된다. 그리고 이 투쟁으로부터 다시 그 투쟁의 멈춤, 모든 면에서의 정당화 즉 일종의 화해 내지 계약이 성립하게 된다. 우리 인간에게는 단지 그 긴 투쟁의 최후의 형태인 화해의 장면만이 의식에 주어지므로, 우리는 그 의식 내지 지성이라는 것이 단지 충동들 상호간의 특정 태도인 줄을 모르고 마치 그것을 어떤 화해적인 것, 의로운 것, 본질적으로 충동과 대립되는 것이라고 여기게 된다.[26]

우리는 흔히 이성을 있는 그대로의 존재를 객관적으로 파악하는 독립적 인식능력, 일체의 비이성적 본능이나 충동을 다스리고 서로 화해시키는 고차적 통제능력이라고 여긴다. 그러나 니체에 따르면 이성은 그러한 결정권과 통제력을 가진 고차적 능력이 아니라 오히려 상이한 충동들 간의 투쟁이 서로 화해하면서 끝나갈 무렵 그 최후의 결과를

26 『즐거운 학문』(앞의 책, 559쪽).

수동적으로 받아들이는 수용기관에 지나지 않는다. 이성의 의식은 삶의 충동들 간의 투쟁 자체, 생 자체의 의식이 아니라 오히려 투쟁의 끝에 비로소 나타나는 가장 최후의 것, "가장 무기력한 것"에 불과하다는 것이다.

이렇게 해서 니체에서 이성과 의지의 관계는 이전 형이상학자들과 비교하여 그 선후와 본말 및 경중이 역전된다. 니체에 따르면 이성의 사유에 근거해서 의지가 작동하는 것이 아니라, 의지의 활동이 선행하고 이성은 그 결과를 받아들일 뿐이다. 의지의 결정을 받아들이면서 이성은 사후의 변명이나 구실 등을 찾는 것이다. 인생에서 중요한 결정은 이성에 의해서가 아니라 본능과 충동 등 의지 차원에서 행해지며, 이성은 그것들을 그저 수용하고 받아들이고 합리화할 뿐이라는 것이다.

이처럼 이론적 사유능력 내지 판단능력으로서의 이성이 실은 있는 그대로의 존재 자체, 물자체를 인식하는 능력이 아니라 오히려 스스로 현상 내지 가상을 형성하면서 그 가상의 원리를 아는 능력에 불과하다는 것을 밝힌 철학자는 칸트이다. 칸트는 그러한 이론이성의 근거에 실천이성인 의지가 활동하고 있다고 밝혔으며, 이어 쇼펜하우어는 그러한 의지가 생을 향한 맹목적 의지라는 것을 밝혔다. 그렇다면 이성보다 더 깊이에서 더 먼저 작동하면서 삶의 방식을 결정짓는 의지를 니체는 어떻게 이해했는가?

3. 의지의 형이상학

1) 영원회귀

아폴론적 꿈은 개별화의 원리에 입각하여 시공간과 인과율에 따라 가상을 만들어내는 이성의 활동이고, 디오니소스적 도취는 그러한 개별화의 원리가 파기될 때 개별화된 주체와 가상의 몰락 속에서 근원적 일자로 복귀하는 의지의 활동이다. 이성은 의지의 활동에 근거한다. 개별화의 원리에 따라 가상을 만들어내는 이성은 그 개별화를 전복시키고 가상을 부숴버리는 의지의 활동 위에서 가능한 것이다. 이성이 의지의 표현인 셈이다. 의지 자체가 이성을 사용해서 가상을 세우고 그 가상을 다시 무너뜨리는 것이다.

쇼펜하우어는 개별화하는 의지, 생에의 맹목적 의지를 모든 개별적 삶이 가지는 고통의 근원으로 간주하며, 그 맹목적 의지를 부정하고 체념하는 소극적 염세주의의 길을 갔다. 반면 니체는 삶의 모든 계기를 긍정하고자 한다. 아폴론적 이성은 삶의 근원적 고통을 잊고자 아름다운 가상을 꿈꾸며 그 가상의 관조 속에서 평안을 누린다. 그리고 다시 그 가상이 몰락할 때 디오니소스적 의지는 가상의 몰락 이후 드러나는 근원적 일자로 복귀하여 하나 됨의 환희에 도취하여 삶의 고통을 넘어선다. 그렇게 해서 니체는 개별적 생을 지향하는 맹목적 의지를 긍정한다. 의지의 긍정이 곧 삶의 긍정이다.

아폴론적 꿈과 디오니소스적 도취로써 그리스 비극을 분석하면서 삶을 긍정하는 적극적 염세주의를 표방했던 초기 작품 『비극의 탄생』은 1872년에 쓰였다. 그로부터 십 년쯤 후 1881년 여름 니체는 새로운 통찰을 얻는다. 그 통찰은 『차라투스트라는 이렇게 말했다』에서

'영원회귀 사상'으로 표현된다. 「회복되어가는 자」에 따르면 니체는 그 통찰을 얻고 나서 7일 동안 식음을 전폐하고 쓰러져 있었다. 그는 영원회귀의 내용을 다음과 같이 요약한다.

> 모든 것이 가고 모든 것이 되돌아온다. 존재의 수레바퀴는 영원히 굴러간다. 모든 것이 죽고 모든 것이 또다시 꽃을 피운다. 존재의 연륜은 영원히 흘러간다. 모든 것이 부서지고, 모든 것이 새롭게 이루어진다. 똑같은 존재의 집이 영원히 세워진다. 모든 것이 헤어지고, 모든 것이 다시 만난다. 존재의 수레바퀴는 영원히 스스로에 충실하다.[27]

근원적 일자의 근원적 의지가 개별화하여 개별자의 생이 시작되고 이성에 의한 가상이 만들어진다. 그리고 가상은 가상이기에 다시 무너지고, 개별화는 파기되고 다시 일자로 돌아간다. 아폴론적 꿈이 개별화의 원리에 따라 가상을 만들고 가상이 무너지면 디오니소스적 도취가 일어난다. 그리고 그렇게 도취된 의지는 다시 개별화의 원리에 따라 가상을 만들고 그 가상은 다시 무너지고 도취로 돌아가며, 그렇게 돌아간 의지는 다시 또 개별화한다. 그렇게 해서 무수한 개별자, 무수한 가상, 무수한 꿈과 도취가 생겨났다 사라지고 또 생겨났다 사라진다. 그러나 이와 같은 영원회귀 사상은 그의 그리스 비극의 분석에 이미 담겨 있던 내용이다. 그렇다면 십 년이 지난 후 그가 새롭게 깨달은 것은 과연 무엇일까?

그의 깨달음의 과정과 내용은 「환상과 수수께끼」에 더 상세히 나온

---

27 『차라투스트라는 이렇게 말했다』, 「회복되어가는 자」, 독어 원문은 *Also Sprach Zarathustra*, Stuttgart: Alfred Kröner Verlag, 1969, 241쪽 참조. 한글 번역은 『차라투스트라는 이렇게 말했다』, 강대석 옮김, 이문출판사, 1994, 337-338쪽 참조.

다. 차라투스트라가 산속 오솔길을 걸어가는데, 무거운 정신의 난장이가 그를 내리누르면서 그의 뇌 속에 납과 같은 사상을 들이붓는다. 그는 고통에 시달렸지만 그 안의 용기가 "그것이 삶이더냐. 좋다! 다시 한번 더!"라고 외쳤고, 그는 난장이에게 용기 있게 저항했다. 그러자 난장이가 그의 어깨에서 뛰어내리고 그는 가벼워졌다. 그는 출입문 앞에 서서 다음과 같이 말한다.

> 이 출입문을 보라. 난장이여. 이 출입문은 두 개의 얼굴을 가지고 있다. 두 개의 길이 여기서 합쳐지고 이어지며, 이 두 길을 끝까지 가본 사람은 아무도 없다. 뒤로 가는 이 긴 오솔길, 그 길은 영원으로 연결된다. 그리고 앞으로 가는 저 긴 오솔길, 그 길은 다른 쪽 영원으로 연결되어 있다. 이 두 길은 서로 상반되며, 그들은 정면으로 충돌한다. 그리고 그들은 이 출입문에서 합쳐진다. 이 출입문의 이름이 위에 쓰여 있다. '순간'이라고. 그러나 누군가 한 길을 계속해서 걸어간다고 하자. 점점 더 멀리. 난장이여, 그 경우 그대는 이 두 길이 영원히 어긋나리라고 생각하는가?[28]

이때 난장이는 "모든 직선은 거짓말을 한다. 모든 진리는 굽어 있고, 시간 자체도 원이다."라고 말하고, 그는 난장이에게 "그대 중력의 영이여, 이것을 너무 가볍게 생각하지 마라."라고 경고한다. 그리고 나서 그는 다시 난장이에게 어째서 영원회귀가 성립하는지를 설명한다.

> 이 순간을 보라! 순간이라는 이 출입문으로부터 영원한 긴 오솔길이 뒤로 뻗어 있다. 하나의 영원이 우리들 뒤에 놓여 있는 것이다. 달릴 수 있는 모

28 「환상과 수수께끼」(독어책, 173쪽).

든 것들이 이미 이 길을 따라 달려갔음에 틀림없지 않은가? 일어날 수 있는 모든 것들이 이미 일어났고 행해졌으며 달려갔음에 틀림없지 않은가? 난장이여, 모든 것들이 전부터 이곳에 존재했던 것이라면, 그대는 이 순간을 어떻게 생각하는가? 이 출입문 또한 전부터 이곳에 존재했던 것임에 틀림없지 않은가? 그리고 이 순간이 미래의 모든 것들을 끌어당길 수 있도록 모든 것들은 서로 굳게 결합되어 있는 것이 아닌가? 따라서 이 순간은 자기 자신 또한 끌고 있는 것이 아닌가? 왜냐하면 달릴 수 있는 모든 것은 이 긴 오솔길을 따라 다시 한번 앞으로 달리지 않으면 안 되기 때문이다. 그리고 달빛 속을 기어다니는 이 느린 거미와 달빛까지도, 그리고 이 출입문 앞에서 영원한 것들에 대해 속삭이는 그대와 나, 우리 모두는 이미 이전에 존재했던 것이 아닌가? 그리고 우리는 돌아와 우리 앞에 있는 저 길고 무서운 다른 길을 따라 달려 내려가야 하지 않겠는가? 우리는 영원히 회귀해야 하는 것이 아닌가?[29]

여기까지가 영원회귀에 대한 설명이다. 여기서 차라투스트라는 니체 자신을 말하고, 난장이는 니체 이전의 형이상학의 정신, 독단적인 무거운 정신을 말한다. 서로 상반되는 방향의 두 길, 직선으로 뻗은 두 길이 영원히 어긋나겠느냐는 질문에 대해 난장이는 "모든 직선은 거짓말이다. 진리도 굽어 있고 시간도 원이다."라고 말한다. 직선처럼 보이지만 두 길이 굽어 있어 원으로 만난다는 말이다. 기독교적 시간관은 창조로부터 시작되고 최후의 심판에서 종말로 끝나는 직선적 시간관이다. 난장이는 이러한 직선적 시간관을 부정한다. 진리는 굽어 있고 시간도 원이다. 시간의 시작이 끝과 하나로 맞물려 원을 이룬다는 것

29 「환상과 수수께끼」(독어책, 173-174쪽).

이다. 역사의 시작이 끝과 맞물리는 원환적 시간관은 헤겔의 시간관이다. 난장이는 헤겔의 형이상학에 내포된 무거운 정신을 말한다. 시간의 시작과 끝이 하나로 맞물려서 시간이 하나의 원이 되면, 그렇게 성립된 원에서는 시작과 끝이 사라진다. 원에서는 결국 모든 것이 시작도 끝도 없이 무한히 반복된다. 영원회귀이다. 그래서 「회복되어가는 자」에서 "존재는 모든 순간에 시작된다. 모든 '이곳'의 언저리를 '저곳'이라는 공이 굴러간다. 중심은 도처에 있다. 영원의 길은 구부러져 있다."[30]고 말한다.

차라투스트라가 난장이에게 한 설명도 이와 다르지 않다. 두 길이 각각 영원으로 가기에 하나의 길이 모든 것을 포함하고 또 다른 하나의 길도 모든 것을 포함하기에 결국 두 길이 하나로 만나게 된다. 과거의 길을 달렸던 것이 다시 또 미래의 길을 달려야 하므로, 두 길 위에서 모든 것은 다시 돌아오게 되고, 그렇게 영원회귀하게 된다. 원이 된 시간은 무한한 시간이다. 무한한 시간이기에 존재하는 유한한 것들은 무한히 반복될 수밖에 없다. 이것이 니체가 논하는 영원회귀이다.

그러나 니체에게 충격적이었던 통찰은 영원회귀 자체가 아니라, 영원회귀 배후의 사상이다. 영원회귀는 헤겔식의 원환적 시간관에 포함된 사상이다. 그것은 차라투스트라가 난장이와 함께, 니체가 헤겔과 함께 공유하는 사상이다. 니체의 충격적 통찰은 그다음이다.

2) 초인의 의미

「환상과 수수께끼」에서 차라투스트라가 난장이에게 한 말은 "우리

---

30 「회복되어가는 자」(독어책, 241쪽; 한글 번역책, 338쪽).

는 영원히 회귀해야 하는 것이 아닌가?"까지이다. 난장이에게 거기까지 말한 후, 차라투스트라는 영원회귀 안에 담긴 자신의 배후사상을 두려움으로 감지한다. 여기서부터의 내용에 니체가 영원회귀와 더불어 궁극적으로 무엇을 말하고자 하는지가 담겨 있다.

> "우리는 영원히 회귀해야 하는 것이 아닌가?" 나는 이렇게 말했다. 점점 더 작은 소리로 말했다. 나 자신의 사상과 배후사상이 두려웠기 때문이었다. 그때 나는 갑자기 개 한 마리가 가까이에서 울부짖는 소리를 들었다. 나는 일찍이 개가 저렇게 울부짖는 소리를 들어본 적이 있었던가? … 난장이는 어디로 가버렸는가? 그리고 출입문은? 거미는? 그리고 모든 속삭임은? 나는 꿈을 꾸고 있었는가? 깨어 있었는가? 갑자기 나는 험한 낭떠러지 사이에 서 있었다. 적막하기 그지없는 달빛 속에 혼자 외롭게. 그러나 그곳에 한 사람이 누워 있었다. 바로 그곳에, 그 개가 털을 빳빳하게 세우고 날뛰며 짖어대고 있었다. … 진실로 나는 그때 내가 목격한 것과 같은 광경을 일찍이 본 적이 없었다. 나는 한 젊은 목자가 몸부림치고 숨을 헐떡이며 경련을 일으키면서 일그러진 얼굴을 하고 있는 것을 보았다. 그의 입에는 무겁고 검은 뱀 한 마리가 매달려 있었다. 일찍이 나는 한 얼굴에서 그런 구역질과 창백한 공포를 본 일이 있었던가? 그는 잠들어 있었던 것일까? 그때 뱀이 그의 목구멍 속으로 기어들어가 꽉 물고 늘어진 것이다. 나의 손은 그 뱀을 마구 잡아당겼다. 그러나 헛수고였다. 나의 손은 목자의 목구멍에서 뱀을 끌어낼 수가 없었다. 그때 나의 내부에서 어떤 목소리가 외쳤다. "물어라! 물어라! 머리를 물어라! 물어라!" 이렇게 나의 내부에서 목소리가 외쳤다. 나의 공포, 증오, 혐오, 동정, 나의 모든 선과 악이 일제히 소리를 합쳐 나의 내부에서 외친 것이다. 그대, 내 주위에 있는 대담한 자들이여, 모험가들이여, 미지의 바다를 항해하는 자들이여, 그대 수수께끼를 즐기는 자들이여! 내가

보았던 수수께끼를 풀어다오. 가장 고독한 자의 환상을 설명해다오. 왜냐하면 그것은 환상이었으며, 예견이었기 때문이다. 나는 그때 비유의 형태로 무엇을 본 것일까? 그리고 언젠가는 와야만 하는 그는 누구인가? 뱀이 그렇게 목구멍 속으로 기어들어간 목자는 누구인가? 그렇게 가장 무거운 것, 가장 검은 것이 목구멍 속으로 기어들어가게 될 인간은 누구인가? 그러나 그 목자는 나의 외침이 충고한 대로 물어버렸다. 그는 멋지게 물어버린 것이다! 그는 뱀의 머리를 멀리 내뱉어버렸다. 그리고는 벌떡 일어났다. 이미 목자도 아니며, 인간도 아닌, 변화된 자이며 빛에 둘러싸인 그자는 큰 소리로 웃었다. 그가 웃는 것처럼 웃는 자는 이제까지 이 세상에 아무도 없었다! 오 형제들이여, 나는 인간의 웃음소리가 아닌 웃음소리를 들었다. 그리고 이제 어떤 갈망이 나를 갉아먹고 있다. 결코 진정되지 않는 동경이, 이런 웃음에 대한 동경이 나를 갉아먹고 있다. 오, 살아가는 것을 내가 어떻게 더 이상 견딜 수 있겠는가! 또한 지금 죽는 것을 나는 어떻게 견딜 수 있겠는가![31]

영원회귀를 깨닫는 순간 그에게는 두려움과 공포에 찬 개의 울부짖음 소리가 들린다. 그리고 그 곁에 역겨움과 공포에 몸부림치는 한 목자가 있는데, 그의 목구멍 속으로 뱀이 기어들어가 있다. 곁에서 보기만 해도 징그러운 뱀이 내 목구멍 속에 기어들어와 박혀 있다면 어떻겠는가? 여기서 뱀은 머리와 꼬리가 이어진 뱀, 시간과 끝이 맞물린 원환, 영원회귀의 비유이다. 부모가 자식을 낳고 그 자식이 자라서 또 자식을 낳고, 그 자식이 또 자식을 낳고… 그렇게 생겨난 개별자는 먹고 싸고 자고, 또 먹고 싸고 자고 … 사람들은 떼거지로 가상의 세계를 만들고 그 안에 안주하다가 한 가상이 무너지면 그다음 가상을 만들

31 「환상과 수수께끼」(독어책, 174-176쪽; 한글 번역책, 262-264쪽).

고, 그 가상이 또 무너지면 다시 또 그다음 가상을 만들고 … 그렇게 영원히 반복되는 삶을 산다. 어찌 역겹지 않겠는가. 뱀이 내 목 안으로 들어와 박힌 것은 나의 삶이 그 영원회귀의 원환에 물려 있다는 것을 의미한다. 돌고 도는 존재의 수레바퀴, 나를 낚아버린 그 뱀을 어찌 뽑아내버리고 싶지 않겠는가. 그래서 차라투스트라는 뱀을 잡아 뽑으려고 한다. 그러나 되지 않는다.

그때 내면의 소리가 들린다. 물어서 뱉어라! 공포와 증오, 혐오와 동정, 선과 악, 인생의 모든 것을 걸고 뱀을 물어서 뱉으라는 것이다. 목 안에 들어온 뱀, 영원회귀의 원환, 그것을 견디는 것도 역겹고 힘들지만, 그것을 입 안에서 물어 끊는 것을 보통의 인간이 어찌 감당할 수 있겠는가. 그런데 그 내면의 소리를 듣고 목자는 뱀을 물어 끊고 그 끊어진 머리를 뱉어버렸다. 그가 어찌 보통의 인간이겠는가. 영원회귀의 사슬, 존재의 수레바퀴를 끊어버린 자, 생사를 넘어선 자, 그가 초인이다. 이처럼 니체에게 영원회귀는 인간이 수용하고 체념하고 따라가야 할 굴레가 아니다. 삶의 고통은 우리가 굴종하고 체념해야 할 것이 아니다. 그것은 우리와 맞서 있는 것, 끝없이 위험하고 낯선 것, 그래서 오히려 인간을 인간 너머로 나아가게 만드는 것, 초인이 되게 하는 것이다.

뱀을 물어서 뱉는 것, 영원회귀를 끊는 것, 그것은 시간 안에서 그 흐름을 따라 일어나는 일이 아니다. 그것은 시간 흐름 밖에서 일어난다. 시간 흐름이 멎는 순간, 찰나에 일어나는 사건이다. 그 찰나를 시간 밖 어디에서 찾을 것인가. 끊어야 할 뱀은 입 안에 있고, 그것을 끊어버릴 이빨 또한 그 입 안에 있다. 그렇게 영원회귀를 끊는 순간은 어디 멀리 따로 있지 않고 바로 내 곁에 편재해 있는 순간, 바로 지금 이 순간인 것이다.

이처럼 초인은 시간 흐름 속에 이끌려 사는 존재가 아니라, 매 순간 주체적으로 자신의 삶을 선택하고 사는 자이다. 삶의 고통으로 비탄에 빠져 흐느끼는 것이 아니라, 삶이 고통임에도 불구하고 그 삶을 살기로 결단하는 자이다. 삶은 고통이고 가상이고 영겁회귀하는데도 '그럼에도 불구하고' 삶을 선택하는 자, 고통의 삶에 대해 "좋다! 다시 한번 더!"를 말할 수 있는 자, 그자가 초인이다. 초인의 결단은 이성의 결단이 아니다. 모든 이유와 근거를 넘어선 결단, 의지의 결단이고 실존의 결단이다. 그렇게 니체의 형이상학은 이성 너머의 의지의 형이상학, 실존의 형이상학이다.[32]

---

32 니체가 말하는 '영원회귀'를 불교의 '윤회'와 비교해볼 수 있고, 니체가 비유로서 언급한 뱀의 머리 끊음은 불교의 해탈의 의미와 비교해볼 수 있을 것이다. 『미린다팡하』는 우리의 삶의 순환을 설명하기 위해 시작과 끝이 맞물리는 원의 비유를 든다. 반복적 삶은 우리의 현실일 것이다. 물론 니체도 불교도 영원회귀 내지 윤회에 머무르는 것이 궁극 지향점이 아니다. 불교는 반복되는 순환의 삶인 12지 연기고리를 끊고 해탈에 이르기 위한 다양한 수행방법을 제시하는 데 반해, 니체는 반복적 시간 흐름 너머의 한 찰나에 이르는 것을 단지 비유적으로만 언급하고 있을 뿐이다.

제13장

비트겐슈타인: 언어적 전회

1. 세계의 그림으로서의 언어: 그림이론

1) 세계와 언어의 대응

비트겐슈타인[1]은 "언어는 세계의 그림(Bild)", "명제는 현실의 그림"(4.01)이라고 말한다. 그러나 언어가 세계의 그림이 되는 것은 언어가 세계에 있는 사물들을 모두 그리기 때문만이 아니다. 예를 들어 식탁

1 비트겐슈타인(Ludwig Wittgenstein, 1889~1951)은 오스트리아 빈에서 꽤 부유하고 예술적 감각이 풍부한 가정에서 태어났다. 1906년 베를린공과대학에 입학하고 이어 1908년부터 영국 맨체스터공과대학에서 항공공학을 연구하다가 유체역학을 거쳐 수학 그리고 논리학으로 관심이 이동해갔으며, 1911년 러셀(Bertrand Russell, 1872~1970)을 만난 후 본격적으로 논리학 연구에 몰두한다. 1914년 1차대전이 일어나자 자원입대하여 복무하다 1918년 이탈리아 포로로 잡혀 1년간 수용소에 있었다. 그러한 전쟁

위의 사과와 배를 그린 그림이 식탁 위 풍경의 그림이 되는 까닭은 도화지 위에 사과와 배가 그냥 그려졌기 때문이 아니라 바로 식탁 위에 놓여 있는 방식대로 그려졌기 때문이다. 즉 식탁 위 사물들 간의 배치관계 내지 형식이 도화지 위에 그려진 것들 간의 배치관계 내지 형식과 일치해야 하는 것이다. 존재하는 것들 간에 성립하는 세계의 형식이 그것을 표상하는 언어의 논리적 형식과 같아야 언어가 세계의 그림이 된다.

> 그림의 요소들이 일정한 방식으로 서로 관계 맺고 있다는 것은 존재물들이 서로 그렇게 관계 맺고 있다는 것을 표상한다. 그림요소들의 이러한 연관이 그림의 구조라고 불리며, 그 구조의 가능성은 그림의 모사형식이라고 불린다.(2.15)[2]

> 사실이 그림이 되려면, 그것은 모사된 것과 공통적인 어떤 것을 지녀야 한다.(2.16) 그림과 모사된 것 속에 뭔가 동일한 것이 있어야, 그 하나가 다

의 와중에 그는 『논리철학 논고』를 구상하고 완성하여 이후 1921년 러셀의 주선으로 출판했다. 그는 그 책에서 철학적 문제를 모두 다 해결했다고 생각하여 단호히 철학을 접고 1920년부터 6년간 초등학교 교사로 재직했으며 교사를 그만두고는 정원사 일도 하고 건축도 했다. 그러다가 1929년 그 책에 결함이 있음을 발견하고는 다시 케임브리지로 돌아와 연구하며 강의했다. 『철학적 고찰』, 『철학적 문법』, 『청갈색노트』 등에서 『논리철학 논고』를 비판했고, 그러한 비판 이후 확립한 그의 후기 사상은 사후 출판된 『철학적 탐구』에 잘 나타난다. 그는 2차대전에도 참전했으며, 1947년 교수직을 그만둔 이후에도 계속 철학 저술에 몰두하여 『색깔에 관하여』, 『확실성에 관하여』 등을 쓰다가 1951년 암으로 사망했다.

2 이하 본 절 '세계의 그림으로서의 언어: 그림이론'과 다음 절 '말할 수 있는 것과 말할 수 없는 것'에서의 인용은 모두 비트겐슈타인의 『논리철학 논고』에서 가져온다. 인용 출처는 따로 각주로 밝히지 않고 논고의 숫자를 본문 중에 직접 표시한다. 독어 원문은 *Tractatus Logici-Philosophicus*, Frankfurt am Main: Suhrkamp Verlag, 1980 참조. 한글 번역은 『논리-철학 논고』, 이영철 옮김, 천지, 1991 참조.

른 하나의 그림이 될 수 있다.(2.161)

그림이 현실을 그림의 방식으로 모사할 수 있기 위해 현실과 공통으로 가져야 하는 것이 그림의 모사형식이다.(2.17) 현실을 올바르게 또는 그르게 모사할 수 있기 위해 모든 그림 각각이 현실과 공통으로 가져야 하는 것이 논리적 형식, 즉 현실의 형식이다.(2.18)

현실과 그림이 공통적으로 가지는 모사형식 내지 논리적 형식이 그림을 그림으로 성립시키는 근거이다. 세계의 형식인 존재형식과 언어의 형식인 논리형식이 일치한다는 말이다.

그런데 여기서 그 형식에 따라 배치되는 존재물이나 그림요소는 사과나 배, 탁자나 사람 등 개별적 사물을 뜻하지 않는다. 개별적 사물도 모사형식 내지 논리형식으로 해체되기 때문이다. 예를 들어 사과 한 알도 꼭지는 위쪽에 있고 빨간색은 표면에 있고 씨는 속에 있는 식으로 그것을 이루는 요소들의 배치관계나 형식으로 해체되고 그에 따라 그려지는 것이다. 그러나 비트겐슈타인은 그런 해체가 무한히 진행되지 않고 최후의 기본형식을 이루는 요소들의 관계가 있다고 보며, 이것을 '사태(Sachverhalt)'라고 부르고, 그 사태에 관한 언표를 '요소명제'라고 부른다.

가장 단순한 명제, 즉 요소명제는 어떤 한 사태의 존립을 주장한다.(4.21)

사태는 요소들이 그렇게 배치되어 존립할 수 있는 가능성만을 말하며, 그러한 사태가 지금 여기에 실제로 존립하는가 아닌가는 다른 문제이다. 사태의 존립이 '사실(Tatsache)'이다. "일어나는 일, 즉 사실은 사태들의 존립이다."(2) 따라서 "세계는 일어나는 일들의 총체이다."(1) "세계는 사실들의 총체이지, 사물들의 총체가 아니다."(1.1)

요소명제로 표현되는 기본사태와 더불어 비트겐슈타인은 그러한 사태를 이루는 기본요소가 존재한다고 주장한다. 즉 세계의 복합적 현상을 분해하여 이르게 되는 최후의 단순한 것이 있다는 것이다. 그 기본요소를 '대상(Gegenstand)'이라고 부르고, 그 대상을 지시하는 단어를 '이름'이라고 부른다. '대상'은 사태를 이루는 기본요소, 더 이상 분할될 수 없는 단순한 것을 말하며, 전통 형이상학이 '실체'라고 부른 것에 해당한다. 그리고 이름은 그 단순한 대상을 지칭하는 원초기호이다.[3]

> 대상은 단순하다.(2.02) 대상들은 세계의 실체를 형성한다. 그러므로 대상들은 합성적일 수 없다.(2.021) 사태는 대상들의 결합이다.(2.01)

> 이름은 대상을 의미한다.(3.203) 이름은 어떤 정의에 의해서도 더 이상 해부될 수 없다. 이름은 원초기호이다.(3.26) 요소명제는 이름들로 이루어진다.(4.22)

	현실/세계	언어/그림
대응 형식:	세계의 형식	논리적 형식/모사형식
대응하는 것:	사태 (사실 v 비사실)	요소명제 (참 v 거짓)
	↓	↓
구성요소:	대상	이름

3 이와 같이 세계의 기본요소를 대상(실체)으로 설정한다는 점에서 비트겐슈타인의 전기 사상은 원자론적이며, 이런 의미에서 러셀의 '논리적 원자론'과 크게 다르지 않다고 할 수 있다.

물리학이 원자들의 합성으로 물리세계를 설명하고 생물학이 유전자의 배열로 생명현상을 설명하듯이, 비트겐슈타인은 기본 단순체인 대상의 배열에 의해 사태가 형성된다고 설명한다. 시간과 공간도 대상의 형식이며, 그 대상의 형식으로부터 세계의 형식 그리고 세계의 그림인 모사형식도 가능해진다.

> 공간과 시간과 색깔은 대상의 형식이다.(2.0251) 오직 대상이 존재할 때만 세계의 확고한 형식이 존재할 수 있다.(2.026) 대상은 확고한 것, 존립하는 것이다. 배열은 변하는 것, 비영속적인 것이다.(2.0271) 대상들의 배열이 사태를 형성한다.(2.0272) 사태 속에서 대상들은 일정한 방식으로 서로 관계 맺고 있다.(2.031)

언어가 세계의 그림일 수 있는 것은 기본사태와 요소명제가 논리적 형식 내지 논리적 구문법칙을 공유하기 때문이지만, 이러한 형식적 대응을 넘어 세계와 언어가 실질적으로 마주치게 되는 접점은 바로 대상과 이름 사이에서 성립한다.

> 모사관계는 그림의 요소들과 존재물들의 짝짓기들로 이루어진다.(2.1514) 이 짝짓기들은 말하자면 그림요소들의 촉수들이다. 그것들을 가지고 그림은 현실과 접촉한다.(2.1515)

이름이 대상을 지시하는 그 지점이 바로 그림과 세계가 마주치는 접점이다. 이름과 대상, 모사와 원형, 인식과 존재의 마주침을 '그림요소와 존재물의 짝짓기'라고 부른 것이다. 그래서 "이름은 대상을 지시하고, 대상은 이름의 지시체(의미, Bedeutung)이다."(3.203)

비트겐슈타인은 이름이 갖는 대상적 의미(지시체: Bedeutung)와 문장이 갖는 명제적 의미(의미: Sinn)를 구분한다.[4] 그는 존재론적으로는 대상의 형식이 사태를 결정한다고 보지만, 의미론적으로는 명제의 의미가 이름의 지시체를 규정한다고 본다. 즉 이름이 무엇을 지시하는가는 명제 안에서 확정된다는 것이다.

> 이름은 명제 속에서 대상을 대표한다.(3.22) 오직 명제만이 의미(Sinn)를 가진다. 오직 명제 연관 속에서만 이름은 지시체(Bedeutung)를 가진다.(3.3) 이름은 점과 같다. 명제는 화살과 같고, 의미를 가진다.(3.144)

이름이 특정 대상을 지시하고 대표하는 것이 오직 명제 안에서 일어난다는 것이다. 이름이 무엇을 지시하는지가 그 이름이 포함된 명제 안에서 고정된다. 명제의 문법적 형식에 따라 그 명제의 의미 그리고 그 안에서의 이름의 지시체가 하나로 고정된다는 것이다. 결국 세계의 그림으로서의 언어에서 중요한 것은 명제의 의미이다.

2) '의미 있는 명제'의 조건

비트겐슈타인이 그림이론을 통해 밝힌 것은 의미 있는 명제는 세계의 형식과 일치하는 논리적 구문법에 따라 쓰여진 명제라는 것이다.

---

4 이 둘은 영어로는 meaning과 sense로 번역된다. 이영철은 『논리철학 논고』 번역본에서 Bedeutung을 '의미'로, Sinn을 '뜻'으로 번역했다. 비트겐슈타인에서 이름이 갖는 Bedeutung은 대상, 즉 이름이 지시하는 지시체를 뜻하므로 여기에서는 Bedeutung을 '지시체'로 번역하고, 명제가 갖는 Sinn을 '의미'로 번역한다. 독어 어감 상으로도 'Bedeutung'은 단어의 지시적 · 외연적 의미에 가깝고, 'Sinn'은 함축적 · 내포적 의미에 가까우므로, 각각을 '지시체'와 '의미'로 번역하기로 한다.

그러나 의미 있는 명제라고 해서 곧 참인 명제는 아니다. 명제의 의미와 명제의 참·거짓의 진리치는 구분되기 때문이다. 명제가 나타내는 사태는 구문법적 형식에 따라 존립할 수 있는 가능성만을 말해주며, 그 사태의 존립 여부, 사실 여부는 구문법적 형식만에 의해 결정되지 않는다. 의미 있는 명제 중에서 사실을 그린 명제, 현실과 일치하는 명제는 참이고, 그렇지 않은 명제는 거짓이다.

> 그림은 그것이 묘사하는 상황의 가능성을 포함한다.(2.203) 그림은 현실과 일치하거나 일치하지 않는다. 그림은 올바르거나 올바르지 않다. 즉 참이거나 거짓이다.(2.21) 그림은 그 참 또는 거짓과 상관없이, 그 묘사하는 바를 모사형식을 통해 묘사한다.(2.22) 그림이 묘사하는 것이 그림의 의미이다.(2.221)

모사형식에 따라 그려진 그림을 보면 우리는 세계의 모습을 짐작할 수 있다. 그림으로서의 명제에는 사실과 부합하는 참인 명제도 있고, 부합하지 않는 거짓 명제도 있지만 참·거짓과 상관없이 구문법의 논리에 따라 쓰여진 명제, 그림으로서의 명제는 모두 의미 있는 명제이다. 이것으로부터 비트겐슈타인은 '의미 있는 명제'의 조건을 제시한다. 즉 참이거나 거짓일 수 있는 가능성을 모두 가진 명제만이 의미 있는 명제이다. 구문법적 논리에 따라 사태를 표현하는 명제가 의미 있는 명제인데, 그런 명제는 존립의 가능성과 불가능성을 모두 포함하기 때문이다. 그러므로 참과 거짓의 가능성을 모두 가진 명제만이 의미 있는 명제가 된다.

따라서 항상 참인 항진명제나 동어반복적 명제 또는 항상 거짓인 모순명제는 참과 거짓의 두 가능성을 모두 가진 것이 아니므로 '의미 없는(sinnlos)' 명제이다. 예를 들어 '사과는 빨갛다.' 또는 '사과는 검다.'는 전자는 참이고 후자는 거짓이지만, 그러한 참·거짓 여부와 상관없이 의미 있는 명제이다. 우리는 이 명제의 의미를 이해할 수 있고, 그 진리치를 확정할 수 있기 때문이다. 그러나 '빨간색은 빨간색이다.'처럼 거짓일 수가 없는 항진명제 또는 '빨간색은 빨간색이 아니다.'처럼 참일 수 없는 모순명제는 그것으로부터 우리가 어떠한 세계의 그림도 떠올릴 수 없고 따라서 어떠한 존립 가능한 사태도 말해주고 있지 않으므로 의미 없는 명제이다.

비트겐슈타인은 세계의 가능한 사태를 그려내는 '의미 있는 명제'와 어떠한 사태도 그려내지 않는 '의미 없는 명제' 이외에 '무의미(Unsinn)'한 명제를 논한다. 무의미한 명제는 세계의 모사형식인 구문법적 논리형식을 따르지 않는 명제이다. 예를 들어 '삼각형은 빨간색이다.' '돌멩이는 착하다.' '프랑스 왕은 대머리다.' 등의 명제는 주-술 연결이 잘못된 명제, 즉 구문법적 논리에 맞지 않는 명제이다. 따라서 이런 명제는 참도 아니지만 그렇다고 거짓도 아니다. 말이 안 된다고 거짓으로 간주한다면, 그것의 부정인 '삼각형은 빨간색이 아니다.' '돌멩이는 착하지 않다.' '프랑스 왕은 대머리가 아니다.'가 참이어야 하지만, 그렇지 않기 때문이다. 무의미한 명제는 아예 진리치를 갖지 않는 명제이다.

이와 같이 비트겐슈타인은 언어를 세계의 그림으로 간주하면서 의미 있는 명제가 갖추어야 할 조건을 밝혔다. 이로써 우리가 발언하는 명제를 의미 있는 명제, 의미 없는 명제, 무의미한 명제의 세 부류로 구분했다.

의미 있는(sinnvoll) 명제: 사태를 그리는 명제, 참과 거짓의 두 가능성을 모두 가짐

┌ 참인 명제: 사실과 부합하는 명제 예) 사과는 빨갛다.
└ 거짓인 명제: 사실과 부합하지 않는 명제 예) 사과는 검다.

의미 없는(sinnlos) 명제: 사태를 그리지 않는 명제, 두 가능성을 다 갖지 못하고 하나만 가짐

┌ 항진명제: 거짓일 수 없는 명제 예) 빨간색은 빨간색이다.
└ 모순명제: 참일 수 없는 명제 예) 빨간색은 빨간색이 아니다.

무의미한(Unsinn) 명제: 구문법에 맞지 않는 명제, 진리치를 갖지 않음

예) 삼각형은 빨간색이다.

2. 말할 수 있는 것과 말할 수 없는 것

1) 말할 수 없는 것들: 의미 없음과 무의미

비트겐슈타인이 그림이론으로써 '의미 있는 명제'의 조건을 밝힌 것은 그렇게 함으로써 우리가 무엇을 의미 있게 말할 수 있는지를 밝히려는 것이다. 그리하여 말할 수 있는 것과 말할 수 없는 것을 명확하게 구분하려는 것이다. 『논리철학 논고』의 머리말에서 그는 이렇게 말한다.

> 이 책의 전체적인 뜻은 대략 다음 말로 요약될 수 있을 것이다. 말해질 수 있는 것은 명료하게 말해질 수 있다. 그리고 말해질 수 없는 것에 관해서는 우리는 침묵해야 한다.[5]

---

5 『논리철학 논고』, 머리말(한글 번역책, 33쪽).

구문론적 문법에 따라 세계를 그리는 명제만이 참 또는 거짓의 가능성을 모두 가진 명제이고, 그런 명제만이 세계에 대한 정보를 제공해주는 명제로서 의미 있는 명제가 된다. 이렇게 보면 의미 있는 명제, 따라서 우리가 의미 있게 말할 수 있는 것은 세계의 경험적 사실을 그려내는 경험적 명제 내지 자연과학적 명제에 국한된다. 세계의 경험적 사실을 말하는 명제이기에 그것이 참 또는 거짓일 수 있기 때문이다.

세계의 경험적 사실을 말하지 않는 형식논리의 법칙은 언제나 참이지만 바로 그렇기 때문에 비트겐슈타인에 따르면 오히려 '의미 없는 명제'로 분류된다. 거짓일 가능성이 없는 항상 참인 명제는 세계에 대한 정보(그림)를 제공하지 않는 명제, 현실의 그림이 아닌 동어반복의 명제이기 때문이다.

> 동어반복과 모순은 의미가 없다(sinnlos).(4.461) 그러나 동어반복과 모순이 무의미한 것(Unsinn)은 아니다. 그것은 '0'이 산술의 상징체계에 속하는 것처럼 상징체계에 속한다.(4.4611) 동어반복과 모순은 현실의 그림이 아니다. 그것들은 가능한 어떤 상황도 묘사하지 않는다. 왜냐하면 동어반복은 모든 가능한 상황을 허용하며, 모순은 아무 상황도 허용하지 않기 때문이다.(4.462) 논리학의 명제들은 동어반복들이다.(6.1)

이처럼 현실을 묘사하지 않는 명제, 현실의 그림이 아닌 논리학의 명제는 '의미 없는 명제'이다. 그런데 비트겐슈타인의 그림이론에 따르면 현실을 묘사하는, 의미 있는 명제를 가능하게 하는 형식에는 형식논리학의 법칙뿐 아니라 세계와 그림(언어)이 공유하는 모사형식인 구문법적 형식도 포함된다. 그는 현실과 명제가 공유하는 이 모사형식도 형식논리 법칙과 마찬가지로 의미 없는 명제, 따라서 말할 수 없는 것이라고 간주한다.

> 명제는 전체 현실을 묘사할 수 있지만, 현실을 묘사할 수 있기 위해서 명제가 현실과 공유해야 하는 것, 논리적 형식을 묘사할 수는 없다.(4.12) 명제는 논리적 형식을 묘사할 수 없다. 논리적 형식은 명제 속에 반영된다. 언어 속에 반영되는 것을 언어로 묘사할 수 없다.(4.121)

의미 있는 명제는 논리적 형식에 따라서 현실을 묘사할 뿐 자신이 따르는 형식 자체를 묘사하지는 않는다. 그러므로 논리적 형식은 의미 있는 명제 속에 반영되지만 그런 명제에 의해 묘사될 수는 없다는 것이다. 다시 말해 보여질 수는 있지만 말해질 수는 없다.

> 보여질 수 있는 것은 말해질 수 없다.(4.1212)

세계와 명제가 공유하는 논리적 형식은 의미 있는 명제 안에 반영되고 보여질 수는 있지만 언어로 묘사되고 말해질 수는 없다는 것이다. 그렇다면 이 말해질 수 없는 것(논리적 형식)을 구문법적 논리라고 설명하고 있는 그의 그림이론은 무엇을 말하고 있는 것인가? 말할 수 없는 것을 말한 것인가? 그렇다. 비트겐슈타인은 그렇다고 말한다. 그는 말할 수 없는 것을 말하는 것을 '무의미(Unsinn)'라고 부르며, 그의 작업은 제대로 이해된다면 무의미로 이해되어야 한다고 말한다.

> 나의 명제들은 다음과 같은 방식으로 해명한다. 나를 이해하는 사람은 만일 그가 나의 명제들에 의해 … 나의 명제들을 딛고서 … 나의 명제들을 넘어 올라간다면, 그는 결국 나의 명제들을 무의미한 것으로 인식할 것이다.

(그는 말하자면 사다리를 딛고 올라간 후에는 그 사다리를 던져버려야 한다.) 그는 이 명제들을 극복해야 한다. 그러면 그는 세계를 올바로 볼 것이다.(6.54)

세계와 언어, 현실과 명제, 존재와 인식, 그 둘이 공유하는 모사형식을 밝히는 자신의 철학을 '무의미'라고 부른 것은 그것이 그가 정의한 '의미 있는 명제', 즉 세계에 대한 정보(그림)를 제공하는 경험적인 자연과학적 앎과는 다른 차원의 앎이라는 것을 그가 알기 때문이다. 그런데 그는 왜 경험적인 자연과학적 명제와는 다른 차원의 메타적 앎을 의미 있는 철학적 앎으로 인정하지 않은 것일까? 그에게 철학이란 무엇인가?

2) 철학의 과제

비트겐슈타인에 따르면 철학은 현상세계에서 일어나는 사실에 대한 경험적 앎을 추구하는 학문이 아니다. 그 점에서 철학은 자연과학과 다르다.

철학은 자연과학들 중의 하나가 아니다. (철학이라는 낱말은 자연과학들의 위 아니면 아래에 있는 어떤 것을 의미해야지 자연과학과 나란히 있는 어떤 것을 의미해서는 안 된다.)(4.111)

세계에 대한 경험적 앎은 세계에서 일어나는 우연적 사실에 대한 앎, 그래서 그 앎이 참일 수도 있고 거짓일 수도 있는 그런 앎을 말한다. 철학이 그런 경험적 앎을 추구하지 않는다고 해서 철학이 세계에 대해 무관심하다는 뜻은 아니다. 철학은 구체적인 경험적 앎을 얻고자 하는 것이 아니라 그런 경험적 앎이 도대체 어떻게 가능한지, 존재와 인식, 세계와 언어, 현실과 명제가 어떤 관계인지 등을 밝히고자 하는 메타학문이다. 다시 말해 철학은 세계 내 개별 사건이 아니라 세계 자체, 즉 전체로서의 세계에 관심을 가진다. 비트겐슈타인의 그림이론은 전체로서의 세계에 대한 탐구이다. 명제와 사태가 공통의 모사형식을 갖고 이름이 대상을 지시하며 언어가 세계의 그림이라는 것, 언어와 세계가 병행한다는 것을 통해 그가 내린 결론은 다음과 같다.

> 나의 언어의 한계는 나의 세계의 한계를 의미한다.(5.6) 세계가 나의 세계라는 것은 언어의 한계가 나의 세계의 한계를 의미한다는 점에서 드러난다.(5.62) 나는 나의 세계이다.(5.63)

나는 언어로써만 세계에 대해 말할 수 있고, 세계는 언어를 통해서만 세계로 그려진다. 세계와 언어는 함께 가므로, 나의 언어의 한계가 곧 나의 세계의 한계가 된다. 결국 세계는 나의 언어를 통해 그려진 세계이며 따라서 나의 세계이다. 이것은 "우리가 경험하는 세계는 우리 자신의 인식형식에 따라 형성된 현상일 뿐이다."라는 칸트의 통찰, "세계는 나의 표상이다."라는 쇼펜하우어의 통찰과 일맥상통하는 말이다. 따라서 칸트가 현상 너머 무제약자인 '초월적 자아'를 논하고 쇼펜하우어가 표상 너머 '의지로서의 자아'를 논하듯, 비트겐슈타인은 세계의 한계로서의 자아인 '철학적 자아' 또는 '형이상학적 주체'를 언급한다.

> 자아는 "세계는 나의 세계이다."라는 점을 통해 철학에 들어온다. 철학적 자아는 인간이 아니며 인간 신체가 아니며, 또는 심리학이 다루는 인간 영

혼도 아니다. 그것은 형이상학적 주체, 세계의 한계이지 세계의 일부가 아니다.(5.641)

그러나 의미 있는 명제를 자연과학적 명제로만 국한시킨 비트겐슈타인은 철학적 자아, 형이상학적 주체가 우리의 한계라는 점만을 강조한다. 그는 "'내가 발견한 대로의 세계'라는 책을 쓴다면, 그 안에 나의 신체나 의지 등에 대해서는 언급되겠지만, … 오로지 주체만은 이 책에서 이야기될 수 없을 것이다."(5.631)라고 말한다. 결국 그는 "생각하고 표상하는 주체는 존재하지 않는다."(5.631)고 말한다. 존재하는 것은 세계 내에 존재하며 세계 내에 그려진다. 세계를 그리는 주체가 어떻게 세계 안에 다시 그려지겠는가?

주체는 세계에 속하지 않는다. 그것은 오히려 세계의 한계이다.(5.632)

세계 속 어디에서 형이상학적 주체가 발견될 수 있겠는가? 당신은 말하기를, 여기서 사정은 눈과 시야의 관계와 전적으로 같다고 한다. 그러나 당신은 실제로 눈을 보지는 않는다. 그리고 시야 속에 있는 것은 어떤 것도 그것이 어떤 눈에 의해 보여지고 있다는 추론을 허용하지 않는다.(5.633)

전체로서의 세계를 의식하고 표상하는 주체, 전체로서의 세계를 보는 눈을 우리는 보지 않는다는 것이다. 결국 비트겐슈타인이 말하고자 하는 것은 세계의 한계로서의 주체를 마치 세계 속에 등장하는 대상인 것처럼, 하나의 개별적 실체인 것처럼 혼동하지 말자는 것이다. 그가 『논리철학 논고』에서 말할 수 있는 것과 말할 수 없는 것을 구분하여 논한 것은 우리가 일반적으로 말할 수 없는 것을 실체화하고 대상화하며 결국 명제화하여 말함으로써 빠져드는 오류와 혼동을 바로잡기 위해서이다. 그는 그런 혼동을 바로잡는 것이 바로 철학이 해야 할 일이라고 생각했다. 그는 다음과 같은 말들로 철학을 설명한다.

> 말해질 수 있는 것인 자연과학의 명제들(따라서 철학과는 아무 상관없는 것) 이외에는 아무것도 말하지 않는 것, 다른 사람이 형이상학적인 어떤 것을 말하려고 하면 언제나 그가 그의 명제들 속에 있는 어떤 기호에도 아무런 의미를 부여하지 못했음을 입증하는 것, 이것이 본래 철학의 올바른 방법일 것이다. 이 방법은 그 다른 사람에게는 불만족스럽겠지만, 유일하게 엄격하고 옳은 방법이다.(6.53)

> 철학의 목적은 사고의 논리적 명료화이다. 철학은 이설이 아니라 활동이다. 철학적 저작은 본질적으로 해명문으로 이루어진다. 철학의 결과는 '철학적 명제들'이 아니라, 명제들의 명료해짐이다. 철학은 말하자면 흐리고 몽롱한 사고들을 명료하게 만들고 명확하게 한계를 긋는 것이다.(4.112)

> 모든 철학은 언어비판이다.(4.0031) 철학은 생각될 수 있는 것에 한계를 그음과 동시에 생각될 수 없는 것에 한계를 그어야 한다. 철학은 안으로부터, 생각될 수 있는 것을 통하여, 생각될 수 없는 것을 한계지어야 한다.(4.114) 철학은 말할 수 있는 것을 명료하게 묘사함으로써, 말할 수 없는 것을 의미할 것이다.(4.115)

철학은 세계 자체, 존재 자체를 밝히는 활동이 아니라, 이 세계 존재에 대해 우리가 갖는 경험적 앎 내지 경험적 명제들의 논리를 명료화하는 작업이라는 것이다. 그런데 그러한 철학의 작업은 세계와 그 세계를 그리는 명제의 관계를 통찰하는 눈, 세계의 한계로서의 주체의 활동을 전제한다. 그리고 철학은 언제나 그러한 주체 자체에 관심을 가져왔다. '너 자신을 알라!'라는 철학의 모토는 철학이 본래 처음부터 보여진 세계보다는 세계를 보는 눈에 더 많은 관심을 갖고 있음을 단적으로 보여준다. 그렇다면 비트겐슈타인은 '세계의 한계'로서의 '세계를 보는 눈', 그 '형이상학적 자아'에 대해 무엇을 말해주고 있는가? 그는 형이상학적 자아는 세계의 한계로서 세계에 속하는 것이 아니기에 그 자아에 대해서는 의미 있는 명제를 말할 수 없다는 것을 강조한다. 비트겐슈타인에게 자아는 '말할 수 없는 것'이다.

말할 수 없는 것에 관해서는 우리는 침묵하지 않으면 안 된다.(7)

말할 수 없는 것에 대해 침묵하다 보면 그 긴 침묵 속에서 우리는 결국 그것을 망각하기에 이를 수도 있다. 인간의 본성으로부터 자연스럽게 생겨나는 형이상학적 물음, 철학의 궁극물음을 더 이상 던지지 못하게 되는 것이다. 비트겐슈타인의 다음 구절은 이와 같은 철학의 빈곤 내지 철학의 종말을 예견하게 한다.

수수께끼는 존재하지 않는다. 어떤 물음이 제기될 수 있다면, 그 물음은 또한 대답될 수 있다.(6.5)

삶의 문제의 해결은 삶의 문제의 소멸에서 발견된다.(6.521)

이것은 세계를 보고 세계를 아는 자에 대한 형이상학적 물음을 부정하는 것처럼 보인다. '세계를 아는 자'는 보여진 세계의 관점에서 보면

풀릴 수 없는 수수께끼이고, 그 답을 명확하게 찾아내기는 쉽지 않기 때문이다. 그러나 비트겐슈타인의 침묵은 부정을 의미하는 것이 아니다. 그가 말할 수 없는 것에 대해 침묵하는 것은 그것이 말하지 않아도 드러난다고 보기 때문이다.

> 실로 언표 불가능한 것이 있다. 이것은 스스로 드러난다. 그것이 신비스러운 것이다.(6.522)

철학은 말할 수 없는 신비스러운 것에 대한 사유라고 할 수 있다. 철학적 명제는 보여진 세계의 사실에 대한 명제, 경험적 명제 또는 자연과학적 명제와는 다른 차원의 명제이다. 사유의 틀인 논리형식 자체 또는 그런 논리로 세상을 보고 이해하는 인간 자체는 비트겐슈타인에 따르면 말할 수 없는 것, 신비스러운 것이다.

3. 논리형식에서 언어놀이로: 언어놀이론

1) 대응론에서 화용론으로

비트겐슈타인 전기의 그림이론은 대상과 이름, 세계와 언어의 일대일 대응을 전제한다. 세계와 언어가 동일한 논리적 형식을 갖는다고 보고, 세계를 이루는 실체로서의 기본요소인 대상이 존재하고 이름이 그것을 명명한다고 보는 대응설이고 요소주의이다. 단어의 의미는 기본명제 안에서 한 가지 방식으로 규정된다고 간주한다.

그러나 비트겐슈타인은 후기 저서 『철학적 탐구』에서 자신의 전기

사상을 비판한다. 아우구스티누스의 언어지시론 내지 의미지시론을 부정하면서, 아이가 언어를 배우는 것은 대상에 대한 명명에 의해서가 아니라, 단어가 어떻게 사용되는가를 앎으로써라고 주장한다. 즉 단어의 의미는 논리적 구문법에 따라서 결정되는 것이 아니라는 것이다. 예를 들어 '책'이라는 단어를 말할 때, 그 단어에는 책이라는 대상물을 지시하는 기능도 있을 수 있지만, '책을 읽어라.' '책을 집어달라.' 등의 다양한 의미가 담겨 있을 수 있다. 단어의 정확한 의미는 그 단어가 사용되는 문맥 안에서 결정되는 것이지, 한 단어의 의미를 단일하게 한 가지 방식으로 규정할 수 없다. 단어의 의미는 그 단어가 어떻게 사용되는지의 규칙에 따라 정해진다. 언어규칙은 존재의 반영이 아니라 우리의 삶을 통해 만들어지고 삶의 변화를 따라 바뀌어간다. 따라서 더 이상 기본명제 내지는 기본요소를 말할 수 없게 된다.

단어의 의미가 그 단어가 포함되는 기본명제의 구문법적 논리에 따라 결정되는 것이 아니라, 그 단어가 사용되는 상황의 전체 문맥 안에서 결정되기에, 비트겐슈타인은 그러한 활동의 전체를 "언어놀이(Sprachspiel/language-game)"라고 부른다.

> 언어와 그 언어가 뒤얽혀 있는 활동들의 전체를 '언어놀이'라고 부르겠다.[6]

전기에는 단어가 기본명제 안에서 의미를 부여받는다고 여겼지만, 후기에는 단어는 언어놀이 안에서 그 의미를 부여받는다고 설명한다.

---

6 『철학적 탐구』, 7. 독어 원문은 *Philosophische Untersuchungen*, Frankfurt am Main: Suhrkamp Verlag, 1980, 293쪽 참조. 한글 번역은 『논리적 탐구』, 이영철 옮김, 서광사, 1994, 23쪽 참조.

전기에는 언어에 의미를 부여하는 것이 논리적·구문론적 형식이지만, 후기에는 그것이 언어놀이, 언어게임, 놀이규칙으로 바뀐다. 놀이는 일정한 규칙 위에서 진행되는데, 그러한 언어놀이를 가능하게 하는 규칙은 곧 삶의 규칙이다. 언어놀이는 삶의 방식에서 나온다.

> '언어놀이'라는 낱말은 여기서 언어를 말한다는 것이 어떤 활동의 일부, 또는 삶의 형태의 일부임을 부각시키기 위해 의도된 것이다.[7]

언어놀이는 삶의 형식의 기반 위에서 작동한다. 언어는 그대로 삶의 반영이다. 따라서 언어규칙을 이해하는 것은 곧 삶의 규칙을 이해하는 것이 된다.

> 어떤 하나의 언어를 상상한다는 것은 어떤 하나의 삶의 형태를 상상하는 것이다.[8]

삶의 형태라는 것이 의미하는 바는 무엇인가? 논리적인 이성적 판단에 앞서 우리가 먹고 마시고 걷듯이 언어놀이의 방식은 그대로 삶의 방식에 포함되며, 그렇게 우리의 언어사용은 곧 삶의 한 양식이라는 것이다. 결국 삶이 논리적·구문론적 법칙으로 다 설명될 수 없듯이, 우리의 언어사용은 구문론적 법칙으로 해명될 수 있는 것이 아니다.

> 명령하기, 질문하기, 이야기하기, 잡담하기는 걷기, 먹기, 마시기, 놀기처

---

7 『철학적 탐구』, 23 (한글 번역책, 31-32쪽).
8 『철학적 탐구』, 19 (앞의 책, 27쪽).

럼 우리의 자연사에 속한다.[9]

그런데 놀이는 놀이규칙이 있어서 성립하는 것이 아니라, 놀이활동을 통해서 놀이규칙이 만들어진다. 그렇다고 놀이규칙을 놀이 당사자들이 항상 임의적 내지 자의적으로 선택하는 것은 아니다. 언어규칙에 대해 왜 그런 규칙을 따르는가에 대한 더 이상의 정당화는 불가능하다. 그것은 삶의 규칙, 삶의 방식에 대해 왜 그렇게 사는가를 말하기 어려운 것과 마찬가지이다.

> 내가 규칙을 따를 때, 나는 선택하지 않는다. 나는 규칙을 맹목적으로 따른다.[10]

비트겐슈타인이 삶의 방식으로 의미하는 것이 정확히 무엇인가에 대해 여러 논의가 있다. 삶의 방식을 자연적, 생물학적 개념으로 이해해서 다른 동물과 달리 인간종이 보편적으로 가지는 삶의 방식으로 해석하는 관점도 있고, 그와 달리 삶의 방식을 문화적 개념으로 이해해서 시간과 공간, 역사와 문화, 계층과 연령마다 서로 다를 수 있는 다양한 삶의 방식으로 해석하는 관점도 있다. 비트겐슈타인이 삶의 방식 내지 언어놀이로써 주장하고자 하는 것이 결국 다양성이라는 점을 고려하면, 삶의 방식을 인간종의 보편적 삶의 방식으로 간주하는 것은 무리가 있다고 본다. 삶의 방식이 다양하듯이 언어형식도 다양하며, 그들 간에 공통되는 하나의 보편적 원리는 없다. 그는 하나의 보편적

---

9 『철학적 탐구』, 25(앞의 책, 33쪽).
10 『철학적 탐구』, 219(앞의 책, 134쪽).

대상, 보편적 의미가 존재해야 우리의 세계이해 및 의사소통이 가능하다는 것을 부정한다.

2) 실체적 본질의 부정: 가족유사성

언어의 의미가 언어놀이에 따라 다양하게 사용되어도 우리는 그때마다 사용되는 단어를 문맥에 맞게 이해하며 살아간다. 다양한 사용에 공통적인 하나의 의미, 단일한 의미를 전제할 필요는 없다. 구문법적 논리가 명제의 의미를 일의적으로 규정하는 것도 아니고, 단어의 의미가 요소명제 안에서 단 하나로 규정되는 것도 아니다. 오히려 비트겐슈타인은 낱말의 의미는 단일성이 아닌 유사성을 보일 뿐임을 강조한다. 단어의 의미를 하나로 고정시키고자 하는 것은 단어가 지시하는 사물의 본질이 존재하고, 단어는 그 본질을 지시하며, 그것이 단어의 의미라고 여기기 때문이다. 언어에 대해서도 언어의 본질이 존재한다고 여기는 것이다. 그는 언어놀이에 대해서도 그 본질이 하나로 정해져 있지 않다고 논한다.

> 나에게 다음과 같은 이의가 제기될 수도 있다. "당신 이야기는 경솔하다. 당신은 가능한 모든 언어놀이에 대해 이야기하지만, 도대체 무엇이 언어놀이의 본질이냐, 따라서 무엇이 언어의 본질이냐에 대해서는 어디에서도 말하지 않았다. 무엇이 이 모든 과정들에 공통적인 것이며, 무엇이 그것들을 언어 또는 언어의 부분들로 만드는가에 대한 연구, 옛날에는 당신이 가장 많이 몰두했었던 연구, 즉 명제의 일반형식과 언어에 관계된 그 부분의 연구를 그만두고 있다." 그리고 그것은 사실이다. 우리가 언어라고 부르는 모든 것에 공통적인 어떤 것을 진술하는 대신 나는 이런 현상들에는 우리로

하여금 그 모두에 대해 같은 낱말을 사용하게 만드는 어떤 일자가 공통적으로 있는 것이 아니며, 그것들은 다만 서로 매우 다양한 방식으로 근친적일 뿐이라고 말하겠다. 이런 근친성 때문에 우리는 그것들을 모두 '언어'라고 부른 것이다.[11]

이것은 다양한 현상을 하나의 본질로 묶어주는 플라톤적 이데아의 설정에 대한 비판이다. 플라톤에 따르면 예를 들어 '갑순이는 착하다.' '갑돌이도 착하다.' '철수는 착하지 않다.' 등의 판단은 그 사람들을 착하게 또는 착하지 않게 만드는 '착함'의 이데아가 하나의 본질로서 존재하고, 우리가 그 이데아 내지 본질을 알아야만 비로소 내릴 수 있는 판단이다. 그러나 비트겐슈타인은 우리가 사용하는 언어의 의미가 반드시 그러한 단일한 의미, 하나의 본질을 전제하지 않는다는 것이다. 단일성을 전제하지 않는 다양성, 일을 전제하지 않는 다의 가능성을 그는 '가족유사성(family-resemblance)' 개념을 갖고 설명한다. 가족유사성을 설명하기 위해 그는 다시 놀이의 예를 든다.

예를 들어 우리가 '놀이들'이라고 부르는 과정을 한번 고찰해보라. 판 위에서 하는 놀이, 카드놀이, 공놀이, 격투 시합 등을 말한다. 무엇이 이 모든 것들에 공통적인가? '그것들에는 무엇인가가 공통적이어야 한다. 그렇지 않으면 그것들이 '놀이'라고 불리지 않았을 것이다.'라고 말하지 말고, 그것들 모두에 공통적인 어떤 것이 있는지 없는지 보라. 만일 당신이 그것들을 주시하면, 당신은 그 모든 것에 공통적인 어떤 것은 볼 수 없고, 유사성들, 근친성들을 아주 많이 보게 될 것이다. 생각하지 말고 보라! … 이러한 고찰

11 『철학적 탐구』, 65(앞의 책, 59쪽).

의 결과는 우리는 서로 겹치고 교차하는 유사성들의 복잡한 그물을 본다는 것이다. 큰 점과 작은 점에서의 유사성들을 볼 뿐이다.[12]

판 위에서 하는 놀이(바둑, 체스, 마작 등), 카드놀이(화투, 트럼프 등), 공놀이(배구, 야구 등), 격투놀이 등이 다 놀이라고 불린다고 해서 그 모든 것에 공통적인 '놀이'라는 하나의 본질이 있는 것은 아니라는 것이다. 판 위 놀이와 카드놀이는 이런 면에서 유사하고, 카드놀이와 공놀이는 또 저런 면에서 유사하고, 공놀이와 격투놀이가 또 다른 면에서 유사할 수 있지만, 그 전체를 관통하는 하나의 본질, 그래서 우리가 그 모든 것을 '놀이'라고 규정할 수 있게 하는 하나의 본질은 없다는 것이다. 서로 유사한 것들이 겹치고 교차하면서 전체가 서로 비슷한 것처럼 여기게 될 뿐이라는 것이다. 그런 유사성이 바로 '가족유사성'이다.

나는 이런 유사성들을 '가족유사성'이라는 낱말에 의해서 말고는 더 잘 특징지을 수가 없다. 왜냐하면 몸집, 용모, 눈 색깔, 걸음걸이, 기질 등 한 가족의 구성원들 사이에 존재하는 유사성은 그렇게 겹치고 교차하기 때문이다. 나는 '놀이들'은 하나의 가족을 이루고 있다고 말한다.[13]

엄마와 딸이 눈이 닮고, 딸과 아빠가 코가 닮고, 아빠와 아들이 입이 닮고, 딸과 아들이 얼굴선이 닮으면, 그 가족은 모두 서로서로 다 닮은 한 가족으로 보인다. 그렇다면 그들을 유사하게 보이게 하는 하나의 본질이 있는가? 넷 모두를 닮게 만드는 하나의 특징, 그래서 그 가족

---

12 『철학적 탐구』, 66 (앞의 책, 59-60쪽).

13 『철학적 탐구』, 67 (앞의 책, 60쪽).

의 본질이 되는 그런 공통적 특징은 없어도 된다는 것이다. 유사성들은 겹치고 교차한다. 여러 겹침이 교차할 뿐 모두와 겹치는 하나의 본질은 없다는 것이다.

비트겐슈타인의 가족유사성 개념은 플라톤 이래 서양 형이상학이 전제해왔던 하나의 본질 내지 하나의 실체에 대한 비판이라고 볼 수 있다. 다양한 사물 내지 다양한 현상들은 모두에게 공통적인 하나의 동일성을 전제하지 않고도 얼마든지 서로 교차하는 유사성을 바탕으로 하나의 단어로 불릴 수 있다. 나아가 단어의 의미는 그것이 지칭하는 바를 따라 하나로 고정되어 있는 것이 아니라 그것이 사용되는 바를 따라 다양하게 변주될 수 있는 것이다.

제14장

들뢰즈: 차이와 생성의 철학

1. 미분적인 것의 차이: 잠재적 역량

1) 동일성과 차이의 역전

들뢰즈[1]는 서양 전통 형이상학은 늘 동일성을 내세워 차이(difference)를 배제하면서 차이에 입각한 운동과 생성을 부정해왔다고 말한다. 이성적 사유가 인식하는 것은 자기동일적 개념이며 개념적으로 파악된 것은 정지된 존재이다. 반면 감성이 감지하는 것은 변화와 운동이며 변화와 운동은 차이를 통해 발생한다. 결국 이성 중심의 철학이 동일

1 들뢰즈(Gilles Deleuze, 1925~1995)는 현대 프랑스 철학자로 1947년 『경험론과 주체성: 흄에 따른 인간 본성에 관한 시론』이라는 제목의 논문으로 파리의 소르본대학을 졸업했다. 그 후 철학사적 연구를 담은 『니체와 철학』(1962), 『칸트와 비판철학』(1963)

성과 존재의 철학이고, 감성 중심의 철학이 차이와 생성의 철학이다.

들뢰즈는 동일성과 이성에 입각한 철학의 전형을 플라톤 철학으로 보며, 플라톤주의의 전복을 시도한다. 플라톤 철학에서 참되게 존재하는 것은 자기동일적인 이데아이며, 현상세계 개별 사물들은 이데아의 모상으로 간주된다. 이러한 원형과 모상의 이원성에 대해 들뢰즈는 다음과 같이 말한다.

> 플라톤의 사유는 각별히 중요한 어떤 구별의 주위를 맴돌고 있다. 그것은 곧 원본과 이미지의 구별, 원형과 모상의 구별이다. 여기서 원형은 어떤 근원적이고 월등한 동일성을 누리고 있다고 간주되고(오직 이데아만이 자기 이외의 다른 것이 아니며, 그래서 오로지 용기만이 용기 있고, 오로지 경건함만이 경건하다), 반면 모상은 어떤 파생적인 내면의 유사성에 따라 평가된다. 이런 시각에서 보면 차이는 동일성과 유사성 다음의 세 번째 위치에밖에 올 수 없다. … 그러나 좀 더 깊게 들여다보면, 플라톤의 참된 구별은 위치와 본성을 바꾸고 있다. 즉 그 구별은 원본과 이미지 사이에서 성립하는 것이 아니라, 두 종류의 이미지(idoles) 사이에서 성립한다. 이것들 중 모상(icones)은 단지 첫 번째 종류의 이미지에 불과하고, 다른 종류의 이미지는 환상(phantasmes)으로 이루어져 있다. 여기서 원형-모상의 구별은 오로지 모상-환상의 구분을 근거 짓고 또 응용하기 위해서만 있을 뿐이다. 왜냐하

을 출간하고, 1964년부터 리용대학 강사로 있으면서 『프루스트와 기호들』(1962), 『베르그송주의』(1966) 등을 펴냈다. 박사학위 논문 『차이와 반복』(1968)을 출간한 후 1970년부터 파리 제8대학 교수로 재직했다. 동료 가타리(Félix Guattari, 1930~1992)와 함께 『안티 오이디푸스: 자본주의와 정신분열증』(1972)을 펴내어 기존의 정신분석을 비판하고, 다시 가타리와 함께 『천 개의 고원』(1980)을 펴내어 방랑적 정신인 유목주의(nomadism)와 수평적 존재연관성을 뜻하는 리좀(rhizome)적 사유를 전개했다. 1987년 퇴임 후에도 집필과 방송활동을 하다가 병으로 거동이 불편해지자 70세에 자택에서 자살로써 생을 마감했다.

면 모상이 정당화되는 근거, 구제되고 선별되는 근거는 원형의 동일성에 있고 또 이 이념적인 원형과 내면적으로 유사하다는 사실에 있기 때문이다. 원형의 개념이 개입하는 것은 이미지들의 세계 전반에 대립하기 위해서가 아니라, 좋은 이미지를 선별하고 나쁜 이미지를 제거하기 위해서이다. 좋은 이미지는 내면으로부터 유사한 이미지, 모상이다. 반면 나쁜 이미지는 허상(simulacres)이다. 플라톤주의 전체는 환상이나 허상을 몰아내려는 이런 의지에서 비롯되고 있다. 플라톤에게서 환상이나 허상은 소피스트 자체와 동일시된다.[2]

	원본	이미지 1		이미지 2
구분 1:	원형(idea): 동일성 ↔	모상(icones): 유사성		
구분 2:		모상(icones): 유사성	↔	환상(phantasmes): 차이 = 허상(simulacres)

플라톤이 원형으로 제시한 자기동일성의 이데아는 결국 우리가 현실세계에서 갖는 이미지 중에서 좋은 이미지와 나쁜 이미지를 구분하는 척도로 작용한다는 것이다. 즉 이데아와 유사성을 갖는 모상은 좋은 이미지이고, 이데아와 차이를 갖는 허상은 나쁜 이미지가 된다. 우

2 『차이와 반복』, 김상환 옮김, 민음사, 2006, 284-285쪽 참조. 들뢰즈는 이와 동일한 내용을 다음과 같이 표현한다. "플라톤이 엄밀하게 확립한 첫 번째 구별은 원형과 모상의 구분이다. 그런데 모상은 결코 단순한 외양이 아니다. 왜냐하면 모상은 원형에 해당하는 이데아와 일종의 정신적인 내면적 관계, 정신론적이고 존재론적인 관계를 맺고 있기 때문이다. 이보다 훨씬 더 심층적인 두 번째 구별은 모상 그 자체와 환상(phantasmes)의 구분이다. 플라톤이 원형과 모상을 구분하고 심지어 대립시키기까지 한 것은 오로지 모상과 허상(simulacres) 사이의 선별적 기준을 얻기 위해서일 뿐이라는 점은 분명하다. 모상은 원형과의 관계에서 근거를 얻고, 환상은 모상의 시험도 원형의 요구도 견뎌내지 못하므로 실격당한다." 『차이와 반복』(앞의 책, 558쪽).

리는 자기동일적 이데아를 기준으로 삼아 그 이데아와 유사한 모상은 허용하지만 그 이데아와 닮지 않은 것, 차이를 통하지 않고는 설명될 수 없는 허상은 배제하려고 한다는 것이다.

> 허상이 축출되어야 하고, 또 이를 통해 차이마저 같음과 닮음에 종속되어야 하는 것은 무엇보다 어떤 도덕적인 이유 때문이다. … 플라톤주의를 좇던 교부들에게 많은 영감을 준 교리문답 덕분에 우리는 이미 '유사성 없는 이미지'라는 관념과 친숙해졌다. 인간은 원래 신의 이미지를 본따 창조되었고 그래서 신과 유사했지만, 우리는 원죄 때문에 그 이미지를 온전히 간직하면서도 신과의 유사성을 잃어버리고 말았다는 것이다. 허상은 정확히 말해서 유사성을 결여하고 있는 이미지, 어떤 악마적 이미지이다. 또는 차라리 허상은 모상과는 반대로 유사성을 외부에 방치하고 단지 차이를 통해 살아가는 이미지이다.[3]

우리의 사유가 좇아가야 할 원형으로 제시되는 이데아, 우리의 윤리나 인격의 원형으로 제시되는 신(神)은 현상의 옳음과 그름, 선과 악을 가르는 기준으로 제시된다. 그것은 현상 너머 외부로부터 제시된 기준으로서 현상을 진리와 허위, 선과 악 등으로 이원화시킨다. 외적 기준으로서의 원형만이 절대적인 자기동일성을 간직한 것이고, 현상은 그것과의 유상성의 정도를 따라 허용되며, 결국 차이는 배제된다. 그렇게 해서 우리의 현실은 원형의 모상으로, 우리의 사유는 실재의 재현(representation)으로 간주된다.

들뢰즈는 헤겔(G. W. F. Hegel, 1770~1831)에 이르기까지 서양 형이

---

3 『차이와 반복』(앞의 책, 285-286쪽).

상학은 차이를 배제하는 동일성의 철학으로 이어지다가 현대에 와서야 비로소 바뀌게 되었다고 논한다.

> 현대적 사유는 재현의 파산과 더불어 태어났다. 동일성의 소멸과 더불어 동일자의 재현 아래에서 꿈틀거리는 모든 힘들의 발견과 더불어 태어난 것이다. 현대는 시뮬라크르(simulacres), 곧 허상의 세계이다. … 모든 동일성은 흉내 낸 것에 불과하다. 그것은 차이와 반복이라는 보다 심층적인 유희에 의한 광학적 효과에 지나지 않는다. 우리는 차이 자체를, 즉자적 차이를 사유하고자 하며 '차이소들'의 상호관계를 사유하고자 한다. 이는 차이나는 것들을 같음으로 환원하고 부정적인 것들로 만들어버리는 재현의 형식에서 벗어나야 가능한 일이다.[4]

과거 형이상학	**현대적 사유**
동일성	동일성 : 반복
↓	↑
유사성 : 재현	강도적 차이
↓	↑
차이 : 허상	차이 자체

과거 형이상학이 동일성에 근거해서 유사성을 허용하고 차이를 배제하는 사유였다면, 소위 포스트모더니즘으로 불리는 현대적 사유는 차이를 오히려 현상을 가능하게 하는 근원적 힘으로 간주하고 유사성이나 동일성을 차이에 의해 드러나는 효과로 간주한다. 이처럼 현대는

---

4 『차이와 반복』(앞의 책, 17-18쪽).

동일성보다는 차이가 강조되며, 따라서 원형을 전제한 모상 대신 원형을 전제하지 않은 허상인 시뮬라크르가 힘을 발휘하는 시기이다. 들뢰즈는 이와 같이 차이와 동일성의 관계가 역전되는 현대적 사유를 일종의 혁명적 사유로 간주한다.

> 존재는 생성을 통해, 동일성은 차이나는 것을 통해, 일자는 다자를 통해 자신을 언명한다. 동일성이 일차적이지 않다는 것, 동일성은 원리로서 현존하지만 이차적 원리로서, 생성을 마친 원리로서 현존한다는 것, 동일성은 차이나는 것의 둘레를 회전한다는 것, 이것이 코페르니쿠스적 혁명의 내용이다. 이 혁명을 통해 차이의 고유한 개념을 찾을 가능성이 열리게 되었다.[5]

근원적 차이로부터 동일성이 이차적인 효과로서 산출되는 과정을 설명하는 개념이 '반복'이다. 들뢰즈는 니체의 영원회귀를 '동일한 것'의 영원한 회귀가 아니라 '차이나는 것'의 반복이라고 설명한다. 차이나는 것이 회귀하여 산출되는 동일성이 바로 '반복'이다.

> 영원회귀는 동일자의 회귀를 의미할 수 없다. 오히려 모든 선행하는 동일성이 폐기되고 와해되는 어떤 세계(힘의 의지의 세계)를 가정하기 때문이다. 회귀는 존재한다. 하지만 오직 생성의 존재일 뿐이다. 영원회귀는 '같은 것'을 되돌아오게 하지 않는다. 오히려 생성하는 것에 대해 회귀가 그 유일한 같음을 구성한다. 회귀는 생성 자체의 동일하게-되기이다. 따라서 회귀는 유일한 동일성이다. 하지만 이것은 이차적인 역량에 해당하는 동일성, 차이의 동일성일 뿐이다. 그것은 차이나는 것을 통해 언명되고 차이나는 것의

5 『차이와 반복』(앞의 책, 112쪽).

둘레를 도는 동일자이다. 차이에 의해 산출되는 이런 동일성은 '반복'으로 규정된다. 그래서 영원회귀의 반복은 차이나는 것으로부터 출발하여 같음을 사유하는 데 있다.[6]

차이나는 것이 일차적이고, 그 차이나는 것에 의한 생성이 동일한 것으로 회귀함으로써 동일성이 이차적으로 형성된다. 이렇게 차이를 통해 산출된 차이의 동일성을 '반복'이라고 부른다. 그렇다면 어떤 의미에서 차이가 근원적이고 동일성은 차이의 효과에 불과한 이차적인 것인가? 그가 말하는 차이 자체, 즉자적 차이는 무엇을 의미하는가?

2) 즉자적 차이 : 미분적인 것의 내적 차이

들뢰즈는 현상세계 우주 만물을 형성하는 근원적 힘을 차이라고 본다. 실제로 이 세상에서 일어나는 모든 생성이나 사건 또는 작용은 작용하는 힘인 에너지를 따라 일어나는데, 에너지는 차이를 통해 성립하기 때문이다.

모든 현상의 배후에는 그것을 조건 짓는 어떤 비동등이 자리한다. 모든 잡다성, 모든 변화의 배후에는 그 충족이유로서 어떤 차이가 자리한다. 일어나는 모든 것, 나타나는 모든 것은 어떤 차이의 질서, 가령 고도 차, 온도 차, 압력 차, 장력 차, 전위 차, 강도 차 등의 상관항이다.[7]

---

6 『차이와 반복』(앞의 책, 112-113쪽).

7 『차이와 반복』(앞의 책, 476쪽).

세상의 변화와 생성은 에너지의 흐름을 따라 일어나는데, 그러한 흐름은 차이를 통해 성립한다. 온도 차와 기압 차에 따라 바람이 불고 습도 차에 따라 비가 오며, 압력 차에 따라 피스톤이 움직이고 전위 차에 따라 전류가 흐른다. 만물의 존재뿐 아니라 그 존재를 감각하는 것 또한 차이를 통해서이다. 거리를 느끼려면 위치의 차이가 있어야 하고, 내가 높다고 느끼려면 주변의 낮은 것과 대비되는 고도의 차이가 있어야 한다. 손으로 물의 온도를 느끼려면 손의 온도와 물의 온도에 차이가 있어야 하고, 이 순간의 행복을 느끼려면 전후 순간의 행복하지 않음이 배경이 되는 그런 감정의 차이가 있어야 한다. 차이가 없다면, 우리는 아무것도 알아차리지 못할 것이다. 이처럼 우리 주변은 온통 차이로 가득 차 있다.

그런데 들뢰즈가 생성의 근본으로 논하는 즉자적 차이, 차이 자체는 우리가 일상적으로 말하는 외적 차이나 개념적 차이와 구분된다. 우리가 사물 x를 그 곁의 사물 y와는 다른 것, 차이나는 것으로 인식할 때의 차이는 사물 x와 y 각각의 동일성을 전제로 한 차이이므로 즉자적 차이가 아니며, 또한 하나의 개별자를 내적으로가 아니라 외적으로 다른 것과 구분 짓는 것이므로 '외적 차이'에 불과하다. 나아가 개별자들을 종과 류로 분류할 때의 종적 차이는 류적 동일성을 전제로 한 차이이며, 사유에서의 개념적 분류에 따른 것이므로 차이 자체가 아닌 '개념적 차이'에 불과하다.

개념적 차이: 류적 동일성을 전제한 종적 차이
외적 차이: 자기동일성을 전제한, 다른 것과의 차이
내적 차이: 동일성을 전제하지 않은 차이 자체, 즉자적 차이

들뢰즈는 외적 차이나 개념적 차이와 구분되는 차이 자체를 '내적 차이' 또는 '즉자적 차이'라고 부른다. 세계는 동일성 내지 유사성에 앞선 즉자적 차이의 힘에 의해 존재하며, 이 즉자적 차이가 일체 존재 및 인식의 근원으로 작용한다는 것이다. 결국 문제는 동일성과 차이 중 무엇이 더 근원적인가로 귀결된다. 존재의 근원을 동일성으로 보는가, 차이로 보는가의 문제는 시간의 기본 단위를 무엇으로 보는가의 문제와 연결된다.

동일성의 사유에 따르면 시간의 기본 단위는 순간이다. 점적인 한 순간만이 자기동일성을 유지하면서 자신에 머물러 있는 시간이기 때문이다. 점적인 한 순간은 오직 현재의 순간이며 자신 안에 과거와 미래를 포함하지 않는다. 현재 시간은 점적인 순간으로 존재하며, 시간은 이러한 점적인 현재 순간들의 연속으로 간주된다.[8]

그러나 차이의 사유에 따르면 시간의 기본 단위는 하나의 점에 해당하는 순간이 아니라 점과 점 사이의 폭에 해당하는 지속이 된다. 시간의 기본단위로서의 '지속'의 개념은 들뢰즈가 베르그송(Henri Bergson, 1859~1941)으로부터 가져온 것이며, 들뢰즈는 그 지속 안에 들어 있는 차이를 일체 현상을 형성하는 기본 역량으로 강조한다.[9] 시간의 기본단위가 지속이라는 것은 그 안에 차이가 들어 있다는 말이다. 앞의 점과 뒤의 점, 지속이 시작되는 순간과 지속이 끝나는 순간, 그 둘 사이에 차이가 있기 때문이다. 시간은 그와 같이 차이가 내포된 지속의

8 이 경우 길이가 없는 점으로부터 어떻게 길이가 있는 선이 이루어지는지, 점적인 순간으로부터 어떻게 시간의 연속성이 이루어지는지의 문제가 발생한다. 제논의 역설은 동일성을 전제하고 성립하는 역설이며, 따라서 운동을 부정한다.

9 지속은 점과 점 사이이며, 그 사이에 현상 형성의 역량이 들어 있다. 그러므로 들뢰즈는 "생성은 사이에서 일어난다."고 말한다. 『디알로그』, 전승화 옮김, 동문선, 2005, 69-71쪽 참조.

흐름으로 존재하며, 그 차이 안에 현상을 형성하는 힘이 들어 있다. 두 점 사이의 차이가 시간이 되고 공간이 되며, 그 차이에 들어 있는 힘, 에너지, 역량이 현상을 형성한다.

들뢰즈가 말하는 차이 자체, 즉자적 차이는 바로 이러한 두 순간 사이, 간격으로서의 지속 안에 들어 있는 차이이다. 이것은 동일성에 종속되지 않는 차이이며, 다른 것과의 차이인 외적 차이가 아니라 바로 자기 자신 안의 차이, 자기 자신과의 내적 차이, 한마디로 즉자적 차이이다.

> 무한하게 작은 것 안에서는 동등하지 않은 것은 동등한 것과 부-모순(vice-diction)을 이루고 자기 자신과 부-모순을 이룬다. 하지만 그것은 자신을 본질적으로 배제하는 것을 자신의 경우 안에 포함한다.[10]

자신 안에 자신을 배제하는 비동등성을 포함하는 모순을 들뢰즈는 일반적인 모순(contradiction)과 대비하여 '부-모순(vice-diction)'이라고 부른다. 일반적 모순은 동일성을 전제로 하여 성립하는 모순이지만, 무한하게 작은 것이 가지는 부-모순은 동일성을 전제하지 않은 내적 차이, 자신과 자신 아닌 것이 함께하는 비동등성만을 의미한다.

여기서 '무한하게 작은 것'은 라이프니츠가 말하는 '미분적인 것'이다. 무한하게 작은 것, 미분적인 것은 두 점 사이의 차이, delta x(dx)이며, 들뢰즈는 이것을 '차이소' 또는 '분화소'라고 부른다. 이 무한하게 작은 것, 미분적인 것은 무한분할을 통해 차이 dx가 0에 근접해가는 것이며, 그때 남겨지는 차이는 결국 제로 영(零)인 무(無, nihil)에 가까

---

10 『차이와 반복』(앞의 책, 123쪽).

운 것, 근사무(prope nihil)가 된다.

> dx는 x에 비해, 그리고 dy는 y에 비해 엄밀한 의미에서는 아무것도 아니다. 그러나 모든 문제는 이 영(零)의 의미에 놓여 있다.[11]

이처럼 차이소인 dx는 문제적인 것이며, 이런 의미에서 들뢰즈는 “dx는 이념이다. … 다시 말해 문제이다.”[12]라고 말한다. 이 0에 가까운 dx, 미분적인 것, 무한히 작은 것을 무엇으로 간주할 것인가가 문제인 것이다. 라이프니츠는 무한분할을 통해 도달하게 되는 dx, ‘더 이상 분할될 수 없는 것’을 ‘실체’로 간주하며, 그것을 ‘모나드’라고 불렀는데, 모나드는 단일성, 통일성, 자기동일성을 의미한다. 결국 라이프니츠에게 실체 모나드는 자체 내에 내적 차이를 간직한 지속적인 것, 자체 내에 부-모순을 간직한 연장적인 것이 아니라 오히려 단일한 자기동일적 점이다. 그는 더 이상 분할될 수 없는 단일한 실체를 ‘형이상학적 점’으로 간주한 것이다. 그리고 그러한 형이상학적 점으로서의 모나드로부터 현상세계의 다양성 내지 복합성이 펼쳐진다고 논한다.

반면 들뢰즈는 무한분할의 과정에서 설정되는 미분적인 것을 단일한 점으로 간주하지 않고, 자체 내에 내적 차이인 불균등성을 부-모순으로 간직한 차이나는 것, 지속적인 것으로 간주한다. 현상세계의 모든 변화와 생성이 그러한 내적 차이에서 비롯된다고 보는 것이다.

나아가 들뢰즈에 따르면 현상 형성의 힘인 잠재적 역량은 미분적인 차이소 dx 하나만으로부터 단독으로 얻어지는 것이 아니라, 그런 차

---

11 『차이와 반복』(앞의 책, 123쪽).

12 『차이와 반복』(앞의 책, 375쪽).

이소들 간의 비율적 관계로부터 얻어진다.[13] 차이소들 간의 비율적 관계, dy/dx를 '미분비(微分比, rapport différentiel)'라고 하고, 그런 관계의 수렴과 발산으로부터 만들어지는 것을 '특이점'이라고 한다. "dx는 x에 비하여 아무것도 아니고, dy는 y에 비하면 아무것도 아니지만, dy/dx는 내적이고 질적인 관계"[14]를 이루며, 이런 미분비와 특이점이 현상세계 생성의 구조를 이룬다는 것이다. 즉 미분적인 것 dx는 특정한 값을 가지지 않으며 아직 규정되어 있지 않지만, 그것은 다른 미분적인 것들과의 상호관계 안에서 비로소 규정 가능해지고, 그 규정가능성이 현실적으로 규정되는 것이 미분비의 값이 된다.

> 상징 dx는 세 가지 계기를 동시에 지닌다. 먼저 규정되지 않은 것으로, 다른 한편 규정 가능한 것으로, 마지막으로 규정으로 나타나는 것이다. 이 세 측면 각각에는 다시 충족이유를 형성하는 세 가지 원리가 상응한다. 즉 그 자체로 규정되지 않은 것(dx, dy)에는 규정가능성의 원리가, 실재적으로 규정 가능한 것(dy/dx)에는 상호적 규정의 원리가, 현실적으로 규정되어 있는 것(dy/dx의 값)에는 완결된 규정의 원리가 상응한다.[15]

dx 또는 dy :	미분적인 것	— 규정되지 않은 것	— 규정가능성의 원리
dy/dx :	미분비	— 실재적으로 규정 가능한 것	— 상호규정의 원리
dy/dx의 값 :	미분비의 값	— 현실적으로 규정된 것	— 완결된 규정의 원리

---

13 이처럼 들뢰즈는 일체 존재를 단독적 존재가 아닌 서로 연결되어 있는 리좀적 존재로 이해한다. 들뢰즈가 말하는 리좀적 존재는 곧 불교에서 말하는 상호의존적인 연기(緣起)적 존재를 뜻한다고 볼 수 있다.

14 『차이와 반복』(앞의 책, 124쪽).

15 『차이와 반복』(앞의 책, 375쪽).

현상을 형성하는 에너지는 미분적인 차이소 안에 '잠재적 역량'으로 존재하며, 그 차이소들 간의 비율인 미분비들이 '막주름'을 이루고 있다. 미분적인 것 안의 차이가 현상을 일으키는 기본 역량이지만, 이 차이는 동일성을 전제하지 않은 내적 차이, 즉자적 차이이다. 이처럼 동일성의 전제 없이 순수한 내적 차이로부터 형성되는 세계는 따라서 모상의 세계, 재현의 세계가 아니라, 순수한 가상과 허상의 세계, 시뮬라크르의 세계이다. 미분적인 것 안에 포함되어 있는 차이와 불균등성, 그 차이의 강도가 현상을 가능하게 하는 조건으로 작용하는 것이다.

> 우리는 무한히 이분화되고 무한에 이르기까지 공명하는 이런 차이의 상태를 불균등성이라고 부른다. 불균등성, 다시 말해 차이 혹은 강도(강도의 차이)는 현상의 충족이유이고 나타나는 것의 조건이다.[16]

미분적 차이로부터 현상을 일으키는 기본 역량은 무한분할을 통해 도달되는 무한히 작은 것, 미분적인 것 안에 담겨 있는 차이 내지 불균등성이다. 이 미분적인 것들의 비율적 관계로부터 현상세계가 형성된다.

---

16 『차이와 반복』(앞의 책, 477쪽).

2. 강도적 차이와 미세지각

1) 강도적 차이

미분적인 것 안에 들어 있는 차이 자체는 다양하고 복합적인 현상을 형성하는 기본 역량으로 작용한다. 즉자적 차이에 대한 들뢰즈의 논의는 현상세계의 생성이 어떻게 가능한지를 밝히는 초월적 논의이며, 이 점에서 현상세계의 구성에 대한 칸트의 논의와 비교된다. 들뢰즈는 칸트를 의식하면서 자신의 입장을 '초월적 경험론'이라고 밝힌다. 여기서 경험론은 현상세계 형성의 기본 역량이 지성이 아니라 감성에 있다는 것을 강조한 말이다.

> 사유되어야 할 것으로 이르는 길에서는 진실로 모든 것이 감성에서 출발한다. 강도적 사태에서 사유에 이르기까지, 우리에게 사유가 일어나는 것은 언제나 어떤 강도를 통해서이다.[17]

현상세계 형성의 기본 역량이 감성에서 찾아진다는 것은 현상세계를 형성하는 차이 자체가 사유상의 개념적 차이나 외적 차이가 아니라, 감성에서 드러나는 즉자적 차이이고 내적 차이라는 것을 의미한다. 들뢰즈는 칸트가 개념으로 환원되지 않는 내적 차이, "비개념적 차이가 현존한다는 사실"을 잘 알고 있었으며, 이를 "대칭적 대상들의 역설"[18]을 통해 제시했다고 논한다. 칸트가 언급한 대칭적 대상의 차이

---

17 『차이와 반복』(앞의 책, 322쪽).

18 『차이와 반복』(앞의 책, 52쪽).

는 개념적으로가 아니라 감성적으로만 드러나는 차이이기 때문이다.

> 나의 손이나 귀는 거울에 비친 그것의 영상과 모든 점에서 동일하다. 그러나 나는 거울에 비친 손을 그것의 원본의 위치에 갖다놓을 수 없다. 원본이 오른손이면 거울 속의 손은 왼손이고, 오른쪽 귀의 영상은 왼쪽 귀이기에 서로 대체할 수 없기 때문이다. 그런데 여기에는 지성이 사유할 수 있을 내적 차이라고는 전혀 없다. 그런데도 감각이 가르쳐주는 한에서 그 차이는 내적인 것이다.[19]

서로 대칭이 되는 두 개의 물건, 왼손과 거울에 비친 왼손 또는 왼손 장갑과 오른손 장갑은 지성의 사유 차원에서는 그 차이가 드러나지 않고 오직 감성과 감각의 차원에서만 그 차이가 드러난다. 왼손 장갑이 오른손에 들어가지 않는 것은 둘이 다르기 때문인데, 그러한 둘 간의 차이는 개념적 차이가 아니고 감각적 차이인 것이다. 이처럼 개념적 차이가 아닌 감성적 차이를 칸트는 감성에서의 내적 차이라고 했다.

그러나 감성적 직관을 가능하게 하는 조건을 밝히는 「감성론」에서 칸트는 그러한 현상구성의 조건을 감성에서의 내적 차이가 아니라 오히려 모든 내적 차이를 배제한 감성의 순수 형식에서 구하며, 그것을 시간과 공간으로 설명한다. 감성에서의 내적 차이는 시공간의 직관형식에 잡다로서 주어지는 직관내용(질료)인 감각에 해당하는데, 칸트는 그러한 내용(질료)에서 경험의 가능근거를 찾지는 않은 것이다. 그렇지만 좀 더 포괄적으로 경험의 가능조건을 밝히는 「분석론」에서 칸트

---

19 칸트, 『형이상학 서설』, §13 IV, 286. 한글 번역은 『형이상학 서설』, 백종현 옮김, 아카넷, 2012, 165쪽 참조.

는 '지각의 예견'을 논하면서 감성에서의 내적 차이를 '내포량(intensive Größe)'이라는 이름으로 다시 논한다. 내포량은 외연량(extensive Größe)에 대비되는 개념으로 전자는 사물의 질을, 후자는 사물의 양을 의미한다.[20] 여기서 외연량은 직관형식으로서의 시공간적 연장성에 해당하고, 내포량은 그러한 직관형식 안에 직접적으로 주어지는 구체적 내용(질료)에 해당한다. 칸트는 내포량을 시간적으로 연장되지 않는 한 찰나에 대상 자체로부터 주어지는 경험내용으로 설명한다.

들뢰즈가 논하는 사물의 내적 차이인 '강도(intensity)'는 바로 이러한 칸트철학에서의 '내포량'에 해당한다. "강도는 감성적인 것의 (발생)이유에 해당하는 차이의 형식이다."[21] 칸트는 감성 내지 현상의 조건을 감성형식으로서의 시공간으로 설명하지만, 들뢰즈는 감성의 조건, 현상의 발생근거를 바로 내포량인 강도라고 논한다.

감성적인 것의 이유, 나타나는 것의 조건은 공간과 시간이 아니다. 그것

---

20 '지각의 예견'은 칸트가 지성의 개념(범주)과 감성의 보편적 형식(시간)을 종합하여 경험의 가능조건으로서 제시한 8개 원칙(선험적 종합판단) 중의 두 번째 원칙이다. 칸트는 양의 범주와 질의 범주로부터 각각의 도식, 수의 도식과 정도의 도식을 끌어내고, 다시 그 도식으로부터 각각의 원칙, 즉 '직관의 공리'와 '지각의 예견'을 이끌어낸다. 즉 양의 범주로부터 '하나에서 다른 하나로의 연속적 첨가인 수'의 도식을 끌어내고 그로부터 "모든 현상은 연속적으로 종합된 크기인 외연량을 가진다."는 '직관의 공리'를 얻어낸다. 그리고 질의 범주로부터 '시간을 충족시키는 어떤 것의 정도'의 도식을 끌어내고 그로부터 "모든 현상은 감각에 있어 어떤 실질적인 정도인 내포량으로 충족되어 있다."는 '지각의 예견'을 얻는다. 간단히 말하자면 우리가 직관하는 것은 그것이 무엇이든 반드시 외연량과 내포량을 가진다는 것이다.

범주	+	시간	→	도식	→	원칙
양의 범주	+	시간	→	연속적 수의 도식	→	종합된 크기의 외연량을 가짐: 직관의 공리
질의 범주	+	시간	→	시간 충족의 정도	→	실질적 정도의 내포량을 가짐: 지각의 예견

21 『차이와 반복』(앞의 책, 476쪽).

> 은 오히려 즉자적 비동등 그 자체이다. 강도의 차이 안에, 차이로서의 강도 안에 감싸여 있고 그 안에서 규정되는 불균등화가 감성적인 것의 이유이자 나타나는 것의 조건이다.[22]

들뢰즈에 따르면 현상의 근본 조건은 외연량에 해당하는 시공간이 아니라, 내포량에 해당하는 즉자적 차이, 강도의 차이이다. 여기서 외연량은 사물의 양이고, 내포량은 질이다. 근대철학은 사물의 양과 질을 각각 제1성질과 제2성질로 구분한 후, 양인 제1성질을 객관적이고 보편적인 것으로 간주하고 질인 제2성질을 주관적이고 상대적인 것으로 간주해왔다. 제2성질은 양으로 환원되지 않는 감각질에 해당하는데, 양화를 지향하는 근대철학은 그러한 감각질을 부차적인 것, 주관적인 것, 가상의 것으로 배제해온 것이다. 칸트가 현상의 조건으로서 사물의 내적 차이인 내포량(질)이 아니라, 시공간이라는 연장적 외연량(양)을 제시한 것도 근대적 양화주의의 표현이라고 볼 수 있다. 이에 반해 들뢰즈는 현상의 가능근거를 외연량이 아닌 내포량, 사물의 내적 차이, 강도의 차이에서 구한 것이다.

근대철학/칸트	들뢰즈
양: 제1성질: 외연량: 시공간: 보편적 형식	양: 외연량: 현상
↓	↑
질: 제2성질: 내포량: 감각질: 주관적 내용(질료)	질: 내포량: 내적 차이: 강도적 차이

칸트에서의 내포량이 들뢰즈의 강도에 해당하지만, 칸트는 내포량

22 『차이와 반복』(앞의 책, 477쪽).

을 한 순간에 주어지는 단일한 크기로 설명한 데 반해 들뢰즈는 강도를 차이로 설명한다. 강도는 곧 강도의 차이를 말하며, 따라서 그는 "'강도의 차이'라는 표현은 동어반복이다. 강도는 감성적인 것의 이유에 해당하는 차이의 형식이다."[23]라고 말한다. 내포량인 강도 자체가 미분적인 것 안의 내적 차이이며, 그러한 차이소들의 상호관계로부터 현상이 형성된다.

그러나 우리는 현실적으로 이러한 강도적 차이를 직접 의식하지 못한다. 그럼에도 불구하고 우리는 왜 현실적 인지 이전의 강도적 차이를 논하는 것인가? 강도적 차이는 우리에게 어떤 방식으로 알려지는가?

2) 미세지각

강도적 차이는 우리의 의식에 직접 주어지지 않는다. 즉 우리의 의식은 강도적 차이를 직접 지각하지 못한다. 그렇다면 우리는 무슨 근거로 감성에서의 차이를 말할 수 있는 것일까? 의식되지 않는 감각이 있을 수 있는가?

들뢰즈는 현상을 형성하는 역량을 미분적인 것 안의 강도의 차이로 설명하듯이, 현상에 대한 우리의 지각에 있어서도 그러한 미분적인 것의 지각이 존재한다고 보며, 그것을 '미세지각'이라고 부른다. 전체 자극을 알아차리는 우리의 일상적인 의식적 지각은 그 전체 자극을 구성하는 무한히 많은 미세한 자극에 대한 무의식적 미세지각에 입각해서 비로소 가능한 것이라고 보는 것이다. 들뢰즈가 논하는 미세지각은 라이프니츠에게서 가져온 것이다. 라이프니츠는 일반적 의식활동보다

---

23 『차이와 반복』(앞의 책, 476쪽).

훨씬 더 깊고 미세해서 의식의 문턱을 넘지 못하는 영혼의 지각활동을 '미세지각'이라고 부른다. 미세지각은 한마디로 '의식되지 않는 지각', '미분적 무의식'의 활동이다.

> 사유가 차이의 요소 안으로 잠수하고, 어떤 미분적 무의식을 지니고 있으며, 또 작은 미광과 독특성들로 둘러싸여 있다는 것을 라이프니츠만큼 정확히 간파했던 사람도 없다.[24]

라이프니츠에 따르면 우리의 영혼의 활동은 의식활동이 전부가 아니다. 영혼의 활동을 오직 명석판명한 의식활동으로 간주한 사람은 데카르트였다. 데카르트는 일체 존재를 사유하는 영혼과 연장적인 물체 둘로 구분한 후, 사유하는 영혼은 명석판명한 관념을 가지는 의식활동으로서 오직 인간만이 영혼적 존재라고 간주했다. 명석(clear)은 자극이 강하여 분명하게 드러나는 것을 말하고, 판명(distinct)은 그것이 다른 것과 확연하게 구분되는 것을 말한다. 들뢰즈는 데카르트에게서 명석과 판명이 늘 함께하는 것을 "명석과 판명의 비례원리"[25]라고 부른다.

반면 라이프니츠는 영혼의 활동인 지각 중에는 자극이 강해 의식의 문턱을 넘는 의식적 지각과 자극이 미세하여 의식의 문턱을 넘지 못하는 무의식적 지각이 있다고 논하며, 후자의 지각을 '미세지각'이라고 부른다. 우리의 영혼의 활동에는 의식되지 않는 지각활동이 있다. 예를 들어 소음이 그칠 때 비로소 그곳이 시끄러운 곳이었음을 알아차리게 되는 것은 소음이 그치기 전까지는 그 소음을 의식하지 못한 채 듣

---

24 『차이와 반복』(앞의 책, 458쪽).

25 『차이와 반복』(앞의 책, 459쪽).

고 있었다는 말이 된다. 듣고 있었어야지 그 소리가 그치는 것을 알아차릴 수 있기 때문이다. 이처럼 듣고는 있되 의식하지 못하는 지각이 바로 미세지각이다.

라이프니츠가 미세지각으로 제시하는 예는 들뢰즈도 언급하는 "부서지는 파도소리의 사례"이다. 라이프니츠는 이렇게 말한다.

> 모든 영혼은 무한한 것을 인식하며, 혼잡한 방식이긴 하지만 모든 것을 인식한다. 이는 마치 내가 바닷가를 산책하면서 바다의 굉장한 (파도)소리를 들을 때, 전체 소리를 구성하는 모든 파도의 개별적인 소리들을 비록 서로 구별할 수는 없어도 모두 듣는 것과 같다.[26]

파도소리를 들을 때 우리는 파도 전체의 소리를 들을 뿐이지 그 전체 파도를 이루는 물결 하나하나, 물방울 하나하나의 움직임의 소리를 구분해서 의식하지는 못한다. 그러나 우리가 비록 전체 소리를 이루는 각 부분의 소리를 의식하지 못한다고 해서 우리가 그 각 부분의 소리를 지각하지 않는다고 말할 수는 없다. 그 부분의 소리들이 합해서 전체의 소리가 이루어지므로 전체 소리를 지각한다는 것은 곧 각 부분의 소리를 지각한다는 것을 뜻하기 때문이다. 결국 우리는 전체 소리를 이루는 미세한 소리들을 의식하지 못한 채 모두 지각하는 것이다. 이것이 미세지각이다.

여기에서 들뢰즈는 의식적 지각(통각)과 무의식적 지각(미세지각)을 구분하면서 명석과 판명을 본성상 서로 다른 것으로 설명한다.

---

26 라이프니츠, 『자연과 은총의 이성적 원리』에 나오는 글이다. 『형이상학 논고』, 윤선구 옮김, 아카넷, 2010, 242쪽 참조.

명석과 판명 사이에는 정도상의 차이가 아니라 어떤 본성상의 차이가 있어, 명석은 그 자체로 혼잡하고 또 판명은 그 자체로 애매한 것은 아닐까? 명석-혼잡에 대응하는 이 애매-판명이란 무엇인가? 이쯤에서 부서지는 파도소리를 사례로 끌어들이는 라이프니츠의 그 유명한 문헌으로 돌아가보자. 여기서도 두 가지 설명이 가능하다. 먼저 우리는 파도소리 전체의 통각이 명석하되 혼잡하다(판명하지 않다)고 말한다. 왜냐하면 이 통각을 구성하는 미세지각은 그 자체로 명석하지 않고 애매하기 때문이다. 다른 한편 우리는 미세지각이 그 자체로 판명하고 애매하다(명석하지 않다)고 말한다. 즉 미분비와 독특성을 파악하기 때문에 판명하고, 아직 구별되지 않고 분화되지 않았기 때문에 애매하다.[27]

의식 차원에서 하나로 통합된 지각이 통각이다. 전체 파도소리는 자극이 강해 의식의 문턱을 통과한다. 따라서 전체 파도소리의 지각인 통각은 '명석'하다. 그러나 그 전체 파도소리를 이루는 각 부분들의 소리는 서로 구분되지 않기에 판명하지 않은 '혼잡'이라고 할 수 있다. 반면 전체 파도소리를 이루는 각 부분들의 미세한 소리는 미세지각의 방식으로 지각된다. 미세지각은 각각의 소리를 구분하여 듣는 것이므로 '판명'하다. 그렇지만 그 미세지각은 자극이 약해 의식의 문턱을 넘지 못하므로 '애매'하다고 할 수 있다. 결국 표층의식 차원의 지각은 명석하되 판명하지 않아 혼잡하고, 심층 무의식 차원의 미세지각은 판명하되 명석하지 않아 애매하다.

의식적 지각: 전체 자극의 지각 — 명석 + 혼잡(비판명: 미세자극이 구분되지 않음)
미세지각: 미세 자극의 지각 — 판명 + 애매(비명석: 미세자극이 의식되지 않음)

27 『차이와 반복』(앞의 책, 459쪽).

이상과 같은 방식으로 들뢰즈는 우리의 감각이 우리의 의식 내지 통각보다 더 깊고 더 넓게 활동하고 있음을 밝힌다. 강도적 차이는 통각이나 사유 차원에서 의식되지는 않지만, 의식보다 더 깊고 더 미세한 미세지각 차원에서 우리에게 감각된다. 이런 미세한 지각이 표층의 의식으로 드러나기 위해서는 그 강도적 차이가 의식의 문턱을 넘어야 한다. 강도적 차이가 의식의 문턱을 넘어 의식화되고 현실화되면, 우리는 그것을 현실적 대상으로 의식하게 된다. 의식의 문턱 아래에서 활동하는 잠재적인 것들이 의식의 문턱을 넘어 현실화되는 것을 들뢰즈는 '분화'라고 부른다.

3. 다양한 생성(되기)의 길

1) 잠재태에서 현실태로의 창조적 분화

미분적인 것 dx, dy 등은 '이념적 차이화'인 '미분화(différentiation)' 결과 나타나는 차이소들이다. 이런 미분적인 것 안에 내재한 즉자적 차이로부터 에너지인 잠재적 역량이 발생한다. 들뢰즈는 이러한 잠재적 역량이 '막주름'을 형성한다고 말한다. 막주름 안의 잠재적 역량이 미분비와 특이점을 통해 '감성적 차이화'를 이루는 것을 '개체화(individuation)'라고 하며, 개체화 결과 드러나는 것이 강도적 차이이다. 강도적 차이는 '안주름'을 형성하며, 우리는 미세지각을 통해 그 강도적 차이를 경험한다. 미세지각을 통해 경험된 강도적 차이가 우리가 의식할 수 있는 구체적인 현실적 대상으로 나타나는 '현실화'를 '분화(différenciation)'라고 한다. 우리가 경험하는 현실적 대상은 강도적 차이의 안주름이 바깥으로 펼쳐진 밖주름에 해당한다.

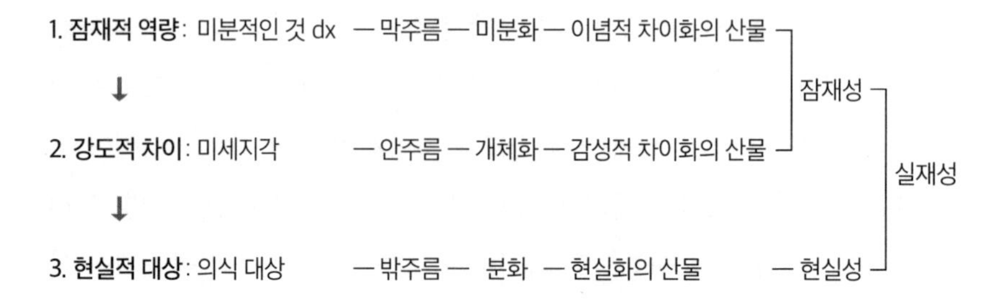

잠재적 역량과 강도적 차이는 의식 대상으로 드러나지 않기에 잠재적이라고 할 수 있지만, 이때 잠재성은 단순한 가능성을 말하는 것이 아니다. 현실성은 잠재성의 실현이며, 따라서 잠재성은 그만큼의 실재성을 함축한다. 현실적 대상은 잠재성으로부터의 현실화이며 분화 결과인 것이다.

그런데 들뢰즈에 따르면 잠재성으로부터 현실성으로의 분화는 단일한 하나의 방식으로 규정되어 있지 않고 무수히 많은 다양성을 포함한다. 그러나 미분적인 것 안의 잠재적 역량으로부터 어떻게 다양한 분화가 가능한 것일까? 이에 대한 들뢰즈의 생각은 라이프니츠의 다음 통찰과 상통하는 바가 있다.

> 실체의 단순성은 이 동일한 단순 실체 내부에 있고, 외부 사물에 대한 그의 관계의 다양성 안에 존재해야만 하는 상이한 상태들의 다수성을 결코 저해하지 않는다. 이런 사정은 한 중심 또는 점이 아무리 단순하다고 할지라도 그 안에서 만나는 직선들을 통해 만들어지는 무수히 많은 다양한 각도가 그 안에 존재하는 것과 동일하다.[28]

하나의 단일한 점으로부터 무수히 많은 다양한 직선들이 그어질 수 있는 것처럼 미분적인 것은 여러 방향으로 자신을 표출할 수 있다. 다만 라이프니츠는 한편으로는 실체의 단일성이 관계의 다양성을 포함하는 것으로 간주하지만 또 다른 한편으로는 다른 사물과의 관계를 신의 예정조화로 설명함으로써, 결국 각각의 생명체인 개별자를 외적 관계로부터 차단된 창 없는 모나드, 폐쇄된 유아론적 실체로 만들어버리고 말았다.

이에 반해 들뢰즈에게서 미분적인 것 dx는 그야말로 0에 가까운 것, 미규정적인 것, 본질이 없는 것, 무한히 열려 있는 것, 텅 비어 있는 것이다. 이러한 미규정성과 본질-없음, 개방성과 비어-있음으로부터 들뢰즈는 잠재성으로부터 현실성으로의 분화를 내재된 본질의 '재현'이 아닌 일종의 '창조'로 설명한다.

잠재적인 것은 언제나 차이, 발산 또는 분화를 통해 현실화된다. 현실화는 원리로서의 동일성뿐 아니라 절차로서의 유사성과도 무관하다. 현실적 항들은 자신이 현실화하는 잠재성과 결코 유사하지 않다. 즉 질과 종들은 자신들이 구현하는 미분비들을 닮지 않았다. 부분들은 자신들이 구현하는 독특성들을 닮지 않는다. 이런 의미에서 현실화, 분화는 언제나 진정한 창조이다. … 잠재적인 것이 현실화된다는 것은 언제나 발산하는 선들을 창조한다는 것이다. 이 발산하는 선들은 잠재적 다양성에 상응하지만, 양자 사이에는 아무런 유사성이 없다. 잠재적인 것이 지닌 실재성은 성취해야 할 과제의 실재성이고, 이는 마치 해결해야 할 문제의 실재성과 같다. 문제는 해를 일정한 방향으로 인도하고 조건 짓고 분만하지만, 해는 문제의 조건과

28 라이프니츠, 『자연과 은총의 이성적 원리』(앞의 책, 228쪽).

유사하지 않다.[29]

잠재성으로부터 현실성으로의 분화는 동일성이나 유사성을 따라 기계적으로 일어나는 것이 아니다. 그것은 무수한 다양체로의 분화로서 일종의 창조이다. 분화가 창조일 수 있는 것은 미분적인 것 안의 잠재적 역량이 주변적인 것들과 차단된 채 일어나는 자기실현이 아니라, 오히려 주변과의 상호관계, dy/dx의 비율적 관계(미분비)를 따라 일어나는 새로운 사건이기 때문이다. 하나의 점이 자기 주변의 점들과 접속하면서 무수하게 다양한 선들로 연장되는 것처럼, 잠재적 역량을 갖춘 미분적 차이소는 주변과의 비율적 관계를 통해 무한하게 다양한 선으로 발산되고 분출된다. 이렇게 발산된 선의 다양성은 잠재적 역량의 표현이지만, 그렇다고 현실적 항이 잠재성과 유사하다거나 잠재성의 재현이라고 말할 수는 없다. 잠재성 자체는 무한한 역량이되, 그렇기에 오히려 텅 비어 있어 그것으로부터 무한한 창조가 일어날 수 있는 것이다.

이처럼 미분적인 것 dx는 문제적인 것으로서 이념일 뿐 "이념은 결코 본질이 아니다."[30] 들뢰즈는 이념을 자기동일성의 본질로 설정하고 현상을 그것과의 유사성을 통해 재단하는 플라톤주의를 비판한다. 이념은 문제이지 아직 답이 아니며, 그에 대한 바른 물음은 '그것이 무엇인가?'라는 본질에의 물음이 아니라, '어떻게?' '어떤 경우에?'라는 상황에 대한 물음이다.

29 『차이와 반복』(앞의 책, 458쪽).

30 『차이와 반복』(앞의 책, 408쪽).

본연의 문제나 이념 그 자체를 규정해야 하는 순간, 변증법이 작동해야 하는 순간, '이것은 무엇인가?'는 무력해지고, 따라서 보기 드물게 효과적이고 강력한 물음, 그야말로 명령의 힘을 지닌 물음에 자리를 내준다. 즉 '얼마만큼?' '어떻게?' '어떤 경우에?'의 물음으로 대체된다.[31]

분화는 이미 정해져 있는 하나의 본질인 '무엇'의 실현 내지 재현이 아니라, 주변과 '어떻게' 배치되는가에 따라 일어나는 하나의 사건, 하나의 발현일 뿐이다. 그러므로 잠재태는 이미 실현된 하나의 현실태에 의해 규정될 수 있는 것이 아니다. 오히려 잠재태는 현실태에 앞서며 현실태보다 더 무한한 역량을 갖추고 더 무한한 방향으로 발전 가능한 존재이다.

이것은 잠재태와 현실태의 위상에 관한 아리스토텔레스적 이해를 뒤집는다. 아리스토텔레스에 따르면 도토리가 상수리나무가 되는 것은 도토리 안에 상수리나무의 본질(형상)이 들어 있어 그 형상이 변화를 이끌어가기 때문이다. 이렇게 성체는 배아에 앞선 것이며 형상을 실현했다는 점에서 배아보다 더 큰 완전성을 보여준다. 이에 반해 들뢰즈에 따르면 배아, 알 내지 애벌레는 그로부터 분화되어 성장한 성체보다 더 큰 완전성을 가지며, 가장 창조적인 활동성을 발휘한다.

배아는 일종의 환상, 어미 아비들의 환상이다. 모든 배아는 어떤 공상의 괴물, 원기(原基)로 기능할 수 있는 괴물, 종별화된 그 어떤 성체도 살아낼

31 『차이와 반복』(앞의 책, 408쪽). 이것은 각각의 상황, 느낌이나 생각 등에 대해 '누가 느끼는가?' '누가 생각하는가?' 등의 주체 내지 본질(자성)을 묻지 말고, '무엇을 인연하여 느낌이 일어나는가?' '무엇을 인연하여 생각이 일어나는가?' 등을 물으라고 함으로써 실체론을 비판하고 연기론을 주장한 불교 교설과 상통하는 면이 있다.

수 없는 것을 견뎌낼 수 있는 괴물이다. 배아는 어떤 강요된 운동을 끌어안고, 어떤 내적 공명들을 구성하며, 생명의 원초적 관계를 어떤 드라마로 극화한다.[32]

배아의 분화로부터 기관들이 형성되지만, 순수한 배아 자체는 '기관 없는 몸'이다. 기관은 몸의 차이소들이 서로 어떤 관계를 이루는가에 따라 기관으로 분화되는 것이다.

이미 특정한 것으로 규정된 현실적 대상으로 살아가지 않고 무한한 잠재성의 주체로 살아간다는 것은 '애벌레 주체'로 사는 것이고, '기관 없는 몸'으로 사는 것이며, 무한한 가능성을 따라 늘 새로운 자신으로 사는 것, 새로운 '되기'의 삶을 사는 것을 의미한다. 그것은 이미 그어진 선을 따라가는 것이 아니라 새로운 탈주선을 긋는 것, 자유롭게 사는 것을 의미한다.

2) 존재의 일의성 : 일체 존재자의 평등성

들뢰즈가 과거 형이상학을 비판하는 또 하나의 논점은 존재의 다의성이다. 아리스토텔레스는 '존재의 다의성'을 주장하며 그러한 다양한 의미 간에 성립하는 '유비'를 논한 데 반해, 들뢰즈는 존재는 다양한 방식, 다양한 양태로 표출되기는 하지만 그렇게 표출되는 존재 자체는 동일한 하나의 의미라는 것을 강조한다.

(존재의) 일의성의 본질은 존재가 단 하나의 같은 의미로 언명된다는 데

---

32 『차이와 반복』(앞의 책, 531쪽).

있지 않고, 존재가 단 하나의 같은 의미로 언명되되 자신의 모든 개체화하는 차이나 내생적 양상들을 통해 언명된다는 데 있다. 존재는 모든 양상들에 대해 같은 것이지만, 양상들은 서로 같은 것이 아니다. 존재는 모든 양상들에 대해 동등하지만, 양상들 자체는 서로 동등하지 않다.[33]

존재의 의미가 일의적이라고 해서 존재가 모두 동일한 양상을 가진다는 것은 아니다. 현상에 드러나는 존재의 양상은 서로 무한히 다르고 차이나지만 그럼에도 불구하고 그러한 양상으로 표출되는 존재 자체는 그 의미가 동일하다는 것이다. 아직 분화되지 않은 잠재적 역량의 미분적인 것 dx는 다양한 양상으로, 다양한 선으로 발산될 수 있는 창조적 에너지의 결집물이다. 하나의 차이소 dx가 주변의 다른 차이소 dy와 어떤 비율적 관계로 마주치는가에 따라 현실적으로 드러나는 양상은 서로 다르지만, 차이소 dx 또는 dy는 그 차이가 0에 가까운 것, 미규정적인 것, 비어 있는 것이다. 그 점에서 모든 미분적인 것, 모든 잠재적 역량은 서로 동등하다. 이러한 존재의 동등성, 평등성을 들뢰즈는 '존재의 일의성'이라고 부른다.

존재의 일의성은 또한 존재의 동등성을, 평등을 의미한다. 일의적 존재는 유목적 분배이자 왕관을 쓴 무정부상태이다.[34]

모든 존재하는 것들은 자체 안에 내적 차이를 가진 잠재적 역량으로 존재한다. 그것은 그 자체 비규정적인 것, 비어 있는 것이며, 따라서

33 『차이와 반복』(앞의 책, 102쪽).

34 『차이와 반복』(앞의 책, 106쪽). 들뢰즈가 말하는 존재의 일의성은 우주 만물을 공성(空性) 내지 불성(佛性) 하나로 이해하는 불교사상과 상통하는 바가 있다고 본다.

무한한 다양성으로 자신을 표출하고 발산할 수 있는 것이다. 모든 존재하는 것들은 자기 주변의 것들과 마주치고 접속하면서 자신의 선을 발산해나가지만, 그 어느 것도 기존의 관계에 고정적으로 매여 있을 수는 없다. 존재하는 것은 모두 기존의 관계를 벗어나 새로운 탈주선을 그을 수 있는 자유를 갖고 있기 때문이다. 모든 존재자는 어느 한 지점에 뿌리내리는 정착이 아니라 끊임없이 새로운 땅을 찾아 배회하는 유목민의 영혼이라는 점에서 하나이다.

들뢰즈에 따르면 각각의 개별자는 자기동일적 실체가 아니고 즉자적 차이의 존재이며, 자기 완결적 존재가 아니고 주변과의 접속을 통해 끊임없이 새롭게 변화해가는 되어감의 존재이다. 그의 철학은 개체의 실체성을 부정하고 그 공성을 자각함으로써 우리가 얻을 수 있는 것이 무엇인지를 다양하게 보여주는 생성의 철학이라고 할 수 있다.

| 지은이 후기 |

'실체(實體)'의 실(實)은 시간 흐름에 따라 변화하는 허망이 아닌 진실을 뜻하고, 체(體)는 공간 배치에 따라 드러나는 이런저런 모습이 아닌 자체를 뜻한다. 그러므로 실체는 시간적 흐름과 공간적 배치에 들어서기 전, 일체 관계의 출발점이 되는 바로 '지금 여기'의 '이것'으로 지칭되는 것을 의미한다고 볼 수 있다. 손가락으로 눈앞의 돌과 나무, 꽃과 사람, 별과 달을 가리키면서 우리는 이 우주가 무수한 '이것'들, 무수한 '실체'들로 가득 차 있다고 느낀다. '이것'으로 지칭되는 개별자들이 모두 각각 그것을 그것이게끔 하는 개별적 본질, 자기 자성(自性)을 가지는 개별적 실체로 존재한다고 여긴다. 실체론적 사유이다.

그러나 불교는 처음부터 개별자가 자신만의 본질, 자기 자성을 가지는 실체가 아니라 무자성의 공(空)임을 논했다. 헤겔도 말하듯이, 감성적 확신은 '지금 여기'의 '이것'이 각각의 개별적 실체를 지시한다고 여기지만 시선을 돌리고 손가락의 방향을 바꾸면 이 세상 모든 것이 전부 하나같이 '지금 여기'의 '이것'이 되기 때문이다. '이것'으로 지칭되는 것은 개체적 본질이 아니라 오히려 개체의 비어 있음이고 결국 그 빈자리를 관통하는 만물의 일자성 내지 보편성이다. 개체의 무실체성 내지 공성을 통해 각 개체는 우주 만물과 하나로 연결되며, 그렇게 개체는 자체 내에 우주 만물을 담고 있다. 일즉다다즉일(一卽多多卽一)이며, 일미진중함시방(一微塵中含十方)이다.

실체의 문제는 사물의 자기동일성의 문제이며 결국은 우리 자신의 자기정체성의 문제이다. 나는 서양 형이상학자들이 실체에 대해 얼마나 심각하게 생각하고 또 얼마나 다양한 논의를 전개해왔는가를 밝혀보고자 했다. 사실은 그들이 주장하는 실체의 벽을 뚫고 들어가 각 개별자의 무실체성과 공성을 드러내고 싶었고, 그렇게 함으로써 우리 인간의 자기정체성을 빈 마음의 자기지(自己知)인 공적영지(空寂靈知)로, 무한의 신성(神性)으로 밝혀보고 싶었다. 나의 의도가 제대로 구현되었는지 아닌지, 이에 대한 판단은 독자에게 맡긴다.

| 참고문헌 |

니체, 프리드리히, 『비극의 탄생』, 박찬국 옮김, 아카넷, 2007.

______, 『차라투스트라는 이렇게 말했다』, 강대석 옮김, 이문출판사, 1994.

데카르트, 르네, 『성찰』, 이현복 옮김, 문예출판사, 1997.

들뢰즈, 질, 『차이와 반복』, 김상환 옮김, 민음사, 2006.

______, 『디알로그』, 전승화 옮김, 동문선, 2005.

라이프니츠, 빌헬름, 『형이상학 논고』, 윤선구 옮김, 아카넷, 2010.

______, 『라이프니츠가 만난 중국』, 이동희 엮음, 이학사, 2003.

로크, 존, 『인간지성론 1』, 정병훈 · 이재영 · 양선숙 옮김, 한길사, 2015.

박승찬, 「유비개념의 다양한 분류에 대한 비판적 성찰」, 『중세철학』 11권, 2005.

비트겐슈타인, 루트비히, 『논리-철학 논고』, 이영철 옮김, 천지, 1991.

______, 『논리적 탐구』, 이영철 옮김, 서광사, 1994.

서병창, 「토마스 아퀴나스의 유비와 비유」, 『해석학 연구』 11권, 2003.

아리스토텔레스, 『형이상학 1, 2』, 조대호 옮김, 나남, 2012.

아퀴나스, 토마스, 『신학대전 1』, 정의채 옮김, 성바오로출판사, 1985.

에크하르트, 『마이스터 에크하르트 선집』, 이부현 편집 및 옮김, 누멘, 2009.

______, 『마이스터 에크하르트』, 레이몬드 B. 블레크니 엮음, 이민재 옮김, 다산글방, 1994.

이재영, 『영국 경험론 연구』, 서광사, 1999.

칸트, 임마누엘, 『순수이성비판 1, 2』, 백종현 옮김, 아카넷, 2006.
______, 『형이상학 서설』, 백종현 옮김, 아카넷, 2012.
플라톤, 『국가·정체』, 박종현 옮김, 서광사, 1997.
______, 『티마이오스』, 박종현 · 김영균 옮김, 서광사, 2000.
흄, 데이비드, 『오성에 관하여』, 이준호 옮김, 서광사, 1994.

Aquinas, Thomas, *Summa Theologica Bd1*, übersetzt von Dominikanern und Benediktinern, hrsg. von Katholischen Akademikerband, Salzburg · Leibzig: Verlag Anton Pustet, 1934.
______, *The Summa Theologica Vol1*, translated by Fathers of the English Dominican Province, London: Encyclopaedia Britannica, 1952.
______, *Uber Das Sein und Das Wesen*, übersetzt von Rudolf Allers, Darmstadt: Wissenschaftliche Buchgegellschaft, 1980.
Aristoteles, *Aristoteles' Metaphysik Bd1/2*, übersetzt von Hermann Bonitz, Hamburg: Felix Meiner Verlag, 1982.
______, *Kategorien Lehre Vom Satz*, übersetzt von Eugen Rolfes, Hamburg: Felix Meiner Verlag, 1974.
______, *On the Soul*, translated by W. S. Hett, Cambridge: Harvard University Press, 1986.
______, *The Physics Vol1*, translated by P. H. Wickstead and F. M. Conford, Cambridge: Harvard University Press, 1980.
Augustinus, *Bekenntnisse*, übersetzt von Joseph Bernhart, München: Kösel-Verlag, 1980.
Descartes, René, *Meditationes de Prima Philosophia*, übersetzt von L. Hamburg: Gäbe, 1959.
______, *Die Prinzipien der Pholosohie*, übersetzt von Artur Buchenau,

Hamburg: Felix Meiner Verlag, 1965.

Eckhart, *Meister Eckhart Bd1*, übersetzt von Konrad Weiss, Stuttgart: W. Kohlhammer Verlag, 1964.

______, *Deutsche Predigten und Traktate*, Zürich: Diogenes Verlag, 1979.

Hume, David, *A Treatise of Human Nature: Being an Attempt to Introduce the Experimental Method of Reasoning into Moral Subjects*, New York: Dolphin Books, 1961.

Kant, Immanuel, *Kritik der Reinen Vernunft*, Hamburg: Felix Meiner Verlag, 1971.

Kranz, Walter(hrsg.), *Die Fragmente der Vorsokratiker, Bd1*, übersetzt von Hermann Diels, Zürich/Berlin: Weidmann, 1964.

Leibniz, Gottfried W., *Monadologie*, übersetzt von Artur Buchenau, Hamburg: Felix Meiner Verlag, 1982.

______, *Vernunftprinzipien der Natur und der Gnade*, übersetzt von Artur Buchenau, Hamburg: Felix Meiner Verlag, 1982.

______, *Metaphysische Abhandlung*, übersetzt von Herbert Herring, Hamburg: Felix Meiner Verlag, 1975.

Locke, John, *An Essay Concerning Human Understanding*, Chicago: Encyclopaedia Britannica Inc, 1952.

Nietzche, Friedrich, *Die Geburt der Tragödie*, Nietzsche Sämtliche Werke, Bd1, hrsg. von G. Colli & M. Montinari, München: de Gruyter, 1980.

______, *Die Fröhliche Wissenschaft*, hrsg. von G. Colli & M. Montinari, München: de Gruyter, 1980.

______, *Götzen Dämmerung*, hrsg. von G. Colli & M. Montinari, München: de Gruyter, 1980.

______, *Also Sprach Zarathustra*, Stuttgart: Alfred Kröner Verlag, 1969.

Platon, *Republic, Plato The Collected Dialogues Vol1*, trans. by P. Shorey, edited by E. Hamilton and Huntington Cairns, Princeton University Press, 1973.

______, *Staat, Plaon Werke, Bd4*, übersetzt von F. Schleiermacher und Dietrich Kurz, Darmstadt: Wissenschaftliche Buchgesellschaft, 1977.

______, *Paidon, Platon Werke Bd3*, übersetzt von F. Schleiermacher, Darmstadt: Wissenschaftliche Buchgesellschaft, 1974.

______, *Parmenides, Platon Werke Bd5*, übersetzt von F. Schleiermacher und Dietrich Kurz, Darmstadt: Wissenschaftliche Buchgesellschaft, 1983.

______, *Timaios, Platon Werke Bd7*, übersetzt von H. Muller und F. Schleiermacher, Darmstadt: Wissenschaftliche Buchgesellschaft, 1972.

Plotins, *Plotins Schriften Bd1~6*, übersetzt von Richard Harder, Hamburg: Felix Meiner Verlag, 1956.

Wittgenstein, Ludwig, *Tractatus Logico-Philosophicus*, Frankfurt am Main: Suhrkamp Verlag, 1980.

______, *Philosophische Untersuchungen*, Frankfurt am Main: Suhrkamp Verlag, 1980.

| 찾아보기 |

[ㅇ]

[ㅈ]

[ㅊ]

[ㅋ]

[ㅌ]

[ㅍ]

[ㅎ]

실체의 연구

서양 형이상학의 역사

펴낸날 1판 1쇄 2019년 3월 4일
2쇄 2021년 5월 20일
지은이 한자경
펴낸이 이승아
펴낸곳 이화여자대학교출판문화원
주소 서울특별시 서대문구 이화여대길 52 (우03760)
등록 1954년 7월 6일 제9-61호
전화 02) 3277-2965(편집), 362-6076(마케팅)
팩스 02) 312-4312
전자우편 press@ewha.ac.kr
홈페이지 www.ewhapress.com
책임편집 이혜지
찍은곳 한영문화사

ISBN 979-11-5890-306-0 93110
값 25,000원

이 도서의 국립중앙도서관 출판예정도서목록(CIP)은 서지정보유통지원시스템 홈페이지(http://seoji.nl.go.kr)와 국가자료공동목록시스템(http://www.nl.go.kr/kolisnet)에서 이용하실 수 있습니다. (CIP제어번호: CIP2019004677)